KB236915

환단고기

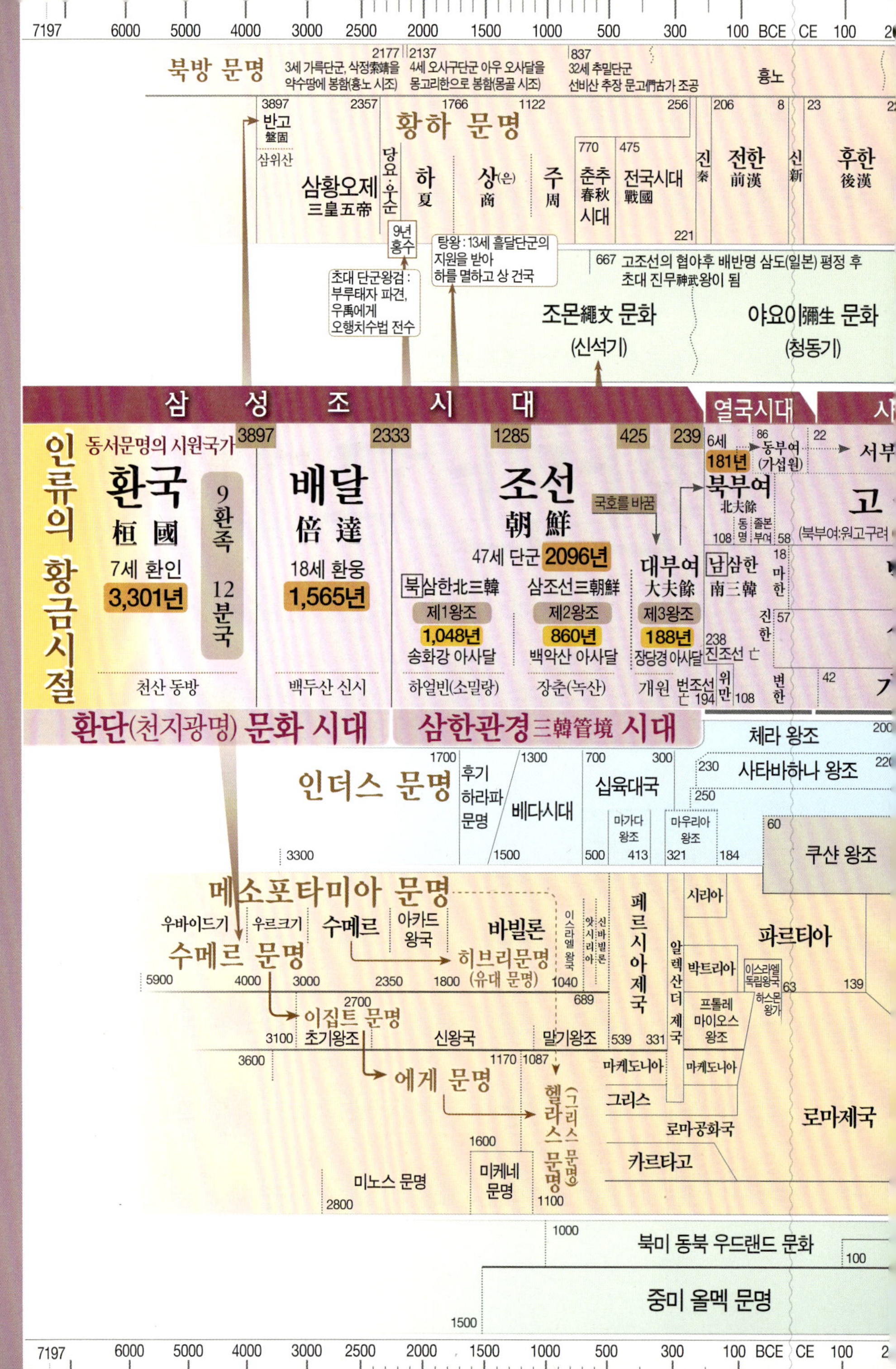

7197 6000 5000 4000 3000 2500 2000 1500 1000 500 300 100 BCE CE 100
북방 문명
3세 가륵단군, 삭정索靖을 약수땅에 봉함(흉노 시조) 2177
4세 오사구단군 아우 오사달을 몽고리한으로 봉함(몽골 시조) 2137
32세 추밀단군 선비산 추장 문고們古가 조공 837
흉노
3897 2357 1766 1122 256 206 8 23
반고 盤固
삼위산
황하 문명
삼황오제 三皇五帝
당요·우순
하 夏
9년 홍수
상 (은) 商
주 周
춘추 春秋 시대 770
전국시대 戰國 475
221
진 秦
전한 前漢
신 新
후한 後漢
초대 단군왕검 : 부루태자 파견, 우禹에게 오행치수법 전수
탕왕 : 13세 흘달단군의 지원을 받아 하를 멸하고 상 건국
667 고조선의 협야후 배반명 삼도(일본) 평정 후 초대 진무神武왕이 됨
조몬繩文 문화 (신석기)
야요이彌生 문화 (청동기)
삼 성 조 시 대
열국시대
인류의 황금시절
동서문명의 시원국가
3897 2333 1285 425 239
6세 181년
86 동부여 (가섭원)
22 서부
환국 桓國
9환족
12분국
7세 환인 3,301년
배달 倍達
18세 환웅 1,565년
조선 朝鮮
국호를 바꿈
47세 단군 2096년
북 삼한北三韓 제1왕조 1,048년 송화강 아사달
삼조선三朝鮮 제2왕조 860년 백악산 아사달
대부여 大夫餘 제3왕조 188년 장당경 아사달
북부여 北夫餘
고
(북부여:워고구려)
동명 부여 108
졸본 부여 58
남 삼한 南三韓
마 한 18
진 한 57
238 진조선 亡
위만 194
위 만 108
변 한 42
천산 동방
백두산 신시
하얼빈(소밀랑)
장춘(녹산)
개원
번조선
환단(천지광명) 문화 시대
삼한관경三韓管境 시대
체라 왕조 200
1700 1300 700 300
인더스 문명
후기 하라파 문명
베다시대
십육대국
사타바하나 왕조 230 220
마가다 왕조 500
마우리아 왕조 321
250
쿠샨 왕조 60
3300 1500 413 184
메소포타미아 문명
우바이드기 우르크기
수메르 문명
수메르
아카드 왕국
바빌론
히브리문명 (유대 문명)
이스라엘 왕국
앗시리아
신바빌론
페르시아 제국
시리아
박트리아
파르티아
알렉산더 제국
이스라엘 독립왕국
하스몬 왕가
프톨레마이오스 왕조
5900 4000 3000 2350 1800 1040 689 539 331 63 139
이집트 문명
초기왕조 2700
신왕국
말기왕국
3100 3600 1170 1087
마케도니아
그리스
마케도니아
로마공화국
로마제국
에게 문명
헬라스(그리스)문명
1600
미노스 문명
미케네 문명
카르타고
2800 1100
1000
북미 동북 우드랜드 문화
100
중미 올멕 문명
1500
7197 6000 5000 4000 3000 2500 2000 1500 1000 500 300 100 BCE CE 100

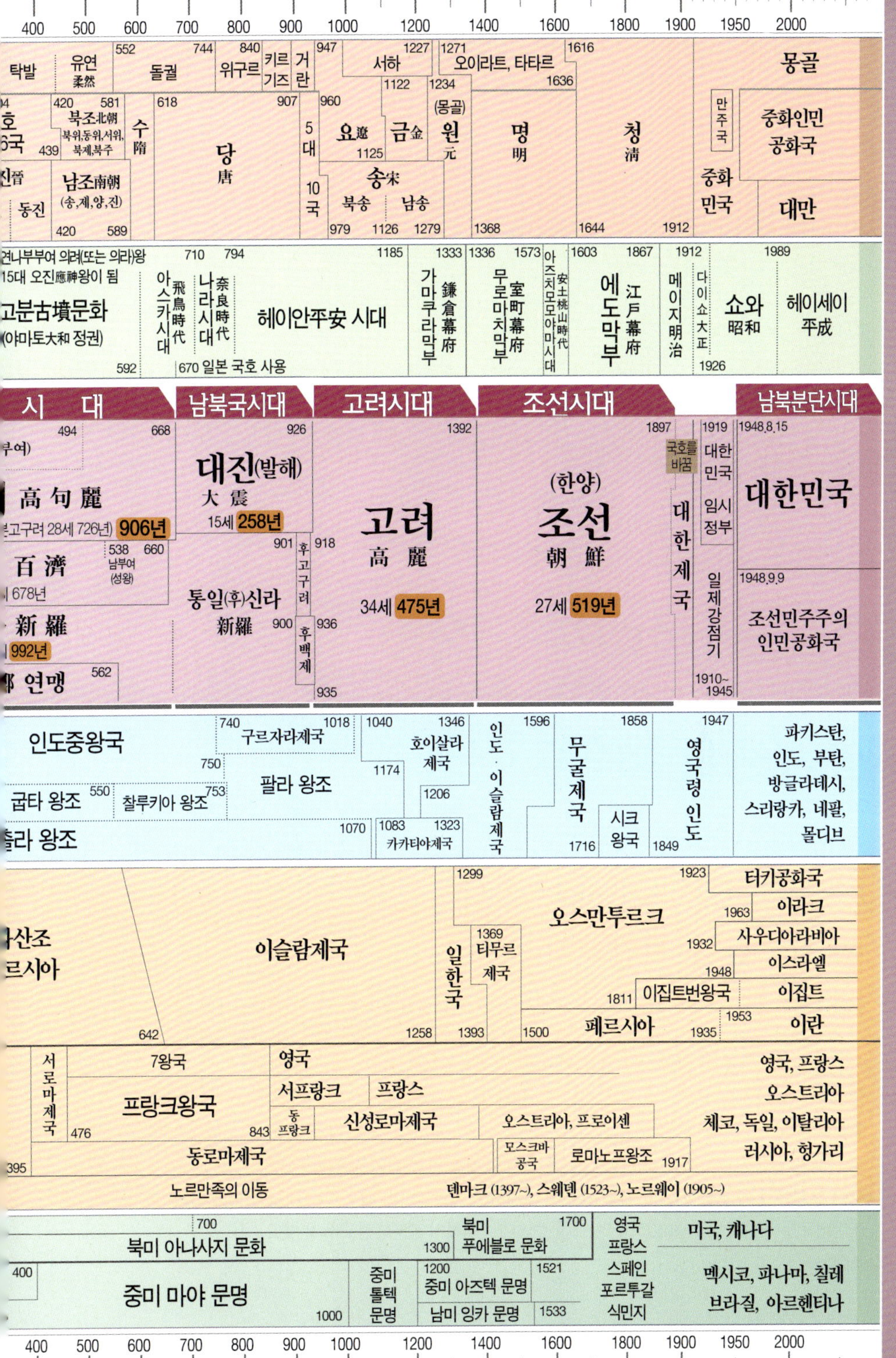
400 500 600 700 800 900 1000 1200 1400 1600 1800 1900 1950 2000
탁발
유연 柔然
552 돌궐
744 위구르
840 키르기즈
947 거란
1227 서하
1271 오이라트, 타타르
1616 몽골
420 581 북조北朝 북위,동위,서위, 북제,북주
수 隋
618 당 唐
5대 10국
960 요遼
금金 1122
원 元 1234 (몽골)
명 明
청 淸
만주국
중화인민공화국
중화민국
대만
남조南朝 (송,제,양,진)
동진
송宋 북송 남송
439 420 589 979 1126 1279 1368 1125 1644 1912
견나부부여 의례(또는 의라)왕
15대 오진應神왕이 됨
710 794 아스카飛鳥시대 나라奈良시대
헤이안平安 시대
1185 가마쿠라막부
1333 1336 무로마치막부
1573 아즈치모모야마시대
1603 에도막부
1867 1912 메이지明治 다이쇼大正
쇼와 昭和
1989 헤이세이平成
고분古墳문화 (야마토大和 정권)
592 670 일본 국호 사용 1926
시 대
남북국시대
고려시대
조선시대
남북분단시대
494 668 고구려 高句麗 고고구려 28세 726년 906년
926 대진(발해) 大震 15세 258년
1392 고려 高麗 34세 475년
1897 조선 朝鮮 (한양) 27세 519년 국호를 바꿈
1919 1948.8.15 대한민국
538 660 남부여 (성왕)
百濟 678년
901 후고구려 918
통일(후)신라 新羅 900
936 후백제 935
대한제국
대한민국 임시정부
일제 강점기 1910~1945
1948.9.9 조선민주주의 인민공화국
新羅 992년
연맹 562
인도중왕국
740 구르자라제국 1018
1040 호이살라제국 1346
1596 인도·이슬람제국
1858 무굴제국
1947 영국령 인도
파키스탄, 인도, 부탄, 방글라데시, 스리랑카, 네팔, 몰디브
굽타 왕조 550 찰루키아 왕조 753
750 팔라 왕조
1174 1206
1083 카카티야제국 1323
시크 왕국
1070 1716 1849
산조 르시아
이슬람제국
일한국
1299 오스만투르크
1923 터키공화국
1963 이라크
사우디아라비아
1932 이스라엘
1948 이집트
1953 이란
642 1258
1369 티무르제국
1393 1500 페르시아 1811 이집트번왕국 1935
서로마제국
7왕국 프랑크왕국
영국
서프랑크 프랑스
동프랑크 신성로마제국
오스트리아, 프로이센
영국, 프랑스 오스트리아
체코, 독일, 이탈리아 러시아, 헝가리
476 843
모스크바공국 로마노프왕조 1917
동로마제국
395
노르만족의 이동
덴마크 (1397~), 스웨덴 (1523~), 노르웨이 (1905~)
700 북미 아나사지 문화
1300 북미 푸에블로 문화 1700
영국 프랑스
미국, 캐나다
400 중미 마야 문명
중미 톨텍 문명
1200 중미 아즈텍 문명 1521
남미 잉카 문명 1533
스페인 포르투갈 식민지
멕시코, 파나마, 칠레 브라질, 아르헨티나
1000
400 500 600 700 800 900 1000 1200 1400 1600 1800 1900 1950 2000

쉽게 읽는 청소년 **환단고기**(보급판)

발행일 환기 9210년, 신시개천 5910년, 단군기원 4346년, 서기 2013년 6월 13일 초판 1쇄
　　　　환기 9218년, 신시개천 5918년, 단군기원 4354년, 서기 2021년 10월 1일 초판 6쇄
역주 안경전 | 펴낸곳 상생출판 | 주소 대전시 중구 선화서로 29번길 36(선화동)
전화 070-8644-3156　팩스 0303-0799-1735　홈페이지 www.sangsaengbooks.co.kr
출판등록 2005년 3월 11일 (제175호) | Copyright ⓒ 2013-2021 상생출판

이 책에 수록된 사진들은 직접 현장 답사를 통해 촬영한 것으로 저작권법에 따라
무단 전재와 복제를 금합니다. 일부 자료에 대해서는 저작권자가 확인되는 대로 절차에 따라
저작권료를 지불하겠습니다. 고구려 사진 중 일부 : 석하사진문화연구소 윤명도.

ISBN 978-89-94295-54-1

한민족과 인류의 시원 역사를 밝히는

쉽게 읽는

청소년

환단고기

桓檀古記

●옮긴이 안경전

상생출판

쉽게 읽는 청소년 『환단고기』 출간에 부쳐

지금 동북아시아에서는 독도, 센카쿠 열도를 놓고 한국과 일본, 중국과 일본이 서로 영유권을 주장하고 있습니다. 이것을 흔히 역사 전쟁이라고 합니다.

그런데 이 동북아 역사 전쟁은 사실 수천 년 전부터 시작된 것입니다. 세계 패권주의를 지향하는 중국과 일본은 이미 오래 전에, 배은망덕하게도 저희들에게 문화를 전수해 준 한민족의 상고 역사를 완전히 뿌리 뽑아 버렸습니다.

중국은 있지도 않은 '기자조선'을 만들어, 3,100년 전에 주나라 무왕이 상(은)나라의 왕족인 기자를 조선 왕에 책봉하여 다스리게 함으로써 조선 역사가 시작되었다고 지어냈습니다.

또 일본은 2,200년 전에 위만조선이 멸망한 뒤 한반도 북부와 평양 주변에 한사군이 설치됨으로써, 조선 역사가 중국의 식민 지배로 출발했다고 왜곡하였습니다. 그들은 한민족 역사의 진실을 담은 우리 고유 사서를 없애고 역사를 터무니없이 꾸며냈습니다.

이렇게 중국과 일본이 조작한 역사를 우리나라 학자들이 그대로 받아들였기 때문에, 안타깝게도 한민족은 해방이 된 지 70년이 지나도록 어른부터 어린이에 이르기까지 거짓 역사를 배우고 있습니다.

이러한 상황에서 또 다시 역사 전쟁이 불붙은 것입니다.

중국은 2002년부터 2007년까지 '동북공정'이라는 역사 조작 프로젝트를 추진하여, 우리 조상들이 한반도 북부와 드넓은 만주 땅에 세운 고구려, 대진(발해)의 역사와 문화를 그들의 것으로 만들었습니다. 그리고 우리 역사학계가 제대로 대응을 하지 못하자 2012년에는 만리장성의 시발점을 고구려, 대진의 영토이던 흑룡강성 목단강까지 늘렸습니다. 중국은 한민족이 활동하던 옛 역사의 무대를 모두 차지하고, 동북아 고대 역사와 문화의 주인공임을 자처하고 있는 것입니다. 이것은 북한에 변고가 생길 경우 북한 땅을 점령하고, 나아가 21세기에 세계를 주도할 패자가 되려는 속셈입니다.

이에 뒤질세라 일본도 독도 영유권과 중국 근해의 센카쿠 열도 지배권을 주장하며 동북아의 강국임을 자부하고 있습니다.

이 역사 전쟁은 단순한 역사 왜곡이나 영토 분쟁이 아닙니다. 역사 왜곡이라는 불의를 넘어 장차 동서양 2대 초강대국인 미국과 중국의 주도권 싸움으로 이어질 위험성이 매우 높습니다. 우리는 지구촌의 화약고인 한반도를 중심으로 전개되는 이 **역사 대전쟁**의 실체를 바르게 보고 만반의 준비를 해야 합니다.

갈수록 치열해질 역사 전쟁에서 민족과 나라, 그리고 나를 지키는 길은 민족의 정체성을 회복하는 것입니다. 그러기 위해서는 중국과 일본에 의해 뒤틀리고 사라진 우리 역사를 바로 세워야 합니다. 우리의 원형 문화를 제대로 알아야 합니다.

『환단고기』는, 한민족은 물론 인류 창세 역사와 원형문화를 오롯이 담은 정통 사서입니다. 여기에는 **한민족사의 뿌리와 '국통國統 맥'**이 명쾌하게 드러나 있습니다. 나아가 한민족의 고대사가 뿌리 뽑힘으로써 함께 왜곡된 중국, 일본의 시원 역사는 물론 북방 민족의 역사, 서양 문명의 근원까지 총체적으로 밝혀져 있습니다.

『환단고기』는 1911년에 독립운동가 운초 계연수 선생이 우리의 고유 역사서 다섯 권을 하나로 묶어 펴낸 책입니다. 신라의 고승 안함로(579~640)가 시은『삼성기』상과, 고려 시대 원동중(?~?)이 지은『삼성기』하, 고려 공민왕 때 수문하시중(오늘날의 국무총리)을 지낸 이암(1297~1364)이 쓴『단군세기』, 이암의 동지이자 고려 말 충신인 범장(?~?)이 쓴『북부여기』, 조선 시대 찬수관을 지낸 이맥(1455~1528)이 편찬한『태백일사』가『환단고기』에 들어 있습니다. 신라에서 조선까지,『환단고기』는 무려 1,400년에 걸쳐 이루어진 위대한 문화유산인 것입니다.

지금 우리의 음악, 언어, 음식, 복식 등 한류문화가 전 세계로 퍼져나가고 있습니다. 외국 사람들이 '한류'에 열광하는 이유는 무엇이겠습니까? 바로 한민족의 시원문화가 지구촌 전 인류의 정신문화 뿌리와 맞닿아 있기 때문입니다.

필자는 지난 30여 년 동안『환단고기』원문에 담긴 정확한 뜻을 한글로 풀기 위해 심혈을 기울였습니다. 중국, 일본, 이집트, 중동, 유럽, 북남미 등 세계 곳곳의 역사 현장을 직접 가서 확인하고, 각종 자료와 문헌을 조사하여 한민족의 시원 역사와 인류 원형문화의 참모습을 고증하였습니다. 그리하여 2012년 6월, 마침내『환단고기』완역본을

간행하게 되었습니다.

완역본을 발간하면서, 한편으로 청소년을 위한 『환단고기』를 기획하였습니다. 청소년 시기에 무엇을 보고 배우느냐에 따라서 그 사람의 일생이 결정된다고 합니다. 특히 역사를 바르게 아는 것은 자신과 국가의 밝은 미래를 여는 원동력입니다. 우리 민족과 나라의 운명이 청소년 여러분의 두 어깨에 달려 있습니다.

아무쪼록 여러분이 우리의 참 역사와 문화가 담긴 『환단고기』를 읽고 자기 자신과 민족의 정체성을 찾아, 역사 전쟁의 소용돌이에서 조국을 지키고 새로운 세계 질서를 여는 참 주인공이 되기를 바랍니다.

환기 9210년, 신시개천 5910년, 단군기원 4346년,

서기 2013년 1월

안 경 전

한민족 9천 년 역사를 담은
『환단고기』

우리 역사, 우리가 다시 써야 한다

가장 신나는 공부, 역사 공부

역사란 무엇이며 우리는 왜 역사를 알아야 할까요?

역사란 인간 삶의 발자취입니다. "우리나라는 맨 처음 언제 세워졌을까?", "그때 우리 선조들은 어떻게 살았을까?", "우리 집안 조상들은 무엇을 하며 살았을까?" 하는 물음에 대한 답이 모두 역사의 내용물입니다.

늘 시험공부에 시달리는 청소년들은 '왜 이런 고리타분한 역사를 알아야 하지? 그게 지금 우리에게 무슨 도움이 되는데?' 하고 반문할 수도 있습니다. 하지만 반드시 역사를 알아야 하는 이유가 있습니다. 그것은 우리의 삶이 과거 역사에 바탕을 두고 있기 때문입니다. 그리고 지금 우리가 내딛는 발걸음에 따라 앞날이 결정됩니다. 그러므로 역사가 왜곡되어 있으면 현재의 삶도 뒤틀리고, 미래를 내다보는 올바른 시각도 가질 수 없습니다. "과거는 죽은 게 아니라 아직도 현재 속에 살아 있고"[1] "역사란 현재와 과거의 끊임없는 대화"[2]로서 미래를 여는 동력원입니다.

---

1) "The past is not a dead past but lives on in the present" (콜링우드R. G. Collingwood, 『The Idea of History』, 175쪽).

2) "Unending dialogue between the present and the past" (카아E. H. Carr, 『What is History?』, 35쪽).

이러한 역사를 가르치지 않는 것은, 마치 자식을 낳아 놓고서 성姓을 가르쳐 주지 않는 것과 똑같습니다. 그래서 역사를 모르면 정체성을 갖지 못해 결국 자아를 바르게 세울 수 없고 나아가 성공하는 인생을 기대하기 어렵습니다. 역사를 공부하며 과거와 만나는 것이야말로 멋진 미래를 여는 가장 신명나는 일인 것입니다.

동북아는 지금 역사 전쟁 중

❀ 우리 역사 문화 빼앗기에 열중하는 중국

지금 동북아의 한·중·일 세 나라는 총성 없는 '역사전쟁'의 소용돌이에 휩싸여 있습니다. 중국은 한국의 고대 역사와 땅과 문화를 빼앗고, 일본은 우리나라 독도를 자기 땅이라고 우기고 있습니다.

2002년 2월부터 중국은 만리장성 밖 동북 3성(요령성, 길림성, 흑룡강성) 지역에서 일어났던 고조선, 고구려, 대진(발해) 같은 우리 고대 역사를 중국의 역사로 만드는 공작을 벌였습니다. 이른바 '동북공정東北工程'이 그것입니다. 동북공정은 중국의 시원을 연구하는 프로젝트인 '탐원공정探源工程'의 일환으로, '중국이 역사상 최초의 국가요 세계의 종주국이다'라는 것을 정당화시키려는 목적에서 기획된 것입니다.

그런데 중국이 동북공정을 착수하게 된 데는 특별한 계기가 있었습니다. 그동안 중국은 세계 4대 문명의 하나인 황하문명의 주역으로서 세계의 종주국임은 물론 고대 동북아 역사의 주체임을 자부해 왔습니다. 그런데 고대 한민족의 강역이었던 내몽골 적봉시에서, 황하문명보다 적어도 1,000년 이상 앞선 유적인 홍산문화[3]가 발굴된 것입니다.

홍산문화는 1922년에 프랑스의 에밀 리쌍이 처음 발굴을 시작했는데,

---

3) 홍산문화는 'BCE 7000~BCE 2000년 사이에 만리장성 북쪽의 요서 지역(한민족의 고토故土) 에서 번성했던 여러 고대 문화'를 가리킨다.

1930년대에 들어와 중국 철학자 양계초의 아들인 양사영이 내몽골의 적봉 홍산 유적지를 조사한 이래 많은 학자들이 연구에 뛰어들었습니다.

그런데 그곳에서 세계인들이 중국의 상징으로 꼽는 용龍 유물이 많이 출토되었습니다. 문화대혁명이 한창이던 1971년도에, 기원전 3000년경에 옥으로 만든 C자 형 용이 발굴되었습니다. 그것은 옹우특기라는 곳에서 밭을 일구다가 발견한 석관에서 나온 것입니다. 동네 애들이 이것을 장난감처럼 끌고 다녔다는데 나중에 시커먼 표면이 벗겨지고 속이 드러나니까 '아, 이게 옥이구나' 하고는, 예사로운 물건이 아닌 것 같아 국가 문물국에 보냈다고 합니다. 거기서 한 10년 동안 잠자고 있던 것을 소병기 박사가 알아보고 C자 용이라 이름 붙인 겁니다. 그 후 다시 부신시 사해 유적에서 기원전 5600년경에 돌로 쌓아 만든 용 형상물인 석소룡石塑龍이 발견되었습니다. 이 두 가지 모두 황하 문명권의 용 유물보다 훨씬 오래 전에 만들어진 것입니다.

이 사실을 접한 중국은 홍산문화를 황하문명의 원류라 하고, 부랴부랴 중국의 고유문화로 둔갑시키기로 하였습니다. 그리고 그 역사적인 근거를 대기 위해 바로 홍산문화와 직결되는 고조선, 고구려, 대진의 역사를 중국의 역사로 변조한 것입니다.

동북공정은 2007년 5월에 공식 종료되었습니다. 하지만 중국은 모양새만 바꿔 가며 역사 왜곡을 계속 진행하고 있습니다. 한민족의 성산聖山인 백두산을 개발하고 국제적으로 중국의 명산이라 홍보하여 관광객이 100만 명을 돌파한 지도 수년이 지났습니다.[4] 세계인에게 백두산은 이미 장백산이라는 중국 산으로 인식되고 있습니다.

적봉시
옹우특기에서
발견된
C형 옥룡

---

4) 윤휘탁, '백두산의 중국화와 우리의 대응방향', 『한중 관계와 한반도』(제8차 국제고려학회 서울지회 학술대회), 211쪽.

고구려, 발해 땅까지 연장한 중국의 만리장성_역사적으로 만리장성의 동쪽 끝은 하북성 산해관山海關이다. 그런데 중국은 2009년 요령성 단동(압록강 하구)에 있는 고구려성을 중국의 호산虎山산성으로 둔갑시켜 그곳을 만리장성 동단으로 수정했다. 2012년에는 동쪽 끝과 서쪽 끝을 모두 연장했다. 동단은 동북 3성 중 가장 북쪽에 위치한 흑룡강성의 목단강牡丹江 지역까지, 서단은 신강위구르자치구까지 늘렸다.

중국은 또 고구려와 대진의 유적, 유물을 자기네 문화유산으로 유네스코에 등재하였습니다. 2006년부터 아리랑, 판소리, 농악무 등 우리의 민속 문화 13개를 중국의 무형문화 유산으로 등재하였습니다.[5] 만리장성의 경계선도 고구려와 대진 강역까지 연장하여 그려 놓았습니다.

이렇게 한민족의 역사를 강탈하면서 중국이 궁극적으로 노리는 것은 무엇일까요? 그것은 장차 한반도에 정치적 변고가 생길 경우 북한을 점령하고, 동북아의 맹주가 되어 세계 최강자가 되려는 것입니다. 그러므로 동북공정은 단순한 역사 침탈 공작이 아닙니다. 대한민국의 영토를 빼앗고 나아가 국가의 존폐를 위협하는 무서운 정치 음모입니다.

이에 대해 한국 정부는 어떻게 대응하고 있을까요? 외세의 역사 침탈과 왜곡에 대한 대응책으로, 2004년에 '고구려 연구재단'을 만들었습니다. 그 결과 2년간 60여 권의 책을 발간하였지만 기존 식민주의 사관을 버리지 못하고 동북공정에 동조하는 연구 결과만 낳고 말았습니다.

---

5) 〈경향신문〉, "중국 문화유산에 아리랑 등 우리 문화 13건 등재", 2011.9.20.

2006년, 정부는 다시 동북아 역사재단을 설립하고 매년 200억을 투자하여 대응하고 있습니다. 하지만 그 성과는 아직도 고구려 연구재단의 그것과 크게 다르지 않습니다. 홍산문화를 우리 역사와 전혀 관련이 없는 요하 지역의 독자적인 문화[6]로 볼 뿐만 아니라 고조선 역사를 신화라고 하는 등, 중국의 동북공정에 동조하고 일본의 식민사학을 대변하는 주장을 펼치고 있습니다.

2012년 6월, 경기도 교육청에서 『동북아 평화를 꿈꾸다』라는 학생 교육 자료를 발간하였습니다. 이 자료집에서는 '단군은 역사적 사실'이라고 밝혔습니다. 그러자 동북아 역사재단이 나서서 '고조선 건국 신화는 여전히 신화의 범주에 속하여 증명할 수 있는 역사적 사실이 아니다'라며 그 내용을 반박하였습니다.[7] 국민의 세금으로 운영되는 동북아 역사재단은 과연 어느 나라를 위한 연구 단체인지 의심스럽습니다.

경기교육청 교육자료를 부정하는 동북아 역사재단의 행태

구분	경기교육청 자료	동북아 역사재단의 지적
28쪽 단군신화	• 역사적 사실	• 역사적 사실이 아니라 신화
87쪽 간도	• 간도협약이 무효화되면 영토 수복 가능	• 간도협약 이전에 우리 영토 편입 사실 없어
27쪽 고인돌	• 고조선 고유 묘제	• 중국 동부에서도 발견
88쪽 백두산 정계비	• 국제법상 유효한 국경조약 • 조선과 청나라 구두합의로 1792년 세움	• 국제법적 인식 등장 전이라 적용 어려움 • 구두합의 없었고 1712년에 세움
24쪽 홍산문화	• BCE 3500년에 시작	• BCE 5000-BCE 3000년까지
55쪽 대조영	• 고구려 왕이라 부름	• 진국 왕이라 부름

---

6) 송호정, '요하유역 고대문명의 변천과 주민집단', 『중국 동북지역 고고학 연구현황과 문제점』, 동북아역사재단 연구총서 45집, 63쪽.

7) 〈중앙일보〉, "발해 건국 대조영이 고구려왕?", 2012.9.18.

　우리 청소년들도 알고 있듯이, 최근 들어 일본은 더욱 강력하게 '독도 영유권'을 주장하며 우리 영토를 빼앗으려 하고 있습니다. 문헌 기록으로 볼 때 독도는 신라 지증왕 때 신라에 귀속되었습니다. 그러니 최소한 신라 때부터 공식적인 우리 영토였습니다. 그런데 일본은 1905년 러일전쟁 와중에 독도를 자신들의 영토로 무단 편입시키고, 다케시마[竹島]라 명명하였습니다. 그 후 100년이 지난 2005년에 '다케시마의 날'을 제정하고, 일본의 국가 안보 전략서인 방위백서防衛白書에 독도를 일본 영토로 기재하였습니다.

　그리고 2012년 9월 일본 정부는 '독도는 일본 땅'이라 주장하는 광고를 약 70여 개 신문에다 실었습니다. 극우 성향을 지닌 일부 정치인의 개별 발언 차원을 넘어 정부가 나서서 독도 문제를 거론한 것은 이번이 처음이라 합니다.[8]

　갈수록 거세지는 일본의 독도 도발은 그저 섬 하나를 차지하겠다는 것이 아닙니다. 독도를 소유하고 그곳에 자위대를 파견하여 해상권을 장악하는 등, 동북아에서 정치, 군사적으로 입지를 강화하겠다는 속셈입니다. 중국의 동북공정과 마찬가지로 동북아의 패권을 노리는 역사전쟁인 것입니다.

　이 독도 문제에 대해서도 한국 정부는 미지근하게 대응하며 제 목소리를 내지 못하고 있습니다. 우리 청소년들도 그렇지만 어른들도 동북아 역사전쟁의 심각성과 한국에 닥친 위기 상황을 잘 알지 못합니다. 아직도 대한민국 사회 전체가 중화주의 사관과 일본의 식민주의 사관이 만들어 낸 역사 왜곡의 쇠사슬에 꽁꽁 묶여 있기 때문입니다. 우리 역사, 그 왜곡의 실체는 과연 무엇일까요?

---

8)　〈동아일보〉, "일日 정부 '독도는 일본 땅' 첫 신문 광고", 2012.9.11.

중국과 일본의 4대 날조 사건

✿ 기자조선

한국과 중국과 일본의 역사서를 나란히 놓고 보면 4대 왜곡 사건이 있습니다. 바로 기자조선箕子朝鮮, 위만조선衛滿朝鮮, 한사군漢四郡, 임나일본부任那日本府입니다.

중국은 예로부터 중국이 천하의 중심이며, 세계 문명의 주체라고 자부하여 왔습니다. 이것이 중화中華 사상인데, 중화인민공화국이라는 나라 이름도 여기서 온 것입니다. 세계 패권을 꿈꾸는 중화주의 사상에 따라, 중국은 동북아 문명의 주인인 한국의 첫 역사를 중국을 주인으로 모신 소국의 역사로 만들어 버렸습니다. 즉 '한국의 역사는 약 3,100년 전에 중국을 주인으로 모시는 제후국, 기자조선으로 시작되었다'고 한 것입니다.

그럼 실제 대한민국의 역사는 몇 년일까요?『환단고기』를 보면 우리 환족桓族이 처음 나라[환국]를 세운 것은 9천 년을 훨씬 넘고, 환웅께서 신시 배달을 세운 것은 약 6,000여 년 전입니다. 고조선만 해도 4,345년이 되었습니다. 우리 역사는 환국으로부터 근 1만 년을 헤아립니다.

그럼에도 중국은 있지도 않은 기자조선을 만들어서 우리 역사를 축소시켰습니다. 그들은 무엇을 근거로 이것을 만들었을까요? 이 역사 왜곡의 죄악의 뿌리는 2,100년 전, 한 무제의 사관인 사마천의『사기史記』에 들어 있습니다.『사기』에 "봉기자어조선封箕子於朝鮮(기자를 조선에 봉하다)." 즉 '주周나라 무왕이 상商(은)나라의 성인인 기자를 조선의 왕으로 봉하였다'고 했습니다.『송미자세가宋微子世家』에서도 "무왕이 은을 멸하고 기자를 방문하여 안민安民의 도道를 묻고 그를 조선에 봉했다."라고 하였습니다. 주나라 무왕이 은나라의 3인三仁 가운데 하나인 기자를 불러서 조선의 왕으로 삼았다는 것입니다.

그러면 역사의 진실은 무엇일까요? 그 답이 바로 『사기』의 다른 구절에 나와 있습니다. '(기자를 조선의 왕으로 봉하였으나) 주나라의 신하로 삼지는 않았다'고 했습니다. 만일 주나라가 기자를 조선의 왕으로 삼았다면 기자는 당연히 주나라의 신하가 되어야 할 것 아닙니까. 이 기록은 앞뒤가 맞지 않아 모순을 드러낼 뿐입니다. 기자조선이 거짓이라는 사실을 사마천이 자신도 모르게 고백한 것입니다.

그런데도 동방의 대철인이라는 율곡 이이 같은 분은 '삼가 생각건대, 기자께서 조선에 이르시어 우리 백성을 천한 오랑캐로 여기지 않으시고, 후하게 길러주시고 부지런히 가르쳐서 상투 틀던 풍속을 변화시켜 … 우리나라는 기자에게 한없는 은혜를 받았으니 그 실제 자취를 마땅히 집집마다 노래하고 사람마다 잘 알아야 할 것이다.'(『율곡선생전서栗谷先生全書』 권14 「잡저雜著」)고 했습니다. 우리 스스로 자신을 모독하는, 정말로 있을 수 없는 얘기입니다.

상(은) 멸망 후 기자족이 이동. 일부는 북경 근처로 이동, 번조선의 제후국이 됨. 다른 무리는 하남성 정주 지역으로 갔다가 다시 산동성 연태시 지역으로 이주.

상(은) 멸망 후 기자의 이동. 번조선 땅이었던 태원지역으로 잠시 피했다가 고향 서화로 돌아가 숨어 삶. 죽은 후 산동성 조현에 묻힘.

기자 무덤_기자가 조선의 왕이 아니라, 다른 나라의 왕이었을 가능성을 입증하는 유물도 나왔다. 산동성과 요령성에서 발굴된 기기箕器, 기후정箕侯鼎, 기후방정箕侯方鼎 등이 그것이다. 여기서 기箕는 나라 이름이고, '기후箕侯'는 '기국箕國의 제후', 즉 기국의 왕을 뜻한다. 이 기국의 정체에 대해 윤내현 교수는 "상말商末에 세워진 중국 변방의 작은 나라로 마지막 임금에 이르러서는 고조선의 변방까지 쫓겨 왔다가 멸망한 나라"라고 말한다.(『한국고대사신론』)

❀ 위만조선

중국이 기자조선을 조선의 첫 역사라고 주장하는 것처럼, 일본은 위만조선[9]을 조선의 첫 역사라고 주장합니다. 일본은 '위만이 고조선의 준왕을 내쫓고 주인이 되어 단군왕검을 계승했다'고 했습니다. 한민족 역사에서 가장 치욕적이고, 천인공노할 역사 왜곡이 이것입니다. 지금 초·중·고등학교, 대학교, 일반 역사 교재에 다 이렇게 소개되어 있습니다.

위만은 어떤 인물일까요? 위만은 한漢나라 제후인 연燕 왕 노관의 부하였습니다. 노관은 한 고조 유방과 같은 고향에서 같은 해에 태어난 인물로 유방의 신임을 받아 연왕으로 봉해졌습니다. 그런데 유방이 죽자 그 왕후인 여태후가 권력을 잡고 공신들을 숙청하기 시작했습니다. 이에 노관은 화를 피해서 흉노로 도망가고, 그 부하인 위만은 번조선의 준

---

9) '위만조선'이란 말은 일연의 『삼국유사』에 나온다. 위만을 '주인 없는 빈 땅에서 사람들을 모아 스스로 왕이 된 자'로 묘사한 일연은 위만과 그 후대의 이야기를 적고서 그것을 위만조선이라 이름 붙였다. 고조선을 '왕검조선'이라 한 것과 구별하고자 한 의도이지만, 결과적으로 우리 상고사를 왜곡시키는 빌미를 제공하였다.

왕을 찾아와 망명을 청했습니다(기원전 195년). 당시 만주 쪽에는 기원전 239년에 해모수가 세운 북부여가 있었습니다. 해모수는 고조선 본조[대부여]가 망하자 몇 년 뒤 고조선의 국통을 계승했습니다(기원전 232년).

그 무렵 해모수 단군은 늙어 병들어 있었습니다. 해모수 단군은 준왕에게 '위만을 받아주지 마라. 너를 배반한다'고 만류했으나, 결단을 못 내리고 세상을 떠났습니다. 위만의 청을 거절할 기회를 놓친 준왕은 위만을 받아들이고 변방 수비대장으로 삼았습니다. 그런데 위만은 몰래 세력을 길러서 이듬해에 군사를 거느리고 왕검성에 쳐들어와 준왕을 몰아내 버린 것입니다.

졸지에 쫓겨난 준왕은 황해를 건너 군산으로 들어왔다고 합니다. 금강 하구를 따라서 거꾸로 들어오면 군산과 익산 경계에 어래산御來山이 있습니다. 임금님이 오신 산이라는 뜻입니다. 지금 청주 한씨의 조상이 준왕이라는 주장이 있습니다.

그러니 쉽게 말하면 위만은 나라를 뺏은 강도에 불과합니다. 어느 날 도끼를 든 강도가 쳐들어와 어머니, 아버지를 내몰고 안방을 차지하고 앉아서 "오늘부터는 내가 네 부모다."라고 한 것과 마찬가지입니다. 또 그때 위만이 차지한 것은 고조선 전체가 아니라 고조선 서쪽 땅 한귀퉁이(번조선)일 뿐입니다. 그러니 위만조선이 아니라 위만정권이라 해야 맞는 말입니다.

그런데도 지금 대한민국의 초등학교에서 고등학교까지 거의 모든 역사 교과서에서 '위만이 고조선 말기에 조선의 왕이 되었다'고 서술하고 있습니다. 심지어 '위만이 집권하면서 고조선의 세력이 크게 확대되었다'[10]고 하여 위만을 조선인의 영웅으로까지 묘사합니다.

---

10) 비상교육,『중학교 역사』상, 41쪽.

❀ 한사군

일본은 위만정권 이후의 한국사도 뜯어고쳤습니다. 일본 학자들은 위만정권을 멸망시킨 한 무제가 그곳에 한사군을 설치하여 조선을 식민통치하였다고 기술하였습니다.

'위만이 고조선을 차지한 지 86년 뒤(108년)에, 중국의 가장 강력한 군주의 한 사람인 한 무제가 쳐들어와서 위만의 손자 우거정권을 멸하고 그 자리에 한사군을 건설했다. 그 위치는 한반도 평양 주변이었다'는 것입니다. 그 진실은 무엇일까요?

당시 한나라와 위만정권 사이의 전쟁을 직접 지켜본 사마천이 쓴 『사기』의 내용은 대략 이러합니다.

'한 무제가 10여 년 동안 싸움 끝에 흉노의 무릎을 꿇리고, 흉노와 위만이 손을 잡을까 두려워 위만의 손자 우거정권을 치러 왔다. 그러나 한나라 장수들이 서로 공을 다투다가 크게 패했다. 그런데 그때 우거정권에서 벼슬을 하던 번조선 유민들이 있었다. 그들은 전쟁으로 혼란한 틈

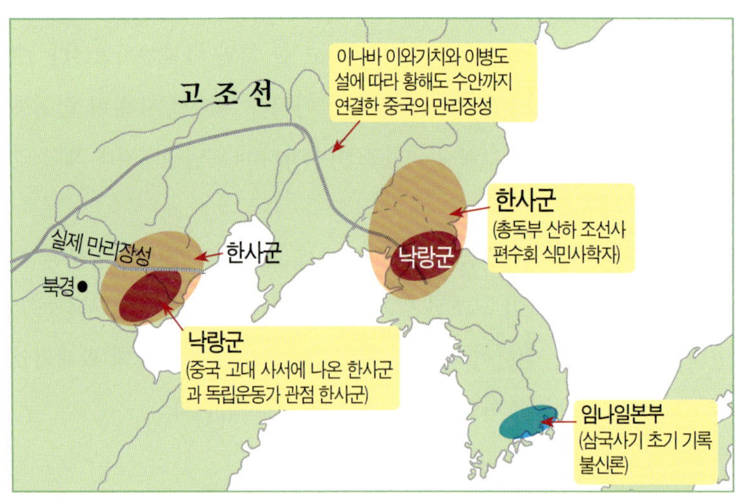

민족사학과 식민사학의 역사관

을 타서 반기를 들고 우거를 살해한 뒤 한 무제에게 투항했다. 그렇게 해서 한 무제가 승리하였다. 싸움이 끝나자 한나라 장수들은 처형을 당하거나 강등되고, 공을 쌓은 번조선 유민들과 우거의 아들까지 다섯 사람은 하북성과 산동성 지역의 제후로 봉함을 받았다.'

『사기』어디에도 한사군을 설치했다는 말은 없습니다. 만일 한사군이 실제로 설치되었다면, 전쟁을 직접 목격하고 그 과정과 결과를 기록한 사마천이 그런 사실을 빠뜨렸을 리 없습니다.

그 진실을 우리는『환단고기』「북부여기」에서 확인할 수 있습니다. 「북부여기」는 "한나라 무제가 우거를 멸하더니 그곳에 4군을 설치하려고 군대를 일으켜 쳐들어왔다. 이에 고두막한이 구국의 의병을 일으켜 한나라를 격파하였다."고 하였습니다. 이 기록으로 볼 때, 한사군은 한 무제의 계획이었을 뿐 결코 실현된 적이 없는 것입니다. 설치된 적이 없기 때문에 사마천은 한사군에 대해 구체적으로 기록하지 못한 것입니다.

한사군의 실체도 그렇지만, 한사군이 설치되었다는 위치에 대한 주장도 허황됩니다. 한사군 가운데 가장 많이 거론되는 낙랑군의 위치를 알 수 있는 명확한 단서가 갈석산碣石山입니다. 『사기색은』「하본기夏本紀」에 "낙랑 수성遂城현에는 갈석산이 있는데 만리장성이 시작되는 곳이다."라는 말이 있습니다. 갈석산은 중국에서 한국의 설악산, 금강산만큼 유명한 산으로 현재 하북성 창려현[11])에 있습니다. 그러므로 설혹 낙랑군이 설치되었다 하더라도 그 위치는 중국의 요령성과 하북성 일대라 해야 하는 것입니다.

그럼에도 일본인 학자 이마니시 류는 1913년에, 낙랑군이 대동강 유역에 있었다는 증거물로 평안도에서 발굴하였다는 점제현신사비秥蟬縣神

---

11) 『한서』「가연지전賈捐之傳」에는 한 무제의 업적을 기록하고 "동쪽으로 갈석을 지나 현도와 낙랑으로써 군을 삼았다[東過碣石以玄菟·樂浪爲郡]"라고 하였다.

이마니시 류가 1913년 '신의 손'이 되어 평안도 대동강변에서 발견했다는 점제현신사비_북한의 『조선고고연구』(4호, 1995)는 "비의 기초에 시멘트를 썼다"라고 하면서 이 신사비의 정체에 의문을 제기하였다. 비석돌의 성분도 그 지역이 아닌 요동 지역 화강석과 똑같음을 밝혔다(〈한겨레신문〉, "이덕일 주류 역사학계를 쏘다, 유적 유물로 보는 한사군", 2009. 6. 9). 북한의 주장처럼, 이 비는 일제 때 요동에서 옮겨와 시멘트 기초 위에 세워진 것이다. 점제현신사비는 이마니시가 날조한 것이다.

祠碑를 제시하였습니다. 『한서』「지리지」에 낙랑군의 속현으로 점제현이 나오는데, 점제현의 우두머리가 백성을 위해 산신제를 지낸 내용이 그 비석에 새겨져 있다는 것입니다. 사방이 탁 트인 평야 지대에 2천 년 동안 서 있었다는 비석을 그때까지 아무도 본 적이 없었습니다. 그런데 희한하게도 이마니시 류가 단번에 발견하여 근거로 제시한 것입니다. 신채호 선생의 말과 같이, '귀신도 못하는 땅 뜨는 재주를 부린 것'입니다. 그러니 이것을 어찌 진실이라 할 수 있겠습니까. 최근에 비석의 화강암 재질을 분석한 결과, 그들이 제시한 점제현신사비가 위조된 유물임이 드러났습니다.

사실이 이러한데도 광복 후 대한민국 사학계는 식민사학의 잔재를 떨쳐 내지 못하고 일제가 조작한 역사 기록을 그대로 답습하였습니다. 지금의 대한민국 중장년층은 학창시절에 '한사군, 낙랑·임둔·진번·현도'를 열심히 외우고 다녔고, 2012년 현재 교과서에도 한사군은 살아 있습니다.

❀ 임나일본부

　일본은 또 임나일본부설(남선경영론南鮮經營論)을 만들어 냈습니다. 임나일본부설이란 왜가 4세기 중엽에 한반도 남부 가야 지역을 정벌하여 임나일본부라는 통치 기관을 설치하고 6세기 중엽까지 식민지로 경영했다는 것입니다. 이야말로 일본이 그들에게 문화와 역사를 전해 준 스승의 나라 한민족을 가장 능멸한 것입니다.

　백제가 망하고 10년 뒤인 670년, 일본은 종래에 사용하던 왜倭라는 나라 이름을 '일본日本'으로 고치고, 왜왕을 천황으로 부르기 시작하였습니다. '일본'이란 '태양이 떠오르는 광명의 근원[日出之本]'이라는 뜻입니다. 그리고는 스스로 동북아 문명의 주인이자 세계의 중심으로 자처하며, 일찍이 한민족이 건너가 개척한 일본 역사를 그들이 자체적으로 일구어 낸 왕조사로 바꿔 버렸습니다. 그리고 8세기에 첫 역사책을 만들면서 임나일본부설을 만들어냈습니다. 야마대국의 히미코卑彌呼라는 여왕을 모델로 해서 있지도 않은 신공황후를 만들어 세우고서는 '4세기 후반 신공황후가 한반도 남부 가야 지역의 소국들을 정벌하고 임나일본부를 설치하여 2백 년 동안 신라와 백제를 지배했다'고 한 것입니다.

　이것은 결코 진실이 아닙니다. 4세기 중반, 왜는 100여 개의 작은 나라로 나뉘어 백제의 통제를 받는 속국이었습니다. 그런 나라 가운데 하나인 야마대국의 여왕이 신라, 가야는 물론 동북아의 강대국이던 백제를 정복했다는 것은 역사 상식으로도 맞지 않기 때문입니다. 또 일본이라는 이름은 7세기 중반에 백제가 망한 뒤에야 쓰기 시작했습니다. 그러니 그보다 300여 년 전에 '일본'이란 이름이 들어 간 '일본부'가 있을 수 없는 것입니다.

　이 남선경영론은 19세기 말, 일본 제국주의가 조선을 침략할 때 다시 이용되었습니다. 과거에 일본이 한반도를 지배하였으니, 근대에 이르러

식민사학 계보

분류	이름	약력	주요저서
일제 식민사학자	요시다 도고 吉田東伍 (1864~1918)	이병도의 역사관 정립에 결정적 영향을 준 스승. 한일 강제병탄 이전부터 식민사학 형성에 절대적 구실을 함.	「日韓古史斷」, 「大日本地名辭書」 등
	시라토리 구라키치 白鳥庫吉 (1865~1942)	랑케의 제자 독일인 리스L.Riess의 제자. 한국사에 대하여 식민주의 역사학을 수립한 대표 인물. 식민사관의 하나인 만선사관滿鮮史觀을 주도.	「滿洲歷史地理」, 「漢の朝鮮四郡疆域」 등
	쓰다 소우키치 津田左右吉 (1873~1961)	이병도의 스승. 구라키치의 제자. 만철滿鐵과 조선사편수회 출신.『삼국사기』 초기 기록 불신론 등 식민사학 이론을 만듦.	『朝鮮歷史地理』, 『三國史記 高句麗紀の批判』 등
	구로이타 가쓰미 黑板勝美 (1874~1946)	도쿄제국대학 교수. 조선사편수회 고문. 우연히 입수한『환단고기』를 보고 충격을 받아 소각해 버렸다는 일화가 있음.	『國史の研究』, 『國體新論』 등
	이마니시 류 今西龍 (1875~1932)	조선사편수회 위원.『삼국유사』 고조선 조의 '昔有桓國'을 '昔有桓因'으로 개작하는 등 한국고대사의 왜곡, 말살을 주도.	『朝鮮古史の研究』, 「眞番郡考」 등
	이나바 이와키치 稻葉岩吉 (1876~1940)	만선사관의 대표자. 조선사편수회 편수관 역임. 조선의 타율성과 정체성을 강조하는 식민사관 정립에 핵심 역할.	「眞番郡の位置」 등
	이케우치 히로시 池內宏 (1878~1952)	만철滿鐵에서 만선사관 정립에 기여. 이병도에게 학문적 영향을 크게 줌.	『滿鮮地理歷史研究』, 「樂浪郡考」 등
1세대	이병도 李丙燾 (1896~1989)	1914년 와세다 대학에 입학. 요시다와 쓰다의 제자. 1925년 조선사편수회에 들어가 한국고대사 왜곡 작업에 참여. 광복 후 서울대 교수, 국사편찬위원 등을 거치면서 식민사학을 이 땅에 뿌리내림.	『한국사대관』, 『한국사의 이해』 등
	신석호 申奭鎬 (1904~1981)	1929년 조선사편수회의 촉탁으로 부임. 1945년 국사편찬위원회 전신인 국사관을 창설. 이병도·김상기와 함께 임시중등국사교원양성소를 개설하는 등 광복 후 식민사학을 전파.	『국사신강』, 『한국사료 해설집』 등
2세대	김철준·이기백·김원룡·변태섭 등		
3세대	노태돈, 이기동·조인성 등		
4세대	송호정 등		
조선사편수회 고문	이완용李完用, 권중현權重顯, 박영효朴泳孝 등		
조선사편수회 참여 대표 인물	최남선崔南善, 이능화李能和, 어윤적魚允迪, 현채玄采, 홍희洪熹 등		

한반도를 식민지로 삼는 것은 침략이 아니라 옛 땅을 회복하는 일이라 한 것입니다.[12] 정말 배은망덕背恩忘德한 행위가 아닐 수 없습니다.

중국이 치우천황의 역사를 왜곡한 이유

중국은, 한민족사에서 배달의 강역을 가장 크게 넓히고 배달을 가장 강성한 제국으로 만든 치우천황의 역사도 왜곡하였습니다.

사마천이 쓴『사기』제1장「오제본기五帝本紀」를 보면, 중국 한족의 시조인 황제헌원의 출생과 성장이 간단하게 나옵니다. 그리고 곧바로 치우

---

12) 이 임나일본부설은 일본뿐 아니라 다른 나라에서도 역사의 진실로 통용되고 있다. 미국의 역사 교과서『세계 문화World Cultures』(프렌티스 홀 간행, 2004)에 "기원전 400년경, 일본은 몇 개의 씨족들이 연합해 야마토라고 불리는 구역에 정착했다. 그들은 일본의 대부분을 통일하고 한국 남부의 작은 지역을 통치하기까지 했다."라는 서술이 보인다(이길상, 같은 책, 47쪽).

천황과 10년 동안 싸운 '탁록대전'이 기록되어 있습니다. 거기서 '헌원이 치우를 사로잡아 죽이고[금살치우禽殺蚩尤], 천자로 추대되어 황제가 되었다'고 서술하였습니다. 그 진실은 무엇일까요?

배달의 14세 환웅인 치우천황 때, 한족의 우두머리 헌원이 치우천황을 밀어내고 천자가 되려는 욕심으로 군사를 일으켰습니다. 이에 치우천황은 탁록에서 10년 동안 73회 대전쟁을 벌인 끝에 헌원을 굴복시켜 신하로 삼았습니다. 치우천황은 151세를 사신 분으로 인류 신선 문화의 원 종주입니다. 이것이 『환단고기』에 나오는 진실입니다. 『사기』의 주석서의 하나인 『사기정의』도 "치우 군대가 금속 투구를 머리에 쓰고 큰 쇠뇌[太弩]와 같은 병장기를 갖추고 출전하여 그 위엄을 천하에 떨쳤다."라고 하여, 치우천황의 승리를 전하였습니다.

그러면 사마천은 왜 진실을 뒤집어서 기록했을까요? 그것은 중국 역사의 시조인 헌원을 천자天子, 즉 동북아의 주도권자로 만들기 위해서였습니다. 헌원이 천자가 되면 중국은 그 출발부터 천자의 나라가 됩니다. 중국을 동북아의 천자국으로 만들기 위해 사마천은 '금살치우'라 했던 것입니다.[13]

중국은 예로부터 사서에서 한민족 국가를 칭할 때 별칭을 사용하였는데, 그것은 대부분 멸시와 조소가 담긴 이름입니다. 예컨대 '예맥濊貊'에서 '예濊'는 '더럽다'는 뜻이고 '맥貊'은 '짐승의 한 종류'를 가리키고, '산융山戎'은 '산에 사는 오랑캐', '동호東胡'는 '동쪽에 사는 오랑캐'를 뜻합니다. 그들은 이렇게 한민족을 중국 주변의 야만인 집단으로 비하함으로써 한국의 찬란한 고대사를 부정한 것입니다.

이렇게 우리 역사를 깎아내리는 것은 중국 역사를 서술하는 전통적인 방식인 춘추필법春秋筆法에 따른 것입니다. 춘추필법이란 공자가 쓴 『춘추』에서 나온 말로, 역사를 서술할 때 중국이 천하의 중심임을 정당화하기 위해 대의명분을 내세우면서 그럴듯하게 조작하여 서술하는 것입니다. 이에 따라 중국에 영광스러운 일은 부풀리고 수치스러운 일은 감추며[위국휘치爲國諱恥], 중국은 높이고 주변 나라는 깎아내리고[존화양이尊華攘夷], 중국사는 상세히 쓰고 이민족 역사는 간략하게[상내약외詳內略外] 기록하였습니다. 그 결과 동북아 문명의 주체인 한민족의 역사는 하잘것없는 중국 변방의 오랑캐 역사로 전락하고 말았습니다.

그런데 치우천황이 헌원을 굴복시킨 탁록(하북성 탁록현涿鹿縣)에 가 보면, 참으로 어처구니없는 역사 왜곡의 현장을 만나게 됩니다.

중국은 1992년부터 1997년까지 탁록현에 귀근원歸根苑을 조성하고 그곳에 중화삼조당中華三祖堂이라는 사당을 지었습니다. '귀근원'은 '중화민

---

13) '금살치우'라는 역사 조작에는 『사기』를 편찬할 당시 한 무제가 북부여를 넘보았다가 고두막한에게 패한 것도 한 원인으로 작용하였을 것이다. 동방 한민족을 본래 중국의 제후국 백성으로 만듦으로써 패배의 치욕을 갚으려 한 의도가 엿보인다.

족의 근본으로 돌아가자'는 뜻이고 '중화삼조당'은 '중화민족의 세 조상을 모신 사당'입니다. 거기에는 놀랍게도 한민족의 조상인 염제신농, 치우천황이 중국 한족의 시조인 헌원과 함께 '중국의 위대한 조상'으로 모셔져 있습니다. 치우천황과, 그보다 6백 년 전 인물인 동이족 의학의 아버지요 농경의 아버지인 염제신농씨를 중화족의 조상으로 받드는 것입니다. 2007년 4월 18일에는 하남성 정주시鄭州市 근처, 황하가 내려다보이는 곳에 염제신농씨와 황제 헌원의 거대한 석상[염황이제상炎黃二帝像]까지 세워 놓았습니다.

그리고 탁록을 '중국 5천 년 문명사의 요람'이자 '중화민족의 주요 발상지'라 자랑합니다. '세 조상이 탁록에서 벌인 전쟁을 통해 연맹하고 융합하면서 중국 민족의 근본을 다졌다'는 것입니다. 중국 학자 소병기蘇秉琦는 "백 년 전 중국의 모습을 보려면 상해로 가라. 그리고 천 년 전 중국 모습을 보려면 북경으로, 2천 년 전 중국 모습을 보려면 서안(장안)을 가 보라. 그러나 그대가 5천 년 전 중국 모습을 보고자 한다면 탁록으로 갈

탁록 중화삼조당에 모셔진 (왼쪽부터)염제신농 황제헌원 치우천황

하남성 정주鄭州시 염황이제석상炎黃二帝石像

지어다."[14]라고 말했습니다. 이전까지는 5,300년 전 황하문명의 주역이라 자부했는데, 이제는 7천 년, 8천 년이 넘는 홍산문화의 주역으로, 동북아뿐만 아니라 인류 창세 문화의 원류라 주장하기에 이른 것입니다. 이리하여 동북아 문명의 원 주인공인 한민족의 대진국(발해) 이전 역사가 중국의 문화에 완전히 흡수되어 버렸습니다. 중국은 우리 고대 유적지를 파괴하고 당나라 양식으로 다 바꿔놓고 있습니다.

일본은 식민통치를 위해 한국의 역사를 멋대로 조작하였다

❀ 한국사를 멋대로 서술한 『조선사』

일본역사는 고대 조몬 시대를 거쳐 야요이 시대(기원전 3세기~서기 3세기)로 이어졌다고 합니다. 야요이 시대에 대한 기록은 『삼국지』「위지왜인전」에 처음 나옵니다. '2, 3세기에 일본 열도에는 100여 개의 작은 나라들이 난립해 있었으며, 그 중 가장 큰 나라는 여왕 히미코가 통치하는 야마타이국'이라 하였습니다.

그런데 이 야요이 시대는 한반도에서 건너간 한민족이 개척한 것입니다. 한민족의 이주는 4세기 말 15대 응신應神왕과 16대 인덕仁德왕 때에 이르러 최고조에 달했습니다. 이 때 백제의 귀족 일부가 일본으로 이주했으며, 이와 함께 생활 도구와 도기 등을 만드는 장인들이 건너갔고, 도교에 대한 서적도 전해졌습니다. 8세기 중반에는 백제인이 야마토 지역 인구의 80~90%를 차지했습니다. 『태백일사』「대진국본기」를 보면 3세기 말에 서부여(연나부부여)의 의려왕이 건너가 건설한 일본 최초의 통일 왕조가 야마토 왜倭입니다. 이로부터 일본 천황가의 계보가 이어진 것입니다.

---

14) CCTV-4, 〈지도상의 이야기(地圖上的故事)〉, "천고의 문명, 탁록에서 열리다(千古文明開涿鹿)", 2004.9.6 방영.

660년에 백제가 멸망했다는 소식에 야마토 왜는 큰 충격을 받았습니다. 당시 야마토 왜의 37대 제명齊明왕(655-661)은 병사들을 서북 해안에 배치하고 성책을 수리하며, "산천을 끊는 전조"라 하면서 백제 회복을 결의하였습니다. 제명왕은 직접 병사를 이끌고 추운 12월에 아스카를 출발하여 백제가 가깝게 보이는 큐슈의 아사쿠라궁까지 갔습니다. 그러나 안타깝게 도중에 세상을 뜨고, 천지天智왕(661-671)이 그 뒤를 이었습니다. 천지왕은 663년 백강구(금강 하구로 추정) 전투에 선박 400척에 지원군 2만 7천명이라는 대선단을 파견하였습니다. 그러나 나라의 부활을 건 싸움에서 백제가 패하였습니다. 야마토 왜의 병사들은 백제 왕자와 유민들과 더불어 일본열도로 돌아오면서 눈물을 흘리며 이렇게 한탄했다 합니다.

"어찌하나, 백제의 이름이 오늘로 끊어졌으니 조상의 분묘가 있는 곳을 어찌 또 갈 수 있으리오."

그때 그들을 인솔한 것은 백제의 장군들이었습니다. 백제의 장군들은 일본열도 곳곳에 산성을 구축하며 야마토 지역으로 이동했습니다.

백제로부터 문물을 전수받아 온 야마토 왜는 백제가 멸망하자 자립의 길을 모색해야 했습니다. 670년에는 아예 국호도 '일본'으로 바꾸고, 천무天武왕(673-686)은 성씨제 실시, 국가 기본법[大寶令] 편찬(701) 등 행정 전반을 개혁하였으며 '천황'이란 호칭도 공식적으로 사용했습니다. 그리고 한반도, 특히 백제와 연결된 역사의 고리를 끊는 '천황 중심의 새로운 역사'를 만들기 시작했습니다. 그 결과 720년에 최초의 정사正史인『일본서기』가 편찬되었습니다.『일본서기』는 일본왕실을 만세일계萬世一系(일본 천황가의 혈통이 단 한 번도 단절된 적이 없다고 주장하는 것)의 정통성을 지녔다고 하며, 한민족과의 관계를 단절시켰습니다. 이것이 일본이 자행한 한민족 역사 왜곡의 시작입니다.

이후 1910년에 조선을 강제로 병합한 일본은 식민주의 사관을 확립하는 데 온 힘을 기울였습니다. 조선의 역사 전체를 식민지 역사로 꾸며서 조선인으로 하여금 스스로 열등하고 어리석다는 생각에 빠지게 함으로써, 조선을 영원히 지배하려는 것이었습니다. 한국사를 연구한 일본 사학자들은 근대 역사학의 방법론을 내세워 한국사를 자기들 멋대로 쓰기 시작하였습니다.

1920년대에는 일본 학자들을 대거 조선으로 데려와 조선사편수회를 조직하였습니다. 조선사편수회는 일본 정부로부터 당시 100만 엔에 이르는 큰 돈을 지원받아 1932년부터 1938년까지 한민족 역사책을 간행하였습니다. 그 중 가장 역점을 두고 편찬한 책은 『조선사』입니다. 『조선사』는 조선 역사와 관련된 중국, 일본, 조선의 역사 자료를 시대별로 모은 총 37권, 2만4천 쪽에 이르는 방대한 책입니다.

그런데 일제는 이 책을 편찬할 때, 식민통치에 이로운 역사 자료는 많이 넣고 불리한 것은 빼 버렸습니다. 넣은 사료조차도 85%가 고려와 이 땅의 마지막 왕조인 근세조선에 관한 것이고, 상고사 관련 자료는 겨우 8%에 지나지 않습니다. 일제는 이 책을 편찬하면서 ①단군 관련 기록 삭제, ②한국과 일본은 같은 조상을 뿌리로 한다는 동조동근론同祖同根論 구축, ③조선인은 열등하고 일본인은 우수하다는 인식을 갖게 하는 것 등에 중점을 두었습니다.[15] 『조선사』는 한민족의 정체성을 뿌리 뽑아 버리고 한민족을 일본 왕의 충실한 신민으로 만들려는 식민 정책에 따라 편찬되었던 것입니다.

❀ 한민족사의 밑뿌리를 뽑아버린 이마니시 류

일본이 왜곡한 한민족사 가운데 우리 청소년들이 꼭 알아야 할 것이 있습니다. 바로 한민족사의 밑뿌리를 통째로 뽑아버린, '석유환국昔有桓

---

15) 김삼웅, 『한국사를 뒤흔든 위서』, 225쪽.

國'의 '국國' 자 변조 사건입니다. 동경제국대 대학원에서 한국사를 전공한 후 조선에 파견된 이마니시 류今西龍(1875~1932)가 『삼국유사』에 기록된 '석유환국昔有桓國'을 '석유환인昔有桓因'으로 바꿔 버린 것입니다. '국國' 자의 가운데를 쪼아 '인因' 자로 만들어서 "석유환국, 옛적에 환국이 있었다."는 것을 "옛적에 환인이 있었다."라고 바꿔 버렸습니다.

이 조작극을 가능하게 한 데에는 『삼국유사』의 저자인 승려 일연의 책임도 큽니다. 일연은 『위서』에서 인용한 '석유환국'이라는 구절 옆에 '환국은 제석을 말한다[위제석야謂帝釋也]'고 주석을 달아 놓았습니다. 불교 스님의 의식으로 '환국은 제석신을 말한다'고 해석해 놓은 것입니다. '제석'은 불가의 수호신으로 '환인'이라 불립니다. 이마니시 류는 이것을 이용하여 과감하게 '석유환국'을 '석유환인'이라고 소작하였습니다. 그리하여 환국이라는 나라가 없어지고 말았습니다. 이에 따라 환국을 계승한 배달과 옛[古] 조선도 신화가 되어 버렸습니다. 한민족 7천 년 고대 역사의 핵이 도려내지고, 한국사의 혼이 완전히 뿌리 뽑히고 만 것입니다.

일본은 일찍이 『일본서기』를 지어 본래 1,300년인 자국의 역사를 2,600년으로 늘렸습니다. 그러면서 조선 역사는 위만조선에서 시작되었다 하였습니다. 위만의 손자 우거가 한 무제에게 멸망당할 때까지 겨우 86년 동안 존속한 '위만정권'을 조선 역사의 시작으로 설정한 것입니다. 게다가 일본은 그 위치를 요동반도가 아닌 한반도의 평양 이북이라 하였습니다. 이리하여 조선은 기원전 2세기에 한반도 안에서 출범한 나라로 일본보다 짧은 역사[2,200년]를 가진 나라가 되었습니다.

❀ 식민사학의 사슬에서 벗어나지 못하는 우리나라

우리 고대사를 없애 버린 일본은 곳곳에 식민사관의 독버섯을 심어 놓았습니다. 그 중 대표적인 우리나라 식민사학자가 이병도李丙燾예요. 와

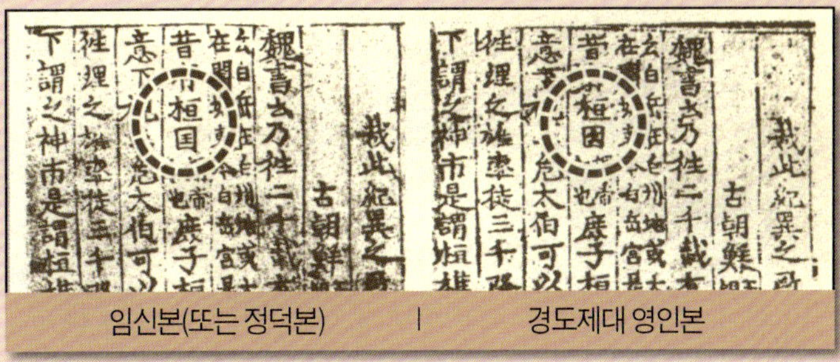

| 임신본(또는 정덕본) | 경도제대 영인본 |

『삼국유사』 판본비교_이마니시류는 '국국' 자를 '인囻' 자로 바꿈으로써 환국-배달-단군조선으로 이어지는 한민족의 상고사를 사실성이 없는 신화 이야기로 만들어 버렸다. 이로써 한민족 7천년 역사가 사라져 버리고 말았다.

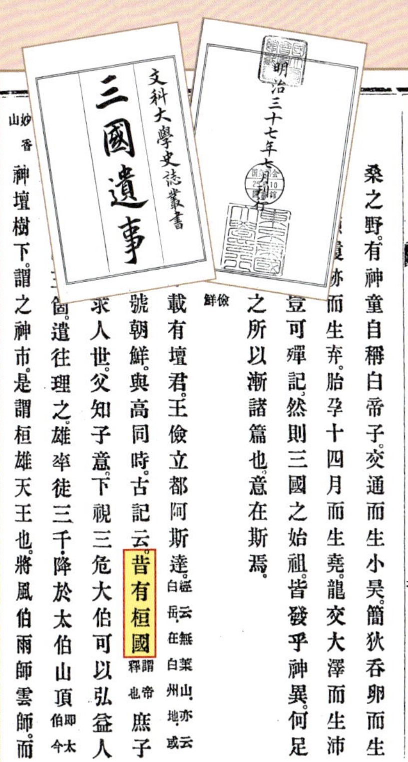

이마니시 류_우리나라 역사를 왜곡한 일본 식민사학자 3인방 가운데 막내.

1904년 일본 동경제국대에서 발행한 『삼국유사』에 나오는 "석유환국"

이마니시 류가 입학한 다음 해인 1904년, 동경제국대는 학부와 대학원에서 교재로 쓸 『삼국유사』를 발행하였다. 영인본이 아니라 활자본인 이 책에 환국桓國이라는 글자가 선명히 보인다. 당시 대학원생이던 이마니시 류도 틀림없이 이 책으로 공부하였을 것이다. 그후 이마니시 류는 1926년에 '환국桓国'을 '환인桓囻'으로 조작한 『삼국유사』 경도제국대 영인본을 만들어 일본과 한국에 배포하였다. 이 영향으로 현재 국내에는 '석유환인'이라 표기된 『삼국유사』가 더 많이 유통되고 있다. 이것도 우리가 청산해야 할 일제 식민사학의 잔재이다.

세다대학 '사학 및 사회학과'를 졸업한 이병도는 이른바 근대 한국사학자 제1호 인물입니다.

이병도는 요시다 도고吉田東伍, 쓰다 소우키치津田左右吉, 이케우치 히로시池內廣 같은 일제 식민주의 사학의 핵심 인물들에게 영향을 받았습니다. 1925년부터 '조선사편수회'에 참여한 이병도는 '우리 사회는 한사군이 철기 문화를 전해 준 덕분에 미개 사회를 벗어나 국가 단계로 진입하였다'고 주장하였습니다.

해방 후 한국 사학계를 주도한 이병도는 한국전쟁 후 민족사하의 큰 인물들이 납북되자, 한국 역사학계를 마음대로 움직였습니다. 이병도는 실증사학(유물 같은 증거를 중시하는 연구 방법)을 내세운 식민사관으로 서울대학교에서 한국사를 가르치면서 제2, 제3의 식민사학자를 길러 냈습니다. 그의 제자들은 전국의 강단에서 수많은 학자와 교사를 가르쳤습니다.16) 그 결과 이 땅의 2세들은 일제 식민사학의 손아귀에서 벗어나지 못하게 되고 말았습니다. 1945년, 나라는 광복을 맞이했지만, 광복 70년이 지나도록 잃어버린 역사는 아직 되찾지 못했습니다.

식민사학에서 벗어나지 못한 대가로 한국은 지금 역사뿐 아니라 영토까지 빼앗기고 있습니다. 중국은 일본이 조작해 낸 '한사군 재在한반도설'을 동북공정에 적극 활용하고 있습니다. 한나라 때의 중국 영토를 한강 이북까지 확장하여 표시한 겁니다. 이 잘못된 지도가 서양 여러 나라의 세계사 교과서에 그대로 실려 있습니다. 왜곡된 대한민국의 역사가 전 세계로 퍼져 나가 진실로 굳어지고 있는 것입니다. 이런 상황을 우리는 그저 지켜보고만 있어도 되겠습니까?

---

16) 김종서, 『신화로 날조되어 온 신시·단군조선사 연구』, 72~74쪽.

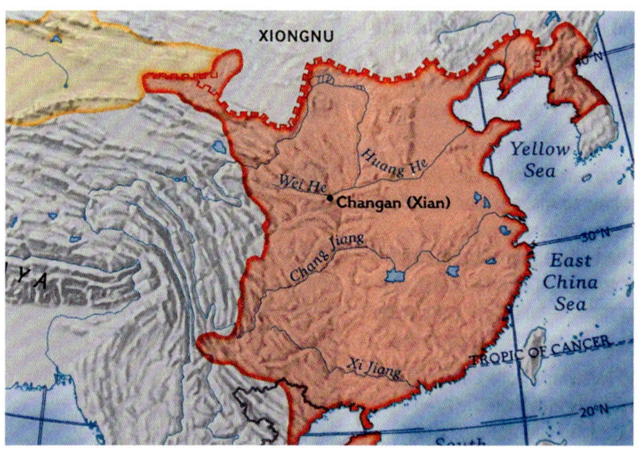

글렌코 맥그로 힐의『세계사』(101쪽)에 실린 한나라 지도_중국이 펴낸『중국역사지도집』과 마찬가지로 한나라 영토가 한반도의 한강 이북 지역까지 그려져 있다. 한반도 땅에는 국가 이름도 표시되어 있지 않다.

우리 손으로 파괴한 우리 역사

✿ 사대주의 사관에 갇힌 유학자들

중국과 일본만 우리 역사를 침탈하고 왜곡한 것이 아닙니다. 우리 손으로도 우리 역사를 파괴하였습니다. 사대주의 사관에 중독된 학자들이 우리 역사를 스스로 부정한 것입니다.

공자가 주창한 유교는 '중국을 세계의 중심으로 삼고 그 밖의 민족은 중국에 예속된 오랑캐로 간주하는' 중화주의 사상을 그 바탕에 깔고 있습니다. 고려와 조선은 이러한 유교를 들여와 통치 이념으로 삼음으로써 우리 역사에 크나큰 해악을 끼쳤습니다.

특히 유교를 국교로 삼은 조선은 중화주의 사관에 들어맞는 역사책만 올바른 기록으로 인정하고, 중화주의 사관과 어긋나는 한민족의 고유한 역사책은 이단異端이라 하여 모조리 압수하거나 불태워 버렸습니다. 태종은 서운관書雲觀에 보관되어 있던 고유 사서를 공자의 가르침에 어긋난다 하여 불태웠고, 세조·예종·성종은 전국 관찰사에게 우리의 정통 역사책을 수거하라고 명하였습니다. 예종이 내린 사서 수거령을 보면 그 내용이 매우 구체적입니다. '책을 신고한 자 또는 소지한 사람을 고발한

세조 3년(1457)의 사서 수거령

諭八道觀察使曰: "『古朝鮮秘詞』·『大辯說』·『朝代記』·『周南逸士記』·『誌公記』·『表訓三聖密記』·『安含老元董仲三聖記』·『道證記智異聖母河沙良訓』·文泰山·王居仁·薛業等三人記錄·『修撰企所』一百餘卷·『動天錄』·『磨虱錄』·『通天錄』·『壺中錄』·『地華錄』·道詵『漢都讖記』等文書, 不宜藏於私處, 如有藏者, 許令進上, 以自願書册回賜, 其廣諭公私及寺社."
(『세조실록』 세조 3년(1457, 丁丑) 5月 26日). 사서 수거령에 포함된 고서는 『고조선비사』, 『대변설』, 『조대기』, 『주남일사기』, 『시공기』, 『표훈삼성밀기』, 『안함로원동중삼성기』, 『도증기지이성모하사량훈』, 문태산文泰山, 왕거인王居仁, 설업薛業 등 3인의 기록, 『수찬기소』 1백여 권, 『동천록』, 『마슬록』, 『통천록』, 『호중록』, 『지화록』, 도선道詵의 『한도참기』 등이다. 수거령으로 소멸된 귀한 사서의 일부나마 『환단고기』를 통해서 볼 수 있는 것은 천우신조가 아닐 수 없다.

자는 2품계를 높여 주거나 면포 50필을 주되, 책을 숨기고 신고하지 않은 자는 참형에 처할[匿者處斬] 것이다'라는 상벌 규정까지 정해져 있습니다. 이것을 보면 당시 조선 조정이 우리의 정통 역사서 없애기에 얼마나 열을 올렸는지 짐작할 수 있습니다.

조선 유학자들이 보인 열렬한 모화慕華정신은 더욱 눈 뜨고 볼 수 없었습니다. 세종 때 최만리는 훈민정음 제정을 반대하며 "조종祖宗 이래 지성으로 중국을 사사師事하고 모두 중국 제도를 본받아 왔는데 만약 훈민정음이 중국에 전해지는 날에는 사대모화에 부끄러운 일"[17]이라고 상소

17) 『조선왕조실록』 세종 26년(1444) 2월 20일 조.

를 올렸습니다. 동방의 대현자라 불리는 이율곡은 명나라 군주를 '우리 황상皇上'이라 하고, 명나라 조정을 '천조天朝' 또는 '성조聖朝'라는 말로 떠받들었습니다.[18] 그리고 "기자께서 조선에 이르시어 우리 백성을 천한 오랑캐로 여기지 않고 후하게 길러 주시고 부지런히 가르쳐 주셨다."라고 하여 '기자동래설箕子東來說'을 진실로 받아들였습니다. 더 나아가 "단군의 출현은 문헌상 상고할 수 없다."고 하면서 한민족의 상고 역사를 부정하였습니다.[19]

실학파의 대표 인물 정약용도 사대주의에서 벗어나지 못하였습니다. "우리나라는 번국藩國(제후국)이니 마땅히 관제가 작아야 한다."[20]라며, 중국을 종주국으로 모셨습니다. 최인은 이 같은 행태를 두고 "조선은 한일합병으로 망한 것이 아니라 이미 그전에 한중합병으로 망하였다."[21]라고 통탄하였습니다.

❀ 『삼국사기』와 『삼국유사』의 실체

대한민국 역사학계가 인정하는 1호 역사책은 『삼국사기』와 『삼국유사』입니다. 숱한 전란과 외세의 침탈, 그리고 우리 손에 의해 모든 사서가 없어졌는데도 이 책들은 오늘날까지 살아남아 대한민국의 역사 교재로 쓰이고 있습니다. 그 까닭은 무엇일까요?

◎『삼국사기』: 1145년(고려 인종 23)에 김부식이 왕명을 받아 편찬한 책으로, 삼국 시대의 정사正史로 평가받습니다. 그런데『삼국사기』가 편찬되던 때, 강성해진 중국 금나라가 천자국을 선포했습니다. 그리고 본래 천자국인 고려에 제후로서 예를 갖추라며 사신을 보내어 대궐문, 대궐의

---

18) 『율곡전서』「본국청개종계주본本國請改宗系奏本」.
19) 『율곡전서』「기자실기箕子實記」.
20) 『경세유표經世遺表』「천관이조天官吏曹」.
21) 최인,『한국사상의 신발견』, 225쪽.

호칭 등 50여 가지 이름을 격을 낮추어 바꾸게 합니다. 이런 시대적 배경 속에서 유학자인 김부식이 중화주의와 사대주의 사관을 바탕으로 이 책을 지은 것입니다.

김부식은 첫째, 북방을 다스리며 중국을 제압하던 고구려를 '진한秦漢 이후로 중국의 동북 모퉁이에 끼어 있었던 나라'로 깎아내리고 '중국의 국경을 침범하여 중국을 한민족의 원수로 만든' 적대국으로 취급하였습니다.

둘째, 강렬한 주체 정신으로 끝까지 당나라에 맞서 싸운 연개소문을 '임금을 잔인하게 죽인 천고의 역적, 살인마'라고 기록하였습니다. 당시 임금은 자신을 따르는 사람이 없어 부끄러워서 스스로 목숨을 끊은 것입니다. 이러한 진실이 『환단고기』에 나옵니다.

셋째, 신라 귀족의 후손인 김부식은 당나라를 끌어들여 삼국을 통일한 신라를 한국사의 정통 계승자로 세우기 위해 대륙의 역사를 거세시켰습니다. 고구려를 계승하여 만주 대륙을 지키며 신라와 어깨를 나란히 하던 대진大震(발해)의 역사를 단 한 줄도 기록하지 않았습니다. 또한 고조선과 부여를 비롯한 한민족의 상고사에 대해서도 한마디도 없습니다.

◎『삼국유사』: 1281년(고려 25대 충렬왕 7)경에 승려 일연一然이 편찬한 책으로 저자 개인의 관점에서 자유로운 형식으로 기술한 야사野史입니다. 그래서 각 왕조의 흥망성쇠와 관련된 신화와 전설이 많이 담겨 있습니다.

그런데 『삼국유사』가 나오던 무렵, 고려는 지구촌 4분의 1을 점령한 원나라의 위력에 굴복하여 국운이 완전히 기울고 있었습니다. 고조선의 국통을 계승한 북부여, 고구려, 대진국 등 한민족의 임금은 대대로 천자로서 건원칭제를 했습니다. 고려에 들어와서도 임금이 연호를 쓰고 황제라 불렸는데, 25대 충렬왕 때부터는 황제를 아예 왕으로 낮추고 왕 이름 앞에 원나라에 충성을 맹세하는 '충' 자를 붙였습니다(26대 충선왕, 27대 충숙왕, 28대 충혜왕, 29대 충목왕, 30대 충정왕까지).[22] 이런 악폐가 조선 5백 년 동안 이어진 것입니다. 물론 조선 말에 고종이 다시 건원칭제를 하며 천자의 나라를 선언하여 국통을 세우려 했습니다. 그러나 그때는 이미 나라가 패망당하기 직전이었습니다.

그렇게 오랑캐 원나라가 중화사상을 내세우며 달려들던 때에 '우리 역사의 본래 모습을 복원키려는' 반성과 자각에서 쓰여진 것이 『삼국유사』 제1권 「고조선」입니다. 일연은 먼저 『위서魏書』[23]를 인용하여 '2천 년 전에 단군왕검이 있었으며 아사달에 조선을 세웠다'고 하였습니다. 확신을 갖고 자신 있게 선포한 것입니다.

이어서 일연은 『고기古記』를 인용하였습니다. 그 첫 구절은 바로 "옛적에 환국이 있었다[석유환국]."라는 것입니다. 분명히 환국이 있었다고 하였습니다.

그러나 그 기록은 다시 '서자庶子[부족의 이름] 환웅'을 '환인의 아들'로, 또 단군왕검을 환웅이 웅녀와 혼인하여 낳은 아들이라 서술하였습니다. 그리하여 환국―배달―조선의 역사, 40년 부족한 한민족의 7천년 역사가 할아버지와 아버지와 아들의 3대 이야기가 되어 버렸습니다. 그리고 앞에서도 말한 것처럼 '환국' 옆에다가 일연이 '불가의 제석신[환인]이다'라고 주석을 달아 놓아 환국의 역사를 신화로 왜곡되도록 만들었습니다. 불교 스님의 의식으로 이렇게 만들어 놓은 겁니다.

그 다음 환웅 이야기에 '일웅일호―熊―虎'가 나옵니다. 이 '일웅일호'야말로 우리 고조선 역사를 부정하는 핵심어입니다. "이때 일웅일호―熊―虎가 한 동굴에 살면서[동혈이거同穴而居] 늘 신령스러운 환웅에게 사람이

---

22) 고성 이씨 문중의 행촌 이암이 뜨거운 자주 독립 정신으로 당시 내려오던 우리나라 고기를 집대성해서 『단군세기』를 편찬한 것이 31대 공민왕 때이다.

23) 이 『위서』는 조조의 아들이 세운 위나라의 왕침王沈이 쓴 책으로, '동이족을 높이고 중국 화하족을 낮추었다' 는 이유로 불태워져 전하지않는다.

되게 해 달라고[원화위인願化爲人] 기도하였다.”라고 했습니다.

『고기』의 원본이 원동중의『삼성기』하인데, 이 책에는 '일웅일호'가 동린同隣, 즉 같은 이웃에 살았다고 했습니다. 그리고 '웅호이족熊虎二族'이라는 구절이 나옵니다. 곰과 호랑이를 토템으로 하는 웅족과 호족, 두 부족이라는 뜻입니다.『삼국유사』에 '일웅일호'라는 대목은『삼성기』하와 똑같이 들어 있는데 '웅호이족'이라는 말이 빠져 있습니다. 우리가 어렸을 때부터 익히 들어 온 단군신화의 내용은 이렇습니다.

'한 동굴에 살던 한 마리 호랑이와 한 마리 곰이 사람이 되고 싶어서 환웅께 기도하였다. 이에 환웅이 주신 마늘과 쑥을 먹으며 21일을 참고 견디다가 호랑이는 사람이 되지 못하고 곰은 여자가 되었다. 환웅이 여자가 된 곰과 혼인하여 단군왕검을 낳았다'

이것은 바로 일본 학자들이 왜곡하여 해석해 놓은 것입니다. 우리 학자들이 여기에 중독이 되어서, 지금까지 우리나라 초등학교 교과서부터 일반 역사 교재에 이르기까지 '고조선은 신화다'라고 기술하고 있는 것입니다.

그런데 이것은 뭔가 최면에 걸려서 그렇게 해석하는 것 같습니다. 예로부터 시베리아와 만주 등지에는 짐승을 수호신으로 모시는 신앙이 널리 퍼져 있었습니다. 시베리아, 북만주, 남북 아메리카에도 곰 토템 신앙이 있었고, 일본 북해도를 가 보면 원주민인 아이누 민속촌에도 곰 토템 문화가 있습니다. 그 사람들도 그렇지만, 지구촌 어디에도 '일웅일호'를 '한 마리 곰과 호랑이'로 해석하는 사람이 없습니다. 애초부터 그렇게 해석하면 신화로도 성립될 수가 없습니다.

이 구절은 웅족과 호족의 대표가 한 사람씩 와서 '저희도 삼신의 계율을 지키는 환족 백성이 되게 해 달라'고 서원을 한 것입니다. 그래서 환웅께서 천지광명 민족으로 태어날 수 있도록 집중 수행을 시키신 겁니다. '일웅일호' 이야기는 결코 짐승이 사람 되려고 한 신화가 아닙니다.

『삼국유사』는 고조선을 개국한 단군왕검에 대해서도 왜곡을 했습니다. 즉 '한 분의 단군왕검이 나라를 다스리며 1,908세를 사시다가 산신이 되었다'고 말입니다. 한 사람이 근 2천 년을 살았다니 이것을 믿을 사람이 어디 있습니까.『단군세기』를 보면, 단군조선은 2,096년 동안 마흔일곱 분 단군이 나라를 다스렸습니다. 그리고 도읍지의 이동에 따라 모두 세 번 왕조가 변했습니다.

이것으로 보면 삼국유사에서 단군왕검의 수명이라고 말한 1,908세란 단군조선 1세에서 43세까지의 역년입니다. 그리고 산신이 된 분은 단군왕검이 아니라 고조선 마지막 47세 고열가 단군입니다.

고조선 변천 과정

제1왕조 : 송화강 아사달(하얼빈) 시대 : 삼한

단군왕검〜21세 소태단군(BCE 2333〜BCE 1286), 1,048년간 지속

제2왕조 : 백악산 아사달(장춘) 시대 : 삼조선

22세 색불루단군〜43세 물리단군(BCE 1285〜BCE 426), 860년간 지속

제3왕조 : 장당경 아사달(개원) 시대 : 대부여

44세 구물단군〜47세 고열가단군(BCE 425〜BCE 238), 188년간 지속

사대주의와 중화사상을 바탕으로 우리 고대사와 대륙의 역사를 제외시킨『삼국사기』! 불교의식으로 주석을 붙여서 실존 역사를 신화로 만들어 버린『삼국유사』! 결국 이 책들이 오늘날까지 살아남은 이유는, 바로 이렇게 한민족 고대사를 말살하려는 중국의 중화사관과 일본의 식민사관에 딱 맞게 기록했기 때문입니다. 이 얼마나 어이없는 역설입니까.

우리 역사, 새로 써야 한다

자신의 시원 역사와 문화를 잃어버리고 사는 혼 빠진 한민족! 이것이 오늘날 우리의 모습입니다. 한국의 강단사학계는 중국과 일본이 왜곡한 것을 그대로 받아들여 한국사 체계를 단군조선→기자조선→위만조선→한사군으로 잡고, 한사군의 꼬리에 고구려, 백제, 신라의 삼국 시대를 이어 붙입니다. 역사 교과서에도 단군조선의 건국 사실만 말할 뿐, 마흔 일곱 분 단군의 다스림에 대해서는 한 마디도 없습니다. 초대 단군인 단군왕검, 고조선 말기 번조선의 준왕, 그리고 준왕을 쫓아낸 위만, 이 세 사람만이 고조선의 왕으로 나와 있습니다. 광복 70년이 다 되도록 우리는 아직 빈껍데기 역사를 가르치고 배우고 있는 것입니다. 우리는 하루 빨리 왜곡된 한국사의 참모습을 찾아 역사를 새로 써야 합니다. 이것이 우리 앞에 놓인 과제입니다.

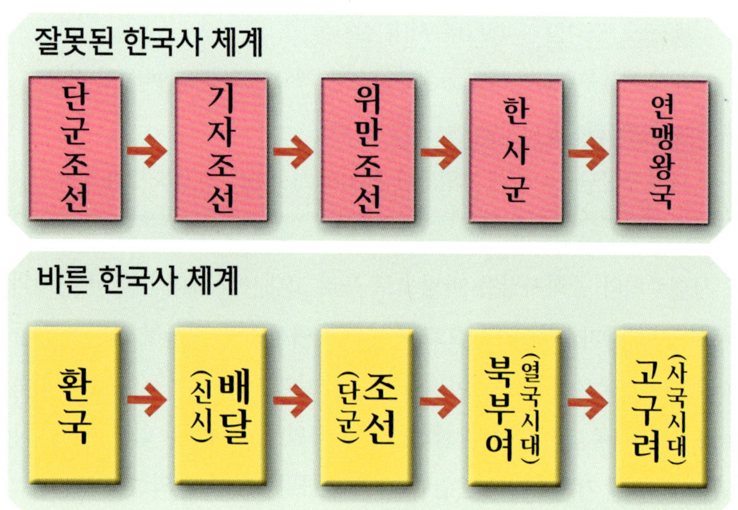

대한의 혼을 찾아서

정신사의 맥을 밝히는 역사학이 필요하다

그렇다면 비뚤어진 한국사를 바로잡을 길은 어디에 있을까요? 『환단고기』를 제대로 읽고 역사의 참모습을 밝히려면, 그동안 역사를 연구하던 방법에서 벗어나야 합니다. 즉 구사학, 신사학을 뛰어넘은 새로운 역사학이 필요합니다.

구사학이란 19세기에 태동한 실증주의 연구 방법입니다. 철저한 문헌 비판과 증명을 통해서 객관적으로 역사의 진실을 드러내야 한다는 것입니다. 그리고 이에 반기를 든 신사학은 실증주의와 객관주의를 부정하고, 사람에 따라 주관적으로 다양하게 역사 해석을 할 수 있다고 주장합니다.

하지만 오늘날 역사학은 여전히 실증주의 사학에서 벗어나지 못하고 있습니다. 실증사학은 철저한 문헌 고증학의 입장에서 많은 성과를 거두었으나, 그 연구 결과가 과거 사실을 증명하는 데에 그쳤습니다. 실증사학을 개척한 독일의 랑케가 말한 바, '역사를 있는 그대로 해석한다'는 것은 사실 꿈 같은 얘기입니다. 그것은 영원히 있을 수 없습니다. 역사는 흘러 과거가 되고, 사라지고, 잊혀지는 것입니다. 유물 또한 파괴됩니다. 형체가 있는 것은 결국 무너지는 겁니다.

이렇듯 진실을 말하는 것 같으면서도 진실을 온전히 밝힐 수 없는 실증사학은 낡은 유물이 되었습니다. 실증사학의 연구 결과로 지금 역사책을 열면 모두 구석기 시대니 신석기 시대니 철기 시대니 이렇게만 나와 있습니다. 인류의 정신문화사가 없습니다. 그냥 이러이러한 집에 살았고, 이러이러한 도구를 만들어 사용했다는 정도입니다. '그 사람들이 하늘의 무슨 별을 보았으며, 대자연 세계를 어떻게 이해했으며, 삶과 죽음을 어떻게 생각했는가' 하는 내용은 전혀 없습니다. 그 사람들이 '인간은 왜 태어나며, 역사의 목적은 뭐냐?' 하는 것을 전혀 몰랐겠습니까?

『환단고기』에는 이러한 정신문화사가 고스란히 담겨 있습니다. 인류의 첫 조상인 환족이 삼신의 가르침[신교]에 따라 어떻게 처음으로 역사를 열었으며, 그 문명이 어떻게 세계로 퍼져 나갔는지 보여 줍니다. 그리하여 『환단고기』를 제대로 읽고 우리 역사를 바로잡기 위해서는 실증주의와 정신사, 동양과 서양, 과거와 미래를 통찰하고 그것을 하나로 융합하여 볼 수 있는 '대통일의 역사관'이 필요한 것입니다. 그것이 바로 '신교사관'과 이를 기반으로 한 '대한사관'입니다.

신교사관의 위대함

신교神敎란 '삼신三神의 가르침'을 말합니다. 태고 시대에 사람들은 신교로써 백성을 깨우쳐 가르치고 나라를 다스렸습니다. 신교는 인류 문명의 근원이요 인류가 맨 처음 누린 원형 문화입니다. 이 신교는 9천 년 전 한민족의 삶의 기반인 고유 신앙 문화이기도 합니다. 신교가 무엇인가를 잘 이해하기 위해서는 삼신을 알아야 합니다.

삼신이란 무엇일까요? 삼신은 만물을 낳는 조물주로서 형상이 없습니다. 삼신은 신이 셋이라는 뜻이 아닙니다. 조물주 하나님[일신]이 창조와 변화 작용을 할 때 세 손길로 나타나기 때문에 삼신이라 하는 겁니다. 즉, 조물주 하나님은 낳고[조화造化], 가르쳐 기르고[교화敎化], 다스리는[치화治化] 작용을 합니다.

이 삼신이 현실계에 자기를 드러낸 것이 '하늘과 땅과 인간'입니다. '하늘도 하나님, 땅도 하나님, 인간도 하나님'이란 말입니다. 이것을 천일天一, 지일地一, 태일太一이라 합니다. 신교 역사관은, 하늘과 땅과 인간을 같은 위격을 가진 존재로 인식하고 그 틀에서 인간 역사를 해석하는 것입니다. 인간을 천지로부터 대광명의 성령 기운을 받아 내려 사물을 보고 느끼고 판단하는 신령스러운 존재로 보는 것입니다.

또한 신교사관은 인간을 천지의 아들딸로, 천지를 인간 생명의 부모로 인식합니다. 그리고 인간을 '천지 부모의 꿈과 이상을 실현하는 주체로서 천지보다 더 큰[太] 존재, 즉 태일'이라 합니다.

일찍이 어느 누구도 하지 못한, 인간의 위격과 가치에 대한 위대한 선언! 여기에 신교사관의 위대함이 있습니다. 이 신교사관으로 한국사와 인류사를 해석할 때, 하늘과 땅과 인간이 하나로 어우러져서 이룩한 역사를 바르게 보고, 나아가 우주사 차원의 새 역사, 새 문명을 열 수 있습니다.

대한사관으로 『환단고기』를 보아야

❀ 고종 황제가 말한 '대한'의 뜻

우리나라의 이름 대한민국! 우리 국호에 '대한'이란 말을 처음 쓴 이는 고종 황제입니다. 『조선왕조실록』에 따르면, 1897년 10월 11일에 고종은 "우리나라는 곧 삼한三韓의 땅인데, 개국 초에 천명을 받고 하나의 나라로 통합되었으니 지금 천하의 호칭을 대한으로 정한다고 해서 안 될 것이 없다."라 하고, 앞으로 "모두 대한으로 쓰도록 하라."라고 명하였습니다.[24] 우리나라는 본래 삼한이었으므로 그 '한'을 되살려 국호를 대한으로 정하라고 한 것입니다. 그 이틀 후, 고종 황제는 원구단에서 삼신상제님께 천제를 올리고 '대한제국'의 출범을 만방에 선포하였습니다.

고종 황제가 말한 삼한이란 고조선 시대의 삼한을 말합니다. 고조선은 초대 단군 이래 삼신의 원리에 따라 나라를 셋[삼한]으로 나누어 다

---

24) 我邦乃三韓之地, 而國初受命, 統合爲一. 今定有天下之號曰 '大韓', 未爲不可. … 竝以大韓, 書之可也(『고종실록』).

서울 원구단의 황궁우와 황궁우 안에 모셔진 황천상제 위패

스렸습니다. 이것이 삼한관경제三韓管境制입니다. 고종이 이렇게 옛 삼한을 되살려 국호를 '대한제국'이라 선포한 것은, 조선이 옛 조선[삼한]을 계승한 천자국이요 자주독립국으로 재탄생함을 널리 알리고자 한 것입니다. 여기에는 동북아 역사와 문명의 중심이던 옛 조선의 영광을 회복하려 한 고종의 의지가 담겨 있습니다.

이 고종의 대한 사상에 대한사관의 뜻이 들어 있습니다. 대한사관이란 대륙을 호령하던 본래의 '큰 삼한(북삼한, 전삼한)' 의식으로 우리 역사를 해석하는 것입니다.[25] 이 대한사관으로 역사를 해석해야 배달과 고조선이 주도한 동북아 역사 본연의 모습을 밝힐 수 있습니다. 나아가 역사의 정의를 바로 세워 왜곡, 말살된 한민족의 웅대한 역사 혼을 되찾을 수 있습니다.

❀ 천지의 꿈을 이루는 인간, '대한'

『환단고기』는 '대한'의 연원을 더욱 본질적으로 밝혀 주고 있습니다.

"오환건국吾桓建國이 최고最古라."(『삼성기』 상)

---

25) 반면에 삼한을 고조선이 망한 뒤 그 유민들이 한반도 남부 지역에 세운 '작은 삼한[남삼한, 후삼한]'으로 규정하여 한민족 고대사를 축소, 해석하는 것을 소한사관이라 한다.

"우리 환족이 나라를 세운 것이 가장 오래다."라고 환국의 건국을 역사의 진실로 밝힌 이 선언에 따르면, 한민족은 원래 '환족'이었습니다. 환이란 무엇일까요?

『환단고기』「신시본기」를 보면, '환桓'은 '하늘의 광명[天光明]'을 뜻합니다. 그리고 땅의 광명[地光明]은 단檀이라 하였습니다. 그리고 이 '하늘의 광명[桓]'과 '땅의 광명[檀]'을 모두 체험한 환단의 인간이 바로 '한'입니다. 인간이 천지광명을 모두 체험한 '한'이 될 때 비로소 천지의 꿈을 현실로 이루어내는 역사의 주인공이 될 수 있습니다. 이러한 사람을 '태일'이라 합니다. 그리고 '태일'을 달리 표현한 말이 곧 '대한'입니다.

그런데 '대한'의 '한'은 이 땅의 8천만 겨레만 가리키는 말이 아닙니다. 그럼 무슨 뜻일까요? 국어사전에 따르면 본래 '한'에는 20개 이상의 뜻이 있습니다. 그 가운데 대표적인 것이 하나[一], 많다[多], 크다[大], 같다[同], 가운데[中], 대략, 무릇[凡] 등입니다. 『환단고기』에서도 '한'은 '크다', '하나다'라는 뜻이라 했습니다(『태백일사』「소도경전본훈」). 김상일 교수는 '한'을 동아시아 문명의 기원에 있어 '하나로 묶어 주는 띠'와 같은 것이라 봅니다.[26] '한'은 바로 온 인류를 한 가족으로 묶어 주는 말인 것입니다. 개개인은 하나의 '한'이고, 70억 전 인류는 '큰 한 가족', 즉 대한입니다. 이것이 '대한'의 또 다른 뜻입니다.

❀ 대한사관은 우주 대통일의 역사관

대한사관은 지구촌 모든 민족과 나라를 대한의 한 가족으로 보는 역사관입니다. 대한사관으로 인류 역사를 해석하고 정립할 때, 동서양의 복잡한 이해관계와 갈등을 해결하고 인류의 새 시대를 맞이할 수 있습니다. 온 인류가 진정으로 하나 되고, 다 함께 상생의 삶을 누리는 새로운

---

26) 박성수·김상일 외,『한류와 한사상』.

통일문명 사회를 열 수 있습니다. 그야말로 인간을 천지의 꿈을 이루는 주체로 보는 우주 대통일의 역사관이 대한사관입니다.

실제로 『환단고기』에는 상고 시대 동북아의 정치, 경제, 종교, 지리, 풍속, 언어, 음악, 건축, 국제 관계 등이 기술되어 있어, 한국의 뿌리 역사가 왜곡되면서 잃어버린 중국과 일본의 시원 역사까지 되찾아 줍니다. 그래서 대한사관으로 『환단고기』를 읽으면, 장차 '대한'으로 하나 된 인류가 맞이하게 될 새 세상을 그려 볼 수 있습니다.

천 년 세월이 낳은 『환단고기』

그러면 『환단고기』는 어떤 책일까요?

『환단고기』는 다섯 분이 지은 사서 다섯 권을 하나로 합편한 책입니다. 『삼성기三聖紀』 상과 하, 『단군세기檀君世紀』, 『북부여기北夫餘紀』, 그리고 『태백일사太白逸史』로 구성되어 있습니다.

한국사의 국통 맥을 세우는 『삼성기』

『삼성기』 상과 『삼성기』 하, 이 두 권은 인류의 창세 역사와 잃어버린 한민족사의 국통 맥을 바로 세우는 바탕이 됩니다.

특히 『삼성기』 상은 신라를 대표하는 열 분 성인[十聖] 가운데 한 사람인 안함로安含老가 쓴 책으로, 현존하는 역사책 중 우리의 국통 맥을 밝힌 가장 오래된 책입니다. 안함로는 유불선儒佛仙과 신교문화를 두루

안함로 (579~640) _유불선과 신교에 정통한 고승. 경주 불국사 맞은편의 〈신라를 빛낸 인물관〉에 신라 십성十 聖 중 한 분으로 모셔져 있습니다.

통한 당대 최고의 도승으로 역사에도 해박하여 그때까지 전해 오던 고유 사서에서 한민족사의 진액을 뽑아『삼성기』를 저술하였습니다.

『삼성기』하는 원동중元董仲(?~?)이 쓴 책입니다.『삼성기』상보다 좀 더 상세하게, 환국의 열두 나라 이름과 배달의 18대 환웅천황의 이름, 재위 연도까지 전하고 있습니다. 그러나 저자인 원동중의 구체적인 행적은 알 수 없습니다. 다만『세조실록』을 보면, 세조가 팔도 관찰사에게 수거하도록 유시한 도서 목록에 안함로와 더불어『삼성기』의 저자로 나와 있습니다. 이것으로 보아 조선 시대 이전의 인물이 분명합니다.

『삼성기』하는 환국 시대 이전의 역사, 즉 현 인류의 시조인 나반那般과 아만阿曼에 대한 기록을 남겼습니다. 또『삼성기』상이 환국의 실존에 대해 "오환건국吾桓建國이 최고最古라(우리 환족이 세운 나라가 가장 오래되었다)." 라고 선언한 것을,『삼성기』하는 "석유환국昔有桓國(옛적에 환국이 있었다)." 이란 말로써 다시 확인시켜 주고 있습니다.

단군조선사의 전모를 밝혀 주는『단군세기』

『단군세기』는 행촌杏村 이암李嵒이 쓴 책으로, 초대 단군인 단군왕검에서 마지막 47세 고열가단군에 이르기까지 역대 단군의 이름, 재위 연수, 업적과 사건 등을 연대순으로 기술하여, 고조선 2,096년 역사를 고스란히 담고 있습니다.

행촌 이암은 고려가 원나라에게 내정 간섭을 받기 시작한 25세 충렬왕 때(1297), 경상도 고성에서 고성 이씨 이우李瑀의 장남으로 태어났

행촌 이암 (1297~1364)_고려 공민왕 때 문하시중을 역임하였고 신교에 바탕을 둔 역사관을 정립하였습니다.

습니다. 행촌이라는 호는 자신이 유배되었던 강화도의 마을 이름을 따서 지은 것입니다.

당시 고려는 밖으로는 원나라의 내정 간섭과, 안으로는 원과 결탁한 간신배의 횡포 때문에 나라의 권위가 바닥에 떨어져 있었습니다. 충혜왕이 등극하고 다시 충숙왕이 복위하는 난세 속에 이암은 강화도로 귀양을 갔습니다. 3년 후(1335) 유배에서 풀려난 이암은 양주 천보산 태소암에서 1년간 머무를 때 그의 일생일대에서 가장 중요한 계기를 맞이합니다. 이명李茗과 범장范樟을 만나 셋이서 함께 한민족사 회복을 위한 역사책 집필을 결의한 것입니다. 세 사람이 어떻게 만났는지 밝혀지지 않았지만, 이들은 그곳에서 소전素佺거사라는 인물에게서 석굴 속에 감춰져 있던 고서들을 나누어 받았습니다. 그 고서는 인류 문명의 황금시절이었던 환단(환국—배달—고조선) 시대를 기록한 것이었습니다. 이암은 소전거사에게 들은 이야기와 전수받은 책을 바탕으로 환단 시대의 도학道學을 논한『태백진훈太白眞訓』과『단군세기』를, 복애거사 범장은『북부여기』를, 청평거사 이명은『진역유기震域留記』를 지었습니다.

이암은 오늘날의 국무총리격인 수문하시중守門下侍中 자리에 오른 정치가요 당대 최고의 지성과 학식을 갖춘 대학자였습니다. 이암의 글씨는 여말선초의 국서체國書體가 될 정도로 최고의 명필이었습니다.『단군세기』는 망해 가는 국운에 비분강개하며 동북아의 종주였던 옛 조선의 영화로운 역사를 만천하에 드러내고자 지은 역작입니다.

이암은『단군세기』를 통해 고조선 2,096년 역사를 정리하였을 뿐 아니라, 그 서문에서 역사를 똑바로 아는 것이 왜 중요한지 피력하고, 국통을 바로 세우는 것이 곧 나라를 구하는 길임을 토로하였습니다. 또한 신교의 우주론을 천지인 삼위일체의 관점에서 서술하고, 신교 사상의 정수를 뽑아 신교 역사관을 정립하였습니다.

잃어버린 국통 맥의 고리, 부여사의 전모를 밝혀 주는『북부여기』

『북부여기』는 범장范樟(?~?)이 지은 책으로, 환국-배달-고조선에서 북부여-고구려로 이어진 우리 역사의 족보를 밝혀 줍니다. 그동안 9천 년 한국사에서 가장 파악하기 어려웠던 부분이 이 부여 역사였습니다. 북부여사는 고조선과 고구려를 이어 주는 '잃어버린 고리'인 것입니다. 이『북부여기』기록으로 9천 년 한민족사의 국통 맥을 바로잡을 수 있게 되었습니다. 여기에는 북부여 역사뿐만 아니라 북부여에서 갈려 나간 동부여를 비롯한 여러 부여 역사가 모두 담겨 있습니다.

『북부여기』에서 처음으로 밝혀진 놀라운 이야기가 있습니다. 즉, 북부여의 시조인 해모수가 고주몽의 원 뿌리 조상이라는 것입니다. 고주몽의 아버지 불리지가 해모수의 둘째 아들(고진)의 손자라 합니다. 고주몽은 해모수의 고손高孫인 것입니다.[27]

고려 말에 금성錦城(현 전라남도 나주)에서 태어난 범장은 고려의 충신으로 잘 알려진 정몽주의 제자였다고 합니다. 호는 복애伏崖이고, 복애거사로도 불리었습니다. 범장은 조정에 출사하기 34년 전 젊은 시절(1335)에 이암, 이명과 함께 소전거사로부터 고서를 전수받고, 주권을 상실한 고려의 현실을 통탄하며 반드시 한민족사를 되찾을 것을 굳게 결의하였습니다. 이 '3인의 결의' 덕분에 한국사 회복의 길에 서광이 비치게 된 것입니다. 이후 범장이 쓴 책이 바로『북부여기』와『가섭원부여기』입니다.

---

27)『삼국사기』「고구려본기」의 기록으로 보면 광개토대왕은 고주몽으로부터 13세 손이다. 그런데 5세기 초에 세워진 광개토대왕비 비문에는 '환지십칠세손국강상광개토경평안호태왕이라[還至十七世孫國罡上廣開土境平安好太王], 대대로 왕위를 계승하여 17세를 내려와 광개토대왕이 왕위에 올랐다' 고 새겨져 있다. 이것은 북부여의 시조 해모수로부터 17세라는 뜻이다. 고주몽의 원 뿌리가 해모수이므로 제1세 해모수 →제2세 고리국의 제후 고진(해모수의 둘째 아들)→제3세 고진의 아들→제4세 옥저후 불리지(고진의 손자)→제5세 고추모(고주몽, 불리지의 아들), 이렇게 해서 광개토대왕이 해모수의 17세 손이 되는 것이다.

신교문화의 기틀을 밝히고 한민족사를 집대성한 『태백일사』

『태백일사』는 조선 초기의 문신인 이맥李陌(1455~1528)이 쓴 책으로 근세 조선을 제외한 한민족사의 국통 맥 전체를 8권으로 기록하였습니다.『태백일사太白逸史』에서 '큰[太] 밝음[白]'을 뜻하는 '태백'은 동방 한민족을 가리키고, '일逸'은 '잃어버린', '사라진'이라는 뜻입니다. 따라서『태백일사』는 '광명 민족인 동방 한민족의 사라진 시원 역사'를 밝힌 책입니다.

『태백일사』는 한민족의 9천 년 역사와 문화를 집대성하였을 뿐만 아니라, 동북아 한민족과 인류의 문화와 역사를 이해하는 핵심인 신교의 총체적인 모습을 전합니다. 한마디로『태백일사』는 신교문화 역사책의 완결본입니다.

이맥은 행촌 이암의 현손玄孫으로 자는 정부井夫, 호는 일십당一十堂입니다. 44세(1498, 연산군 4) 때 과거에 급제하여 관직에 나간 이맥은 연산군의 후궁인 장녹수의 사치를 탄핵하다가 충청도 괴산에서 2년간(1504~1505) 유배 생활을 하였습니다. 그 후 66세(1520)에 실록을 기록하는 찬수관撰修官이 되어, 세조, 예종, 성종 때 전국에서 수거하여 궁궐 깊이 감춰 두었던 상고 역사책을 자유로이 접하게 되었습니다. 이맥은 금서를 통해서 알게 된 사실史實과 예전 귀양 시절에 정리해 둔 글을 합쳐 책으로 묶고,『태백일사』라 이름 붙였습니다. 그러나 중국을 사대하는 악습과 성리학에 위배되는 학설을 조금도 용납하지 않는 세태 때문에 책을 세상에 내놓지 못하고, 74세를 일기로 세상을 떠났습니다.

『환단고기』의 편찬과 대중화

『환단고기』를 편찬한 계연수와 스승 이기

천 년에 걸쳐 쓰인 다섯 권을 한 권으로 합쳐서『환단고기』로 묶은 인물은 평안도 선천 출신인 운초雲樵 계연수桂延壽(1864~1920)입니다. 자신의 집안에 보관해 오던 책과 지인들에게서 구한 책을 모아서 엮은 것입니다.『환단고기』가 탄생하기까지 계연수와 그의 스승 이기의 혈성과 희생이 매우 컸습니다.

해학海鶴 이기李沂(1848~1909)는 전라도 만경 출생으로,『단군세기』를 쓴 이암과『태백일사』를 쓴 이맥의 후손입니다. 이러한 집안 배경 때문에 이기는 어릴 때부터 자연스럽게 역사책을 읽고, 우리 고대사에 대한 해박한 지식을 쌓을 수 있었습니다. 그가 계연수에게 전한『태백일사』도 집안에 가보家寶로 전해 오던 것이 분명합니다.

이기는 석정石亭 이정직李定稷(1840~1910), 매천梅泉 황현黃玹(1855~1910)과 더불어 '호남의 삼재三才'라 불릴 만큼 문장이 뛰어났습니다. 성리학과 실학을 모두 섭렵한 대학자 이기는 평생을 항일 구국운동에 바치고, 나라가 기울자 1909년 서울의 한 여관에서 절식絶食으로 일생을 마쳤습니다.

해학海鶴 이기李沂 (1848~1909)

전라도 만경萬頃 출신. 독립운동가. 민족사학자. 단학회檀學會를 설립하고 초대 회장을 지냄. 운초가 편집한『환단고기』를 감수.

운초雲樵 계연수桂延壽 (1864~1920)

평안도 선천宣川 출신. 해학 이기의 문인. 독립운동가. 단학회 2대 회장.『삼성기』상,『삼성기』하,『단군세기』,『북부여기』,『태백일사』를 합편하여 '환단고기'라 정명하고 초판 30부 발행.

『환단고기』를 펴낸 계연수는 어릴 때부터 무엇이든 한 번 보면 곧바로 외울 만큼 기억력이 뛰어났습니다. 동방 한민족의 옛 역사와 민족정신에 관심이 지대했던 그는 27세(1890) 때까지 약초를 캐어서 팔아 생계를 유지하며 여러 양반가와 사찰에서 비장하던 서책과 금석문, 암각문 등 각종 사료를 수집하였습니다.[28]

한민족의 역사를 밝히고자 한 계연수가 뜻을 이룰 수 있었던 결정적 계기는 해학 이기와의 만남이었습니다. 1897년(34세)에 이기의 문하에 들어간 계연수는 이암의『태백진훈』과『단군세기』, 이맥의『태백일사』등을 간행하고, 1911년에는 스승 이기가 생전에 감수한『환단고기』를 드디어 세상에 내놓았습니다.

역사 회복 운동과 항일 독립운동에도 적극 참여한 계연수는, 조선인의 민족혼 말살과 역사 파괴에 혈안이 된 일본 경찰에게 검거 대상 제1 순위였습니다. 결국 계연수는 1920년(57세), 조선독립군으로 위장한 밀정의 덫에 걸려 무참히 살해되었습니다. 일제는 계연수의 사지를 절단하여 압록강에 내던지고, 그가 몸담고 있던 독립운동 청년교육기관인 배달의숙倍達義塾 건물에 불을 질러 3천여 권에 달하는 서적과 원고를 모두 태워 버렸습니다.[29]

『환단고기』를 대중화시킨 이유립

압록강에 처참하게 버려진 계연수의 시신이 수습될 때, 그 광경을 지켜보며 말없이 눈물을 흘리던 14세 소년이 있었습니다. 바로 한암당寒闇堂 이유립李裕岦(1907~1986)이었습니다. 이유립은 계연수의 갑작스런 죽음으로 역사 속에 묻힐 뻔한『환단고기』를 굳게 지켜 오늘의 한국 사회

---

28) 양종현,『백년의 여정』, 82쪽.
29) 양종현,『백년의 여정』, 82~106쪽.

에 널리 대중화시킨 인물입니다.

이암과 이맥의 후손인 이유립은 평안도 삭주의 유지이자 독립운동가인 이관집李觀楫의 넷째 아들로 태어났습니다. 13세 때(1919) 배달의숙에 들어가서 부친과 친한 계연수를 비롯하여 최시흥, 오동진 등 독립운동가들에게 역사 강의를 듣고 『환단고기』를 공부하였습니다. 이듬해에는 소년통신원으로 독립군 사이의 통신 연락을 도왔고, 24세(1930) 때 해학 이기의 신교육의 뜻을 이어받아 잡지 〈삼육三育〉을 발행하며 일제의 역사 왜곡을 널리 알렸습니다. 광복 후에는 단학회檀學會(1909년에 이기, 나철 등이 창립)의 기관지 〈태극〉의 주간主幹으로 활동하며 신탁통치 반대 운동을 하였습니다.

그러던 중 활동 여건이 여의치 않자 이유립은 월남을 선택하고, 1948년 월남 도중 안내인의 배신으로 해주 내무서에 수감되어 고문을 받는 등 우여곡절 끝에 그 해 추석 다음 날 삼팔선을 넘었습니다. 그 후 북한을 두어 차례 다녀왔는데 그때 『환단고기』를 가져온 것으로 추정됩니다. 이유립은 한문과 역사에 해박하였으므로 여러 사람이 배움을 청하였습니다. 그 가운데 오형기吳炯基가 있었습니다. 오형기는 1949년, 이유립이 소장하고 있던 『환단고기』 초간본을 빌려 가서 필사하고 발문(간행사)를 붙였습니다.

『환단고기』를 세상에 알린
한암당寒闇堂 이유립李裕岦 (1907~1986)

이암의 후손. 1948년 『환단고기』 초간본을 가지고 월남. 1963년 단학회檀學會를 단단학회檀檀學會로 바꾸고, 6대 회장이 되어 기관지 『커발한』 발행. 1976년 국사찾기협의회를 조직.

1963년(57세)에 대전 은행동에 정착한 이유립은 그해 11월 단학회를 단단학회檀檀學會로 개칭하였습니다. 후학을 기르며[30] 역사 연구와 강연에 전념하던 중 박창암朴蒼巖과 연결되어 1976년(70세)부터는 월간 〈자유〉지에 우리 고대 역사에 대한 글을 기고하기 시작했습니다. 이때 〈자유〉지의

『환단고기』를 이루는 다섯 사서

『삼성기』 상·하	▶안함로의 『삼성기』와 원동중의 『삼성기』가 절묘하게 상호 보완 ▶한국사의 국통 맥을 세우는 근간 ▶7세 환인천제와 18세 환웅천황의 계보 수록 ▶한韓 문화의 원형이 '환桓' 임을 밝혀 줌
『단군세기』	▶고려 말 행촌 이암이 엮은 사서 ▶고대 한민족의 최전성기인 고조선의 2,096년(BCE 2333~BCE 238) 47세 단군의 통치 역사서 ▶고조선 망국의 비밀을 풀어주는 국가경영원리 '삼한관경제' 의 변천사 기록
『북부여기』	▶고려 말에 범장이 쓴 책 ▶부여사의 전모를 알 수 있는 유일한 사서 ▶고조선을 계승한 북부여의 181년(BCE 239~BCE 58) 역사와 북부여에서 파생한 동부여, 서부여 등의 역사를 기록
『태백일사』	▶조선 중종 때 이맥이 쓴 8권의 책 ▶9천 년 한민족사의 전모를 기록 ▶인류의 시원 종교인 '신교神敎' 의 우주관, 신관, 인간론, 역사관, 수행관 등을 총체적으로 밝힘 ▶제1권 「삼신오제본기」 : 신교의 삼신오제 사상을 전한 역사철학서 ▶제2~4권 「환국본기」, 「신시본기」, 「삼한관경본기」 : 환국─배달─고조선의 7천 년 상고사를 기록 ▶제5권 「소도경전본훈」 : 신교의 3대 경전인 『천부경』, 『삼일신고』, 『참전계경』의 내용과 역사를 기록 ▶제6~8권 「고구려국본기」, 「대진국본기」, 「고려국본기」 : 고구려, 대진(발해), 고려 역사를 기록

---

30) 이때 이유립에게서 『환단고기』를 공부하고 역사를 배운 인물 중의 한 사람이 1966년 고등
학교 1학년 때부터 사사한 양종현이다. 그는 1986년, 이유립이 작고한 후 스승의 뒤를 이어
단단학회 7대 회장이 되었다.

절반을 자신의 글로 채우며『환단고기』가 전하는 우리 역사 이야기를 세상에 알렸습니다.

1976년은 이유립에게 도저히 잊을 수 없는 가슴 아픈 사건이 발생한 해이기도 합니다. 박창암의 배려로 의정부에서 왕성하게 활동하던 중, 백내장 수술 차 5일간 집을 비운 사이에 집주인이, 이유립이 야반도주한 줄 알고 밀린 집세 대신으로 그의 책을 모두 팔아 버린 것입니다. 이때 이유립이 생명처럼 여기던『환단고기』초간본도 같이 사라졌습니다. 하지만 천만다행으로 오형기 필사본이 있어서『환단고기』전수 맥이 이어질 수 있었습니다.

그런데 실제『환단고기』의 대중화는 예상치 못한 사건이 계기가 되었습니다. 이유립의 젊은 문하생 조병윤趙炳允이 1979년, 서울의 광오이해사光吾理解社라는 출판사에서 오형기 필사본을 영인하여 100부를 출판하였습니다. '광오이해사본'『환단고기』가 이유립의 허락도 없이 시중에 배포된 것입니다. 이 사태를 수습하기 위해 이유립은 오형기의 발문을 삭제하고 오자를 바로잡은 새로운 필사본을 만들었습니다. 원고는 1979년, 그해에 완료되었으나, 출판비가 없어 1983년에야 배달의숙을 발행인으로 하여 100부를 발간하였습니다. 이유립의 나이 77세 되던 해였습니다. 한평생 지키고 외쳐 온『환단고기』를 인생의 마지막 순간에 세상에 공표한 것입니다.

위서로 몰린『환단고기』

미궁에 빠진 한민족 상고사

한민족의 고대사와 국통 맥을 밝혀 줄 역사책이 외세 침탈과 내부 사대주의자들에 의해 모두 사라지고, 유일하게 남은 정통 사서가『환단고기』입니다. 그러나 이 땅의 주류 강단사학자들은 이 책을 '위서僞書', 즉 조작한 책이라 주장합니다.[31] 이 때문에 이유립이 『환단고기』를 보급시킨 지 30여 년이 넘도록 그 가치를 제대로 인정받지 못하고, 한민족 상고 역사도 여전히 미궁에 빠져 있습니다.

『환단고기』를 위서로 모는 것은 학계의 문제에 그치지 않습니다. 강단사학자들이 뿌려 놓은 '『환단고기』 위서론 바이러스'가 중고등학교 역사 교사, 학생들, 그리고 역사를 알고자 하는 일반인에게까지 퍼져 나가고 있습니다. 위서론 바이러스에 감염된 수많은 사람들이 '『환단고기』는 위서이므로 읽어서는 안 될 위험한 책'이라 말합니다.

필자는 2012년 여름, 지난 30년 동안 계속해 온 『환단고기』 번역과 주석 작업을 마무리 지으면서 학계에 발표된 『환단고기』 진위 논쟁에 관한 논문, 자료, 서책을 거의 하나도 빠짐없이 점검하였습니다. 그리하여 『환단고기』를 부정하는 이유를 몇 가지 알게 되었습니다.

첫째, 위서론자들은 『환단고기』라는 책 제목의 뜻조차 제대로 알고 있지 못하며, 『환단고기』를 단 한 번이라도 깊이 있게 읽지 않았다.

둘째, 그들은 유불선儒佛仙 경전을 비롯한 고전에 대한 지식이 폭넓지 못할 뿐 아니라 인류의 시원 종교인 신교문화에 대한 이해가 깊지 못하다.

셋째, 무엇보다 식민사학을 바탕으로 구축한 그들의 아성이 붕괴되어 기득권을 상실할 것을 두려워한다.

이러한 이유로 위서론자들은 오늘도 식민사학의 대변자요 나팔수가 되어 한국사의 진실을 오도하고 있는 것입니다.

---

31) 대표적인 『환단고기』 위서론자로 조인성(경희대 교수), 박광용(가톨릭대 교수), 이도학(한국전통문화학교 교수), 이순근(가톨릭대 교수), 송호정(한국교원대 교수), 이문영(서강대 사학과 졸업, 소설가) 등이 있다.

위서론자들은『환단고기』를 어떻게 부정하나

첫째,『환단고기』를 20세기에 쓰인 책이라 몰아붙인다

위서론자들은 1911년에 계연수가 그때까지 전해 오던 다섯 종의 책을 한 권으로 묶어 간행한『환단고기』를 '20세기 전반에 항일독립 정신을 고취시키기 위해 지어낸 책'이라 주장합니다. 계연수를 비롯한『환단고기』간행에 기여한 사람들이 모두 독립운동가였고, 당시에 민족주의 사학이 크게 일어난 것은 사실입니다. 그러나 이러한 사실이 위서라는 증거가 될 수는 없습니다.

또 위서론자들은 처음 인쇄된 연도 '1911년'을 부정하고『환단고기』를 '근대인이 쓴 위서'[32]라고 주장합니다. "1915년까지 세상에 알려지지 않은 장수왕의 연호 '건흥建興'이『환단고기』에 기록되어 있으므로『환단고기』는 1915년 이후에 쓰인 책이다. 또 연개소문의 할아버지 이름 '자유子遊'는 1923년에 발견된 그 아들 연남생의 묘지墓誌를 통해 비로소 알려졌는데 그 이름이『환단고기』에 나오므로『환단고기』는 1923년 이후에 쓰인 것이다."[33]라고 합니다. 하지만 이러한 주장도 옳지 않습니다. 이것은 문헌상의 기록이 유물 발굴을 통해 사실로 입증된 경우이기 때문입니다. 오히려『환단고기』에 대한 신뢰를 높여 주는 사례라 할 수 있습니다.

둘째,『환단고기』에 기록된 지명·인명을 오해한다

위서론자들은 '영고탑'이란 지명이 청나라(1644~1911) 시조의 전설과 관련 있으므로,『환단고기』는 청나라 이후에 꾸며진 위서라고 주장합니다. 그러나『중국고금지명대사전』에서는 '청나라 이전의 영고탑과 청나라 시조의 발생지인 요령성 영고탑은 같은 지역이 아니다'라고 말합니

---

32) 조인성, '재야역사책 위서론',『단군과 고조선사』, 231쪽.
33) 조인성, 같은 논문, 228쪽.

다. 뿐만 아니라 영고탑이란 명칭은 청대 이전 명나라 때에도 존재하였습니다. 명나라 신종神宗 때(1608) 일어난 한 사건 기록에서 명나라 때 '영고탑로寧古塔路'라고 불린 지역이 있었음이 확인됩니다. 그러므로 위서론자들의 주장은 잘못된 것입니다.

그런데 여기서 주목할 것은 영고탑이라는 명칭이 배달과 고조선의 제천행사를 이어받은 부여의 영고迎鼓와 관련이 있다는 점입니다. 『단군세기』를 보면 '16세 위나단군이 구환족의 모든 왕을 영고탑寧古塔에 모이게 하여 삼신상제님께 제사를 지냈다'고 하였고, '44세 구물단군이 새위 2년(기원전 424) 3월 16일에 삼신영고제三神迎鼓祭를 올렸다'고 하였습니다. 부여는 고조선을 계승한 나라이므로 부여의 영고는 곧 고조선의 제천행사를 이은 것입니다.

결론적으로 영고탑은 삼신상제님께 영고제를 지내던 '소도제천단'이 있던 곳입니다. 후대에 청나라가 그 땅을 차지하면서 이름이 와전된 것으로 보아야 마땅할 것입니다.

셋째, 옛 술어를 근대 용어로 오해하여 『환단고기』를 부정한다

위서론자들은 『환단고기』에 나오는 인류·헌법·산업·문화·자유·평등·국가·세계만방 등의 술어를 근대 용어로 규정하고, 이를 근거로 『환단고기』가 최근세에 쓰인 책이라고 주장합니다. 그러나 고전을 보면 이미 오래 전부터 이 용어들이 여러 곳에서 쓰였음을 확인할 수 있습니다. 그 의미는 좀 다를 수 있겠지만, '인류', '헌법', '산업' 등은 최소한 2,200년 전 전국戰國시대부터,[34] '문화'는 2,000년 전의 한나라 때부

---

34) '인류'는 『장자』에, '헌법'은 전국시대의 역사책인 『국어國語』에, '산업'은 『한비자』에 그 용례가 나온다.

터,³⁵⁾ '자유'와 '평등'은 1,800년 전의 위진남북조 시대부터³⁶⁾ 사용되었습니다. '국가'는『주역』에, '세계'는 당나라 때의『능엄경』에, '만방'은『시경』과『서경』에 그 용례가 있습니다.

설사 근대어가 더해졌다 하더라도, 그것 때문에『환단고기』를 위서로 치부할 수는 없습니다.『주역』,『도덕경』,『황제내경』,『화엄경』등 인류사의 여러 경전이 수백, 수천 년 세월 속에서 끊임없는 보정 작업을 거쳐 오늘의 경전이 되지 않았습니까.

더욱이『환단고기』를 구성하는 다섯 책이 무려 천 년에 걸쳐 쓰였고, 그 중 가장 나중에 쓰인『태백일사』가 나온 뒤 다시 400년이 지나서야 한 권의 책으로 묶여졌음을 생각해 봅시다. 다섯 저자가 직접 쓴 원본이 숱한 전란과 약탈을 피하여 계연수에게 전해졌을 가능성은 매우 희박합니다. 계연수가 수집한 책은 모두 필사본일 것이고, 거기에는 인물, 연대, 장소가 잘못 기록되거나 일부 가필이 되었을 것입니다. 그렇다고 해서『환단고기』가 전하는 인류의 시원 역사, 한민족의 국통 맥, 태곳적 한韓 문화의 다양한 모습에 대한 기록을 통째로 부정할 수는 없지 않습니까.

넷째,『환단고기』를 다른 역사책을 베낀 책이라 주장한다

위서론자들은 다른 역사책에『환단고기』와 유사한 내용이 들어 있을 경우, 무조건『환단고기』가 그 역사책의 영향을 받았거나 그 내용을 베낀 것이라고 주장합니다.

예를 들면『환단고기』에 나오는 '삼조선'이 신채호의『조선상고사』에

---

35) 문文과 화化가 결합된 '문화'라는 말은 고대에 '문으로써 가르쳐 변화시키다[以文敎化]'라는 뜻으로 사용되었다. 유향劉向(기원전 77~기원전 6)의『설원說苑』에서 "성인이 천하를 다스릴 때에 … '문덕으로 교화해도 고쳐지지 않으면[文化不改]' 그 뒤에 토벌한다."라고 하였다.

36) '자유'는 위진남북조 시대에 나온 시선집인『옥대신영玉臺新詠』에, '평등'은 위진남북조 시대에 인도 승려 구마라습(344~413)이 한문으로 편찬한『금강경』에서 그 용례를 볼 수 있다.

기록되어 있으므로『환단고기』는『조선상고사』를 베낀 책이라고 말합니다. 그러나『환단고기』는 삼조선에 관해『조선상고사』보다 더욱 폭넓은 내용을 담고 있습니다. 그리고『조선상고사』와 달리, 광개토태왕비 비문에 적힌 '광개토태왕은 17세 손'이란 구절에 대한 비밀도 정확하게 풀어 줍니다.

이 외에도 위서론자들은『단군세기』에 나오는 삼신일체三神一體 논리가 기독교의 삼위일체三位一體 사상을 모방한 것이라고 주장합니다.[37] 삼신일체란 '삼신일체상제三神一體上帝', 즉 '형체가 없는 하나님인 조물주 삼신과 한 몸이 되어 직접 우주 만유를 낳고 다스리는 형체가 있는 인격적 하나님'을 가리킵니다. 반면에 기독교의 삼위일체는 '하나님은 본질적으로 하나인데, 성부, 성자, 성령이라는 세 위격位格으로 계신다'는 뜻입니다. 따라서『환단고기』가 말하는 동방의 '삼신일체'와 기독교의 '삼위일체'는 본질적으로 전혀 다릅니다.

다섯째,『환단고기』의 저자들을 부정한다

위서론자들은 '계연수가 수안遂安 계씨 족보에 나오지 않는다'는 이유를 들어 계연수를 가공의 인물로 단정하며『환단고기』를 위서라 주장합니다. 그러나 계연수가 실존 인물이었다는 사실은 그의 제자인 이유립의 증언과 여러 문헌에서 입증됩니다.[38]

위서론자들은 또 '안함로와 원동중이『삼성기』상, 하편을 지었다'는 사실을 부정하고 그 이름도 조작되었다고 주장합니다. 그러나『세조실록』에서 "안함로원동중삼성기安含老元董仲三聖記"라고 분명하게 언급되고 있

---

37) 박광용, '대종교 관련 문헌에 위작 많다',『역사비평』10집, 213쪽.
38) 계연수가 실존 인물임을 증명하는 문헌으로는『해동인물지海東人物志』(1969)와『정신철학통편精神哲學通編』(1920) 등이 있다.

습니다. 위서론자들은 이것을 '안함로와 원동중이 쓴 삼성기'로 해석하지 않고, '안함·노원·동중이라는 세 성인의 기록'으로 풀이합니다. 『신증동국여지승람』에 나오는 '안함安咸·원로元老·동중董仲 세 사람이 황해도 해주에 수양산성을 쌓았다'는 내용을 근거로 그렇게 해석하는 것입니다.[39)

얼핏 일리 있는 말 같지만 이 주장에는 모순이 있습니다. 첫째, 『세조실록』의 이 구절은 역사책을 수거하기 위해 백성에게 내린 유시의 기록입니다. 『삼성기』는 책 이름이므로 위서론자들의 해석과 같이 '세 성인의 기록'이 아닙니다. 둘째, "안함로원동중"은 세 사람이 아닙니다. 세조의 유시에 언급된 책 가운데 저자가 셋인 경우에는 세 사람이 썼다고 밝혔습니다. 예를 들어 『수찬기소修撰企所』를 보면, '문태산, 왕거인, 설업 세 사람이 쓴 책'이라고 분명히 표기되어 있습니다. 셋째, 왕조실록은 기록의 정확성을 요구하는 정사正史입니다. 그런 기록을 후대에 나온 인문지리서(『신증동국여지승람』)의 내용에 빗대어 자의로 해석하는 것은 바람직하지 못합니다.

위서론자들은 또 '고려 시대에 이암이 『단군세기』를 지었다'는 사실을 부정합니다.[40)『단군세기』 서문에서 나라의 재상인 이암이 자신이 살던 당대를 아조我朝, 본조本朝, 혹은 아국我國이라 하지 않고 고려라 하고, 원나라를 몽골이라 한 것은 모순이므로, 『단군세기』는 후대의 사람이 지은 책이라는 것입니다. 그러나 이암이 고려라고 표현한 이유는 그의 사상이 한민족의 고유 사상인 신교, 삼신문화에 바탕을 두기 때문입니다. 그래서 이암은 몽골의 지배를 받던 그때, 당당히 천자국의 국통을 계승한 국호 '고려'

---

39) 이문영, 『만들어진 한국사』, 45~46쪽.
40) 이순근, '고조선은 과연 만주에 있었는가', 『역사비평』 3집, 152쪽.

를 드러내고 고려를 침범한 원나라를 '몽골'이라 불렀던 것입니다.[41]

지금까지 살펴 본 위서론자들의 주장은 한마디로 억지에 지나지 않습니다. 한민족과 인류의 태고 역사를 되찾아 줄 유일한 역사책인『환단고기』를 부정하는 것은 자기 조상을 직접 보지 못했다 하여 족보에 기록된 조상을 부정하는 것과 같습니다.

『환단고기』로 역사의 정의를 바로 세운다

1993년에, 서울대 천문학과 박창범 교수는 고조선 13세 흘달단군 때(기원전 1733) 일어난 '다섯 행성 결집[五星聚婁]' 현상이 실제 있었던 사실임을 과학적으로 증명하였습니다. 연구 결과,『단군세기』기록보다 1년 전(기원전 1734)에 목성, 화성, 토성, 금성, 수성이 초승달과 함께 서쪽 하늘에 10도 이내로 모인 것으로 나타났습니다. 박 교수는 또 고조선 29세 마휴단군 때(기원전 935) 남해의 조수가 석 자나 물러간 현상도 증명하였습니다.『환단고기』가 한민족의 참 역사를 기록한 진서라는 것이 현대 과학에 의해 밝혀진 것입니다.

전 한국천문연구원장 박석재 박사도 이 오성취루 현상을 역사적 사실로 인정하면서, 이것은 '우리 조상이 천문 현상을 기록으로 남길 만큼의 조직과 문화를 소유하였음'을 보여주는 것이라고 평가합니다.[42] 강단사학계에서 신화로 단정하는 단군조선은 분명히 실존한 나라일 뿐만 아니라 천문 관측까지 할 정도로 뛰어난 문명을 일군 '고대의 선진국'이었습니다.

최근, 지각 있는 많은 역사학자가『환단고기』의 가치를 재평가하고 있습니다. 이에 따라『환단고기』가 진서임을 밝히려는 연구도 더욱 활발해졌습니다.『환단고기』내용 자체를 분석하여 진서임을 밝힌 연구도 있

---

41) 조선 시대 도교 서적인『청학집』에서도 아조我朝, 본조本朝와 같은 표현은 찾아볼 수 없고, 국호 '조선' 으로 우리나라 또는 우리 민족을 일컬었다.
42) 박석재,『개천기』, 서문.

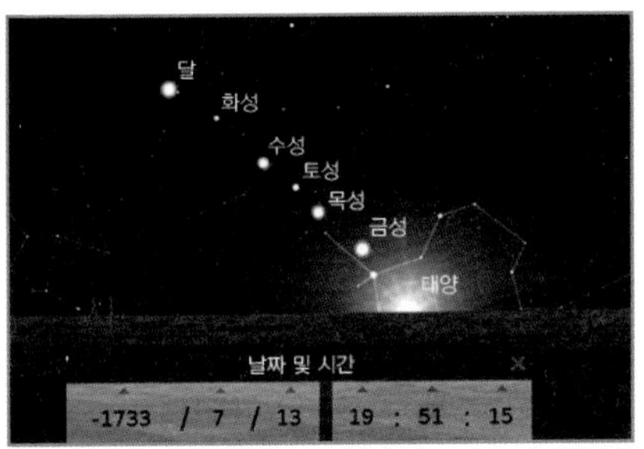

별자리 관측 프로그램 '스텔라리움Stellarium'에서 '-1733년 7월 13일'로 설정한 천문 관측도_화성, 수성, 토성, 목성, 금성 다섯 행성이 일렬로 서 있는 것이 육안으로 관측된다. 이 프로그램에서 '-1733년'은 '기원전 1734년'으로 『단군세기』 기록보다 1년 앞서 오성취루 현상이 있어났음을 보여 준다. 이것은 박창범 교수의 연구 결과와 상통한다.

고, 국내 다른 역사책 또는 중국 사서와 비교하여 『환단고기』 기록이 사실임을 증명한 논문도 여러 편 발표되었습니다.

역사는 진실과 정의를 향해서 나아갑니다. 부패와 부정이 만연한 사회에도 정의는 살아 있고, 알든 모르든 사람들은 모두 정의를 향해 나아가고 있습니다. 사필귀정事必歸正이므로, 『환단고기』의 진위 논쟁은 반드시 마무리될 수밖에 없습니다.

이제 『환단고기』 연구는 완전히 새로 출발해야 합니다. 민족사학자이건 강단사학자이건, 긍정적인 시각으로 『환단고기』에 담긴 한민족과 인류의 시원 문화를 있는 그대로 보아야 합니다. 국내 사료뿐 아니라 중국, 일본, 동남아, 유럽의 사료까지 종합적으로 연구하는 자세를 가져야 합니다. 또 문헌과 고고학 자료에만 집착하지 말고, 천문학과 유전학 등에서 밝히는 최신 자료도 적극 활용해야 합니다. 인류 역사를 총체적으로 재조명하는 시각에서 『환단고기』를 연구하는 개방적인 자세가 필요합니다.

『환단고기』의 역사적 가치

『환단고기』는 9천 년 한민족사의 진실을 기록한 정통 역사책이다. 강단사학자들이 한국의 대표적 역사책으로 꼽는『삼국사기』,『삼국유사』에서는 전혀 찾아볼 수 없는 고대 한국의 참 역사와 문화가 담겨 있다.『환단고기』의 역사적 가치를 하나씩 살펴보자.

첫째,『환단고기』는 인류 창세문명과 한민족 시원 역사의 진실을 밝혀 주는 유일한 책이다. 다른 책에서는 볼 수 없는 한민족과 인류의 태곳적 역사가『삼성기』를 비롯하여『태백일사』에 이르기까지 기록되어 있다.

둘째,『환단고기』는 단절된 한민족사의 '국통國統' 맥을 가장 명확하고 바르게 잡아 준다. 한 나라의 계보와 그 정통 맥을 국통이라 한다. 한국사의 국통 맥은 ①환국 → ②배달 → ③고조선 → ④북부여(열국 시대) → ⑤고구려·백제·신라·가야(사국 시대) → ⑥대진·신라(남북국 시대) → ⑦고려 → ⑧조선 → ⑨대한민국으로 이어진다.

셋째,『환단고기』는 환桓, 단檀, 한韓의 원뜻을 밝혀 줄 뿐만 아니라, 환·단·한의 광명 사상이 실현된 창세시대 인류와 동북아 역사의 전체 과정을 보여 준다. '환'은 이 우주를 가득 채우고 있는 하늘의 광명, 천광명天光明을 뜻하고, '단'은 땅의 광명, 지광명地光明을 뜻한다.『환단고기』는 바로 천지의 광명을 체험하며 살았던 '환단 시대 이래 한민족의 역사 이야기 책'이다.

넷째,『환단고기』에는 한민족의 고유 신앙이자 인류의 시원 종교이며 원형 문화인 신교의 가르침이 구체적으로 기록되어 있다. 신교란 '삼신상제님의 가르침으로 세상을 다스리는 것'을 말한다. 신교는 삼신상제님을 모시던 인류의 원형 신앙이다. 환국은 인류 제천문화의 종주이자 고향이었다. 한민족은 '천제天祭'를 올려 상제님에 대한 신앙을 표현하였다.

다섯째,『환단고기』는 천·지·인을 삼신의 현현顯現으로 인식한 한민족의 우주사상을 체계적으로 전한다. 우주 만유가 생성되는 근원을 『환단고기』에서는 일신一神이라 정의한다. 일신은 곧 각 종교에서 말하는 조물주요, 도道요, 하나님이다. 그런데 일신이 실제로 인간의 역사 속에서 작용을 할 때는 언제나 삼신으로 나타난다. 한 손가락이 세 마디로 되어 작용하듯이, 하나 속에는 셋의 구조인 3수 원리가 들어 있는 것이다.

여섯째, 『환단고기』는 동방 한민족사의 첫 출발인 배달 시대 이래 전승된, 역사 개척 정신인 낭가郎家 사상의 원형과 계승 맥을 전한다.

이 낭가의 맥은 환국 말기 3천 명의 제세핵랑濟世核郎, 배달 시대의 삼랑三郎 이후, 고조선의 국자랑國子郎 → 북부여의 천왕랑天王郎 → 고구려의 조의선인皁衣仙人, 백제의 무절武節, 신라의 화랑花郎 → 고려의 재가화상在家和尙(선랑仙郎, 국선國仙) 등으로 계승되었다.

일곱째, 『환단고기』는 동방 한민족이 천자天子 문화의 주인공이자 책력冊曆 문화의 시조로서 수數를 최초로 발명한 사실을 밝혀 준다.

천자는 '천제지자天帝之子'의 준말로, '상제님의 아들(대행자)'이라는 말이다. 환국·배달·고조선 이래로 이 땅은 상제님의 아들이 다스리던 천자국天子國이었다. 상제님과 인간을 연결해 주는 천자의 가장 큰 소명은 하늘에 계신 상제님께 천제를 올리고, 백성을 잘 다스리는 것이었다. 백성을 다스리는 데 가장 필요한 것은, 춘하추동 제때에 맞춰 농사를 지을 수 있도록 책력을 마련하는 것이다. 그런데 책력에는 숫자가 사용된다. 그래서 책력의 시조는 곧 숫자 문화의 시조가 된다. 수의 기본인 일一에서 십十까지가 9천 년 전 환국 시절의 우주론 경전인 『천부경天符經』에 처음 나타난다. 한민족이 세계 최초로 수를 창시한 것이다.

여덟째, 『환단고기』는 한민족이 천문학의 종주임을 밝혀 준다.

한민족은 고조선의 10세 노을단군 때(기원전 1916) 이미 감성監星이라는 천문대를 설치하여 별자리를 관측하기 시작하였다. 그리하여 다섯 행성의 결집, 강한 썰물, 두 개의 해가 뜬 일 등 고조선 시대에 일어난 특이한 천문 현상을 기록하였다. 무려 3천 년 전에 천문대를 운영하여 천문 기록을 남긴 것은 고

자기동래紫氣東來_산동성 태산 입구에서 마주치는 문구이다. 자기동래의 '붉을 자紫' 자는 천자의 별인 자미원紫微垣의 자 자로 천자를 상징한다. 자기동래는 '천자문화의 기운이 동방에서 왔다' 는 뜻으로, 중국 천자문화의 출원이 동방 한민족임을 스스로 밝힌 것이다.

조선이 인류 천문학의 종주국임을 보여주는 예이다. 춘추전국 시대 초나라 굴원屈原(BC 343 ?~BC 278 ?)의 《초사楚辭》에 '동황태일東皇太一' 이라는 유명한 시가詩歌 제목이 있다. '동방의 황제, 천자는 태일' 이라는 뜻이다.

아홉째,『환단고기』는 삼성조 시대의 국가 경영 제도를 전하는 역사책으로서 만고불변의 '국정 지침' 을 담고 있다.

환국·배달·조선은 우주 원리를 국가 경영 원리로 삼아 나라를 다스렸다. 그 우주 원리가 바로 삼신오제三神五帝 사상이다. 삼신(조화신·교화신·치화신)이 현실에서 작용할 때에는 다섯 방위로 펼쳐져 오제五帝(청제青帝·백제白帝·황제皇帝·적제赤帝·흑제黑帝)가 된다. 이 오제가 수화목금토 다섯 성령을 주재한다.

열째,『환단고기』는 배달과 고조선이 창제한 문자를 기록하여 고대 한국이 문자 문명의 발원처임을 밝혀 준다.

문자는 문명 발상의 필수 요소이다. 한민족은 배달 시대부터 이미 문자 생활을 영위하였다. 초대 환웅천황이 신지神誌 혁덕赫德에게 명하여 녹도문鹿圖文을 창제하게 한 것이다. 이것은 가장 오래된 문자로 알려진 기원전 3천 년경의 쐐기문자(수메르)와 상형문자(이집트)보다 앞서는 세계 최초의 문자이다. 고조선 3세 가륵단군 때에는 소리 글자인 가림토加臨土라는 문자를 만들었다. 가림토의 모습은 조선 세종 때 만든 훈민정음과 같거나 매우 흡사하다.

열한째, 『환단고기』에는 중국과 일본의 시원 역사와 왕조 개척사 및 몽골, 흉노와 같은 북방민족의 유래가 밝혀져 있다. 또한 서양 문명의 뿌리인 고대 수메르 문명의 유래를 추적할 수 있는 단서도 들어 있다.

그러므로 『환단고기』는 한·중·일의 시원 역사부터 북방 민족의 역사, 서양 문명의 근원까지 총체적으로 바로잡을 수 있는 유일한 지침서이다. 한민족의 옛 역사를 밝히고 인류의 시원 역사와 원형문화를 드러내는 『환단고기』는 대한의 아들딸은 물론 70억 전 인류가 반드시 읽어야 할 가장 기본적인 역사 교과서인 것이다.

『환단고기』가 밝혀 주는
한국사의 국통 맥

시원문명이 꽃핀 나라, '환국桓國'

오환건국吾桓建國이 최고最古라

『환단고기』『삼성기』상은 '기원전 7200년경에 우리 환족桓族이 나라 세운 것[吾桓建國]'을 현 인류 역사에서 '가장 오랜[最古]' 사건이라 선언합니다.

환족은 5만 년 전에 화생한 현생 인류의 어버이인 나반과 아만의 후손입니다. 환족은 중앙아시아 천산天山(일명 파내류산)을 중심으로 인류의 첫 나라인 환국桓國을 세웠습니다. 그 영역은 중앙아시아에서 시베리아, 만주에 이를 만큼 방대했습니다. 환국에 살던 사람들은 모두 아홉 족속[九桓]으로 나뉘었고, 구환족은 열두 나라[1]를 이루었습니다. 역사학자들은 대부분 신석기 시대를 미개한 시대라고 말하지만, 지금부터 9천2백여 년 전, 동북아에는 이미 문명한 집단이 형성되어 있었던 것입니다.

그러면 '환국'의 의미는 무엇일까요? 환국의 '환'에 대해 『태백일사』「환국본기」는 이렇게 말합니다.

> 환桓은 온전한 하나 됨[全一]이며 광명입니다. 온전한 하나 됨이란 삼신의 지혜와 권능이고, 광명은 삼신이 지닌 참된 덕성이니, 곧 우주 만물보다 앞선다.

---

1) 환국의 12분국 : 비리국卑離國, 양운국養雲國, 구막한국寇莫汗國, 구다천국勾茶川國, 일군국一羣國, 우루국虞婁國, 객현한국客賢汗國, 구모액국勾牟額國, 매구여국賣勾餘國, 사납아국斯納阿國, 선패국鮮稗國, 수밀이국須密爾國.

환국 영역과 12분국

　‘환’은 ‘밝을 환桓’ 자로 ‘하늘에서 내려오는 환하게 빛나는 광명’, 천광명을 상징합니다. 광명은 바로 삼신의 덕성입니다. 그러므로 환국은 삼신의 덕성이 발현된 나라요, 천상 삼신상제님의 나라가 인간 세상에 이식된 첫 나라인 것입니다. 당시 사람들은 하늘의 광명과 하나가 된 자신을 ‘환’이라 불렀습니다. 그리고 천지광명의 심법을 전수 받은 그 모든 환의 존재를 다스리는 사람을 ‘인仁’이라 하여 환국의 통치자를 환인桓仁이라 불렀습니다. 그것은 환인이 사람을 구제하고 세상을 다스릴 때 반드시 어진 마음으로 행하였기 때문입니다.

　환국의 초대 통치자는 안파견安巴堅환인 천제였습니다. 안파견환인 이후 환국은 7세 환인 천제까지 계승되어 총 3,301년(기원전 7197~기원전 3897) 동안 존속하였습니다.

환국 시대는 무병장수를 누린 황금 시대

환국의 문화는 한마디로 우주 광명 문화이고, 장수문화입니다. 서양의 고대 문명 연구가들은 이러한 인류의 태고 시대를 '황금 시대the golden age'라 부릅니다.

『삼성기』 하를 보면 "환국은 3,301년 동안 일곱 분 환인 천제가 나라를 다스리셨는데 평균 재위기간이 470년"이라고 나옵니다. 사람들은 이것을 못 믿겠다고 합니다. 그러나 그것은 태곳적 조화 신성 문명을 이해하지 못한 데에 기인하는 것입니다. 「삼성기」 상은 '오래도록 사시며 항상 즐거움을 누리셨다' 하였고, 「삼성기」 하는 '도를 깨쳐 장생하시니 온 몸에는 병이 없었다'고 했습니다.

또 『태백일사』「환국본기」를 보면, 그때 사람들은 광명을 숭상하여 아침이 되면 동산에 올라 갓 떠오르는 태양을 향해서 절하고, 저녁에는 서천으로 가 갓 떠오르는 달을 향해서 절하였습니다. 모든 사람들 삶의 유일한 목적, 가장 가치 있는 삶이 밝은 사람, 광명 인간이 되는 것이었습니다. 천지와 하나 된 밝은 사람이 되면 모든 게 저절로 잘되었기 때문입니다. 그래서 그 후 대대로 천원지방 제단을 만들어서 절하고 기도하며 천지의 마음과 하나 되는 영성 훈련을 한 것입니다. 요즘 TV광고에서도 백세 시대라 하는데, 6천 년 전 환국 시대에는 사람들이 수백 살을 살았습니다.

영국의 스티브 테일러도 『자아폭발』이라는 책에서 '6천 년 전 이전 고대 시대는 황금시대였고 원초적 낙원이었다. 그 당시의 유물에는 전쟁에 관련된 무기 같은 것이 나타나지 않는다'고 하면서 '6천 년 전부터 중앙아시아, 중동, 아프리카에 가뭄이 들어 사막화가 일어나면서 그곳에 있던 문화가 이동을 하고, 인간에게 자아분열 현상이 생기기 시작했다. 그

리고 전쟁이 일어나기 시작했다'고 했습니다.[2]

　의서醫書의 가장 근본이 되는『황제내경』81장 가운데 제1장에 사람이 오래 살 수 있는 장수의 비법인 양생법養生法의 핵심이 나와 있습니다. 어느 날 황제가 기백천사岐伯天師에게 물었습니다. "상고시대 사람들은 백 살을 넘어도 그 동작이 노쇠하지 않았다고 들었습니다. 그런데 요즘 사람들은 쉰 살만 되어도 그 동작이 모두 노쇠한데, 시대가 달라서 그렇습니까? 아니면 양생의 도를 잃었기 때문입니까?" 하니까 기백이 "상고시대 사람들은 양생의 도를 아는 사람들로 음양의 법도를 본받고 양생의 법도와 조화를 이루었으며, 먹고 마심에 절도가 있었고 기거함에 일정함이 있었으며 쓸데없이 무리하지 않았습니다. … 지금 사람들은 술을 물 마시듯 하고, 좋아하는 것만 찾아서 바른 기운을 흩어버리며 정기를 지킬 줄 모르고 마음의 쾌락만을 좇을 뿐, 자연스러운 즐거움에 거스르는 행동을 하며 기거에 절제가 없습니다. 때문에 쉰 살만 되어도 노쇠하는 것입니다."라고 대답했습니다.

　이것을 보면 옛날 사람들이 아주 단순하지만 천지 법칙에 대해 얼마나 근본적인 깨달음을 갖고 자기를 절제하고 자연 질서에 순응하며 오래 살았는지 알 수 있습니다. 이러한 내용이『태백일사』「환국본기」,「소도경전본훈」에 나옵니다.

---

2)　스티브 테일러는 또 '(고대에) 집 크기나 무덤이 비슷하다는 점은 불평등이 적거나 전혀 없었음을 시사한다. 가부장제와 사회적인 계급분화가 없었던 것 같다. … 사람들은 그 시대를 "완전한 미덕을 갖춘 사람들"이 살았던 시대로 기억한다. 어떤 인류 집단도 다른 집단의 영토를 침략하거나 정복하려 들지 않았으며, 소유물을 훔치려 하지도 않았다. … 자연적 조화의 정신, 인간과 자연 사이의 조화 및 인간들 사이에서의 조화를 이루는 정신이 지구 전체에 충만했던 것 같다' (『자아폭발』)고 하였다.

환국에서 뻗어나간 수메르

✿ 갑자기 나타난 수메르 문명

기원전 5000년경, 유프라테스 강과 티그리스 강 사이 메소포타미아 지방에서 고도로 발달한 문명이 태동하였습니다. 바로 메소포타미아 문명의 근원이 된 수메르 문명입니다. 메소포타미아 문명은 그리스·로마 문명을 일으켰기 때문에 흔히 수메르 문명을 '서양 문명의 기원'이라 합니다. 서양 학자들은 이 수메르 문명에 대해 이구동성으로 '아주 갑작스럽게, 독자적으로 발생한 것'이라고 말합니다.

그렇다면 수메르인은 어디서 온 것일까요? 수메르의 창세 신화를 보면 수메르인은 머리 뒷부분이 평평하고 머리카락이 검은 인종이라 합니다. 동양 사람과 모습이 같습니다. 또 수메르 점토판의 기록에 따르면,

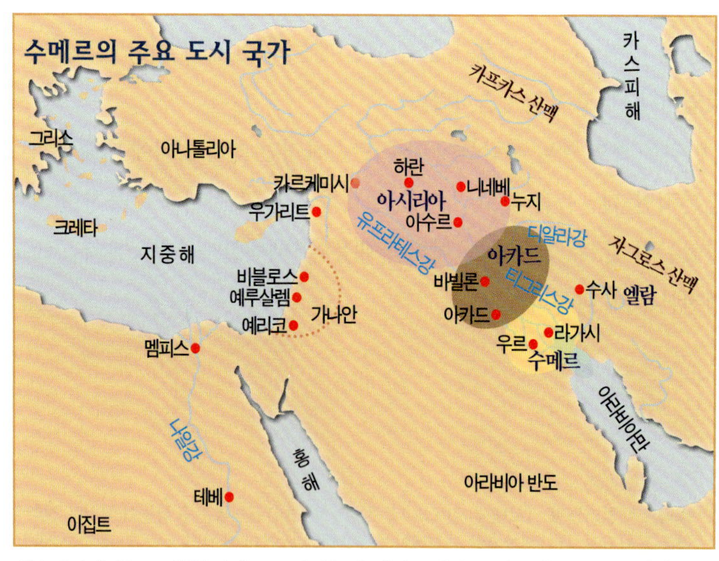

메소포타미아는 크게 두 지방으로 나뉘는데, 이라크의 수도 바그다드 부근을 경계로 북쪽은 '아수르의 땅'을 뜻하는 아시리아, 남쪽은 '바빌론의 땅'을 뜻하는 바빌로니아라고 불렸다. 두 강이 실어 온 흙이 쌓여 생긴 평야가 바빌로니아이며 이곳은 다시 북쪽의 아카드, 남쪽의 수메르로 나뉜다(고바야시 도시코, 『5천 년 전의 일상』, 6쪽).

수메르인은 '안샨Anshan에서 넘어왔다'고 합니다. 수메르 말로 '안An'은 '하늘', '샨Shan'은 '산'으로, 안샨은 곧 환국 문명의 중심인 천산天山입니다. 수메르 연구의 대가인 크레이머S. N. Kramer 박사는 '수메르인들은 동방에서 왔다'고 말합니다. 그가 말한 동방의 정체가 바로 『환단고기』에 나오는 환국입니다. 환국이 수메르인들의 원 고향인 것입니다.

수메르 문명의 특징을 몇 가지만 소개하면, 수메르 문명은 기원전 3500년경, 도시국가들로 이루어진 성숙한 고대문명으로 발전하였습니다. 티그리스와 유프라테스 두 강 사이에 스무 개에 가까운 도시국가가 세워졌습니다.[3] 각 도시국가는 저마다의 수호신을 모셨는데, 도시의 중앙에 신전을 짓고 그 둘레에 주거지를 지어 생활하였습니다. 수메르인들은 인간적 속성을 지닌 수많은 신이 존재한다고 생각하여 다양한 신을 믿었습니다.[4]

수메르인은 기원전 3200년경에 이미 문자도 사용했습니다. 초기 문자는 그림(상형문자)이었으나, 서서히 진화하여 기원전 3100년경에는 기호와 부호가 음가音價를 가진 문자, 즉 쐐기문자(설형문자)가 되었습니다. 그후 수메르 문자를 택한 아카드어는 고대 세계의 국제어가 되었고, 페니키아 문자와 그리스 문자를 거쳐 오늘날의 알파벳으로 발전했습니다.[5]

수메르 문명은 여러 면에서 한민족의 문화와 놀랍도록 유사합니다. 예를 들어 수메르인은 우주를 '안키Anki(천지)'라 불렀는데, '안An'은 '둥근 하늘', '키Ki'는 '평평한 땅'이라는 뜻으로, 동양의 천원지방天圓地方 사상과 같습니다. 수메르어는 우리말과 같이, 체언 뒤에 조사가 붙어 쓰이는 교

---

3) "수메르는 대략 기원전 5000년경부터 농경생활을 했던 것으로 추정되며 기원전 3500년경에는 도시국가로 이루어진 고대 문명을 갖추었다"(고야마 시게키, 『지도로 보는 중동이야기』, 18쪽). 고바야시 도시코도 수메르 문명은 이 지역에서 처음 농경생활을 시작한 기원전 5000년경의 우바이드기로부터 시작되었다고 본다(고바야시 도시코, 『5천 년 전의 일상』, 6쪽).
4) 권희석, 『평화가 잠드는 땅 중동』, 149쪽.
5) 데이비드 롤, 『문명의 창세기』, 160~162쪽.

수메르의 점토판
(출처 : 『The Middle East』)

한국어	수메르어	한국어	수메르어
아버지	아빠	나락(볍씨)	나락(곡식의 신)
칼	카르	단군	딩기르
한	안	(몽골어로는 텡크리)	
엄마	엄마	아우	아우
밝음	바르	북	북
우리(겨레)	우르	어디서	…쉐
달	달	어디로	…어라어디
사람	사람	부터	…타

한국어와 수메르어의 유사성_정연종, 『한글은 단군이 만들었다』, 230쪽; 히스토리 채널, "한글, 그 비밀의 문", 2003.10.9 방영.

착어였습니다. 또 수메르도 동양의 60갑자와 사상적 배경이 같은 60진법을 사용하였습니다. 더욱 놀라운 사실은 수메르인이 상투를 틀었다는 점입니다. 우리와 마찬가지로 씨름을 즐기고 순장殉葬을 하였으며, 결혼전 신부의 집에 함을 지고 가는 풍습도 있었습니다.

❀ 수메르 문명의 전파

수메르 문명은 소아시아(지금의 터키), 시리아, 이집트 등지로 전파되었습니다. 이집트의 건축, 기술, 문자 등은 모두 수메르 문명에서 유래한 것입니다. 수메르 문명은 지중해의 크레타 섬으로도 전해졌습니다. 크레타 섬에서 유럽 최초의 문명인 미노아 문명(기원전 2700~기원전 1420)이 탄생하였고, 이 문명은 다시 그리스 문명으로 계승되었습니다. 이 때문에 수메르 문명을 '서양 문명의 모체'라 부르는 것입니다.

이 수메르 문명은 동쪽으로 퍼져나가 인도에까지 전파되었습니다. 수메르 문명권인 지금의 이란 북쪽 국경 너머 카프카스 산맥에 살면서 인도-유럽어를 쓰던 한 종족이 기원전 2000년경에 남쪽으로 대규모 이주를 시작하였습니다. 마침내 인더스 강 유역에 도착한 그 종족을 당시 인

상투머리의 사르곤 왕

BCE 2300년경에 만든 석재 부조. 사르곤왕(기원전 2334~기원전 2279)은 수메르 초기 왕조시대의 혼란기를 끝내고 메소포타미아 전역을 통일하여 아카드 제국을 건설하였다.

왕 앞에 있는 나무는 '생명의 나무'로 곧 '신단수神壇樹'(동방 배달 시대에 삼신상제님께 천제를 올리던 성지의 신성한 나무)이다. 이 생명의 나무에 인류의 시원종교로서 동서양 문화의 시원인 신교의 삼신 사상이 잘 나타나 있다. 본줄기가 3개로 이루어져 있고, 가지에 달린 열매도 3개씩 한 단위를 이룬다. 왕이 들고 있는 나뭇가지에도 3개의 열매가 달려 있다.

더스 사람들은 '아리안Aryan(고귀한 사람들)'[6]이라 불렀습니다.

히브리(유대) 문명도 수메르 문명과 직간접으로 연관됩니다. 『구약전서』「창세기」에 따르면, 유대인의 조상 아브라함은 지금으로부터 4천여 년 전 현재의 이라크 남부에 위치한 갈데아 우르에 살던 사람입니다. 아브라함은 수메르의 거대 도시국가 우르에 살던 전형적인 수메르인인 것입니다.

한마디로 수메르 문명은 오늘날 서양 문명의 요람입니다. 기원전 5000년경에 혜성처럼 갑자기 나타난 수메르 문명을 서양에서는 인류에서 가장 오래된 문명이라 칭송합니다. 그렇다면 수메르 문명의 근원인 동방 환국 문명이야말로 진정한 인류 최고最古 문명이 아니겠습니까.

동북아에서 넘어간 인디언

환국의 환족은 베링 해협을 건너 남북 아메리카 대륙으로도 이주하였습니다. 19세기의 유명한 지질탐험가이자 박물학자인 알렉산더 폰 훔볼

---

6) 제카리아 시친, 『수메르 혹은 신들의 고향』, 102쪽.

트Alexander von Humboldt(1769~1859)는 "아메리카의 수많은 신화, 기념물, 우주 발생에 관한 사고는 동아시아의 것과 놀랄 만큼 흡사하다. 이것은 태고 시대에 서로 어떤 연관성이 있었음을 말해 준다."[7]라고 주장하였습니다.

미국 오리건 주의 포트 록Fort Rock 동굴에서 약 9천 년 전의 것으로 추정되는 짚신, 방석, 그물, 삼태기, 조리 등이 발굴되었는데, 짚신은 한국인이 전통적으로 신던 것과 모양이 거의 같습니다. 인디언 마을 입구에 서 있는 장승과 토템 신앙 또한 한국의 그것과 유사합니다. 인디언 여인늘은 우리와 마찬가지로 아이를 업어서 키우고, 어린이들은 우리 아이들과 똑같은 방법으로 실뜨기 놀이를 합니다.[8] 필자가 수년 전 미국 워싱턴의 스미소니언 박물관에 들렀을 때 1층 인디언관에서 본 절구, 소쿠리, 베틀, 어망 등은 마치 한국의 옛 시골 살림림 도구를 옮겨 놓은 듯했습니다.

중남미에 아스텍 문명과 잉카 문명을 건설한 인디언도 한민족처럼 흰옷을 즐겨 입었고 사원 건물도 흰색으로 칠하였습니다. 아스텍 문명의 그림을 보면, 남자들은 머리에 상투를 틀고 여자들은 비녀를 꽂았습니다. 중남미 인디언들은 아이가 태어날 때 금줄을 치고, 죽은 사람의 입에 노잣돈으로 옥구슬을 넣어 주고, 자정子正에 제사를 지냈습니다.

북미 원주민과 한민족의 연관성은 언어에서도 확인됩니다. 손성태 교수의 연구에 따르면, 아스텍어와 잉카어의 문장 구조, 조사의 종류와 쓰임새가 한국어와 아주 유사합니다. 예를 들어 아스텍인은 그들의 조상이 원래 살던 곳을 '아스단Aztan'이라 불렀는데, 아스단은 '하얀 장소', 곧 '백색의 광명이 비치는 장소'라는 뜻으로 고조선의 수도 '아사달'과

---

7)   알렉산더 그르보프스키 저, 김현철 역, 『잃어버린 고대 문명』, 115쪽.
8)   김상일, 『인류문명의 기원과 한』, 45~53쪽.

미국 스미소니언 박물관에 전시된 인디언 생활용구
이곳에 전시된 각종 생활 도구를 보면 마치 우리네 시골집의 마당이나 부엌을 들여다보는 듯하다.

아기를 낳으면 부정한 기운을 막고 외인의 출입을 금지하기 위해 집 앞에 금줄을 치는 풍습이 있다.

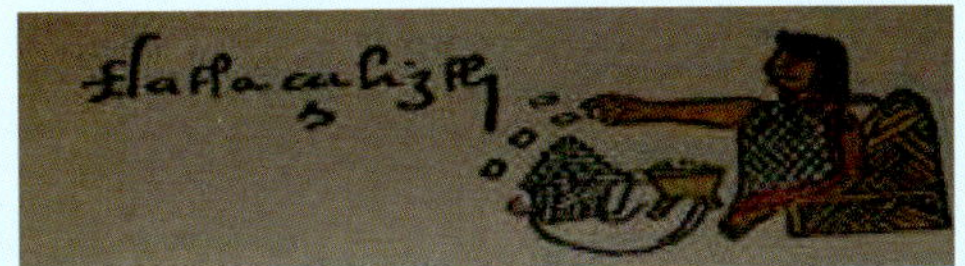

남미 원주민들이 밥을 먹기 전에 음식을 손으로 떠서 던지는 장면. 우리 고수레 풍습과 같다.

뜻이 같습니다. 언어가 같다는 것은 문화의 근원이 같다는 것을 의미합니다.

　이상을 정리하면, 환국 문명권에서 살던 사람들이 이동하여 서쪽으로 수메르 문명을 일구었고, 인더스 문명에까지 영향을 미쳤습니다. 동쪽으로 아메리카 대륙의 아즈텍 문명, 잉카 문명 등을 개척하였습니다. 이처럼 환국 문명은 동서양을 아우른 세계 고대 문명의 모체이자 근원인 것입니다.

동북아에 세운 한민족의 첫 나라, '배달'

홍익인간의 도로써 다스린 배달

환국 시대 말, 인구 증가와 물자 부족 등으로 삶이 어려워지자 서자부庶子部 부족의 환웅이 새로운 터전을 개척하기를 갈망하였습니다. 이에 환국의 마지막 임금 지위리智爲利환인께서 거발환居發桓환웅을 동방 개척의 선봉장으로 세웠습니다. 백두산을 향해 떠나는 환웅에게 종통과 국통 계승의 상징으로 천부天符와 인印을 내려 주고, 문명개척단 3천 명을 붙여 주었습니다.

세계로 뻗어나간
환국 문명

백두산에 도착한 환웅은 신시神市(신의 도시)에 도읍을 정하여 나라 이름을 배달倍達이라 하고, 천제를 올려 삼신상제님께 나라 세움을 고하였습니다. 동북아 한민족사의 최초 국가인 배달의 역사를 연 것입니다.

배달은 밝음을 뜻하는 '배(밝)'와 땅을 뜻하는 '달'을 합친 말로서 '광명의 동방 땅'을 뜻합니다.[9] 우리 민족을 '배달겨레'라 하는 것이 여기서 비롯되었습니다.

환인 천제에게서 국통 계승의 증표로 천부와 인을 받은 거발환환웅은 국가 통치이념도 전수 받았습니다. 그 이념이 바로 '인간 세상을 널리 이롭게 하라'는 홍익인간弘益人間입니다. 이것을 고조선의 국시國是로 알고 있는 사람이 많지만 홍익인간 사상은 사실 9천 년 전 환국의 통치 이념이었습니다.

환웅천황은 재세이화와 홍익인간의 도를 실현하기 위해 삼백三伯·오사五事[10] 제도를 실시하였습니다. 이 제도는 신교의 삼신오제三神五帝 사상[11]에서 나온 것입니다.

배달의 위대한 성인 제왕들

백두산 신시에서 출발한 배달은 점차 동북아의 대국으로 성장하였습니다. 그 과정에서 특히 세 분 성황聖皇이 지대한 공덕을 남겼습니다. 그 세 분은 태호복희씨, 염제신농씨 그리고 치우천황입니다. 이 세 성황이 다스린 배달 시대는 인간의 삶을 편리하게 하고 인간을 교화하는 역학,

---

9) 배달을 '땅의 광명[地光明]'을 가리키는 '단檀' 자를 써서 단국이라 부르기도 한다. 그래서 환국과 배달을 합쳐서 환단 시대로 통칭하기도 한다.

10) 삼백은 입법부인 풍백風伯, 행정부인 우사雨師, 사법부인 운사雲師를 말하고, 오사는 주곡主穀, 주명主命, 주형主刑, 주병主病, 주선악主善惡이라는 다섯 부서를 말한다.

11) 삼신오제 사상이란 삼신(조화신·교화신·치화신)이 현실에서 작용할 때에는 다섯 방위로 펼쳐져서 오제五帝(청제青帝·백제白帝·황제皇帝·적제赤帝·흑제黑帝)가 되어 목(동) 금(서) 토(중앙) 화(남) 수(북)의 천지 기운(오령)을 주재한다는 것이다.

천문, 의술, 농경 분야가 크게 발전하였습니다.

태호복희씨는 5,600년 전, 배달의 5세 태우의환웅의 막내아들입니다. 복희씨는 하도河圖를 그려 인류 역사상 최초로 가장 논리적이고 합리적인 수의 체계를 세웠습니다. 이 하도라는 도표 하나에서 음양오행 원리가 나오고, 공간과 시간의 순환 원리가 나온 것입니다. 복희씨는 또 팔괘를 그어『주역』의 기초를 닦음으로써 천지 시공간의 변화 법칙을 체계적으로 이해할 수 있는 길을 열었습니다. 또 최초의 해시계로 일컬어지는 규표圭表를 발명하고, 24절후를 발견하였습니다. 복희씨는 한마디로 동양철학의 아버지요 인류 문명의 창시자입니다.

염제신농씨는 약 5,200년 전, 8세 안부련환웅 때 인물로 산에 불을 질러 농토를 개척하고, 나무로 쟁기와 보습 같은 농기구를 만들었습니다. 수백 가지 풀을 직접 맛보아 의약을 개발하고, 시장 제도를 처음으로 시행하였습니다. 신농씨는 오늘날 호북성 수주隨州시 여산진厲山鎭 열산列山에 신농국을 세웠습니다. 그의 나라는 8대 유망榆罔에 이르기까지 약 530년 동안 존속하였습니다.

배달은 14세 자오지천황(치우천황)에 이르러 동북아의 드넓은 땅을 다스리는 강국이 되었습니다. 치우천황은 먼저 신농국을 복종시켜 지금의 산동성, 강소성, 안휘성을 배달 영토로 흡수하고, 이어서 동북아의 천자가 되고자 모반을 꾀한 서토 지역의 제후 헌원을 10년에 걸친 전쟁(탁록대전) 끝에 무너뜨렸습니다. 그리고 넓어진 강역을 다스리기 위해 도읍을 백두산 신시에서 청구靑丘(현 대릉하 유역)로 옮겨 배달의 전성기인 청구 시대를 열었습니다. 4,700년 전에 서방으로 진출하여 광활한 영토를 개척한 치우천황은 그 이름만 들어도 간담이 서늘해질 정도로 법력과 위용을 떨친 한민족의 성웅聖雄입니다. 한민족은 물론 중국 백성들까지 치우천황을 추앙하였습니다.

배달겨레, '동이東夷'

❀ 동이의 바른 뜻

『환단고기』가 전하는 배달의 역사는 중국 역사책에서 '동이東夷'의 역사로 기록되어 있습니다. 예나 지금이나 중국 역사가와 학자들은 동방 한 민족을 동이라 부릅니다. 동이는 무슨 뜻일까요?

'동東'은 태양이 떠오르는 광명의 방향입니다. 그래서 '동'은 생명의 탄생, 시작을 뜻하고, 광명사상의 발원지를 의미합니다.

'이夷'는 첫째, '뿌리[柢]'라는 뜻입니다.

둘째, '활을 쏘는 동쪽 사람'[12]을 뜻하기도 합니다. 『설문해자說文解字』에 따르면 '동방에 사는 사람'을 '이'라 부르는데, '이' 자는 '대大'와 '궁弓'을 합친 글자라 하였습니다.[13] 여기서 '대'는 '사람'을 뜻히므로, 결국 '이'는 '활을 메고 있는 사람'을 형상화한 것입니다.

마지막으로 '이'는 '어질다'는 뜻입니다.

그러므로 '동이'는 '동방의 뿌리 되는 민족', '큰 활을 잘 쏘는 동방의 민족', '동방의 어진 민족'을 뜻합니다.

역사적으로 중국인들이 동방 민족을 '동이'라 부른 것은 치우천황이 큰 활을 만들어 쓴 이후부터입니다. '큰 활[大弓]'의 위엄에 두려움을 느낀 한족이 배달민족을 가리켜 '큰 활을 잘 쏘는 동방 사람'이라 부른 것입니다. 그러므로 '동이'는 '배달 동이'라 불러야 올바른 표현입니다.

---

12) 동이는 '큰 활을 사용하는 생활습관'으로 말미암아 생겨난 부락 명칭이다. 또 중국의 동방에 위치해 있으므로 동이라 불렀고, '이인夷人'이라고도 하였고, 상나라 때는 '인방人方'이라 불렸다. 주나라 중기 이후에 인방이란 호칭은 점차 사라지고 동이란 호칭이 홀로 사용되었다(허광웨何光岳, 『동이원류사東夷源流史』, 1쪽, 4쪽).

13) 東方之人也, 從大從弓(『설문해자』).

✿ 중국 역사를 주도한 동이족

'배달 동이'는 치우천황의 영토 개척을 계기로 서토西土 깊숙이 퍼져나가 고조선 시대에는 중국의 역대 왕조를 이끈 주류가 되었습니다. 그래서 동북아 창세 역사를 이야기할 때 빼놓을 수 없는 것이 바로 동이입니다. 대만과 중국 학자들도[14] 중국 역사의 주류가 한족漢族이 아니라 동이라는 공통된 의견을 내놓았습니다.

그런데 더욱 중요한 것은, 한족이라는 개념은 본래 독자적으로 성립될 수 없다는 점입니다. 보통 한족의 시조를 4,700년 전 인물인 황제헌원이라 합니다. 사마천의 『사기』 제1 「오제본기」 앞에 헌원의 족보가 나오는데, 헌원의 호를 유웅有熊이라 하였습니다. 헌원은 유웅씨 계열인 것입니다.

유웅씨는 환웅께서 배달을 건국하실 때 통합, 흡수된 웅족 계열로 동방 문화를 개척한 주역입니다. 배달의 8세 안부련환웅의 신하이자 유웅국 임금이던 소전少典의 큰아들이 염제신농이고 둘째가 공손씨입니다. 헌원은 이 공손씨의 후손으로, 바로 『삼국유사』 고조선기에 나오는 웅족 계열의 인물인 것입니다.

한족의 시조로 알려진 이 황제헌원뿐 아니라 오제五帝로 꼽히는 소호, 전욱, 제곡, 요, 순[15]이 모두 동이족입니다. 그 뒤를 이은 하상주 3왕조의 개국조인 하나라 우禹, 상(은)나라 탕湯, 주나라 문왕과 무왕까지도 모두 동이족 혈통입니다. 특히 상나라는 동이족이 세운 나라로 제도와 풍습이 당시 그들의 상국上國이던 고조선의 것과 아주 유사합니다. 그리

---

14) 『중국사전사화中國史前史話』를 쓴 대만의 쉬량즈徐亮之와 북경대학의 고고문박학원考古文博學院 교수인 옌원밍嚴文明은 대담과 저서, 논문에서 분명히 '중국은 동이문화'라고 밝히고 있다.

15) 송나라 때의 『태평환우기太平寰宇記』에 '요堯는 북적지인北狄之人'이라 했고, 『맹자』에서 '순舜은 동이지인東夷之人'이라 하였다. 우禹에 대해서도 명나라의 서원태徐元太가 편찬한 『유림喩林』에서 "대우大禹는 동이東夷에서 태어났다[大禹生於東夷]."라고 하였다.

인류 성씨의 시원인 **신농씨**와 중국 한족의 시조 **황제헌원의 계보**

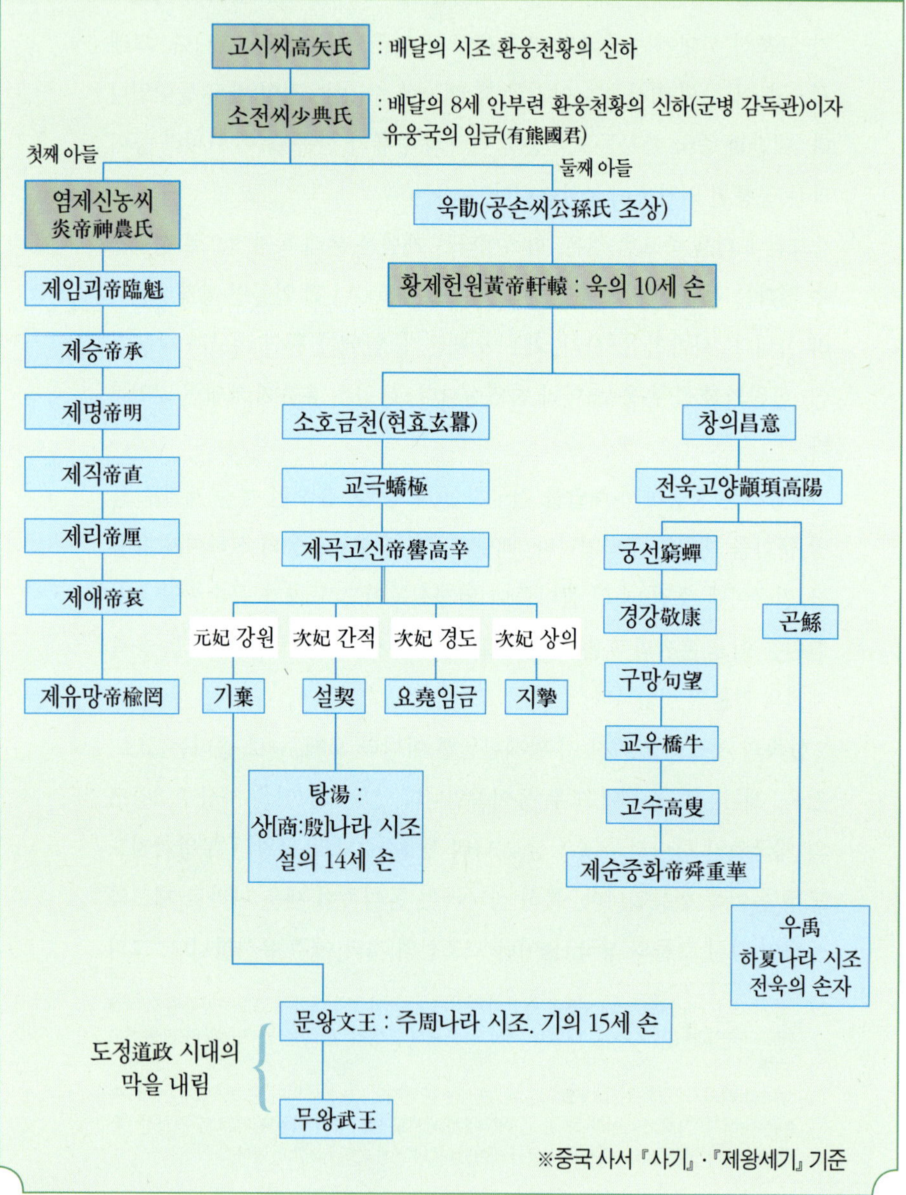

고 주나라 초기에 무왕이 염제신농의 후손인 강태공을 왕으로 봉한 제나라도, 제나라와 이웃한 노나라도 역시 동이 국가입니다.

동이족은 이처럼 중국의 역대 왕조를 개척했을 뿐 아니라 배달 시대이래 신교문화와 문물을 중국 땅에 뿌리 내렸습니다. 동이의 도자기, 제철, 서법書法, 역법曆法, 갑골문자, 천자天子 제도, 조세 제도, 윤리 규범 등 다양한 문물제도가 중국에 전해져서 황하문명의 근간이 된 것입니다. 중국의 고대 문화는 결국 동이족이 창달한 것이라 해도 지나친 말이 아닙니다.

✿ '동이'는 왜 '오랑캐'라 불리나

오늘날 많은 사람들이 '동이'를 '동쪽 오랑캐'라는 말로 알고 있습니다. 왜 '동이'가 변방의 오랑캐로 불리게 되었을까요? 바로 화하華夏족(중국 한족의 조상)과 동이족 사이에 있었던 정치적 대립 때문이었습니다.

'화하華夏'란 우임금이 세운 하夏나라의 '하'에 '화(빛날 화)' 자를 더한 말입니다. 중국 최초의 왕조 이름인 '하'를 중국 민족의 대명사로 쓰기 시작한 것은 주나라 때부터입니다. 주나라는 동이족과 자민족 사이에 차별을 두기 위해 '하'란 호칭을 사용하기 시작하였습니다. 자민족을 '제하諸夏'라 칭하였는데, 동이족을 제외한 '중국의 전 민족'을 뜻하였습니다. 이때부터 '하夏'는 정치적으로는 중원 왕조를, 민족적으로는 중국 사람을, 문화적으로는 중원 문화를 가리켰습니다. '화하'라는 말은 춘추 시대 이래 유행하게 되었습니다.[16]

오늘날 많이 쓰는 '중화'라는 단어는 '중국'과 이 '화하'를 합친 말입니다. 그들이 '광명문화의 중심'이라는 뜻입니다. 한족漢族이라는 중국 민족 이름은 중국 역사상 가장 강성했던 나라 중 하나인 한 고조 유방의

---

16) '중화'는 『삼국지』 「제갈량전」에서 배송지裴松之의 주석에 처음 나온다. '중국'이란 용어는 주나라 초기 명문銘文에 나온다. 장푸상張富祥, 『동이문화통고』, 418쪽.

상商나라 시대의 동이 국가 분포도_고조선 시대에 해당하는 중국 상나라 때 조이, 남이, 우이, 내이, 엄이, 서이, 회이, 방이, 황이, 도이, 견이 등 다양한 동이족이 중국 전역에 분포되어 살았다. 상나라도 동이족이 세운 나라이다.

한漢나라에서 따온 것이고, 중국을 일컫는 차이나China는 중국 최초의 통일왕조인 진시황秦始皇의 진秦에서 가져온 겁니다. 진나라는 불과 15년 만에 패망당해서 나라 이름만 가져왔습니다.

한편, 약 4,700년 전 화하족은 그 시조 헌원이 치우천황에 대항하여 일으킨 탁록대전에서 패한 뒤 2,300여 년 동안 황하의 중상류에 머물러 있을 수밖에 없었습니다. 그러면서 힘을 기른 화하족은 진시황 때에 이르러 중원 전체를 지배하면서 동이족을 중국 변방으로 밀쳐내었습니다. 이때 일부 동이족은 화하족에 동화되었습니다.

이렇게 화하족이 중국 역사의 주도 세력이 되자 동이를 오랑캐로 깎아내린 것입니다. 화하족은 전 중국에 걸쳐 고루 분포되어 살던 동이족을, 사방으로 나누어 서로 다른 오랑캐족으로 불렀습니다. '동이東夷, 서융西戎, 남만南蠻, 북적北狄'이 그것입니다. 하나의 이夷족을 넷으로 분리시킴으로써 그동안 중국 역사를 주도하던 동이의 세력을 약화시키고 화하족의 지배 아래에 두고자 했던 것입니다.

인류 창세사를 다시 쓰게 한 홍산문화

❀ 총塚[무덤]·묘廟[신전]·단壇[제단]을 모두 갖춘 제천문화 유적지

20세기에 들어와 세계의 이목을 집중시킨 동북아 최대의 발굴 사건이 있었습니다. 바로 홍산紅山문화 유적지 발굴입니다. '홍산'이란 철광석으로 뒤덮여 산 전체가 붉게 보인다는 뜻에서 붙여진 이름입니다. 홍산문화는, 요령성 조양시 건평建平현과 능원凌源현의 접경지역에서 번창했던 '석기와 청동기를 섞어 사용한 기원전 4700~기원전 2900년경의 문명'입니다.[17] 1979년 객좌현 동산취촌東山嘴村에서 엄청난 제사 유적이 발굴되고, 1983년 그 인근 우하량촌牛河梁村에서 고대 인류의 정신문화를 가능케 한 3요소인 적석총(돌무지무덤)[塚], 신전[廟], 제단[壇]이 발굴되었습니다.

우하량의 16개 유적지 가운데 13곳이 적석총입니다. 적석총은 고대로부터 삼국 시대까지 계속 나타나는 동이족의 대표적 묘제墓制로 황하지역의 화하족 문명권에서는 나타나지 않는 것입니다. 우하량의 적석총 가운데에는 네모난 방형으로 짜인 대형 무덤군과 삼신상제님께 천제를

---

17) 이형구 교수는 홍산문화를 '발해연안문명'이라 부른다. 발해연안이란 발해를 둘러싸고 있는 산동반도, 요동반도, 한반도를 말한다. 세계 4대문명과 마찬가지로 홍산문화도 북위 30~45도에서 발생하였다. 지중해 문명이 서양 문명에 자양분을 공급했듯이, 동이족이 발해 연안에서 창조한 문명은 중국은 물론 만주, 한반도, 일본의 고대 문명을 일궈 낸 젖줄이었다 (이형구·이기환, 『코리안 루트를 찾아서』, 27쪽).

올리던 3단 구조의 원형 제단[壇]이 있습니다. 그 전체 구조가 '하늘은 둥글고 땅은 방정하다'는 동양의 천원지방天圓地方 사상을 표현합니다. 이 구조는 고조선 때 쌓은 강화도 마리산의 참성단, 명나라 때 지은 북경의 환구단, 조선 말기에 고종 황제가 세운 원구단 등에서 공통적으로 나타납니다. 그러므로 5,500년 전에 배달 동이가 세운 우하량 제단은 동북아 제천단의 원형인 것입니다.

홍산인의 신전[廟]은 우하량 제1지점에서 발굴되었는데, 신전의 주인공은 여신입니다. 이 신전 터에서 3명의 여신상과 함께 곰과 새를 신성시하던 홍산인의 토템 신앙을 보여 주는 곰 소조상과 새 소조상이 발굴되었습니다.

이와 같이 총·묘·단을 모두 갖추고 국가 단계의 문명을 일구었던 홍산문화는 동북아 신석기 문화의 최고봉으로, 중국 한족의 것과는 계통이 전혀 다릅니다. 홍산문화는 중국 황하문명 태동의 밑거름이 된 배달 동이의 독자적인 문화입니다.

❀ 홍산 유적지에서 발굴된 옥玉문화

홍산문화가 세계인을 가장 놀라게 한 것은 다양하면서도 정교한 옥玉 유물입니다. 여러 적석총에서 공통적으로 옥기 부장품이 쏟아져 나온 것입니다. 옥은 변하지 않는 보석으로 영생불멸을 뜻하고 신성神性을 상징합니다. 홍산인들은 옥을 고귀한 신분을 나타내는 장신구, 신과 소통하는 신물神物, 천제에 사용하는 제기 등으로 사용하였습니다.

홍산문화 옥기 중에는 우리 역사가 배달에서 고조선으로 이어졌음을 입증하는 것도 있습니다. 우하량 제16지점에서 발굴된 옥검玉劍은 고조선의 비파형 동검과 양식이 동일합니다.

또 내몽골 지역의 나만기奈曼旗 유적에서는 옥인장玉印章도 출토되었습

시대	명칭	대표 유적과 유물
신석기	❶ 소하서小河西 문화 (BCE 7000년~BCE 6500년)	가장 빠른 신석기 유적, 반지혈半地穴식 주거지, 각종 토기, 석기, 흙으로 만든 사람 얼굴상 등.
	❷ 흥륭와興隆洼 문화 (BCE 6200년~BCE 5200년)	대규모의 집단 주거지(華夏第一村), 최초의 용龍형상 저수룡猪首龍, 세계 최고最古의 옥결玉玦과 옥기玉器, 빗살무늬토기, 평저통형平底筒形토기 등.
	❸ 사해查海 문화 (BCE 5600년~?)	돌로 쌓은 용 형상의 석소룡石塑龍(中華第一龍), 집단 주거지, 다양한 옥기, 빗살무늬토기 등.
	❹ 부하富河 문화 (BCE 5200년~BCE 5000년)	가장 오래된 복골卜骨, 석기, 골기骨器, 빗살무늬토기 등.
	❺ 조보구趙寶溝 문화 (BCE 5000년~BCE 4400년)	최초의 봉 형상 토기(中華第一鳳), 영물도상靈物圖像 토기, 세석기, 빗살무늬토기 등과 요서지역 최초의 채색토기.
신석기 청동기 병용	❻ 홍산紅山 문화 (BCE 4700년~BCE 2900년)	국가의 존재를 나타내는 대규모의 총묘단塚廟壇(적석총, 여신묘, 제천단)시설, 대형 피라미드, 여신상, 옥웅룡玉熊龍 등 다양한 옥기, 청동주조 유물, 석기, 채색토기, 무문토기, 제사용 토기 등.
	❼ 소하연小河沿 문화 (BCE 3000년~BCE 2000년)	다양한 문양의 토기, 부호문자 토기, 석기, 세석기, 골기 등.
청동기	❽ 하가점하층夏家店下層 문화 (BCE 2000년~BCE 1500년)	적석총, 석관묘, 치雉가 있는 석성, 대형 건물터, 옥기, 삼족三足토기, 일상용 토기와 의례용 토기, 복골卜骨 등.

홍산문화

BCE 3000년경
C형 옥조롱玉雕龍

조보구趙寶溝(자오바오거우)문화
BCE 5000~BCE 4400(환국 중기)의
세계 최고最古 봉황 형상 토기 ④

환

국

북방초원문화

내몽골 자치

대청산

북방초원문화 남하노선

홍산문화 남하노선

호화호특

딕록

유주(당) 염정하

태
항
산

하북

오르도스

하가점夏家店(샤자뎬)하층下層문화
BCE 2000~BCE 1500
고조선 초기 유적. 고구려 성의 특징인
치雉가 있는 석성石城, 비파형 동검,
문자가 새겨진 토기 조각 등 출토.

⑤

태원

유주(요순시대)

안양(은)

낙양

단壇(천제단) 총塚(무덤)

묘廟(사당:신전)

홍산紅山(훙산)문화
BCE 4700~BCE 2900

총묘단, 여신상, 옥웅룡玉熊龍, 비파형 옥검, 옥고玉箍
등 출토.

우하량의 총묘단塚廟壇(적석총, 여신묘, 제천단) 유적은
홍산문화가 국가체제를 갖춘 뛰어난 문명임을 보여준
다. 원형 제단과 방형 적석총은 마리산 참성단, 태백산
제천단, 북경 천단을 비롯한 동북아 제천단의 원형.

주周

하夏

상商

박(상商)

자산(츠산)磁山
BCE 6000~BCE

앙소(양사오)仰韶문화
BCE 5000~BCE 3000

대계(다시)大溪문화
BCE 5000~BCE 3000

소하서小河西(샤오허시)문화
BCE 7000~BCE 6500
홍산문화권에서 가장 오래된 신석기 유적지

BCE 4500~BCE 3000년경 옥인장. 『환단고기』의 천부인을 뒷받침한다. 내몽골 나만기 출토

BCE 3300년경 주문 수행하는 모습의 남신상男神像. 내몽골 흥륭구 출토

BCE 3500년경 삼신 문화를 상징하는 삼련벽三聯璧. 요령성 부신시 호두구 출토

흥륭와興隆洼(싱룽와)문화
BCE 6200~BCE 5200 세계 최고最古 옥결玉玦 원 재료는 압록강 인근의 수암옥

홍산(훙산)紅山문화

파림좌기
길림
서랍목륜하
배
달
선
소하서
나만기
하가점
흥륭와
흥륭구
적봉
홍산
조보구
부신·사해
조양
호두구
심양
우하량
건평
대릉하
요령
객좌
동산취
금주
요하
영주(당)
갈석산
창려
수암
암록강
대련
백아강(평양)
고성

고성 문암리 신석기 유적
BCE 6000 흥륭와 옥결과 같은 계통

여수 안도리 신석기 유적
BCE 4000~BCE 3000 옥결

경주
여수

굵은고리귀걸이
홍산문화 옥결은 신라 금관에 달린 귀걸이[細環耳飾, 太環耳飾]에까지 이어진다.

대문구(다원커우)大汶口문화
BCE 4100~BCE 2600

사해査海(차하이)문화 BCE 5600~?
돌로 쌓은 용 형상의 석소룡石塑龍.
세계 최고最古 용 문화

제주

제주 고산리 유적
BCE 10000~BCE 8000년경 융기문토기.
무려 일만 년 전부터 동북아에 문명이
싹텄음을 보여준다.

馬家浜문화
BCE 3000

하모도(허무두)河姆渡문화
BCE 5000~BCE 4500

중국 요령성 홍산문화 유적지의 삼련벽 옥기, 신락 유적지의 삼족토기, 중국 산동성의 용산문화에서 흔히 발견되는 삼족토기, 멕시코의 국립인류학 박물관에 전시된 삼족토기는 모두 삼신문화를 나타낸다. 이처럼 동북아와 중남미의 유물이 서로 너무나 많이 닮은 것은 두 문화권의 밀접한 관계를 보여준다.

중국 요령성 홍산문화의
삼련벽 옥기와
신락 유적의 삼족토기

중국 산동 용산문화의 삼족토기

멕시코 국립인류학 박물관에
전시된 삼발이 그릇

니다. 옥인장은 정치적 권위를 상징하는 유물입니다. 이것으로 미루어 당시 사회가 통치체제를 갖추었음을 알 수 있습니다. 중국은 이 옥인장을 '중화민족제일인'으로 규정하지만, 중화주의에서 나온 근거 없는 주장에 지나지 않습니다. 옥인장은 어디까지나 고대 한민족의 주 활동 무대에서 발견된 배달의 유물입니다.[18]

홍산문화보다 더 오래된 옥 장식품이 흥륭와(기원전 6200~기원전 5200)에서 발견되었습니다. 그런데 흥륭와문화에서 출토된 것과 모양도 같고 만들어진 시기도 비슷한 옥결(옥 귀고리)이 강원도 고성군 문암리에서 출토되었습니다. 이것은 기원전 6천 년경부터 요서, 요동, 한반도가 하나의 문화권이었음을 의미합니다.

중국은 이 홍산문화를 요하문명이란 이름으로 전 세계에 소개하면서 중국이 이집트, 메소포타미아, 인더스 문명보다 앞서는 세계 최고最古 문명의 종주임을 내세웁니다. 경제대국에서 문화대국으로, 지구촌의 중심 국가로 올라서려는 야망을 노골적으로 드러내는 것입니다.

한민족의 전성기, 고조선

나라를 삼한으로 나누어 다스림

초대 환웅이 배달을 개국한 지 1,565년 되던 해에 18세 거불단환웅께서 세상을 떠나자 단군왕검이 배달의 구환족을 통일하여 '조선朝鮮'을 열었습니다(기원전 2333). 단군왕검은 삼신상제님께 천제를 올리고, 송화강 아사달(지금의 흑룡강성 하얼빈)에 도읍을 정하였습니다. 아사달은 '아침 태양이 빛을 비추는 땅'이란 뜻입니다.

그 후 22세 색불루단군은 도읍을 남서쪽에 있는 백악산 아사달(지금의

---

18) 박선희, '홍산문화 유물에 보이는 인장의 기원과 고조선문화', 1~6쪽.

길림성 장춘)로 옮겼고, 44세 구물단군은 남쪽으로 더 내려와 장당경 아사달(지금의 요령성 개원시)로 옮겼습니다. 도읍의 이동에 따라 왕조사가 크게 세 번 변하며 마흔일곱 분 단군이 2,096년[19] 동안 다스린 조선은 고대 한민족이 가장 크게 세력을 떨치고 문화를 발전시킨 때였습니다.

단군왕검은 삼신의 원리에 따라 나라를 삼한, 즉 진한·번한·마한으로 나누어 다스렸습니다. 이것이 앞에서도 말한 삼한관경제三韓管境制입니다. 단군왕검은 대단군으로 요동과 만주 지역에 걸쳐 있던 '진한'을 통치하고, 요서 지역에 있던 '번한'과 한반도에 있던 '마한'은 각각 부단군이 통치하였습니다. 마한은 하늘의 정신[天一]을, 번한은 땅의 정신[地一]을, 진한은 천지의 주인이요 중심인 인간[太一]을 상징하였습니다.

신교 삼신문화의 우주관과 신관에 근거한 삼한관경제는 조선 역사와 문화에서 가장 중요한 제도입니다. 그래서 삼한관경제를 이해하지 못하면 조선의 역사를 분명히 알기 어렵습니다.

70여 제후국을 거느린 동북아의 대국

고조선 시대는 '한민족 역사상 가장 넓은 영토를 가진'[20] 때였습니다. 강역이 동쪽으로 한반도의 동해안, 북쪽으로 흑룡강을 지나 시베리아, 남쪽으로 일본 열도, 서쪽으로 티베트에 이르렀습니다. 그러나 후세 고려, 조선의 중화 사대주의자들과 일제의 식민사학자들은 이것을 한반도 북부에 국한시켜 대국을 소국으로 줄여 놓았습니다.

하지만 발굴된 수많은 유물들은 조선이 한반도에서 요서에 이르는 드

---

19) 고조선의 역년에 대해 『단기고사』는 『환단고기』와 같이 2,096년으로, 『규원사화』는 1,205년으로 전한다. 고조선사를 한 분의 단군사로 잘못 기록한 『삼국유사』에서 "단군이 1,908세를 살았다."라고 한 것은 송화강 아사달(1,048년)과 백악산 아사달(860년) 시대를 합친 것이다.

20) 윤내현, 『우리고대사 상상에서 현실로』, 169쪽.

삼한三韓의 수도 위치_6세 단군 때 신지 발리는 자신이 지은 서사시 〈서효사〉에서 삼한의 수도를 저울대(소밀랑, 송화강 아사달), 저울추(안덕향), 저울판(백아강)에 비유하였다. 세 수도가 하나의 저울이 되어 균형을 계속 유지하는 한, 고조선의 태평시대는 보전될 것이라 하였다(『고려사』).

넓은 땅을 차지한 동북아시아의 대국이었음을 증명합니다. 그 중 하나가 20세기 후반에 발굴된 하가점夏家店 문화 유물입니다. 하가점은 내몽골 자치구 적봉시에 있는 한 촌락으로, 건조한 기후 때문에 유적과 유물이 빗물에 유실되지 않고 시대별로 층층이 잘 보존된 곳입니다. 하가점 유적지의 상층에서 유목민 문화가 나왔고, 하층에서 기원전 2400~기원전 1500년에 걸친 농경 문화의 유물이 나왔습니다. 이 상층에서 동북아 청동기 문화의 대표적 유물인 비파형 동검이 나왔는데, 만주와 한반도에서 발굴된 청동검과 동일합니다. 따라서 하가점 문화는 고조선 문화이고, 하가점이 속한 몽골 지역은 조선의 영역이었던 것입니다.

고조선은 동북아의 대국으로서 70여 개에 이르는 크고 작은 제후국을 거느렸습니다. 『단군세기』에 의하면, 고조선의 단군은 제후국을 순회하였고 제후들은 단군에게 조공을 바쳐 예를 갖추었습니다. 단군은 제후들을 삼신상제님께 올리는 천제에 참여시키고 함께 적을 공격하기도 하였습니다. 그런데 중국과 일본은 이러한 고조선의 제후국을 고조선과 관계없는 별개의 나라로 기록하여 고조선이 대제국이었다는 사실을 은폐하였습니다.

고조선과 중국의 관계

그렇다면 고조선은 중국 왕조와 구체적으로 어떤 관계였을까요?

초대 단군 시절, 우나라 순임금은 국가의 존망이 달린 9년 대홍수를 당하였습니다. 이때 순의 신하로서 조선의 부루 태자에게서 오행치수법五行治水法을 전수받아 홍수를 해결한 실무자가 사공司空 우禹였습니다. 조선의 도움으로 대홍수를 해결한 것입니다. 우는 이 일로 백성들의 인심을 얻어 뒤에 하나라를 열었습니다. 이렇게 개국 시조 우임금 때부터 고조선의 은덕을 입은 하나라는 마지막 군주 걸桀에 이르기까지 고조선을 상국으로 모셨습니다.

이후 하나라를 이은 상(은)나라는 동이족이 세운 나라입니다. 그래서 고조선이 위치한 동북방을 숭상하였습니다.

상나라 다음으로 550년 동안 중원을 지배한 주周나라 역시 나라를 세울 때부터 고조선의 영향력에서 벗어날 수 없었습니다. 많은 병력과 전차를 보유한 상나라 군대와 싸우기 위해 주나라 무왕은 동이족의 협조가 절대적으로 필요하였습니다. 그때 무왕을 도운 동이족 인물이 바로 강태공입니다. 그래서 주나라도 이전의 왕조와 마찬가지로 고조선에 조공과 방물을 바쳐 예를 표하였습니다. 『환단고기』에는 주나라 왕 하瑕(4

세 소왕昭王)가 조선에 사신을 보내 조공을 바친 일과, 32세 추밀단군 때 주나라가 번조선에 방물을 바친 일 등이 상세히 기록되어 있습니다.

한마디로 고조선은 동북아의 천자국天子國이고, 하·상·주 중국 3왕조는 모두 조선에게 정치적 통제를 받은 제후국이었습니다.

고조선과 일본의 관계

고대 일본 역사는 동방 한민족이 이주하여 개척한 역사라 해도 과언이 아닙니다. 일본의 정통 역사책인『일본서기日本書紀』와『고사기古事記』[21]에 기록된 '천손강림'이라는 일본 건국사화는, 환웅의 배달 건국사화와 그 틀이 너무나 유사합니다.

『환단고기』에 따르면, 36세 매륵단군 때 협야후陝野侯 배반명裵幋命이 일본으로 건너가 삼도三島(일본을 구성하는 세 섬)를 평정하고 스스로 천왕이라 칭하였습니다(기원전 667). 이 배반명이 곧『일본서기』에 나오는 일본의 초대 왕 진무神武입니다.

고조선 사람이 왕이 됨으로써 왕조사가 시작된 일본은 고조선이 망한 후로도 이 땅에서 넘어간 한민족에게서 역사 발전의 영양분을 계속 전해 받았습니다. 한민족이 집단으로 일본으로 넘어간 경우만 해도 최소 여섯 차례에 달합니다.

일본 최초의 통일왕조인 야마토 정권을 탄생시킨(286년,『일본서기』) 제15대 오진 왕도 한반도에서 넘어간 부여 사람입니다.『환단고기』에 따르면, 서부여의 의려왕과 그 아들 의라왕이 선비족 모용외에게 쫓기어 무리 수천 명을 거느리고 바다를 건너 가 왜를 평정하고 왕이 되었습니다(285년,『태백일사』「대진국본기」).

---

21) 도네리 친왕舍人親王 등이 저술한『일본서기』(720), 백제 사람 태안마려太安麻呂가 저술한 『고사기』(712)는 일본 최고最古의 정사正史이다. 하지만 이 두 서책은 백제 멸망(660) 후 모국인 백제와의 고리를 끊고 일본 왕조를 자생自生 왕조로 변색하기 위해 쓴 것이다.

　한민족은 19세기 초까지 일본에 건너가 문화를 전수하였습니다. 임진왜란이 끝난 후 일본 도쿠가와 정권의 간청에 따라 1609년부터 2백 년 동안 문화사절단인 통신사通信使를 파견하여 선진 문물을 전해 주었습니다. 조선부터 근세조선에 이르기까지 한국은 일본 문화의 발달에 매우 큰 영향을 끼친 정신적 조국이자 스승 나라인 것입니다.

고조선과 북방 민족의 관계

　『단군세기』를 보면, 흉노의 시조는 한민족입니다. 3세 가륵단군이 열양 욕살 삭정索靖을 약수 지방에 유배시켜 종신토록 감옥에 가둬 놓았다가 후에 용서하고 그 땅에 봉하여 흉노의 시조로 삼았기 때문입니다.

　‘흉노匈奴’에서 ‘흉’은 훈(Hun 혹은 Qun)의 음을 한자로 표기한 것으로 흉노인 스스로 자신을 ‘훈’이라 불렀다고 합니다. 그리고 ‘노奴’는 몽골어에서 남편이나 기사에 대한 존칭으로 쓰이고 있는 점으로 미루어 존칭어임이 분명합니다. 그럼에도 중국 한족은 흉노를 흉악한 노예라고 불러 왔습니다.

　흉노는 제국을 이룬(기원전 176) 후 나라를 고조선과 똑같이 셋으로 나누어 다스렸습니다. 중앙은 흉노의 왕인 ‘선우單于’가 통치하고 동쪽은 좌현왕이, 서쪽은 우현왕이 통치하였습니다.[22] 흉노는 왕을 ‘탱리고도撐犂孤塗 선우’라고도 불렀는데, ‘탱리고도’는 ‘하늘의 아들’, 즉 ‘천자天子’를 의미합니다. 고조선과 마찬가지로 왕을 ‘하늘의 대리자’, 즉 ‘삼신상제님의 대리자’로 인식한 것입니다. 흉노는 또 천지와 일월을 숭상하고, 조상을 숭배하였습니다.

　흉노는 기원전 4세기 전국 시대부터 진·한 시대 내내 중국을 위협하였습니다. 진시황 때 쌓은 만리장성도 흉노의 침략을 막기 위해서[23]였습

---

22) 장진퀘이, 『흉노제국 이야기』, 60쪽.
23) 중국 북방의 성벽은 조, 연, 진 세 나라가 기원전 4세기 말~기원전 3세기 중반에 유목민의 침

니다.

흉노 제국은 기원전 1세기 중반 이후 내분이 일어나 2세기 중반에 오늘날의 카자흐스탄 초원으로 들어간 뒤 기록에서 사라져 버렸습니다. 그러다가 370년경 '훈Hun'이라는 이름으로 서양 역사의 무대에 등장합니다. 훈족은 흑해 북부에 나타나 고트족을 공격하였는데 이 때문에 게르만족이 대이동을 시작하였고 그 결과 서로마 제국이 무너지게 되었습니다. 결국 훈족이 유럽의 고대사를 끝내고 중세를 출발시킨 계기가 된 것입니다.

1세기 말 흉노가 떠나자 선비족이 북방의 패권을 잡았습니다. 『후한서』에서는 선비를 동호東胡(고조선의 별칭)의 후예라 했습니다. 선비족은 2세기 중반에 단석괴檀石槐라는 영웅 밑에서 통합을 이루었지만 단석괴가 죽자 순식간에 여러 집단으로 나뉘었습니다. 이때 생긴 탁발拓跋, 모용慕容, 우문宇文, 단段, 걸복乞伏 등 여러 부족은 당시 한나라가 망한 후 혼란에 빠져있던 중국 땅으로 밀고 들어가 중국사에서 말하는 5호16국 시대의 주역이 되었습니다.[24] 그 가운데 북위(386~534)가 북중국을 통일하고, 북위에서 나온 북주의 귀족 양견이 패권을 잡고 수나라를 세웠습니다. 수를 이어 당나라를 개국한 이연李淵도 선비족 출신이었습니다. 결국 수와 당은 북방 민족이 세운 나라인 것입니다.

『단군세기』4세 오사구단군 조에는 단군이 아우 오사달을 '몽고리한蒙古里汗'에 봉하였다는 기록이 나옵니다. 선비족의 영웅 단석괴가 죽은 후 갈라져 나간 부족 가운데 실위족에서 칭기즈칸(1162~1227)이 이끄는 몽골족이 출현하였습니다. 19세의 약관에 부족의 칸으로 선출된 칭기즈칸은 몽골 부족을 통일하고, 눈길을 초원 밖으로 돌려 중앙아시아 일대를 정복해 나갔습니다. 몽골의 정복사업은 5대 칸 쿠빌라이 때 절정에 달하

략을 막기 위해 쌓기 시작한 것이다(니콜라 디코스모, 『오랑캐의 탄생』, 191쪽).
24) 스기야마 마사키, 『유목민이 본 세계사』, 191쪽.

유럽 문명을 뒤흔든 북방 민족의 활동과 이동

대강역
한국(1218)
밀
손
북흉노(91)
서흉노(89)
몽골(1189)
돌궐(546)
(1259)
원나라(1271)
(657)
흉노
(BCE176)
(1226)
북경
(1279)
고려
(1274)
(1300)
(1228)
남송
(미얀마)
베트남
(1292)
환단고기가 밝혀주는 한국사의 국통맥

여, 1271년에 도읍을 연경燕京(지금의 북경)으로 옮기고 원元나라를 개국하였습니다. 그리고 몇 년 후에는 남송을 멸망시키고 중국 땅 전체를 다스리는 대통일 제국이 되었습니다. 중국 역사에서 가장 넓은 강역을 차지한인 원나라도 한족이 아니라 북방 민족이 일군 것입니다.

이후 몽골은 유럽으로 진출하여 서양 중세사의 막을 내리게 만들었습니다. 몽골군이 로마로 진격하자 흑사병이 퍼져서 유럽 인구가 급감하였습니다. 이로 인해 유럽의 중세를 지탱해 온 농노제도가 무너지고, 흑사병 앞에서 무력한 신의 존재에 대해 사람들이 의문을 가지면서 교회와 교황의 권위가 붕괴되었습니다.

흉노, 선비, 돌궐, 거란, 몽골 등 북방 민족은 한민족과 밀접한 관계가 있습니다. 그래서 북방 민족의 사상과 풍습은 한민족의 그것과 유사한 점이 많습니다. 북방 민족도 자신들을 '천손(하늘의 자손) 민족'이라 하고 천신, 즉 삼신상제님을 숭배합니다. 난생설화, 순장제와 형사취수제(형이 죽으면 형수를 아내로 맞이하는 풍습) 등도 우리와 유사합니다. 특히 몽골족은 천신을 숭배하고 산을 신성시하여 산에 제사를 지냈습니다. 또 몽골인들이 술을 마시기 전에 손가락으로 술을 세 번 튕기는 풍습은 고조선의 고시레와 유래가 같은 것입니다. 또한 돌탑 주위를 세 바퀴 도는 탑돌이를 하면서 소원을 비는데 이러한 풍습에서 3수 신앙을 엿볼 수 있습니다. 이처럼 북방 민족과 한민족은 '고조선'을 뿌리로 하여 서로 연결되어 있는 것입니다.

청동기와 고인돌이 보여 주는 고조선 문화

강단사학계는 한민족의 청동기 시대가 기껏해야 기원전 1300년 위로 올라가지 못한다고 보았습니다. 그러나 한국사의 청동기 시대는 그보다 천 년 이상 앞섭니다. 한민족이 기원전 2500년경에 이미 청동을 사용하였음을 하가점하층문화가 입증하였습니다. 하가점하층문화는 황하 유역의 중국 문화와 성격이 다른 별개의 문화로 판명된 한민족의 문화이기 때문입니다.

하가점 지역에서 발견된 청동기 문화 가운데 가장 잘 알려진 것이 비파형 동검입니다. 악기 비파처럼 생긴 이 검은 요서, 요동, 만주, 중국의 하북성, 산동성, 그리고 한반도 전역에서 발견되고 있습니다. 이러한 사실은 고조선의 영역이 요서에서 한반도까지 걸쳐 있었음을 의미합니다.

비파형 동검은 청동과 아연의 합금으로 그 재질이 단단하고 강합니다. 납 성분이 많아 쉽게 무디어지는 중국의 검과는 다릅니다. 청동과 아연은 비등점이 서로 달라 두 금속의 합금을 만드는 데에는 고도의 기술이 필요합니다. 이것만으로도 4천여 년 전 고조선 문명의 높은 수준을 가늠할 수 있습니다.[25]

다뉴세문경多鈕細紋鏡(여러 꼭지 잔줄무늬 거울)도 고조선의 뛰어난 청동기 제작술을 보여줍니다. 이 청동 거울 뒷면에는 머리카락 굵기에 불과한 만여 개의 가느다란 선이 정교하게 새겨져 있습니다. 이런 청동 거울은 이제까지 다른 나라에서는 발굴된 적이 없습니다.[26] 청동은 구리와 주석의 비율에 따라 그 성질이 달라지는데, 다뉴세문경은 주석의 비율이

다뉴세문경(잔무늬 거울)_숭실대 한국기독교박물관에 소장된 국보 제141호. 지름 21.2㎝인 이 청동 거울의 뒷면에 깊이 0.7㎜, 폭 0.22㎜ 간격으로 무려 1만3천 개의 직선과 100여 개의 동심원이 새겨져 있다. 최근에야 거의 흡사하게 복원했을 정도로 매우 뛰어난 청동 주조 기술을 보여주는 유물이다.

25) 이덕일,『고조선은 대륙의 지배자였다』, 173쪽.
26) 이덕일, 같은 책, 174쪽.

강화도 부근리 고인돌_남한 내에서 발견된 북방식(탁자식) 고인돌로는 최대 크기를 자랑한다. 고인돌은 거석 문화의 하나로 고조선을 대표하는 지표 유물이다.

27%에 달하여 매우 견고합니다. 비파형 동검과 다뉴세문경을 통해 고조선이 고도의 청동 제작 기술을 보유한 동북아 문명의 주역이었음을 알 수 있습니다.

고조선은 또 거석 유적에 속하는 고인돌을 많이 남겼습니다. 고인돌은 원래 신석기와 청동기 시대에 나타난 돌무덤 형식의 하나인데, 아시아에서는 만주와 한반도에 많이 남아 있습니다. 한반도의 경우 대략 4만 기 정도로 추정됩니다.

고인돌에 사용된 판석은 그 무게가 10톤 미만에서부터 300톤에 달합니다. 이 거대한 판석을 옮기려면 수백 명의 인력이 필요합니다. 따라서 고인돌을 세우는 일은 부족장이나 왕의 강력한 통치체제를 갖춘 사회가 아니면 불가능합니다. 고인돌은 고조선이 바로 4천3백 년 전 동북아에 출현한 국가체제를 갖춘 나라였음을 증명합니다.

고인돌의 모양은 음양론에 바탕을 두고 있습니다. 뚜껑돌은 양으로 하늘(아버지)을 상징하여 1개[天一]이고, 받침돌은 음으로 땅(어머니)을 상징하여 2개[地二]로 이루어졌습니다. 뚜껑돌, 받침돌, 피장자被葬者는 각기 천, 지, 인을 상징하여 삼재 사상을 나타냅니다. 고인돌에도 신교의 천지 음양과 삼신사상이 녹아 있습니다.

고조선의 경제와 문화

고대의 주요 산업은 농업입니다. 그래서 토지 제도는 국가의 안정과 발전에 중대한 영향을 미칩니다. 고조선은 2세 부루단군 때부터 정전제 井田制[27]를 시행하였습니다. 이상적 토지 제도인 정전제가 그동안 중국의 주나라 때 처음 실시되었다고 알려졌지만, 사실은 고조선에서 먼저 시행한 것을 중국이 본받은 것입니다.

고조선은 일찍이 화폐도 주조하였습니다. 4세 오사구단군 때인 기원전 2133년에 '패전貝錢'이라는, 가운데 둥근 구멍이 뚫린 돈을 주조하였습니다. 이 패전이 훗날 엽전의 기원이 됩니다.

고조선의 실존을 부정하는 현 학계에서는 가장 오래된 금속 화폐를 기원전 6세기경의 중국 연나라 화폐인 명도전明刀錢으로 봅니다. 그러나 명도전은 연나라 화폐가 아니라 고조선의 화폐로 보아야 마땅합니다. 무엇보다 명도전이 출토된 지역이 고조선의 영역과 거의 일치하기 때문입니다.

명도전을 연나라 화폐로 보기 어려운 또 다른 이유는 엄청난 그 출토량에 있습니다. 고조선 유적지에서는 명도전이 자루에 가득 담긴 채로 빈번하게 출토되는데, 이것은 연나라의 화폐가 아니라 고조선의 화폐이기 때문에 가능한 일입니다.[28]

문자의 사용은 고대 문명을 이루는 중요한 조건 중 하나입니다. 고조선 이전 배달 시대에 우리 민족은 이미 사슴 발자국 모양을 보고 녹도문鹿圖文을 만들었습니다. 하지만 녹도문은 사용하기가 불편하여, 고조선

---

27) 정전제는 토지를 우물 정井 자 모양으로 9등분하여 중앙은 공전公田으로 하고 주위는 여덟 가구에게 사전私田으로 나누어 주어 경작하게 하는 방식이다. 공전은 공동 경작하여 그 생산물을 세금으로 내고, 사전은 각 가구가 경작하여 생활하였다.
28) 성삼제,『고조선 사라진 역사』, 148~151쪽.

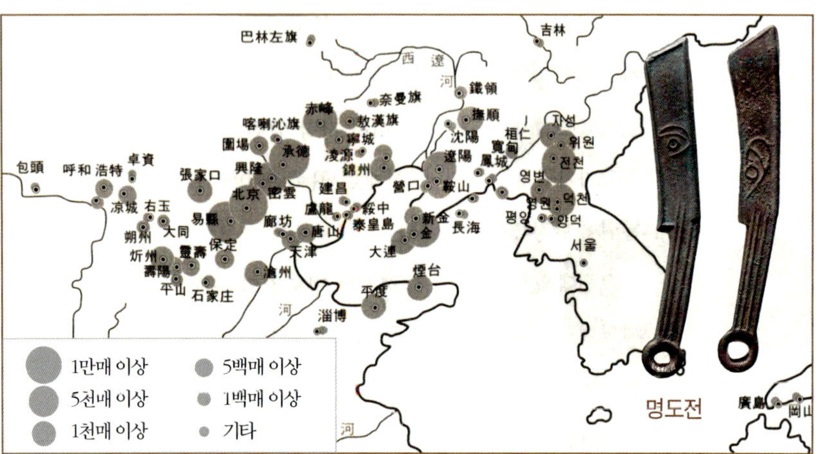

명도전明刀錢 출토범위와 출토량 _명도전의 출토 지역이 고조선의 영역과 거의 일치할 뿐만 아니라 한 지점의 출토량도 1백 매에서 무려 1만 매에 이른다. 이는 명도전이 바로 고조선의 화폐임을 강하게 시사한다. 명도전이란 이름은 앞면에 세겨진 ❤라는 상형문자가 해를 뜻하는 'ㅇ'와 달을 뜻하는 'ㅣ'의 조합으로 이루어졌다고 보고 '**명明**'으로 해석하여 붙인 것이다.(지도 출처 : 박선미, 『고조선과 동북아의 고대 화폐』, 221쪽)

의 3세 가륵단군에 이르러 '정음 38자'를 만들었습니다. 그것이 가림토加臨土[29]입니다.

최근 중국 곳곳에서 상나라 갑골문 이전의 문자로 추정되는 상고금문上古金文이 발견되고 있습니다. 중국 학자 뤄빈지는 『금문신고金文新攷』라는 책에서 '상고금문은 한민족의 언어를 바탕으로 만들어진 문자'라고 밝히고, 그 문자를 만들어 사용한 주체를 동방 조선족이라 단언하였습니다.[30] 중국 문자의 원형이 한민족의 문자인 것입니다.

고조선은 제정일치 국가로서 일찍이 예악禮樂이 발달했습니다. 요령성 건평현의 이도만자二道灣子 유적과 하가점 유적에서 출토된 돌로 만든 악기 '석경石磬', 한반도의 두만강 유역에서 출토된 '뼈피리' 등은 고조선 시대

---

29) 가림토(또는 가림다加臨多)는 한양조선 세종 때 만든 훈민정음과 그 모양이 같거나 흡사하다. 오늘날 우리가 쓰는 한글은 고조선 글자의 변형인 것이다.

30) 김대성, 『금문의 비밀』.

의 예악 문화를 보여줍니다.[31] 이것은 홍산문화에서 출토된, 배달 시대의 '석경(기원전 3000년경 제작)'과 옥으로 만든 '오공금五孔琴'과 더불어 동방 한민족이 동북아에서 가장 먼저 예악 문화를 누렸음을 입증합니다.

고조선 사람들은 삼베, 모직, 면, 그리고 비단까지 생산하여 수준 높은 복식문화를 누렸습니다. 고고학 자료에 따르면, 한민족이 비단을 생산하기 시작한 때는 배달 말기인 기원전 2700년경입니다. 이것은 초대 단군왕검이 하백의 딸을 황후로 맞이하여 누에치기를 관장하게 하였다는 『환단고기』의 기록과 상통합니다. 중국도 비슷한 시기에 비단을 생산하기 시작하였지만, 고조선의 누에는 중국 것과 품종이 다르고, 비단의 직조방법과 염색 기술도 달랐습니다. 고조선은 독자적인 비단 생산 기술을 가지고 있었던 것입니다.

고대 복식사를 연구하는 박선희 교수는 "홍산문화 유물에 옥잠玉簪(옥으로 만든 누에)이 나오는 것을 보면, 한국의 비단 직조술이 중국보다 앞섰다"라고 말합니다. 또 "우리나라는 고조선 때부터 품질이 우수한 백첩포白疊布(백첩이라는 목화 품종에서 뽑은 면)를 생산하였다. 중국의 경우는 면직물이 원나라 때와서야 생산되었습니다. 이러하므로 고려 때 문익점이 원나라에서 몰래 목화씨를 가져 와 비로소 우리나라가 면직물을 생산하게 되었다는 것은 각색된 이야기에 불과하다."고 주장합니다.[32]

홍산문화 유적에서 발견된 석경

옥 누에_홍산문화에서 발견된 옥 누에를 통해서 5,500년 전 배달국 시대에 이미 비단 짜는 기술이 존재했다는 것을 추측할 수 있다.

---

31) 〈경향신문〉, "동방 예악의 고향은 발해연안북부", 1987.3.17.
32) 상생방송STB 〈한문화특강〉 '고대 한민족 복식문화의 국제적 위상' 1강, 2012.2.7.

삼한관경제의 와해 속에 무너진 고조선

고조선은 21세 소태단군 말, 개국 이후 처음으로 국가 위기 상황을 맞이하였습니다. 상나라 정벌에 공을 세운 개사원 욕살 고등高登과 해성 욕살 서우여徐于餘 사이에 일어난 권력 투쟁이 그 발단이었습니다. 이후 마침내 고등의 손자 색불루索弗婁가 군사를 일으켜 정권을 탈취하고 고조선의 22세 단군으로 즉위하였습니다.

색불루단군은 폐단을 없애고 국정을 새롭게 하기 위해 백악산 아사달로 도읍을 옮기고 삼한(진한, 번한, 마한)을 삼조선(진조선, 번조선, 막조선) 체제로 바꾸었습니다. 이전 통치 제도처럼 진조선이 병권을 가지지만, 삼한관경제에 변화가 생긴 것입니다. 신교문화의 성소聖所인 소도를 중심으로 한 공동체 의식이 약해지고 빈부 격차와 계급 분화가 빠르게 진행되었습니다.

그러다가 43세 물리단군 때에 이르러서는 삼한관경제가 완전히 붕괴되었습니다. 사냥꾼 우화충이 반란을 일으켜 도성을 공격하자, 단군이 피난에 나섰다가 도중에 붕어하였습니다. 이때 백민성白民城 욕살 구물丘勿이 장당경에서 군사를 일으켰고, 반란을 평정한 구물은 44세 단군으로 즉위하였습니다. 그리하여 장당경 아사달에서 고조선의 제3왕조 시대가 시작되었습니다.

구물단군은 나라 이름을 대부여大夫餘로 바꾸었습니다. 초대 단군의 네째 아들 부여夫餘가 다스린 고조선의 제후국 '부여夫餘'에서 이름을 취한 것입니다. 하지만 대부여는 예전의 진한 또는 진조선과 같은 통치력을 행사할 수 없었습니다. 부단군이 다스리는 번조선·막조선도 똑같이 병권을 가지게 되어, 중앙의 진조선과 대등한 관계가 되었기 때문입니다.

이때부터 고조선은 급속하게 몰락의 길을 걸었습니다. 기원전 238년,

47세 고열가단군은 마침내 오가五加 족장들에게 나라를 맡기고 산으로 들어가 버렸습니다. 이로써 고조선은 2,096년으로 그 역사를 끝내게 되었습니다.[33]

한민족사의 잃어버린 고리, 북부여

북부여의 출현과 열국 시대 개막

대단군의 통치권이 약화되고 부단군과 지방 군장들의 목소리가 커지던 고조선 말기에 해모수가 일어났습니다. 해모수는 요하 상류에 위치한 고조선의 제후인 고리국 출신으로 기원전 239년에 웅심산(지금의 길림성 서란)을 근거지로 하여 북부여를 세웠습니다. 그 후 백악산 아사달을 점거하고 단군에 추대됨으로써, 고조선을 계승한 북부여의 역사가 시작되었습니다(기원전 232). 해모수단군은 나라 이름을 '북쪽에 있는 부여'를 뜻하는 북부여로 정하였습니다. 이것은 대부여의 강역 중에서 북녘 땅(만주)을 중심으로 나라를 열었기 때문입니다.

이렇게 북부여가 고조선의 역사를 이어가고 있을 때, 번조선과 막조선에도 큰 변화가 일어났습니다. 서방 진출의 발판이자 외적의 침략을 막는 방파제 구실을 하던 번조선은 당시 전국 시대의 혼란을 피해 넘어온 한족들로 몸살을 앓고 있었습니다. 그 중에 연나라 사람 위만衛滿이 있었습니다. 위만은 한나라 조정으로부터 숙청당할 위기에 처하자 조선인으로 변장한 뒤 부하 1천 명과 함께 번조선 준왕에게 투항하였습니다(기원전 195). 준왕은 위만을 서쪽 변방인 상하운장(지금의 북경과 난하 사이)을 지키는 장수로 임명하였는데, 위만은 그곳에서 세력을 길러 이듬해에 왕검성을 쳐서 한순간에 준왕을 내쫓고 스스로 왕이 된 것입니다(기원전 194).

---

33) 고조선 2,096년은 고조선의 중심 세력인 진한(진조선)의 역년이다. 서쪽의 번조선은 그 후 40여 년(기원전 238~기원전 194)을 더 존속하다가 위만에게 왕권을 빼앗겼다.

이 무렵 요서 지역 출신의 대부호 최숭은 바다를 건너 남으로 내려와 막조선의 왕검성(지금의 평양) 지역에 낙랑국을 세웠습니다(기원전 195).[34] 또 위만이 번조선을 차지하자, 번조선의 상장군 탁卓이 백성을 이끌고 한강 이남으로 이주하여 새로이 '마한'을[35] 세웠습니다(기원전 194). 이때 진조선과 막조선의 백성도 한강 아래로 남하하여 각기 '진한'과 '변한'을 세웠습니다. 마한은 전북 익산을, 진한은 경북 경주를, 변한은 경남 김해를 중심으로 자리 잡았습니다.[36] 이것이 남삼한입니다.

북부여가 만주의 진조선을 계승했을 때, 요서의 번조선은 망명객 위만이 차지하고 막조선의 상역이었던 한반도에는 낙랑국과 남삼한이 들어서면서 한국사는 열국列國 시대로 접어들기 시작하였습니다.

북부여의 구국 영웅, 고두막한

북부여는 4세 단군에 이르러 큰 전환점을 맞이하였습니다. 한나라 유방의 7세 손으로 중국 역사에서 가장 강력한 군주 가운데 한 사람인 무제武帝의 침공을 받은 것입니다. 기원전 109년, 한 무제는 우거왕이 다스리던 번조선(위만정권) 땅을 침입하여 이듬해에 왕검성을 함락시키고, 그 여세를 몰아 요동(하북성 진황도시 지역)을 지나 북부여까지 침공하였습니다.

이때 분연히 의병을 일으켜 한나라 군대를 물리친 영웅이 있었습니다. 바로 고두막한高豆莫汗입니다. 고두막한은 졸본卒本에서 나라를 열어(기원전

---

34) 낙랑국은 낙랑군과 다르다. 최숭이 세운 낙랑은 요서 지역에 있는 자신의 고향, 낙랑에서 이름을 따 왔다. 이 낙랑은 번조선 수도 왕검성이 있던 지금의 하북성 창려현 지역으로 비정된다. 이에 반해 낙랑군은 한 무제가 번조선을 패망시키고 그곳에 설치하려 했던 4군四郡 중의 하나이다.

35) 상장군 탁은 북삼한 시대 막조선의 월지국(지금의 전북 익산) 출신이다. 번조선에서 벼슬을 하다가 위만에게 번조선이 침탈되자 유민들과 함께 고향 월지국으로 되돌아가 소규모의 마한을 세운 것이다.

36) 북삼한 시절에는 진한이 삼한의 중심국이었지만, 남삼한 시절에는 마한이 중심국이 되었다. 그래서 마한의 임금 탁이 진왕辰王 노릇을 하였다. 진왕이란 대단군 또는 단군천황의 다른 말이다.

108) 졸본부여라 하고 스스로를 동명왕東明王이라 칭하였습니다.[37] 그리고 북부여가 자칫 사라져 버릴 수도 있는 큰 위기에서 나라를 구한 후, 북부여의 5세 단군으로 즉위하였습니다(기원전 86). 고두막단군의 등장으로 전기 북부여 시대가 끝나고 북부여의 새 역사가 시작되었습니다.[38] 그 후 북부여는 고두막단군의 아들 6세 고무서단군에 이르러 182년(기원전 239~기원전 58)의 짧은 역사를 끝내고 고주몽의 고구려로 계승되었습니다.

'북부여가 고조선을 계승하고, 이후에 고구려로 이어졌다'는 사실은 한민족 고대사의 국통 맥을 바로잡는 가장 중요한 열쇠입니다. 그런데 일제 식민사학은 위만정권을 고조선의 계승자로 앉혔습니다. 뿐만 아니라 '위만정권이 망한 후 그 자리에 한사군이 설치되었다'고 주장하였습니다. 북부여는 온데간데없고, 중국의 식민지인 위만조선과 한사군이 그 자리를 차지한 것입니다.

강단사학자들은 또 중국 역사책과『삼국사기』,『삼국유사』를 근거로 북부여의 시조 해모수를 고구려 시조인 주몽의 아버지로 만들었습니다. 주몽은 해모수의 고손입니다. 그런데 '해모수와 유화 부인 사이에 고주몽이 태어나 고구려를 열었다'고 하여, 어이없게도 해모수와 주몽을 부자지간으로 만든 것입니다. 그 결과 180여 년에 걸친 북부여 6대 단군의 역사는 완전히 증발되어 버렸습니다.

일본에 진출한 부여족

고조선 시대에도 그러하였지만, 부여 시대에도 한민족은 일본열도로 진출하였습니다. 부여는 한반도에서 고구려 · 백제 · 신라를 건국했을 뿐

---

37) 고두막한은 고조선의 47세 고열가단군의 직계 후손이다. 동명왕이란 칭호는 '동방[東]의 광명[明]을 부활시킨다' 는 뜻이다. 졸본부여를 '동명부여' 라고도 한다.

38) 고두막단군 때에 북부여에서 동부여(가섭원부여)가 갈라져 나왔고, 동부여는 2세 금와왕을 거쳐 3세 대소왕 때에 고구려에게 망하여 갈사부여와 연나부부여(서부여)로 나뉘었다.

아니라, 4세기에 일본열도로 건너가 나라를 세웠습니다. 한반도에서 건너간 부여계 기마민족이 일본의 고대국가인 야마토大和 조정을 건설하였다는 설은 오늘날 일본 학계에서 정설로 받아들여지고 있습니다.

기마족인 부여인의 일본 진출은 고고학적 유물로도 입증됩니다. 가와치河內 땅 오진 왕릉 터에서 금동으로 조각된 말안장 장식인 안교鞍橋가 나온 것입니다.

부여인의 진출과 함께 생활 풍습도 일본으로 전파되었습니다. 『위지魏志』「동이전」을 보면 '부여 사람들은 음식을 먹을 때는 모두 조두俎豆(나무로 만든 제기祭器 형태의 그릇)를 사용하고, 여럿이 모일 때는 서로 절하면서 잔을 권하는데 잔을 씻어 권한다'고 하였습니다. 또 '통역하는 사람이 말을 전할 때는 모두 무릎을 꿇고 손을 땅에 대고, 조용히 말을 한다'고 하

북부여의 계보와 고주몽 혈통의 비사

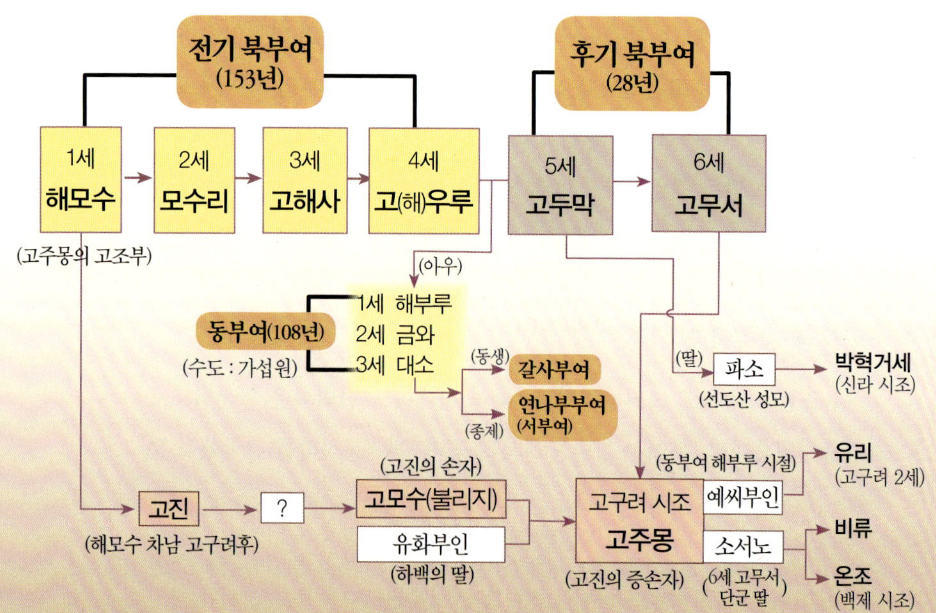

였습니다. 음식을 나무 그릇에 담아 먹고, 서로 고개 숙여 인사하고, 무릎을 꿇고 앉고, 말을 조용히 하는 모습은 일본인들에게서 쉽게 찾아볼 수 있습니다.

열국시대 이후 대한민국 수립까지

북부여의 국통은 고구려로 계승되었습니다. 아들이 없던 북부여의 6세 고무서 단군이 '천제의 아들[천제지자天帝之子]'이라 자처하는 고주몽을 둘째 딸 소서노와 혼인시켜 사위로 삼은 후, 주몽에게 대통을 물려준 것입니다(기원전 58).

주몽은 북부여 시조 해모수의 고손高孫으로, 해모수의 둘째 아들 고진의 손자인 불리지의 아들입니다. 동부여 땅에서 태어나, 어머니의 뜻을 받들어 고향인 북부여로 가서 고무서단군의 사위가 되고, 마침내 북부여의 7세 단군이 되었습니다. 그 후 나라 이름을 고구려로 바꾸었습니다(기원전 37).

우리가 배운 고구려 역사(기원전 37~서기 668)는 건국에서 패망까지 700년이 조금 넘습니다. 그런데 중국 역사책『신당서』를 보면, 시어사侍御史 가언충賈言忠이 요동에서 돌아와 당 고종에게 전시 상황을 보고하면서 '고구려는 900년을 넘지 못하고 팔십 먹은 장수에게 망한다고 하였다'고 고한 내용이 있습니다. 신라 최치원도 당나라에 유학했을 때 '고구려 역사는 900년'이라는 말을 듣고 놀랐다고 했는데, 바로 이것과 일치합니다. 어떻게 해서 고구려 역사가 900년이 될까요?

그것은 '고주몽이 해모수를 태조로 하여 제사를 모셨다'는『삼성기』상의 기록에 그 실마리가 있습니다. 해모수가 북부여를 세운 해(기원전 239)로부터 계산하면 고구려 역년은 900년이 약간 넘습니다(서기 668까지). 그러므로 북부여를 '원고구려'라 할 수 있습니다. 고구려가 망한 후 나라를 세운 고구려의 유장遺將 대중상大仲象은 나라 이름을 '후고구려'라 하였습니다. 이것이 대진大震(발해)의 첫 이름입니다. 이렇게 원고구려-고구려-후고구려로 이어지는 역사는 우리 국통 맥을 잇는 가장 중요한 요소 중 하나입니다.

이후 대중상의 아들 대조영大祚榮은 나라 이름을 대진이라 하였습니다. '진震'은 '동방'을 뜻하므로 '대진'은 '동방 광명의 큰 나라', '위대한 동방의 나라'라는 뜻입니다. 우리가 흔히 쓰는 '발해'라는 이름은 당나라가 우리나라를 제후국으로 폄하하여 '발해渤海'라는 바다 이름에서 따 붙인 것입니다.

대진은 동북아의 주인이던 고구려의 계승자로서, 당시 국경을 맞대고 있던 신라와 달리 독자적인 연호를 쓰고 황제 칭호를 사용했습니다. 대진은 해동성국海東盛國이라 불릴 정도로 강성했으나 거란의 침입으로 926년경에 멸망하고 맙니다.

후신라(통일신라)와 대진이 공존한 남북국 시대가 끝난 후, 한민족의 국통은 고려, 조선, 대한민국으로 계승되었습니다. 고조선 시대 사관史官 발리는 『신지비사神誌秘詞』에서 한민족 국통 맥은 아홉 번을 바뀌며 전개된다고 하였습니다. 그 예언처럼 우리나라는 ①환국 → ②배달 → ③고조선 → ④북부여(열국 시대) → ⑤고구려·백제·신라·가야(사국 시대) → ⑥대진·신라(남북국 시대) → ⑦고려 → ⑧조선 → ⑨대한민국으로, 아홉 번에 걸쳐 바뀌며 이어왔습니다.

왜 고구려 역사는 900년일까?

인류 문명의 네 기둥

『환단고기』를 읽어 보면 세계 문명을 일으킨 중심축인 '네 개의 기둥'을 찾을 수 있다. 인류의 첫 나라 환국을 계승하여 백두산의 신시神市를 중심으로 개창한 '배달 문명'이 첫째 기둥이고, 천산산맥을 넘어 서남아시아로 이동한 환족이 개창한 '수메르 문명'이 둘째 기둥이다. 배달은 환국의 정통 장자국長子國으로 한민족의 동북아 시대를 열었고, 단군왕검의 조선으로 계승되었다. 수메르 문명은 '서양 문명의 발원처'로서 이집트 문명, 바빌로니아 문명, 유대 문화, 인더스 문명, 그리스 로마 문명 등의 탄생에 직간접 영향을 끼쳤다. 요컨대 동아시아의 배달은 동양 문명의 밑거름이 되고, 수메르는 서양 문명의 밑거름이 되어 '인류 문명의 양대축'을 이루었다.

인류 문명의 셋째 기둥은 '동북아 지역의 동이 문명'이다. 환국을 계승하여 백두산을 중심으로 일어난 배달의 백성들이 사방으로 퍼져나가 동

아시아 일대에 동이 문명권을 구축하였다. 고대부터 중세에 이르기까지 세계 역사의 중심에 있었던 동이족의 웅혼한 역사는 오직 『환단고기』를 통해서만 찾을 수 있다.

인류 문명의 넷째 기둥은 바로 단군왕검의 조선에서 뻗어 나간 '북방 유목문화'이다. 고조선의 3세 가륵단군이 욕살 삭정索靖을 제후로 봉함으로써 흉노족의 역사가 시작되었고, 4세 오사구단군이 자신의 아우 오사달烏斯達을 제후로 봉함으로써 몽골족의 역사가 시작되었다. 북방 유목민족은 나중에 유럽까지 진출하여 세계 역사의 새 장을 여는 견인차가 되었다. 흉노족은 로마 제국을 무너뜨려 유럽이 고대에서 중세로 이행하는 데 결정적인 계기를 만들었고, 몽골족은 서양의 중세를 마감하게 하였다. 인류 문명의 중심축인 '네 기둥'의 역사가 『환단고기』 전반에 담겨 있는 것이다.

『환단고기』가 밝혀 주는
인류의 원형문화, 신교

최인은 "민족의 흥망을 결정짓는 것은 무력이 아니라 문화 사상"이라고 했습니다. 우리는 하루 속히 잃어버린 고유한 사상과 정신문화를 되살려야 합니다. 우리가 꼭 회복해야 할 한민족의 문화 사상은 무엇일까요?

그것은 바로 『단군세기』에서 말한 '이신시교以神施教(신도로써 가르침을 베푼다)', 즉 '신교神教'입니다. 신교[1]는 문자 그대로 '신의 가르침'을 뜻하고, 구체적으로는 '신의 가르침으로 세상을 다스리는 것'을 의미합니다.

우주사상의 원형, 신교

✿ 조물주 '삼신'과 통치자 '삼신상제'

신교에서는 만물을 낳고 기르는 하나님을 '삼신三神'이라 부릅니다. 여기서 삼신이란, 서로 다른 세 분의 신이 존재한다는 것이 아닙니다. 조물주 하나님은 오직 한 분[일신一神]이지만 당신을 현실세계에 드러낼 때는 3수 원리로, 삼신으로 작용을 합니다. 다시 말해서 일신은 만물을 낳는 '조화신造化神', 만물을 기르고 깨우치는 '교화신教化神', 그리고 만물의 질서를 잡아나가는 '치화신治化神'으로 자신을 드러냅니다. 그러므로 조물

---

1) 신교는 달리 '풍류風流'라 불리었다. 신라의 대학자 최치원은 「난랑비서鸞郎碑序」에서 풍류의 정체를 '유불선 삼교를 다 포함한, 예로부터 내려오는 신령스러운 도'라고 밝혔다. 신교는 한민족의 전통 도가道家 사상으로 9천 년 한민족사를 이끌어 온 원동력이다.

주 하나님은 만유생명의 본체[體]로 보면 일신이고, 그 작용[用]으로 보면 삼신입니다(『태백일사』「소도경전본훈」).

삼신은 얼굴 없는 조물주로서 원신元神입니다. 하지만 이 무형의 삼신만으로는 인간과 만물이 태어날 수 없고, 이 세상과 우주가 질서정연하게 돌아갈 수도 없습니다. 삼신과 한 몸이 되어 '자연의 이법'을 직접 주관하여 천지만물을 낳고 다스리시는 유형의 신이 있습니다. 그 신이 바로 '삼신일체상제三神一體上帝(삼신과 한 몸이신 상제님)' 또는 '삼신즉일상제三神即一上帝(삼신이신 한 분 상제)'입니다. 이를 줄여서 '삼신상제님' 또는 '상제님'이라 부릅니다.

삼신상제님은 사람의 형상을 하고 천상 보좌에서 온 우주를 다스리는 주신主神이며 통치자입니다. 삼신이 만물을 낳지만, 삼신의 작용과 창조 목적은 상제님의 손길을 통해서 실현되고 완성되는 것입니다.

그리고 삼신이 자신을 형상화하여 스스로 드러낸 것이 하늘·땅·인간입니다. 천지인은 삼신의 자기현현自己顯現(자기의 모습을 드러냄)이므로 결코 피조물이 아닙니다. 하늘도 삼신이요, 땅도 삼신이요, 인간도 삼신입니다. 그래서 천지인 속에 삼신의 생명과 신성과 지혜와 광명이 그대로 다 들어 있습니다. 이러한 천지인을 상수학적으로 표현한 것이 천일天一·지일地一·태일太一입니다. 특별히 인간에 대해서는 '인일人一'이라 하지 않고 '태일'이라 부르는데, 그것은 인간이 하늘땅의 뜻과 이상을 실현하는 존재로서 하늘땅보다 더 크고 위대하기 때문입니다.

❀ 염표문의 태일太一 사상과 홍익인간

한민족 태일 사상은 고조선 11세 도해道奚단군이 선포한 '염표문念標文'에 잘 나타나 있습니다.

염표문이란 '마음[念] 속에 지닌 큰 뜻을 드러낸[標] 글'이라는 뜻입니

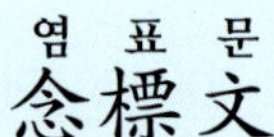

염 표 문

念標文

천　　이현묵위대　　　기도야보원　　　기사야진일
天은 以玄默爲大하니 其道也普圓이오 其事也眞一이니라.

지　　이축장위대　　　기도야효원　　　기사야근일
地는 以蓄藏爲大하니 其道也効圓이오 其事也勤一이니라.

인　　이지능위대　　　기도야택원　　　기사야협일
人은 以知能爲大하니 其道也擇圓이오 其事也協一이니라.

고　　일신강충　　　성통광명　　　재세이화　　　홍익인간
故로 一神降衷하사 性通光明하니 在世理化하야 弘益人間하라.

하늘은 아득하고 고요함으로 광대하니

하늘의 도는 두루 미치어 원만(원융무애)하고

그 하는 일은 참됨으로 만물을 하나 되게[眞一] 함이니라.

땅은 하늘의 기운을 모아서 성대하니

땅의 도는 하늘의 도를 본받아 원만하고

그 하는 일은 쉼 없이 길러 만물을 하나 되게[勤一] 함이니라.

사람은 지혜와 능력이 있어 위대하니

사람의 도는 천지의 도를 선택하여 원만하고

그 하는 일은 서로 협력하여 태일의 세계를 만드는 데[協一] 있느니라.

그러므로

삼신[一神]께서 참마음을 내려 주셔서

사람의 성품은 삼신의 대광명에 통해 있으니

삼신의 가르침으로 세상을 다스리고 깨우쳐

인간을 널리 이롭게 하라.

다. 환웅천황이 환국의 마지막 환인천제로부터 받은 '재세이화', '홍익인 간'을 열여섯 글자로 정리한 것이 염표문의 시초입니다. 여기에 도해단 군이 천지인의 창조정신과 목적을 덧붙여 백성들에게 내려 주었습니다. 염표문은 한민족의 '민족교육헌장'이자 '신교문화헌장'입니다.

　염표문은 인간이 해야 할 바를 밝혀 주고, 그것을 이룰 수 있는 방법도 알려 줍니다. '삼신께서 인간에게 참마음을 내려 주셔서[一神降衷] 인간의 본성은 원래부터 신의 광명에 통해 있으므로[性通光明], 삼신의 가르침으 로 세상을 다스려서[在世理化] 널리 인간 세상을 이롭게 하라[弘益人間]'고 하였습니다. 이때 인간을 이롭게 한다는 것은 단순히 생활의 질을 높여 준다는 뜻만이 아닙니다. 인간을 삼신의 가르침으로 일깨워서 천지의 뜻 과 대이상을 펼치는 태일이 되게 하는 것을 가리킵니다. 인간으로 하여 금 태일의 삶을 살게 하는 것, 이것이 홍익인간의 참뜻입니다.

❀ 신교의 3대 경전 : 『천부경』·『삼일신고』·『참전계경』

　환국·배달·고조선 시대에 쓰인, 한민족과 인류의 시원 종교인 신교 의 정수를 담은 한민족의 3대 경전이 있습니다. 바로 『천부경天符經』, 『삼

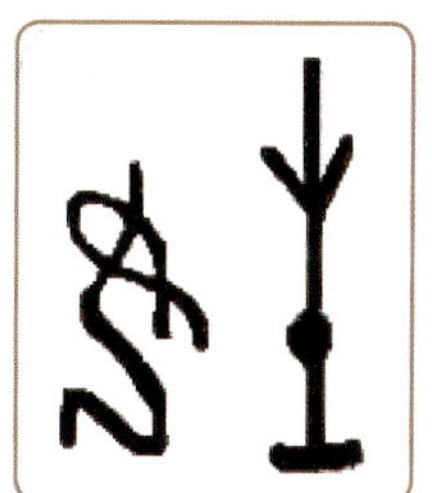

은殷나라 말기의 청동기에서 신단수, 웅녀, 환웅 등 단군신화를 뜻하는 명문이 많이 나 왔다. 웅녀가 신단수 앞에서 아이를 낳게 해달라고 빌고 있다(창원, 『단군신화와 문 자』, 15~23쪽). 배달국 건국 당시 환웅천황은 호족, 웅족에게 100일간 혹독한 수행을 시켰다. 집안의 장천1호분 벽화에도 같은 형태의 그림이 그려져 있다.

일신고三一神誥」,『참전계경參佺戒經』입니다.

『천부경』은 인류의 창세역사 시대인 환국 때부터 구전되다가 배달 시대에 문자로 옮겨진, 한민족과 인류의 최고最古 경전입니다. 천부天符는 '하늘의 법'이란 뜻입니다. 그러므로 『천부경』은 '하늘의 이법을 기록한 경전' 또는 '우주 이법의 주재자인 상제님의 천명을 기록한 경전'을 뜻합니다. 총 81자에 지나지 않는 짧은 글이지만, 천지인의 창조와 변화 원리를 압축적으로 밝혀 줍니다.

『삼일신고』는 배달의 시조 거발환환웅께서 백성을 교화하기 위해 지은 신학서神學書이자 인성론과 수행론을 담은 경전입니다.『삼일신고』는 총 366자로 되어 있는데, 집일함삼執一含三(하나 속에 셋이 들어 있고)과 회삼귀일會三歸一(셋이 모여 하나로 돌아감)을 근본정신으로 삼고, 삼신상제님과 인간과 우주만물의 관계를 중점적으로 다루고 있습니다.

『참전계경』은 배달 시대부터 내려오던 한민족의 윤리 교과서로서, 현재와 같은 8강령 366절목을 갖추게 된 것은 고구려 재상 을파소에 의해서입니다. 이 경전은 『366사三百六十六事』라고도 부르는데, 그 첫째가 바로 경신敬神, 즉 삼신상제님께 지극한 마음을 다하는 우주의 일심사상입니다.

위 세 경전에 담겨 있는 근본 가르침은 한마디로 한민족의 우주사상입니다. 이 우주사상을 제대로 깨치면 '인간이란 무엇인가', '역사란 무엇인가', '나와 우주의 관계는 무엇인가'라는 의문에 대한 답을 찾을 수 있습니다. 나아가 내 속에 깃든 삼신의 신성을 깨달아 인간 생명의 유한한 벽을 넘어 영생불멸하는 태일 인간으로 거듭날 수 있습니다.

✿ 인간 몸속에 깃든 삼신의 조화 대광명

『환단고기』에는 인간의 위대함을 깨우쳐 주는 삼신문화의 놀라운 소식이 들어 있습니다. 그것은 조화신이 내 몸에 들어와 '성性'이 되고, 교화신이 들어와 '명命'이 되고, 치화신이 들어와 '정精'이 됩니다'는 것입니다. 곧 내 몸 속에 삼신 하나님의 신성과 생명이 온전히 들어 있다는 뜻입니다. 한마디로 인간은 살아 있는 대우주 자체요 하나님인 것입니다.

우리 몸에 들어와 자리 잡은 이 성명정을 '세 가지 참된 것'이라는 의미로 삼진三眞이라 합니다. 삼진은 진리를 성취한 인간[太一]이 되기 위한 가장 중요한 관문으로, 삼관三關이라고도 합니다.

삼진이 우리 몸에서 작동될 때는 마음(심心)·기氣·몸(신身)이라는 삼망三妄(세 가지 허망한 것)으로 발현됩니다. 인간의 '마음'과 '기'와 '몸'이 '세 가지 허망한 것'이라 불리는 것은, 끊임없이 변화하기 때문입니다. 그렇

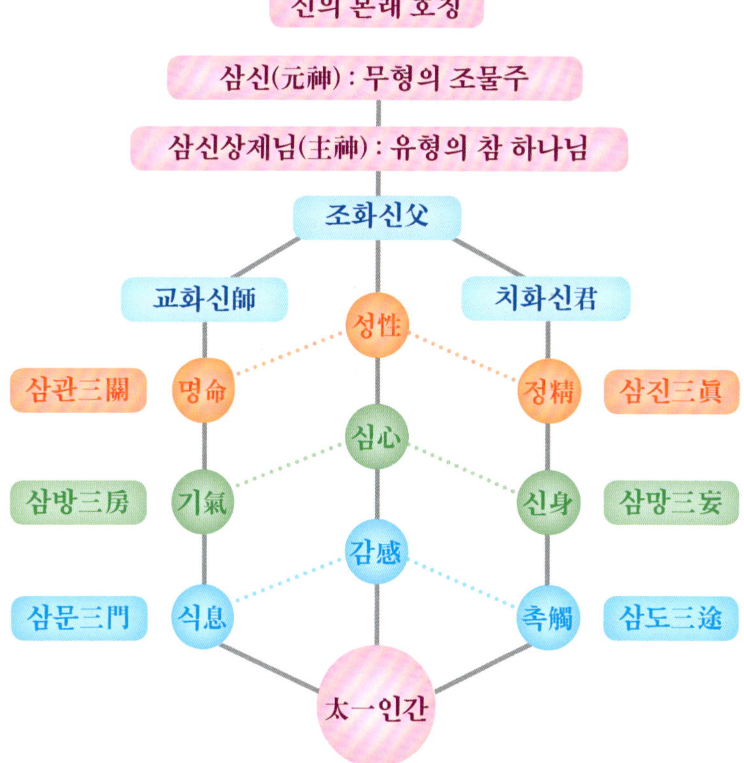

다고 해서 부정적이거나 나쁘다는 의미는 아닙니다. 삼망은 바로 인간의 하루 생활을 통해서 삼진이 발현된 것이기 때문에, 삼진과 삼망은 체용 관계입니다. 이 삼망을 삼방三房이라고도 합니다. 방은 사람이 평안하게 쉬는 보금자리입니다. 이것을 보면 평화롭고 행복한 삶, 진리를 깨치고 삼신의 신성을 내 몸에서 발현시켜 무병장수하는 것이 모두 심기신을 잘 다스리는 데에 달려 있음을 알 수 있습니다.

이 심기신이 사물과 접하면 '감각적 차원'으로 작용합니다. 그것을 감感·식息·촉觸 삼두三途라 합니다. 감은 느끼는 것, 식은 호흡하는 것, 촉은 접촉하는 것을 말합니다. 인간의 마음은 감정으로 표현되고, 기는 호흡을 통해서 작동되고, 몸은 촉감을 통해서 느끼게 되기 때문에 감식촉을 일러 삼도, 세 가지 길이라 하는 것입니다. 이 삼도는 '신의 조화 세계에 들어갈 수 있는 세 문', 즉 삼문三門이 됩니다.

사실 사람은 대부분 감식촉에 이끌려 타고난 기질대로 살다가 허망하게 인생을 마칩니다. 그러나 삼신의 도를 아는 철인들은 일상생활에서 감정을 다스리는 '지감止感', 호흡을 고르게 하는 '조식調息', 촉감을 금하는 '금촉禁觸'으로써 삼도를 잘 다스립니다. 그리하여 마침내는 자기 안에 내재된 조물주 삼신을 발현시켜 삼신의 조화 세계에 들어가게 됩니다. 그래서 지감, 조식, 금촉을 수행의 3대 요체라 합니다.

신교문화에서는 궁극적으로 성명정 삼진을 회복하여 천지와 더불어 영원히 사는 우주적인 인간, 즉 태일의 인간이 되기 위해 수행을 합니다.

신교의 꽃, '천제天祭 문화'

❀ 삼신과 칠성

동양에서는 하느님을 상제님이라 부르며, 10무극으로 표현합니다. 10은 통일과 조화를 뜻하는 완전수입니다. 상제님은 삼신三神을 본체로 하여 칠성七聖으로 만물을 다스리고 작용하십니다[10=3+7]. 삼신은 생명을 낳는 하나님이고, 칠성은 생명을 기르는 하나님입니다. 그래서 신교 문화에서는 하나님을 삼신상제님으로만 모신 것이 아니라 칠성님으로도 모셨습니다. 우리 문화의 원형, 우리 한민족 문화의 뿌리, 우리 한민족 문화의 혼은 이 삼신칠성 사상이라 할 수 있습니다.

인간은 삼신으로부터 삼혼을 받고 칠성에서 육신을 받습니다. 이를 삼혼칠백三魂七魄이라 합니다. 삼혼이란 생혼, 각혼, 영혼을 말합니다. 생혼은 낳는 것, 각혼은 사물을 보고 깨닫는 것, 영혼은 순수 감성으로 직관을 해서 아는 것입니다. 거울로 비추듯이 사물을 있는 그대로 보는 것입니다.

삼신사상은 조물주의 3대 본성에서 온 것입니다. 신은 만물을 낳고[조화], 기르고[교화], 그리고 다스립니다[치화]. 무형의 조물주 삼신은 자기 자신을 현상세계 드러낼 때[自己顯現] 하늘과 땅과 인간으로 나타납니다.

즉, 하늘은 삼신이 조화신으로 나타난 것이고, 어머니 지구는 만물을 낳아서 기르는 곳이기 때문에 삼신이 교화신으로 나타난 것이고, 인간은 조물주 천지의 아들과 딸로서 우주 만유를 다스리는 역사의 주인이므로 치화신으로 나타난 겁니다. 인간은 우주 조물주의 신성과 위격이 똑같은 존재인 것입니다. 이것을 『천부경』에서는 천일·지일·태일이라 합니다.[2]

이 삼신사상은 한민족이 국가를 경영하는 제도의 바탕이 되었을 뿐 아니라 생활 도구, 풍습에서도 나타납니다. 배달의 삼백三伯 제도, 고조선의 삼한관경제, 백제의 좌현왕·우현왕 제도, 조선의 삼정승 제도, 현대

---

2) 그런데 3이라는 수를 보면, 3속에는 우주를 창조한 근본이 되는 생명인 1태극[물]과 2화[불]가 들어 있다. 본래 수는 근본이 1과 2밖에 없다. 나머지 자연수는 전부 1과 2에서 나온 것이다. 1은 물을 상징하고, 2는 남방 화를 상징한다. 동서남북 사정방에서 보면 정남북, 우주변화의 중심축에서 북방은 1수를 상징하고 남방은 2화를 상징한다. 그리고 이것을 구체적으로 작동시키는 것이 횡으로 동방 3목과 서방 4금이다. 동방 3목은 만물이 생하는 봄철을 상징한다. 즉 겨울철과 여름철로 상징되는 물과 불이 합성되어 있는 것이다(3=1수+2화). 동방은 만물이 소생하는 곳, 해가 떠오르는 곳, 광명이 처음 떠오르는 곳이다. 그러므로 3은 동방 문화의 중심코드이다.

천지인 삼재를 상징
하는 삼련벽(위)과
상투용 옥고(아래)

민주주의 사회의 삼권분립 제도도 삼신사상에서 비롯된 것입니다. 또 음식을 세 번 떠서 천지에 바친 후에 먹는 고수레 풍습, 홍산문화 유물 가운데 세 개의 원이 나란히 연결된 삼련벽三聯璧, 홍산문화 우하량 유적지의 3단으로 된 제천단도 삼신사상을 보여 줍니다.

또 인간에게 육신을 내려 주는 칠백의 근원인 북두칠성은 우주의 통치자 삼신상제님이 계시는 별입니다. 삼신상제님은 고상옥황高上玉皇에 머물러 계시는데 거기서 천지와, 우주의 다섯 성령[오행]인 금목수화토金木水火土를 다스립니다. 인간의 무병장수와 생사화복, 영원불멸, 도통과 깨달음을 관장합니다.

예로부터 우리 할머니들이 정화수를 떠놓고 칠성님께 자손과 가정의 안녕과 축복을 염원한 것도, 고인돌에 칠성을 그리고 죽은 사람이 들어가는 관 바닥에 칠성판을 깐 것도 바로 칠성신앙의 한 모습입니다. 대표적 민속놀이인 윷놀이, 전통적인 두발 형태인 상투는 칠성문화를 보여 줍니다.

상투란 본래 '상두上斗'입니다. '두'는 천상의 북두칠성을 뜻합니다. 인간은 짐승이 아니므로 머리털을 역으로 묶어서 동곳을 꽂고 잡아맵니다. 중국 답사를 갔을 때 만난 조양시 덕보박물관의 여성 학예사의 설명처럼, 머리 위에 상투를 꽂는 것은 **늘 나에게 인간 몸을 내려 주신 조화주 상제님 하나님과 내 마음을 맞추기 위해서입니다.** 이것이 상투의 깊은 의미입니다.

인간은 칠성 기운을 받아서 육신을 갖고 사물을 인식하는 것입니다. 두 눈으로 보고, 두 귀로 듣고, 입으로 맛보고, 코로 천지 기운을 쏘입니다. 그래서 사람 얼굴에 칠성이 붙어 있다고 합니다. 본래는 북두구진北斗九辰으로 천상에 원 하나님별과 그 아들의 별이 있어 아홉 개입니다. 사람의 생리기관도 두 개가 은밀하게 숨어 있는데, 그것을 구규九竅라 합니다.

기독교 성경의 계시록에도, 요한이 하나님의 보좌 앞에서 보니 하나님의 일곱 성령이 있더라고 하였습니다. 칠성을 본 겁니다. 서양은 그것을 신관으로 성령이라 하는데, 동양은 보다 더 근원적으로 우주의 역사 무대로서 북녘 하늘에 있는 하나님의 별, 칠성으로 표현하고 있는 것입니다.

서양 문화의 근원 수메르 문화를 보면 칠요일七曜日에 칠성문화가 깃들어 있습니다. 그들은 제천단인 지구라트에서 우주를 경영하는 일곱 주신을 받드는 제사를 올렸다고 합니다.

또 북미에 인디언 문화에는 연인원 1천만 명을 동원해서 흙으로 쌓아올린 거대 피라밋이 있습니다. 그 안에 들어가 보면 신관 일곱 명이 앉아서 회의를 한 좌석이 있습니다. 7수 문화의 자취가 그대로 남아 있습니다.

❀ 한민족과 인류 대제전의 장, 천제天祭

환국 시대 이래 수천 년간 한민족은 하늘에 계신 상제님께 천제를 올림으로써 믿음과 공경을 표시해 왔습니다. 천제는 고조선 22세 색불루 단군 때 쓴 제문祭文에서 알 수 있듯이, 상제님께 폐백을 바치며 나라의 부강과 백성의 번영을 기원하고 상제님의 은혜에 보은하는 국가 행사였습니다(『태백일사』「삼한관경본기」). 천제를 올린 뒤에는 모든 백성이 한데 어울려 술 마시고 춤추며 노래하는 제전을 열었습니다.

고조선의 역대 단군은 매년 봄가을에 천제를 거행하였습니다. 음력 3월 16일 대영절大迎節(삼신상제님을 크게 맞이하는 날)에는 강화도 마리산에서, 10월에는 백두산에서 각각 천제를 봉행하였습니다. 천제 문화를 부여에서는 영고迎鼓, 예에서는 무천舞天, 고구려에서는 동맹東盟이라 불렀습니다.

고려 때 국가 최고의 의례인 팔관회와 연등회도 불교 행사가 아니라 사실은 천제 행사였습니다. 이러한 천제는 조선 초기까지 1천 년 동안 끊이지 않고 이어졌습니다. 그러다가 명나라가 '천제는 천자가 올리는 것'이라며 조선의 천제를 일체 금한 후 기우제 또는 초제醮祭(하늘의 별을 향해 올리는 제사)로 격하되었습니다.

그렇게 해서 수백 년 동안 조선에서 사라졌던 천제문화가 다시 부활한 것은 1897년 고종황제 때였습니다. 고종은 지금의 조선호텔 자리에 원구단圓丘壇을 세우고 상제님께 천제를 올려 만천하에 황제 등극을 알리며 대한제국을 선포하였습니다.

한민족의 천제문화는 일찍이 중국 땅으로 전파되어, 중국의 역대 왕도 천제를 봉행했습니다. 『사기』「봉선서封禪書」는 춘추 시대까지 72명의 중국 왕이 산동성에 있는 태산에 올라 천제를 지냈다고 전합니다. 춘추 시대 이후 진시황, 한 무제 등도 태산에서 천제를 봉행하였습니다. 태산 꼭대기에 있는 옥황전에는 지금도 옥황대제玉皇大帝라는 위패를 써 붙인 황금빛 상제님 상이 모셔져 있습니다. 이 밖에도 동북아의 천제문화는 요나라, 금나라 등 북방 민족과 일본 등으로 전해졌습니다.

일본에 전파된 삼신, 칠성과 태일 문화_일본 이세시伊勢市 주민들이 해마다 신상제神嘗祭(일본 왕이 11월 23일에 거행하는 추수 감사 의미의 궁중행사)를 축하하기 위해 행하는 하츠호비키 축제 광경. 여기에 태일 문화의 모습이 살아 있다.

❀ 제천문화의 자취, 지구라트와 피라미드

태곳적에 한민족이 펼친 제천행사는 세계 각처로 퍼져 나갔습니다. 환국에서 산악지대를 거쳐 마침내 메소포타미아 평원에 도착한 수메르인은 기원전 3000년경 이래 도시의 신성한 구역에 흙벽돌로 거대한 지구라트를 쌓고, 그 위에 신전을 세워 하늘에 제사를 지냈습니다. 고향 땅 환국에서 신령하고 높은 산에서 천제를 지낸 풍습에 따라, 하나님과 여러 신에게 제를 올리기 위해 인공으로 산을 쌓은 것입니다. 신전을 받치는 기단의 용도로 세워진 지구라트는 메소포타미아 지역의 대표적인 제천문화 유적입니다.

수메르의 지구라트는 기원전 2700년경, 문자와 원기둥 건물 양식 등과 함께 이집트로 흘러 들어가 피라미드가 되었습니다. 이집트인도 초기에는 피라미드의 평평한 꼭대기에서 하늘에 제를 올렸습니다. 이 밖에 몽골, 만주, 티베트 등에서도 피라미드 유적을 찾아볼 수 있습니다. 티베트 서부에서는 러시아 과학자가 무려 100여 개에 달하는 피라미드를 발견했습니다. 뿐만 아니라 북미의 인디언 유적지, 멕시코의 톨텍 문명과 아스텍 문명 유적지, 중앙아메리카의 마야 문명 유적지 등 아메리카 곳곳에서도 피라미드가 발견됩니다.

이렇듯 지구촌 여러 곳에 분포된 지구라트, 피라미드, 그리고 스톤헨지와 같은 거석 등은 모두 제천문화의 흔적입니다. 이것은 태곳적 인류가 제천문화라는 하나의 공통된 풍습을 갖고 있었음을 시사합니다. 환국 시대에 시작된 제천문화가 동북아는 물론 지구촌 곳곳으로 퍼져 나갔으니, 천제는 한민족과 인류 공통의 태곳적 문화 행사요 인류의 원형문화인 것입니다.

지구촌의 피라미드(거석) 문화

미국 일리노이 주의 몽크스 마운드Monk's Mound

미시시피 강을 따라 거주한 인디언 유적지 중의 하나로 세계문화유산으로 등재된 카호키아 유적의 한가운데에 위치한다. 이 피라미드는 이 지역 인디언의 정치적, 종교적 구심점이었다. 신전은 남아 있지 않고 길이 304m, 폭 213m, 높이 30m에 달하는 흙을 쌓아 올린 지반시설만 남아 있다.

카프레 왕의 피라미드와 스핑크스　　사카라의 계단 피라미드　　집안의 피라미드식 고구려 고분군

수메르 도시국가 우르의 지구라트(Great Ziggurat of Ur)_우르-남무 왕(BCE 2112~BCE 2095 재위) 때 세워진 것으로 중앙부에만 7백만 개의 벽돌이 쓰였고, 벽돌 여섯 겹마다 갈대 거적과 모래흙을 우겨넣어 견고성을 더했다. 건립 당시에는 모두 3층으로 지어졌는데, 층계를 통해 꼭대기 평평한 면 위의 사원으로 이어진 것으로 여겨진다. BCE 6세기에 4개의 층이 더해져 모두 7층짜리 건물이 되었다. 현재는 맨 아래 두 개 층만 남아 있다.

(출처 : 『죽기 전에 꼭 봐야 할 세계건축 1001』, 25쪽)

고고학자 래너드 울리가 그린 '우르의 지구라트' 복원도 (출처 : 『문명의 창세기』)

멕시코 테오티우아칸 달의 신전에서 바라본 태양의 신전(사진의 왼쪽)

❀ 천제를 올린 성지_{聖地}, 소도

상고 시대 우리 조상들은 '소도_{蘇塗}'라는 특정 장소에서 천제를 올렸습니다. 고조선의 11세 도해단군은 전국의 12명산 가운데 아름다운 곳을 뽑아 '국선소도'를 설치하였고, 13세 흘달단군도 곳곳에 소도를 많이 설치하였습니다. 도해단군은 소도 둘레에 박달나무를 많이 심게 하였는데, 이것은 초대 단군이 '박달나무가 우거진 곳'에서 제를 올린 전통을 계승한 풍습이었습니다.

고조선 시대에 우리 조상들은 소도에 심은 박달나무 가운데 가장 큰 나무를 환웅상으로 모시고 제사를 지냈습니다. 그 나무를 웅상_{雄常}이라 하였습니다. 초상화나 사진이 없던 그 시절에 박달나무를 환웅천황이 응감하여 계신 곳으로 어긴 것입니다. 소도 주위에는 금줄을 매어 사람의 출입을 금하고, 소도를 훼손한 자는 금고_{禁錮}형에 처하였습니다. 죄인이 소도 안에 들어가면 그 죄를 추궁하지 않았습니다. 한마디로 소도는 하나님과 인간이 소통하고, 사람이 하나님의 축복과 보호를 받는 신성한 공간이었습니다.

소도의 풍습 중 오늘날까지 전해져 오는 것이 바로 솟대[立木]입니다. 소도 입구에 높다랗게 세워 소도임을 알리는 솟대는 '신을 모시는 기둥'이었습니다. 1970년대 새마을운동을 하기 전까지 각 동네 어귀에서 쉽게 볼 수 있었던 서낭당 나무도 솟대와 같은 것으로 그 마을의 수호목_{守護木} 구실을 하였습니다. 솟대는 조간_{鳥竿}이라고도 하는데, 솟대 끝에는 대개 새가 조각되어 있습니다. 새는 하나님(삼신상제님)의 사자로서 하늘의 뜻을 전하는 신령한 존재로 숭배되었습니다. 솟대는 그 신조_{神鳥}가 앉는 신간_{神竿}인데, 이때의 신조는 바로 삼신문화의 상징물인 삼족오_{三足烏}입니다.

삼족오_고구려 장천1호분
(5세기 중반)

요령성 부신阜新시 사해査海유적에서 발견된 7,600년 전의 세계에서 가장 오래된 용 형상 잔돌을 쌓아 만들었는데 중국에서는 중화제일용中華第一龍이라 부른다.

옥조룡玉雕龍_홍산문화 유적에서 흔하게 발견되는 옥으로 만든 용형상물

봉형토기_조보구 문화에서 발견된 BCE 5000년경의 세계 최초 봉황 모양 토기. 중화제일봉中華第一鳳으로 명명되었다.

서양 문화 속 전설의 동물 그리핀_몸은 사자이고, 머리와 날개는 독수리인 전설 속의 동물로, 모든 창생의 왕으로 인식되었다. 그리핀의 원조는 봉황이다. 왼쪽은 그리스 남부 크레타 섬에 있는 크노소스 궁전의 왕의 보좌 뒤 벽화 속 그리핀. 아래는 피타고라스의 고향인 그리스 사모스 섬 바씨 박물관의 그리핀.

❀ 천자天子 문화의 상징, 용봉龍鳳

천자는 '하나님의 아들[天帝之子]'입니다. 천자는 온 우주를 주재하는 상제님께 제를 올리는 제사장인 동시에 상제님의 덕화와 가르침을 받아 내려 백성을 보살피고 나라를 다스리는 통치자입니다.

이 천자를 상징하는 토템이 용봉龍鳳입니다. 천지광명의 변화를 그려 나가는 주체는 일월日月인데, 용봉은 그 일월의 조화를 다스리는 자연신입니다. 그래서 용봉은 천지의 음양기운, 즉 천지의 물 기운과 불 기운을 주재합니다. 이러한 용봉을 동양에서는 예로부터 '상서로운 동물'로 여겨 천자의 상징으로 쓰고 있습니다.

그러면 용봉 문화의 원류는 어디일까요? 일반적으로 중국이라고 알고 있지만 사실은 그렇지 않습니다. 중국 황하문명은 그 역사가 기껏해야 5천 년입니다.

용봉 토템의 대가인 중국의 왕다유王大有는 용봉 문화의 뿌리를 배달 시대 동이족의 제왕인 태호복희와 염제신농이라 주장합니다. 그런데 앞서도 말했듯이 홍산문화 유적지인 사해査海문화에서 7,600년 전에 돌로 용의 형상을 만든 석소룡이 나왔습니다. 그리고 조보구趙寶溝문화 지역에서 7천 년 전에 만든 용의 머리를 한 C자 용이 발굴되었습니다. 용 유물뿐 아니라 기원전 5000년경에 빚은 '봉황 모양의 토기'가 발굴되어, 용봉 문화는 태호복희 이전부터 존재했다는 사실이 명백해졌습니다. 용봉 문화의 원류는 배달 시대 한민족인 것입니다.

용봉 문화는 마야 문명, 아스텍 문명에까지 전해지고 여러 루트를 통해 인도의 간다라 문화와 서양 문화의 모태인 그리스에까지 전해졌습니다. 지중해 크레타 섬에 있는 크노소스 궁전의 옥좌 뒷벽에 그려진 그리핀Griffin이 바로 봉황입니다.

용봉 문화와 관련하여 빼놓을 수 없는 것이 삼족오입니다. 봉 토템의 원형인 삼족오는 삼신문화를 나타내는 영물로서 몸통은 하나이지만 발이 세 개 달린 현조玄鳥입니다. 전설에는 삼족오가 태양 속에서 불을 먹고 사는 태양의 전령으로 등장합니다. 삼족오는 하늘과 땅, 인간 세계를 자유자재로 날아다니며 신과 인간 세계를 연결해 주는 '삼신상제님의 사자'인 것입니다. 고구려 때 화려하게 모습을 드러내고 그 후에도 다양한 문양으로 나타나는 삼족오 문화는 중국과 일본 등으로도 전해졌었습니다. 일본의 경우 삼족오를 축구협회의 상징물로 사용할 정도로 삼족오 문화가 지금도 생생히 살아 있습니다.

❀ 동북아와 북미로 전파된 신교

신교문화는 민족의 이동과 함께 다양한 형태로 전파되었습니다. 일본의 신사神社 문화, 즉 신도神道는 바로 동북아 신교문화의 변형입니다. 동경대 교수 구메 구니다케久米邦武(1839~1931)는 "신도는 제천 행사의 옛 풍속"이라 하였고 일찍이 육당 최남선은 '일본 고유의 종교로 알려진 신도가 고신도古神道와 다름이 없다'고 하였습니다. '고신도'란 고대 한민족이 천신을 모시던 제천의례를 뜻합니다. 결론적으로 천신 곧 삼신상제님을 모시는 제천 풍속이 일본에 전해져 신사 문화가 된 것입니다.

중남미 인디언에게서도 신교 삼신문화의 자취가 보이는데 그 대표적인 것 중의 하나가 고수레 풍습입니다. 인디언들은 옥수수나 과일로 만든 발효주인 치차chicha를 마시기 전에 손으로 세 번 찍어 대지에 뿌립니다. 밥을 먹기 전에 음식을 손으로 떼어서 던지는 풍습은 스페인 정복자들이 남긴 기록에도 남아 있습니다. 멕시코시티의 국립인류학 박물관에 소장된 삼발이 그릇도 중남미 삼신문화의 한 증거입니다.

신교에서 뻗어나간 동서 종교

✿ 신교에서 나온 유교

신교는 세계 곳곳으로 퍼져 나가 여러 종교 문화의 바탕이 되었습니다. 유교의 창시자 공자는 일찍이 담자郯子에게 관제官制와 문헌을 배우고, 장홍萇弘에게 음악을 배우고, 사양師襄에게 거문고를 배우고, 노담老聃에게 예禮를 배웠습니다. 그런데 주나라 대부大夫 장홍을 제외한 나머지 세 스승은 모두 동이 출신입니다. 특히 사양과 노담은 동이의 주된 근거지로서 중국 땅에서 신교문화가 가장 번성했던 산동 지역 사람입니다. 공자는 동이족 인물들에게 가르침을 받아 자신의 사상을 확립한 것입니다.

공자가 이상 사회의 모델로 삼은 주나라는 삼신상제를 신앙하였습니다. 이것은 공자가 편찬한 『시경』, 『서경』 등에서 확인할 수 있습니다. 주나라의 왕들은 하늘을, 인간에게 천명을 내리고 인간이 덕을 잃으면 천명을 거두고 재앙을 내리는 인격적인 존재로 대하였습니다. 하늘을 인격적인 상제천上帝天으로 인식한 것입니다.

공자는 자신이 지은 『주역』 「설괘전」에서 "상제님이 동방에서 출세하신다[帝出乎震]"라는 말을 할 만큼 천리를 꿰뚫어 상제님의 존재를 잘 알고 있었습니다. 하지만 공자 사후에 제자들이 스승의 언행을 기록한 『논어』에서는 하늘을 인격적인 상제천보다 자연천自然天, 도덕천道德天 개념으로 많이 이야기하였습니다. 그리하여 상제님에 대한 인식이 급속히 약해지면서 유교의 하늘은 점점 이법천理法天으로 변질되기 시작했습니다. 이후 유교에서는 신교의 상제 신앙의 자취를 거의 찾아볼 수 없게 되었습니다.

❀ 신교에서 나온 불교

불교의 창시자인 석가모니에 대해, 서구학자들은 대개 흰 얼굴을 한 인도-유럽계의 아리아인이라 추정합니다. 그러나 1921년에 영국의 저명한 인도사학자 빈센트 스미스Vincent Smith가 '석가 몽골인설'을 최초로 주장한 뒤로, 인도와 태국의 학자들은 석가족이 몽골계 인종이었을 것이라고 확정적으로 말하고 있습니다.

석가모니는 석가라는 성 외에 구담瞿曇, 사이舍夷, 감자甘蔗, 일종日種이라는 성을 가졌습니다. '구담은 곧 사이인데, 외국의 귀한 성'이라 전합니다. 이 '사이'라는 성은 석가모니가 이夷족, 즉 동이족의 한 계열임을 암시합니다.

또 석가족은 자신들을 태양족의 후예라 밝히고 매우 자랑스럽게 여겼다 합니다. 초기 경전인 『숫따니빠따Suttanupata(經集)』에는 석가가 자신의 가문에 대해 "정직하고 부와 용기를 갖추고 있다. 가계는 아딧짜Adicca(태양)이다."라고 말한 내용이 나옵니다. 석가가 태양을 숭상하는 광명족이었다는 사실로도, 인류 시원 종족인 광명의 환족과 연관성이 있음을 알 수 있습니다.

❀ 신교에서 나온 동선東仙, 도교

도교는 대체로 황제 헌원과 노자를 그 시조로 받듭니다. 『포박자抱朴子』에는 '황제 헌원이 풍산風山을 지나다가 배달국의 수도인 청구에 들러 동방의 큰 스승인 자부선사紫府仙師에게서 『삼황내문三皇內文』을 받고 큰 깨달음을 얻었다'는 기록이 나옵니다. 자부선사는 배달 시대 치우천황의 국사였습니다. 황제는 동북아 배달의 스승에게서 받은 가르침을 바탕으로 도교의 시조가 된 것입니다.

도교의 또 다른 시조인 노자는 산동성 지역의 동이족 사람입니다. 노자는 자신의 성을 한韓씨에서 동방을 상징하는 나무 목木 자가 들어 있는 이李씨로 바꾸었습니다. 공자에게 예禮를 가르쳐 주었다는 노담이 바로 이 노자입니다.

도교의 신앙체계와 교리에도 신교의 정수가 들어 있습니다. 도교의 삼청三淸[3]은 곧 신교의 삼신사상에서 유래한 것입니다. 특히 도교에서 우주의 최고 지존자요 도의 주재자로 옥황상제님을 모신다는 사실은, 도교가 신교에서 뻗어 나왔음을 가장 확실히 입증하는 것입니다.

하지만 노자, 장자 이후 후대로 내려오면서 사변철학과 무병장수를 추구하는 양생술로 기울어진 나머지, 도교는 우주의 통치자요 도의 주재자인 상제님과 멀어지게 되었습니다.

✿ 신교에서 나온 서선西仙, 기독교

기독교는 유대문명에서 나온 것입니다. 그리고 유대문명은 환국의 신교 문화권이 약 6,000년 전, 지금의 이라크 남부 지방으로 남하하여 개척한 수메르 문명에서 갈라져 나간 것입니다.

4,000여 년 전 갈데아 우르에 살던 아브라함이 수메르 문화의 진액을 모두 뽑아서 새로운 삶의 터전을 찾아 길을 떠난 것이 유대문명 탄생의 출발점이었습니다. 원래 아브라함 부족은 수메르 지역의 풍습대로 다신을 숭배하였습니다. 가나안으로 이주한 초기 시절, 아브라함 부족은 '엘'과 '야훼'를 함께 받들었습니다. 이때 야훼는 엘이 거느린 신 가운데 하나였습니다. 하지만 아브라함의 손자 야곱이 엘 신과 씨름하여 이긴 후, 유대인은 야훼를 최고신으로 섬겼습니다. 야훼 중심의 유일신 신앙을 하게 된 것입니다.

---

3) 도교에서 신선이 산다는 옥청(玉淸)·상청(上淸)·태청(太淸)의 세 궁(宮).

또 하나 수메르 문화의 영향을 보여주는 관습은 조상 제사입니다. 수메르 문명권에 속했던 중동의 여러 사회에서는, 죽은 사람에게도 먹을 것과 마실 것이 필요하다고 믿었습니다. 무덤 속에 음식과 음료를 넣어 주는 관을 따로 만든 것도 이 때문입니다. 유대인도 이러한 사후관을 바탕으로 돌아가신 부모와 조상에게 예를 갖추었습니다.

'유대교'와 환국의 '신교'와의 연관성은 『구약전서』의 여러 기록에서 확인할 수 있습니다. 그 중 가장 인상적인 것이 아브라함의 삼신 체험입니다. 어느 날, 야훼는 99세의 아브라함에게 본처인 사라의 몸을 통해 아들을 내려 줄 것을 언약하였습니다. 그리고 대낮에 아브라함이 장막 문 앞에 앉아 있는데 야훼가 찾아왔습니다. 아브라함이 고개를 들어 보니 "사람 셋"이 맞은편에 서 있었습니다. 이 '사람 셋'은 바로 삼신을 뜻하는 것입니다. 또 유대교와 기독교에서는 신교의 칠성문화가 제사장 일곱, 일곱 별, 일곱 교회, 일곱 천사 등 7수 사상으로 다양하게 나타납니다. 그리고 제사와 통치를 모두 주관한 선지자 '멜기세덱'에 관한 기록에서는 신교 제천문화의 영향도 찾아볼 수 있습니다.

이 모든 사실을 종합해 볼 때, 한민족의 신교는 유불선 삼도를 낳은 인류의 시원종교입니다.

신교 낭가사상의 계승 맥

신교는 동방 한민족이 9천 년 역사를 지속할 수 있게 한 역사의 혼입니다. 그리고 이 신교 정신을 직접 실천하고 이를 바탕으로 새 문명을 열고 나라를 개창한 한민족 '역사 개척의 집단'이 바로 낭가郎家입니다.

최초의 낭가는 환국 말기에 환웅을 따라 이주하여 배달을 세운 제세핵랑濟世核郎 3천 명입니다. 이 제세핵랑은 배달 시대의 삼랑三郎과 단군조

『환단고기』가 밝힌 '하느님'의 본래 호칭

『환단고기』를 보면 창세 이래 한민족은 우주의 주재자를 '삼신상제三神上帝님'이라 불렀다. 이 삼신상제님의 줄임말이 '상제님'이다. 상제는 '천상의 하나님', 즉 천상 보좌에 앉아 계신 하나님을 뜻한다. 일반적으로 제帝는 '임금님 제' 자로 알고 있지만 본래는 '하느님 제' 자이다. 상제는 하느님의 본래 호칭인 것이다. 유가에서는 상제에 호천昊天을 붙여 '호천상제昊天上帝'라 하고, 도교에서는 옥황玉皇을 덧붙여 '옥황상제玉皇上帝'라 한다.

『환단고기』에서는 삼신상제님을 천제天帝라고도 부른다. 천제는 '하늘에 계신 우주의 통치자 제'로서 상제의 다른 말이다. 그리고 지상의 통치자를 일컫는 천자天子는 천제지자天帝之子의 줄임말이다.

또 『환단고기』에서는 상제님을 천신天神, 천황天皇, 천주天主라 부르기도 한다. 천신은 '모든 신을 다스리는 하늘의 최고신'을 뜻하고, 천황은 '우주의 모든 신을 거느리는 천상의 제왕'을 가리킨다. 천주는 '천지의 주인'이라는 뜻이다. 3천여 년 전 강태공이 중화문명권에 정착시킨 팔신제八神祭에서 모신 첫째 신이 '천주'이다.

'천주'는 16세기에 마테오리치(1552~1610) 신부가 중국에서 활동할 때 더욱 널리 알려졌다. 그는 『천주실의天主實義』에서 '상제가 천주요 천주가 곧 상제'라고 하였다. 이 천주가 조선 사회에 전해져 '천주교'라는 이름이 생겨난 것이다. 오늘의 한국인에게 '천주님', '하느님' 또는 '하나님'이 익숙한 호칭이다. 그러나 인류의 시원 역사 시대에 절대자 하느님을 부르던 정통 호칭은 바로 '상제님'이다.

선의 국자랑國子郞을 거쳐 북부여의 천왕랑天王郞 → 고구려의 조의선인皂
衣仙人 · 백제의 무절武節 · 신라의 화랑花郞 → 고려의 재가화상在家和尙(서긍
의『고려도경』) · 선랑仙郞 · 국선國仙 등으로 계승되었습니다. 그 후 고려 시
대에 윤관이 9성을 정벌할 때 출전한 '항마군降魔軍'도 낭가의 맥을 이은
것입니다.

　유교사회인 조선이 들어선 후 낭가의 명맥은 극도로 쇠잔해졌으나, 그
정신은 한민족의 의식 속에 깊이 뿌리 내려 '조선 시대의 선비정신', '갑오
동학혁명', '의병운동' 등으로 끊임없이 표출되었습니다. 한민족의 낭가
제도는 시대를 달리하며 명칭은 바뀌었지만 새 역사 개척의 원동력이자
추진력으로 면면히 계승되어 온 것입니다.

두 손을 마주 잡고 우주의 노래인
주문을 읽고 있는 배달 사람_2012
년 7월에 배달의 강역이었던 중국
내몽골자치구 적봉시 오한기에서
발견된 도소남신상陶塑男神像(흙
으로 구운 남신상)이다. 총 65개
의 조각을 이어붙인 높이 55cm의
이 소조가 제작된 시기는 5,300년
전으로 배달 시대와 일치한다. 땋
아 올린 듯 한 머리 모양에 반가부
좌를 틀고 앉아 있는 모습이다(출
처 : 〈중앙일보〉, "중국의 동북공
정, 고조선 역사까지 겨눴다"
2012.8.17).

한韓의 뿌리와 미래
-『환단고기』 해제를 마치며

아홉 굽이를 거친 한민족의 국통 맥

『환단고기』는 한민족의 뿌리 역사 시대인 환국·배달국·고조선 삼성조三聖祖 시대가, 조화·교화·치화라는 삼신의 3대 신성이 인간 역사 속에 그대로 드러난 때임을 밝혀 줍니다.

먼저 안파견安巴堅환인이 연 환국 시대는 조화신造化神의 신성을 깨닫고 그 신성을 역사와 일상생활에서 그대로 실현한 때입니다. 이때의 사람들은 대자연과 한마음이 되어 서로 교감하고, 하늘에 제사를 올려 삼신상제님과 소통하며, 선仙의 정수를 깨달아 병에 시달리지 않고 장수하였습니다. 한마디로 사람들이 조화 문화, 도통 문화를 누린 시대였습니다. 이른바 '인류 문명의 황금시대'란 바로 이 환국 시대를 가리킵니다.

환국을 계승하여 거발환환웅이 세운 배달은 교화신敎化神의 신성이 발현된 때입니다. 인간의 생활을 이롭게 하는 문자, 도구, 의술, 수학, 천문학이 본격적으로 개발되어 발전해 나갔습니다. 배달의 강토였던 홍산 지역의 문화 유적들, 특히 5,500년 전 무렵의 거대한 제천단祭天壇과 다양하고 정교한 옥기玉器와 도기陶器, 악기樂器 등은 당시 동방의 배달문명이 얼마나 발달했는지 단적으로 보여 줍니다.

배달을 이어 단군왕검이 연 조선은 치화신治化神의 신성이 발현된 때입니다. 삼신문화와 신교의 우주관과 신관의 핵심 이념이 실제로 국가를 다스리고 운영하는 통치 체제로 구현되었습니다. 나라를 셋으로 나누어 다스린 것입니다. 이 삼한관경제를 제대로 인식해야 고조선사를 바르게 이해할 수 있습니다.

환국-배달-조선, 한민족의 7천 년 상고사는 삼신의 광명한 본성이 인간 역사를 전개하는 원동력이 되었기에 자연스럽게 3수 원리에 의해 역사가 전개된 것입니다.

이 7천 년 삼성조 시대가 끝난 뒤에는 해모수가 세운 북부여를 필두로 하여 '열국列國 시대'가 전개되었습니다. 한민족의 나라가 북부여, 동부여, 남삼한 등으로 나뉘었습니다. 이어서 북부여를 계승한 고주몽의 고구려와 백제, 신라, 가야의 사국 시대를 거쳐 북쪽의 대진(발해)과 남쪽의 통일(後)신라가 대치한 '남북국 시대'로 이어졌습니다. 그리고 고려·조선·대한민국으로 한국사의 국통이 이어져 오늘의 '남북 분단 시대'에 이르고 있습니다.

그런데 이 국통을 자세히 들여다보면, 3단계씩 세 번을 굽이쳐 왔다는 것을 알 수 있습니다. 총 아홉 굽이를 거쳐[九變之道] 오늘까지 이어 온 것입니다. 한민족의 9천 년 역사가 계승된 마디에도 삼신의 3수 원리가 그대로 깃들어 있음을 알 수 있습니다.

『환단고기』가 보여주는 미래상

환국·배달·조선의 상고 역사는 우주 광명 사상의 역사입니다. 삼신 상제님은 환국을 통해 하늘의 조화신의 광명인 환桓을, 배달을 통해 땅의 교화신의 광명인 단檀을, 고조선을 통해 인간에 내재한 치화신의 광명인 한韓을 펼쳐 보이셨습니다. 일곱 분의 환인천제 → 열여덟 분의 환웅천황 → 마흔일곱 분의 단군왕검이 전한 '동방 시원 역사 경영의 심법과 핵심 원리'는 대원일大圓一 사상으로, 천지의 광명(환단)과 인간의 광명(대한)이었습니다.

한민족이 세운 역대 나라 이름도 광명을 상징하였습니다. 지금의 국호 '대한大韓Great Korea'도 하늘땅의 광명을 내려 받은 '위대한 밝은 사람들의 나라'입니다. 한민족은 광명문화를 간직해 온 진정한 대인大人의 나라인 것입니다.

『환단고기』를 보면 장차 열릴 광명문화의 모습을 알 수 있습니다. 장차 온 인류가 한마음으로 삼신상제님을 섬기고 광명한 존재로 무병장수하며 사는 환국의 광명문화 시대, 황금시대가 다시금 활짝 열립니다. 과연 어떤 이치로 다시 열린다는 것일까요? 그것은 바로 원시반본原始返本의 섭리입니다.

원시반본이란 무엇일까요? 지구의 사계절이 순환하여 일 년이 되듯이, 우주도 봄·여름·가을·겨울로 순환합니다. 이것을 동양의 시간관에서 '우주 1년'이라 부릅니다. 농부가 봄에 초목의 씨를 뿌려서 여름에 키우고 가을에 수확하고 겨울에 쉬듯이, 우주 역시 사계절의 순환을 통해 농사를 짓습니다. 우주가 무슨 농사를 지을까요? 바로 사람 농사입니다. 마치 지구의 농부처럼, 천지부모는 봄에 사람을 낳고 여름 동안 길러서 가을에 참 종자(참 인간)를 거두게 됩니다. 원시반본은 바로 결실을 하는 가을철의 정신입니다.

이 원시반본의 변화 정신을 쉽게 헤아려 볼 수 있는 예가 있습니다. 봄철에 콩을 심으면 뜨거운 여름 볕을 받고 자라서, 가을에는 줄기마다 주렁주렁 콩이 달립니다. 그 콩의 껍질을 열어 보면 봄에 심었던 것과 똑같은 콩이 다닥다닥 들어 있습니다. 봄에 심은 콩이 가을에 다시 열려 '본래의 제 모습을 되찾는 것', 이것이 바로 원시반본의 이치입니다. 자연에서 해마다 펼쳐지는 원시반본은 모든 생명이 결실을 맺는, '뿌리와 열매가 서로 만나는 놀라운 섭리'입니다.

이 초목의 변화에 빗대어 지난 역사를 돌아보면, 지금까지 인류는 뿌리문화와 줄기문화 시대를 살아왔습니다. 온 인류가 신교 문화권 안에서 삼신 상제님을 받들며 살던 때가 뿌리문화 시대입니다. 저 드넓은 대륙의 환국을 중심으로 문명의 토대가 구축되고 인간의 영성 문화가 찬란하게 꽃피던 때입니다.

그 후 각 족속이 사방으로 이동하여 지역마다 고유한 문화를 형성하고, 문명권에 따라 여러 성자들이 출현하여 다양한 가르침을 내놓았습니다. 하나의 나무뿌리에서 수많은 줄기가 뻗어 나가듯 유교, 도교, 불교, 기독교, 이슬람교와 같은 줄기문화가 생겨났습니다. 2,500년 전을 전후해 공자, 노자, 예수, 석가 같은 성인들과 소크라테스, 플라톤, 아리스토텔레스 같은 철인들이 종교와 철학, 과학의 신세계를 개척하였습니다.

이제 가을이 되면 세계 곳곳에서 펼쳐지던 줄기문화 유불선 기독교를 비롯한 모든 문화가 원시반본의 섭리에 따라 다시 근본으로 돌아와 하나로 통일됩니다. 바야흐로 인간이 환단의 광명을 받아 신적인 존재로 살던 뿌리인 신교가 열매로 부활합니다. 그리하여 우주의 가을 세상에서 인간은 새로운 황금시대를 살게 되는 것입니다.

여기서 우리가 반드시 새겨 두어야 할 것이 있습니다. 지금은 원시반본하는 때이므로, 자신의 뿌리를 바로 세우고 잘 받들어야 한다는 점입니다. 뿌리란 개인에게는 집안 조상이요, 민족에게는 민족의 시조입니다. 인류 전체에게는 시원 역사이며, 생명으로 볼 때는 만유생명의 근원이신 삼신상제님입니다. 특히 제 조상을 박대하고 부정하는 사람은 '뿌리를 잃어버린 존재'가 되어 '소멸'될 수밖에 없습니다. 조상과 부모 없이 태어나는 인간이 어디에 있습니까!

이런 역사적인 맥락에서 보면『환단고기』가 오늘의 한민족에게 던져주는 메시지는 매우 간결하고 명쾌합니다. '왜곡되고 뒤틀린 한국사의 국통 맥을 바로 세우고, 태곳적 황금시절에 삼신상제님이 열어 준 우주의 광명문화를 회복하라'는 것입니다.

인류 근대사의 출발과 개벽사상의 출현, '동학東學'

태고시대 인류의 뿌리 문화요 시원 문화인 신교가 성숙한 열매 진리로 다시 출현합니다. 인류사의 전면에 이러한 열매 진리가 나온다는 선언이 지난 19세기 중반, 조선의 한 선각자에 의해 울려 퍼졌습니다. 동학을 창도하여 한민족의 근대사를 열어 준 수운 최제우(1824~1864)가 바로 그 사람입니다.

동학이 전한 소식은 두 가지입니다. 첫째는 '시천주侍天主' 사상으로, 삼신상제님을 모시는 '신교문화, 상제문화를 회복해야 한다'는 것이고, 둘째는 자연, 문명, 인간이라는 세 측면에서 이루어지는 '다시 개벽' 소식입니다.

다시 개벽은 수운과 동시대를 살았던 철인, 일부一夫 김항金恒(1826~1898)에 의해 철학적으로도 밝혀졌습니다. 주역의 완결본인 '정역正易'에서 김일부는 우주의 가을 세상이 되면 새로운 달력, '정력正曆'을 쓰게 된다고 하였습니다. 지금 우리가 쓰는 365¼일이 1년인 달력이 장차 360일을 1년으로 하는 달력으로 바뀌게 됩니다. 그런데 김일부는 '1년 360일'의 달력이 단순히 자연의 변화로 이루어지는 것이 아니라는 것을 밝혔습니다. 김일부는 천지와 일월의 운행이 상극相克에서 상생相生의 질서로 전환되는 대자연의 개벽이 있으며, 이때 '삼신상제님이 직접 개입하신다'는 것을 강조했습니다.

동학에서도 "십이제국 괴질운수 다시 개벽 아닐런가"(『용담유사』「몽중노소문답가」)라고 하여 개벽이 있다는 것을 말하고, 아울러 개벽을 주재하시는 상제님이 신교문화의 본고장인 동방 땅에 오신다는 소식을 전하였습니다. 한반도도가 '다시 개벽'의 진원지이자 새 세상을 여는 구심점이 된다는 사실을 선언한 것입니다. 이렇게 문명개벽의 놀라운 소식을 전한 동학은, 잃어버린 신교문화의 원형을 새롭게 선포하면서 진정한 근대의 출발점을 열어 주었습니다.

인류의 새 시대를 여는 개벽의 땅, 한반도

19세기 동방의 개벽사상에는 또 '만국활계남조선萬國活計南朝鮮, 세계의 모든 나라를 살릴 법방은 남조선에 있다'는 구원의 소식도 있습니다. 여기서 남조선은 단순히 북조선의 상대어인 남한을 말하는 것이 아닙니다. 9천 년 한민족사의 국통 맥에서 볼 때, 남조선은 '한민족이 그 활동 무대였던 동북아의 대륙에서 한반도 땅으로 욱여져 들어온 후 마지막으로 정착한 곳'을 뜻합니다.

그렇다면 왜 남조선이 '다시 개벽'의 중심지일까요? 예로부터 동북아 문명권에서 우주론의 교과서 노릇을 해 온 『주역』은 '종어간시어간終於艮始於艮(간艮에서 매듭짓고 간艮에서 시작한다)', '성언호간成言乎艮(인류가 지금까지와는 전혀 다른 문명시대로 전환하는 개벽 상황에서 세계 구원을 이루는 성스러운 땅이 바로 간방艮方이다)이라 했습니다. 또 "간방은 동북의 괘이니 만물의 끝남과 새로운 시작이 이루어지는 곳이다."라고도 했습니다. 여기서 말하는 지구의 간방은 바로 동북아의 한반도 땅입니다. 그러니 한반도는 인류 문명이 처음 시작되고 최종 결실을 맺는 자리입니다.

만물의 끝과 시작이 간방에서 이루어진다는 『주역』의 가르침 그대로,

장차 인류의 모든 문제가 간방 땅 중심인 남조선에서 종결되고, 남조선에서 새롭게 시작됩니다. 오늘날 지구촌의 정치, 경제, 과학, 학문, 종교 등이 모두 간방 땅 한반도에서 수렴됩니다. 지구상에서 유일하게 자본주의와 공산주의로 양분된 이 땅에서, 지구촌 모든 나라와 민족 간에 얽히고설킨 이념, 언어, 풍속, 세계관으로 말미암은 갈등이 그 근원부터 해소되고, 온 인류가 한 가족으로 사는 새로운 문명이 펼쳐집니다. '만국활계남조선'은 '간방 한반도의 남쪽 땅이 장차 동서 문화를 하나로 수렴하여 인류의 통일문명 시대를 여는 구심점이 된다'는 희망찬 축복의 새 소식인 것입니다.

최근 들어, 지난 1만 년 동안 한민족의 마음과 혼 속에 깃들어 있던 광명문화의 영험함이 힘차게 분출되어 나오고 있습니다. 인류 원형 문화의 혼을 새로이 되살리라는 하늘의 시운을 받아서, 대한민국이 경제, 과학, 문화 등 여러 분야에서 두각을 나타내고 있는 것입니다.

인류 창세 역사의 주역인 한민족이 살고 있는 한반도! 만국활계남조선의 섭리에 따라 한반도 땅이 인류의 미래를 주도하는 새로운 중심축이 되고 8천만 한민족이 새 역사를 건설하는 주역이 됩니다. 이것이 바로 『환단고기』에서 궁극으로 전하는 한韓의 미래이자 인류의 내일입니다.

'천지광명과 신성' 회복의 길을 열어 주는 『환단고기』

그러면 머지않아 열리는 통일문화 · 열매문화 시대에, 천지광명의 아들 딸이 되기 위해 우리는 무엇을 해야 할까요? 먼저 지난날 세상에서 겪은 갈등과 상처를 말끔히 씻어내고 삼신에게서 부여받은 인간 본연의 신성神性을 회복해야 합니다. 잃어버린 황금 시절의 밝은 영성을 회복해야 합니다.

　동서양의 수행 문화에는 인간의 마음과 영혼을 치유하고 대광명의 영성을 회복하는 '치유 문화'가 포함되어 있습니다. 그것이 바로 『환단고기』가 전하는 태고 원형문화 시대의 '주문呪文 수행'입니다.

　'빌 주呪', '글월 문文', 주문은 '천지의 신성과 생명을 나의 몸과 마음과 영 속으로 빨아들이는 글'입니다. 모든 주문은 '비자 만트라bija mantra' 즉 '종자 음절'을 가지고 있습니다. '비자(종자)'는 주문의 핵심으로 영적인 힘을 생성합니다. 따라서 주문은 내 몸에서 신성을 일깨우는 종자 씨로, 천지의 광명과 나의 신성이 하나가 되도록 연결해 주는 도구요 매개체입니다.

　인도 경전 베다의 문화에 정통한 독일인 요아힘 베렌트(1922~2000)는 우주의 소리 중 비자 만트라가 될 수 있는 음절을 옴Om, 아Ah, 훔Hum, 흐리Hrih 등 네 개로 꼽습니다. 그 가운데 '옴'은 보편성을 향한 오르막길이고, '훔'은 인간 마음 깊은 곳의 보편성을 향한 내리막길이라 합니다. '옴'이 씨앗 음절의 시작이라면 '훔'은 우주의 씨앗 음절의 완성입니다. 그러므로 '훔'은 우주 안에 있는 모든 소리를 머금은 창조의 근원 소리인 것입니다.

　수행을 할 때 성스러운 마음으로 정성껏 주문을 소리 내어 읽으면, 그 소리가 신성한 조화의 힘을 발동시킵니다. 동서양 수행가들은 '소리는 영적 세계와 물질세계를 이어주는 다리'이며, '소리는 신神이요 신은 소리'라고 믿습니다. 소리는 인류사에서 가장 오래된 치유 형태라 합니다. 이 소리 가운데 치유의 수단으로 가장 쉽게 접하는 것이 음악입니다. 음악은 인간에게 감동을 주고 영혼을 순수하게 만들기도 합니다. 주문은 바로 인간의 영성을 활짝 열어 주고, 살아 있는 우주 삼신 자체인 천·지·인 삼계에 대한 깨달음을 주는 진정한 음악입니다.

　우주의 광명을 노래하는 주문을 읽으면, 내 안에 잠재되어 있는 삼신의 무한한 신성과 지혜가 발현됩니다. 주문을 많이 읽으면 천지의 광명과 하나 되어 살던 태고 황금 시절의 인간과 같이 빛나는 존재가 될 수 있습니다. 태고 시대 인간이 누리던 신성과 영적 지혜를 회복한 광명의 인간, 즉 태일 인간이 될 수 있습니다.

이제 가을 세상이 되면 주문 수행이 인류의 보편 생활 문화가 되고, 모든 사람이 신성한 인간으로, 대자연과 신을 노래하는 위대한 철인으로, 삼신의 신성을 발현한 신적 존재로 살아갑니다. 누구나 대한大韓이 되고, 태일太一이 되고, 홍익인간弘益人間이 됩니다. 홍익인간이란 단순히 '인간을 널리 이롭게 하라'는 규범적 가르침이 아닙니다. 가장 이상적인 인간상을 가리키는 말로서 '홍익하는 인간'을 뜻합니다. 그것은 천지 광명의 대이상 세계를 건설하여 이 세계를 거듭나게 하는 대인大人, 곧 태일 인간입니다.

다시 열리는 우주의 대광명 문화

『환단고기』에 따르면, 인류의 시원국가 환국에서 살던 '구환족 오색 인종'이 세계 각처로 뻗어 나가 지구촌에 다양한 문명을 일구었습니다. 본래 하나이던 인류가 천 갈래 만 갈래로 나누어지고 각양각색으로 지역문화가 생겨난 것입니다. 그러나 이제 우주의 가을이 되면, '세계일가 통일 문화'가 열려 구환족의 후손이 그 옛날처럼 다시 한 가족으로 살게 됩니다. 이것이 바로『환단고기』가 전하는 '구환일통九桓一統의 소식'입니다.

지금 한민족은 초강대국인 미국, 중국, 일본, 러시아가 충돌하는 세계분쟁의 중심에 놓여 있습니다. 남북한을 가른 휴전선(38선)은 중국과 미국을 비롯하여 여러 나라가 무한경쟁의 힘겨루기를 하는 무서운 화약고이자 마지막 전선입니다. 장차 한반도는 인류 역사상 가장 강력한 전쟁의 소용돌이에 빨려 들어가 한민족의 생사존망이 걸린 절박한 상황을 맞이할 수도 있습니다. 한민족과 인류는 지금 인류사의 중심축이 바뀌는 거대한 변혁의 폭풍, '퍼펙트 스톰perfect storm(주: 본래 둘 이상의 태풍이 충돌해 영향력이 폭발적으로 커지는 현상을 가리키는 말로, 여러 문제가 한꺼번에 터지면서 발생하는 위기를 의미한다)'이 닥치는 시간대에 들어서고 있습니다.

　이런 절박한 상황에서 오늘의 우리는 무엇보다 한민족의 뿌리 역사와 시원문화의 원형을 회복해야 합니다. 이를 위해서는 태고의 황금 시대였던 환국과 배달의 역사를 신화나 전설로 생각하는 비뚤어진 역사의식에서 깨어나야 합니다. 특히 중국이 조장한 중화 패권주의 사관과 일제가 조장한 식민사관의 노예 역사관을 말끔히 떨쳐내야 합니다.

　『환단고기』에서 전하는 인간 삶의 가장 숭고한 목적은 '본래 인간 내면에 깃들어 있는 천지의 무궁한 광명과 신성을 회복하고, 인간과 천지부모가 꿈꾸는 역사의 이상을 실현하는[性通功完]' 데에 있습니다. 21세기의 인류는 모두 이 천지의 큰 꿈을 이루는 새 역사 창조의 한마당에 참여함으로써 새 세상의 주인공으로 살게 됩니다. 그러나 만에 하나라도 대한의 삶을 등지고 산다면 '다시 개벽'의 문턱에서 우주의 먼지로 사라지고 말 것입니다.

　대한의 청소년들이여! 우리 모두『환단고기』를 읽고 새벽처럼 맑게 깨어납시다! 다가오는 '다시 개벽'의 거센 파도를 넘어, 하늘과 땅과 인간이 모두 거듭나는 위대한 환단(천지광명)의 새 역사를 창조하는 주인공으로 태어나기를 축원합니다!

대한의 혼을 일깨운 역사의 충혼忠魂 안중근의 장부가丈夫歌

※이해를 돕기 위해 현대어로 표기하였다.

"장부가 세상에 처함이여 그 뜻이 크도다

때가 영웅을 지음이여 영웅이 때를 지으리로다

천하를 웅시함이여 어느 날에 업을 이룰꼬

동풍이 점점 참이여 장사의 의기가 뜨겁도다

분개히 한 번 감이여 반드시 목적을 이루리로다

쥐도적 이등(이등박문)이여 어찌 즐겨 목숨을 비낄꼬

어찌 이에 이럴 줄을 헤아렸으리오 사세가 고연하도다

동포 동포여 속히 대업을 이룰지어다

만세 만세여 대한 독립이로다

만세 만세여 대한 동포로다"

안중근安重根 의사(1879~1910)는 1909년 3월 동의단지회同義斷指會라는 비밀결사를 조직하여 조선 침략의 원흉인 이토 히로부미와 매국노 이완용을 암살할 계획을 세웠다. 이때 3년 이내에 이를 성사시키지 못하면 자결하여 국민에게 속죄하겠다며 왼손 넷째 손가락 한 마디를 잘라 혈서로 '대한독립大韓獨立'이라 써서 항일투쟁의 의지를 다졌다.

안중근 의사는 1909년 10월 26일 아침 9시 반, 동방 문화의 종주인 옛 조선 삼한의 수도인 하얼빈에서 이토 히로부미를 저격하였다. 이날의 의거는 9천 년 전 인류 창세 문화를 개창한 주인공인 대한의 역사 정의를 바로 세운 기념비적인 사건이다. 의거 전날 밤, 의사가 자신의 굳은 뜻을 담아 지은 이 〈장부가丈夫歌〉에서 웅혼한 대한의 기상을 느낄 수 있다.

大韓國人 安重根

환
단
고
기

『환단고기』를 편찬한

운초 계연수 雲樵 桂延壽 (1864~1920)

| 해학海鶴 이기李沂의 문인
| 만주에서 독립운동을 하다가 1920년에 순국
| 『환단고기』를 정명正名

『환단고기』의 구성

『삼성기전』 상 / 안함로 찬撰

『삼성기전』 하 / 원동중 찬撰

『단군세기』 / 이암 찬撰

『북부여기』 / 범장 찬撰

『태백일사』 / 이맥 찬撰

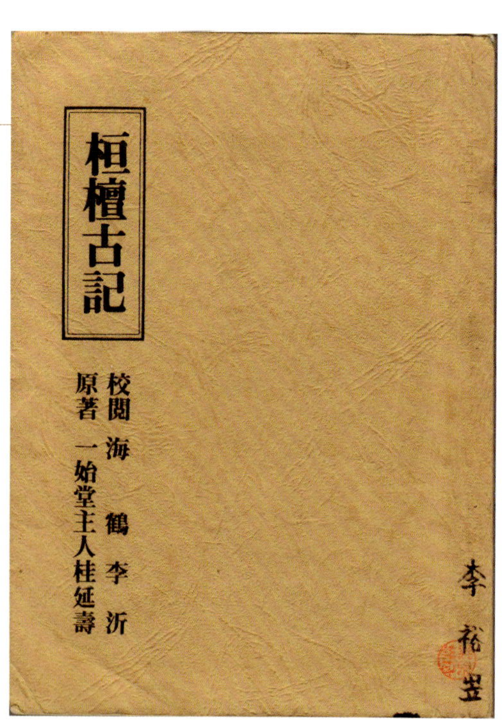

凡例
범례

* 『환단고기』를 구성하고 있는 『삼성기전』 상, 『삼성기전』 하, 『단군세기』, 『북부여기』, 『태백일사』 등 다섯 권을 어떻게 해서 합편을 하게 되었는지, 서문격인 범례에서 자세히 밝혔다.

* 『환단고기』의 중추신경이라고 할 수 있는 한민족과 인류의 창세 원형 문화인 신교의 우주론과 인간관, 신관과 태고의 수행문화를 근원으로 하여 단절된 한국사의 국통 맥을 환국—배달—조선—북부여—고구려—대진국(발해)—고려로 잡아주었다.

* 『환단고기』 역사관을 이해하기 위해서는 **신교의 삼신관에 근거한 우주관과 신관 그리고 인간관의 총결론인 하늘과 땅과 인간이 하나 되는 심법 원리인 삼일심법**三一心法**을 강력하게 체험해야 한다**는 것을 강조하고 있다. 동시에 이것은 인류 최초의 경전인 『천부경』과 『삼일신고』의 천지 광명 환단의 역사관에 근본을 이루고 있음을 밝히고 있다.

운초雲樵 계연수桂延壽
(1864~1920)

범례 凡例

『고기古記』를 인용하는 것은 일연(고려 시대)의『삼국유사』로부터 시작되었으나 지금은『고기』를 볼 수 없다. 그래서 이제『삼성기』,『단군세기』,『북부여기』,『태백일사』를 합본하여 한 권의 책으로 만들어『환단고기』라 한다.

『삼성기』는 두 종류가 있으나 모두 완편(완성된 책)은 아닌 것 같다. 안함로가 지은 것은 오래 전부터 우리 집안에 전해 내려온 것이다. 이제 이를「삼성기전」상편으로 하고, 원동중이 지은 것은 평안도 태천泰川의 진사 백관묵白寬默으로부터 얻은 것인데 이를「삼성기전」하편으로 하며, 이 두 편을 합본하여『삼성기전』이라 한다.

안함로安含老
(579~640)

『단군세기』는 홍행촌수紅杏村叟가 엮은 것으로, 바로 행촌선생 문정공文貞公이 전한 것이다. 이 책 또한 백 진사에게서 얻은 것으로, 진사의 가문은 예로부터 문재로 이름이 높은 집안이라 소장하고 있는 책이 많았다. 두 종류 사서史書가 모두 이 집에서 나왔으니, 어찌 만금을 주는 것에 이를 비할 수 있으리오. 가히 조국의 앞날을 밝혀 주는 크나큰 영광이라 할 것이다.

행촌杏村 이암李嵒
(1297~1364)
행촌선생 문정공. 행촌은 이암의 호, 문정文貞은 시호.

『북부여기』 상·하는 복애거사伏崖居士 범장范樟이 지은 것이다. 예전에 『단군세기』와 합편해 놓은 것을 삭주朔州 뱃골의 진사 이형식李亨栻의 집에서 얻었는데, 『단군세기』는 백 진사가 소장한 것과 한 글자도 다름이 없다. 근래에 와서 별도로 만들어진 책이 세상에 나돌고 있는데, 이 책의 내용은 앞의 『북부여기』와 매우 다른 바가 많으므로 더이상 관련시키지 않는다.

범장을 기리는 용호재
(광주 광역시 소재)

『태백일사』는 일십당 주인 이맥이 엮은 것으로 해학 이기 선생이 소장해 온 것이다. 대개 **환단 이래로 서로 전해 온 교학 경문이** 모두 여기에 갖추어져 있으니, 인용한 전거(문장의 근거가 되는 문헌상의 출처)가 상세하여 일목요연하다(한 번 보고 대번에 알 수 있을 만큼 분명하고 뚜렷하다).

해학海鶴 이기李沂
(1848~1909)

이기의 생가
(전라북도 김제 소재)

또 『**천부경**』과 『**삼일신고**』 두 글의 전문이 모두 여기에 실려 있으니, 이는 실로 **낭가**郎家의 『대학』·『중용』과 같은 것이다.

아아! **환국·배달·조선(환단)**이 서로 전한 삼일심법三一心法이 진실로 이 책 속에 들어 있으니, **대광명의 동방 신교의 진리 가르침**[태백진교太白眞敎 : 신교神敎]이 다시 일어나는 기틀이 아니고 무엇이랴! 손발이 절로 춤추며, 흥겨워 외치고 싶고 기뻐서 미칠 듯하도다!

여천汝千 홍범도洪範圖
(1868~1943)

송암松菴 오동진吳東振
(1889~1930)

광무光武 | 대한제국의 연호. 1897년(고종 34) 제정.

광개절 | 해마다 음력 5월 5일에 거행하던 한민족 전래의 축전祝典. 동아시아 대륙을 통일하고 단군조선 시대의 강토 대부분을 회복하여 영토를 최대로 확장시킨 광개토열제의 영광과 위업을 기리기 위해 제정한 기념일이다.

인경仁卿 | 계연수의 자字

『환단고기』는 모두 해학 이기 선생의 감수(책의 편찬을 지도, 감독함)를 거쳤으며, 또 내가 정성을 들여 부지런히 편집하고 옮겨 적었다. 그리고 홍범도·오동진 두 벗이 자금을 대어 목판에 새겨서 인쇄하였다. 이로써 우리 자신의 주체성을 발견하게 되었으니 크게 축하할 만한 일이요, 또한 민족 문화의 이념을 드러내게 되었으니 크게 경축할 만한 일이며, 또 한편으로 세계 인류가 대립을 떠나 공존할 수 있는 기틀을 마련하게 되었으니 더욱 경축할 만한 일이다.

신시개천 5808년, 광무 15년, 1911년(신해) 5월 광개절에 태백 진리[신교神敎]의 정신을 계승한 선천宣川사람 계연수 인경이 묘향산 단굴암에서 쓰노라.

吾桓建國이 最古라.

오 환 건 국 　 최 고

"우리 환족이 세운 나라가 가장 오래 되었다."

人類之祖를 曰那般이시니
初與阿曼으로 相遇之處를 曰阿耳斯庀라.

인 류 지 조 　 왈 나 반
초 여 아 만 　 상 우 지 처 　 왈 아 이 사 비

"인류의 조상은 **나반**이시다.

나반께서 **아만**과 처음 만나신 곳은 아이사비이다."

안함로 安含老 (579~640)

| 속성 김金, 휘諱 안함安含, 안홍安弘
| 선덕여왕 9년(환기 7837, 신시개천 4537, 단기 2973, 640)
  만선도량萬善道場에서 입적.

이찬伊飡을 지낸 시부時賦의 손자. 신라 진평왕 때의 도승道僧. 안홍법사,
안함태安含殆 화상이라고도 부르며, 신라 십성十聖 중 한 사람이다.

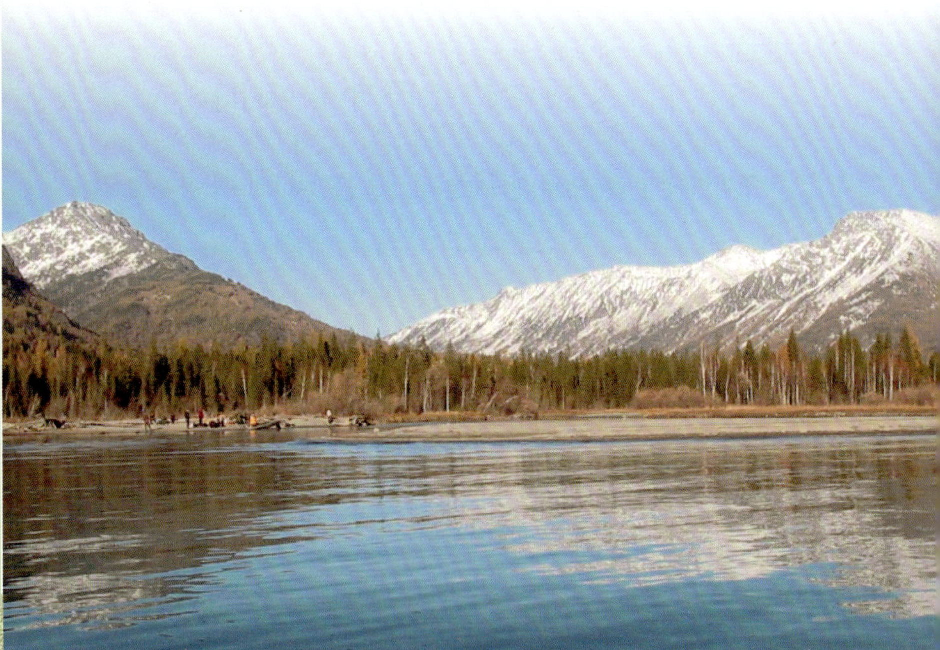

천산, 인류의 시원국가인 환국의 발원지로 여겨지는 곳. (중국 신강성 위구르자치구)

三聖紀全上篇

삼성기전 상편

안함로安含老 **찬**撰

* 시원 신교의 선맥仙脈을 계승하여 유불선儒佛仙의 정수를 신교 우주론으로 정리하였으며, 한민족 신교문화의 상수철학과 삼신·칠성문화의 원형을 상세히 밝혔다.
* 『삼성기』 상은 환국—배달—조선—북부여—고구려로 이어지는 한민족사의 국통맥을 밝히고, 고주몽이 북부여의 정통을 계승했다는 것을 처음으로 지적하였다.

환국
세계 4대 문명과
인류의 창세 문명
우랄산맥
옵강
동유럽평원
볼가강
수메르 문명,
고대 지중해 및 유럽 문명
형성에 영향을 줌.
발하쉬호
아랄해
흑해
카스피해
수메르 문명
(메소포타미아 문명)
수메르족의 이동(그들은 하늘산을 넘어 왔다고 한다)
히타이트
파미르고원
하란
우가리트
아리안족의 인도 침입과
인더스 문명의 붕괴,
베다문화 형성
(힌두교의 근원)
티그리스강
유프라테스강
아카드
바빌론
가나안
지중해
예리코
수사
이란고원
라가시
우르
하라파
기자
멤피스
아브라함의 이주로
우르 → 하란 → 가나안
이집트 문명
인더스강
인더스
나일강
테베
페르시아만
모헨조다로
아라비아반도
홍해
인도
인도양

예니세이강
시 베 리 아
아메리카 인디언 이주
월지국
바이칼호(天海)
양운국
개마국
(웅심국)
구막한국
인류 창세문화의 발원지:
세계 4 대 문명의 시원처
BCE 7197~BCE 3897
오난하(오논강)
매구여국
(직구다국)
일군국
비리국
사납아국
흑룡강(흑수)
구다천국
(독로국)
대흥안령산맥
환
구다천국에 패하여 이주
국
배
달
알 타 이 산 맥
우루국
금악산金岳山
천산天山
맥 ▲
매구여국
(직구다국)
BCE 3897~BCE 2333
수밀이국
홍산문화
▲홍산
조
선
고비사막
요하(발해)문명
(9,000년~3,500년 전)
▲백산(백두산)
삼위산三危山
BCE 2333~BCE 238
발해
동해
곤 륜 산 맥
▲태산泰山
황하문명
회수
맥
양자강
갠지스강
동방 한韓민족 삼성조 시원 역사 시대의 역년歷年
6,960년
환
국
7세 환인 시대
3,301년
배
달
18세 환웅 시대
1,565년
조
선
47세 단군 시대
2,096년
BCE 7197
BCE 3897
BCE 2333
BCE 238

환인천제께서 환국을 세우셨다

가장 오래 된 나라, 환국

우리 환족이 세운 나라가 가장 오래 되었다.

하느님[一神]은 사백력의 하늘[斯白力之天]에 계시며 **홀로 우주의 조화를** 부리는 신이시다. 광명으로 온 우주를 비추시고, 대권능의 조화[權化]로 만물을 낳으시며, 영원토록 사시며 항상 즐거움을 누리신다. 지극한 조화기운[至氣]을 타고 노니시고 스스로 그러함[대자연의 법칙 : 道]에 오묘하게 부합하며, 형상 없이 나타나고 함이 없이 만물을 지으시며 말없이 행하신다.

인류 문명을 처음으로 여신, 안파견환인

어느 날 **동녀동남童女童男 800명**을 **흑수黑水**와 **백산白山**의 땅에 내려 보내셨다. 이에 환인께서 만백성의 우두머리[監群]가 되어 **천계**(천산 동방의 환국)에 거주하시며 돌을 부딪쳐서 불을 피워 음식을 익혀 먹는 법을 처음으로 가르치셨다. 이 나라를 **환국桓國**(광명의 나라)이라 했다. 이 환국을 다스리신 분을 **'천제 환인씨'**라 부르고, 또한 **'안파견安巴堅'**이라고도 불렀다. 환국은 **일곱 환인**이 왕위를 계승하여 다스렸으나, 그 연대는 자세히 살필 수 없다.

일신一神 | 우주와 하나인 성스러운 신, 삼신이다.

사백력지천 | 박병식은 '斯白力之天'은 '사하라之天'으로 '아주 하얀 하늘', '아주 밝은 하늘'이라는 의미이다."라고 하였다(『한국상고사』, 26쪽). 이찬구는 '시백'은 새벽의 땅, 동트는 빛의 나라, 광명이 떠오르는 하늘 등의 뜻이라 했다.('『환단고기』 주요 술어에 대한 의견', 2012. 3.1 의견서)

동녀동남 800명 | 동녀동남(소녀소년)이 내려와 문명을 연 것은 인류 문명이 정음정양正陰正陽의 우주 원리로 처음 시작되었음을 밝혀 주는 표현이다.

흑수 | 만주 흑룡강성 북변의 흑룡강. 흑수말갈黑水靺鞨족의 발흥지이기도 하다.

백산 | 백두산의 별칭. 우리 민족의 성산聖山인 백두산은 백산, 태백산 이외에도 삼신산三神山·개마산蓋馬山·불함산不咸山 등으로 불렸다.

안파견 | 안파견은 "하늘을 받들어 지상에 부권父權을 세운다[繼天立父]"는 의미로 '아버지'라는 뜻이다.

환웅천황의 배달 시대

신교의 진리로 나라를 세우시다

　그 후 환웅씨가 환국을 계승하여 일어나 하늘에 계신 상제님의 명을 받들어 백산과 흑수 사이의 지역에 내려오셨다. 그리하여 천평天坪에 우물[자정子井과 여정女井]을 파고 **청구**靑邱에 농사 짓는 땅을 정리하여 나누셨다.

　환웅께서 천부와 인을 지니고 **오사**五事(농사와 왕명과 형벌과 질병과 선악)를 주관하시어 세상을 신교의 진리로 다스려 깨우쳐 주시고[재세이화在世理化], 인간을 널리 이롭게 하시며[홍익인간弘益人間], **신시**에 도읍을 정하여[입도신시立都神市] 나라 이름을 **배달**이라 하셨다[국칭배달國稱倍達].

　🌸 **재세이화** | 삼신상제님의 진리로 다스려 깨우쳐 주다
　🌸 **홍익인간** | 천지 광명의 뜻을 성취하는 인간이 되게 하다.

천평 | 초대 환웅천황께서 천명을 받고 나라를 연 하늘 평야, 즉 '역사의 개척지'라는 뜻이다. 백두산 주위의 땅이다.

자정과 여정 | 자정과 여정은 아들(남성)과 딸(여성)이 따로 쓰던 우물이란 뜻인 듯하다. 여기서 남녀유별男女有別 정신과 음양 사상의 뿌리를 엿볼 수 있다.

청구 | 고구려하高句麗河(지금의 요하)의 서쪽 대릉하大凌河, 또는 대릉하의 서쪽인 난하 지역으로 추정한다. 14세 치우천황 때 도읍을 이곳으로 옮겼다. 예로부터 중국인들이 우리나라를 청구국靑邱國이라 불러 왔는데, 원래 배달국을 지칭하는 말이다. 신교의 오행五行 철학에서 동방(3·8木)은 청靑색을 상징하므로 배달국을 '동방의 나라'라는 뜻으로 청구국이라 한 것이다.

오사 | ①우가牛加는 농사를 주관하고[主穀] ②마가馬加는 왕명을 주관하고[主命] ③구가狗加는 형벌을 주관하고[主刑] ④저가猪加는 질병을 주관하여 치료하고[主病] ⑤양가羊加는 선악을 맡아 다스린다[主善惡](『태백일사』「환국본기」).

웅씨족 여인을 황후로 삼다

환웅께서 **삼칠일**(21일)을 택하여 상제님께 제사 지내고, 바깥일[外物]을 꺼리고 삼가 문을 닫고 수도하셨다. 주문을 읽고 공덕이 이뤄지기를 기원하셨으며, 선약을 드시어 신선이 되셨다. 괘卦를 그어 미래의 일을 아시고, 천지변화의 움직임[象象]을 파악하여 신명을 부리셨다[執象運神].

여러 신령한 인물과 명철한 인재를 두루 모아 신하로 삼고, **웅씨족 여인**[熊氏女]을 맞아들여 황후로 삼으셨다. 혼인 예법을 정하여 짐승 가죽으로 폐백(결혼 예물)을 삼게 하시고 농사를 짓고 가축을 기르게 하시고, 시장을 열어 교역을 하게 하시니, **구환족** 九桓族이 사는 모든 지역에서 공물과 세금을 바치고, 뭇 새와 짐승들까지 따라서 춤을 추었다. 후세 사람이 이분을 지상의 최고 신으로 모시고 세세토록 제사 지내기를 그치지 않았다.

배달국 신시 시대 말기에 **치우천황**(14세 자오지천황)이 계시어 **청구**를 널리 개척하셨다.

환웅천황의 배달 시대는 18세를 전하였으며 1,565년을 누렸다.

❀ **배달** | 배달국은 도읍의 위치에 따라 전기 신시 시대와 후기 청구 시대로 나눌 수 있다. 신시 시대는 고고학적으로 후기 신석기 (홍산문화) 시대에 해당하며, 체계적인 국가조직이 형성되던 때다. 요령성 능원현, 건평현 등에서 발굴된 용龍을 새긴 정교한 옥기와 돌무지무덤, 여신상, 사당 건물터, 그리고 능원현 남성자와 적봉赤峰에서 발굴된 성터가 이 시대의 유적, 유물로 보인다. 예로부터 우리 한민족을 배달민족, 배달겨레라 불러온 까닭은 배달이라는 국가가 실제 존재했으며, 배달의 건국과 함께 동방 한민족의 기틀이 형성되었기 때문이다.

단군왕검의 고조선 건국

아홉 환족을 통일한 단군왕검

　이후에 **신인**神人 **왕검**이 불함산不咸山 의 박달나무가 우거진 터
[허墟]에 내려오셨다. 왕검께서 지극히 신성한 덕성과 성인의 인
자함을 겸하시고, 능히 선대 환인·환웅 성조의 법을 이어 받고
하늘의 뜻을 받들어 사람이 살면서 지켜야 하는 기본 법도를 세
우시니, 그 공덕이 높고 커서 찬란하게 빛났다.

　이에 **아홉 환족**[九桓]**의 백성**이 모두 기뻐하고 진실로 복종하여
상제님의 대행자로 추대하여 임금으로 모시고 받드니, 이분이
바로 **단군왕검** 이시다. 왕검께서는 신시 배달의 옛 법도를 되살
리시고, 아사달 에 도읍을 정하여 나라를 여시니 그 이름을 **조선**
朝鮮 이라 하셨다.

불함산 | '가장 밝은 산'이
라는 뜻이다. 백두산과 만
주 하얼빈의 완달산完達山
두 곳을 말하는데 여기서는
완달산을 가리킨다(「신시
본기」 참조).

허 | 허는 '터'이지만 대토
산大土山, 즉 큰 흙산을 가
리키기도 한다.

단군왕검 | 단군은 제사장
을 뜻하고, 왕검은 정치적
군장을 뜻한다. 당시에 많
은 왕검이 있었다. 단군왕검
은 배달 시대부터 있었던 수
많은 왕검들 중에서 특히 신
성하고 덕망이 뛰어나 전체
부족의 추대를 받아 임금이
되셨다. 배달국의 대통을 이
어 받아 구환족을 통일하고
전 영토를 신교의 삼신원리
에 따라 삼한三韓으로 나누
어 다스렸다. 제사장인 단
군을 겸하였으므로 '단군
왕검'이라 불린다.

아사달 | 불함산이라고도
하는데, 만주 하얼빈의 완
달산完達山을 말한다(신채
호, 『조선상고사』). 아사달
은 '밝은 곳', '태양의 땅'을
의미한다(박병식, 『한국상
고사』, 36~37쪽).

조선 | 조선은 관경管境(영
토를 나누어 다스리는 것)
을 말한다.

비서갑 하백의 따님을 황후로 삼다

단군왕검께서는 두 손을 맞잡은 채 단정히 앉아 함이 없이 세상의 질서를 바로잡아 다스리셨다.

현묘한 도를 깨치셨으며 뭇 생명을 접하여 교화하실 때,
팽우彭虞에게 명하여 토지를 개척하게 하시고,
성조成造에게 궁실을 짓게 하시고,
고시高矢에게 농사일을 맡게 하시고,
신지臣智에게 글자를 만들게 하시고,
기성奇省에게 의약을 베풀게 하시고,
나을那乙에게 호적을 관장하게 하시고,
희羲에게 괘서卦筮를 주관하게 하시고,
우尤에게 병마兵馬를 담당하게 하셨다.

단군왕검께서 **비서갑**非西岬에 사는 **하백의 따님**[河伯女]을 맞이하여 황후로 삼고 누에치기를 관장케 하시니, 백성을 사랑하시는 어질고 후덕한 정치가 사방에 미치어 천하가 태평해졌다.

마흔일곱 분 단군이 다스리신 조선 역사 2096년

단기 1909, 기원전 425년(병진) 주周나라 고왕考王 때 나라 이름을 **대부여**大夫餘로 바꾸고 도읍을 백악산白岳山에서 장당경藏唐京으로 옮겼으며, '**8조 금법**'으로 법도를 세우셨다.

책읽기와 활쏘기에 힘쓰게 하고, 하늘(삼신상제님)에 제사지내는 것을 근본 가르침으로 삼았으며, 농사와 누에치기에 힘쓰고 산과 못을 일반 백성에게 개방하셨다. 죄를 지어도 처자식에게 미치지 않게 하고, 백성과 더불어 의논하고 힘을 합하여 다스리셨다.

남자에게는 일정한 직업이 있고 여자에게는 좋은 배필이 있었다. 집집마다 재물이 풍족하고, 산에는 도적이 없고 들에는 굶주리는 사람이 없으며, 악기 소리와 노랫소리가 온 나라에 넘쳐흘렀다.

환
단
고
기

현묘한 도 | 한민족의 시원 종교이며 인류의 모체 종교인 '신교'를 말한다. 최치원이 난랑비서鸞郎碑序에서 "나라에 현묘한 도가 있으니 풍류라 한다[國有玄妙之道曰風流]"라고 한 풍류도風流道의 본래 이름이 신교이다.

비서갑 | 지금의 만주 하얼빈.

고왕 | 주周나라 31대 왕(재위 기원전 441~기원전 426).

대부여 | 44세 구물단군 때 나라 이름을 조선에서 대부여로 바꿨다. 부여는 단군왕검의 넷째 아들 부여를 서쪽 땅에 봉해 그곳을 부여라 한 데서 유래했다고 한다. '부여'는 어둠을 헤치고 먼동이 부옇게 밝아온다는 의미로 광명의 뜻이 담겨 있다.

백악산 | 단군조선 시대의 두 번째 도읍지인 백악산 아사달을 말한다. 백악산은 지금의 길림성 농안農安, 장춘長春 지방에 있다. 22세 색불루단군부터 43세 물리단군까지 860년간의 수도였다.

장당경 | 지금의 요령성 개원開原 지역으로 '송화강 아사달', '백악산 아사달'에 이어 세 번째 도읍지이다. 44세 구물단군에서 47세 고열가단군까지, 188년간의 수도였다.

시조 단군왕검께서 기원전 2333년(무진)에 나라를 다스리신 이 래 47세世를 전하니, 역년은 2,096년이다.

신인 해모수의 북부여 건국과 이를 계승한 고주몽

웅심산에서 일어난 해모수와 구국 영웅 동명왕

단기 2095, 기원전 239년(임술) 진왕秦王(진시황) 정政 때 신인 **대 해모수**大解慕漱가 **웅심산**熊心山에서 일어났다. 단기 2140, 기원 전 194년(정미) 한나라 혜제惠帝 때 연나라 유민의 우두머리 위만 衛滿이 조선의 서쪽 변방 한 모퉁이(번한)를 도적질하여 차지하였 다. 이에 번한의 왕 준準이 맞서 싸웠으나 당해 내지 못하고 바 다로 도망 하였다. 이로부터 **삼한**三韓(진한·마한·번한)에 속해 있 던 백성들은 대부분 한수漢水(한강) 이남으로 옮겨 살게 되었다.

이후 한때 여러 영웅이 요해遼海의 동쪽에서 군대를 일으켜 서 로 힘을 겨루더니 단기 2226, 기원전 108년(계유) **한무제** 때 한나 라가 쳐들어와 번한 땅을 차지하고 있던 위만의 손자 우거右渠 를 멸하였다.

이때 서압록 사람 **고두막한**이 의병을 일으켜 또한 단군이라

알아봅니다!

🌸 팔조 금법 | 22세 색불루단군 때 정한 금법

1. 살인한 자는 즉시 사형에 처한다.
2. 사람을 상하게 한 자는 곡식으로 갚는다.
3. 도둑질한 자는 남녀 모두 그 집에 들어가 노비가 된다.
4. 소도(삼신상제님께 천제 올리는 성소)를 훼손하는 자는 가둔다.
5. 예의를 잃은 자는 군 복무를 시킨다.
6. 부지런하게 일하지 않는 자는 공공 작업에 부역시킨다.
7. 음란한 자는 태형에 처한다.
8. 사기를 친 자는 훈계하고 놓아 준다.

대해모수 | 고조선을 계승 한 북부여의 시조.

웅심산 | 만주 길림성 서란 舒蘭 소성자小城子.

혜제 | 한漢나라 2대 황제 (재위 기원전 194~기원전 188).

바다로 도망 | 이때 준왕은 황해를 건너 금강유역으로 들어왔다.

요해 | 요하와 발해. 지금의 요하는 요나라 건국 이후에 불린 이름이고, 이전에는 백 하白河, 난하灤河 등을 가리 켰다. 여기서는 난하를 말 한다.

우거 | (?~기원전 108): 위 만정권의 마지막 왕.

서압록 | 고대에는 지금의 압록강뿐 아니라 요하와 송 화강, 흑룡강도 압록으로 불렀다. 동압록은 지금의 압록강이고, 서압록은 지금 의 시라무렌강으로 동서 압 록은 삼한의 경계를 흐르던 강이다.

칭하였다. 단기 2248, 기원전 86년(을미) 한나라 소제昭帝 때 **고
두막한**이 부여의 옛 도읍을 점령하고 나라를 **동명**東明이라 칭하
시니, 이곳은 곧 **신라의 옛 땅**이다.

고추모(고주몽)의 북부여 계승과 고구려 건국

단기 2276, 기원전 58년(계해) 봄 정월에 이르러 고추모(고주몽)
가 역시 천제의 아들로서 해모수가 세운 북부여를 계승하여 일어
났다. 단군의 옛 법을 회복하고, 해모수를 태조로 받들어 제사 지
내며 연호를 정하여 **다물**多勿이라 하시니, 이분이 곧 고구려의 시
조이시다.

인물 돋보기

고두막한高豆莫汗 | 고조선의 마지막 단군 고열가의 후손이
다. 한무제가 쳐들어왔을 때 구국의 의병을 일으켜 이를 격
퇴하였다. 졸본에서 동명東明국을 세우고 즉위하여 동명왕
이라 불렸으며, 북부여의 4세 고우루단군에 이어 단군의 위
에 올랐다(『북부여기』). 동명은 '동방의 광명(밝음)'이란 뜻으
로 졸본부여, 동명부여(기원전 108~기원전 87)라고도 한다.

동명왕 이야기

동명신화는 최초의 기록인 중국의 『논형』(1세기) 이후 6세기에 이르는 문헌에서 부여의 건국신화로 기록되어 있다. 그리고 『삼국사기』에서는 동명왕을 주몽과 같은 인물로 기록하였다. 그동안 이렇게 왜곡되어 전해진 동명에 관한 진실이 『삼성기』와 『북부여기』에서 명확하게 밝혀졌다.

기원전 108년에 한나라 무제가 요서 지역에 있던 우거정권(우거는 번조선을 찬탈한 위만의 손자)을 멸하고 군현을 설치하고자 대군을 동원하여 동방(당시 북부여)을 침략했다. 이때 의병을 일으켜 파죽지세로 몰려오는 한족 침략군을 막아낸 북부여의 구국 영웅이 바로 고두막한이다. 『북부여기』를 보면, 고조선 47세 고열가단군의 후손인 고두막한은, 한무제가 우거 정권을 멸한 해인 기원전 108년에 졸본에서 동명이라는 나라를 세워 즉위하였고, 훗날 민심을 얻어 북부여 5세 단군에 즉위하였다. 고두막한은 동명왕으로 22년간(기원전 108~기원전 87) 재위하고, 북부여 5세 단군(고두막단군)으로 27년간(기원전 86~기원전 60) 재위하였다. 연개소문의 아들인 연남산의 묘지명에 "옛날에 동명은 하늘의 기운에 감응되어 사천을 넘어 나라를 열었고, 주몽은 광명으로 잉태되어 패수에 임하여 도읍을 열었다."라고 하여 동명과 주몽이 전혀 다른 인물로 기록되어 있다.

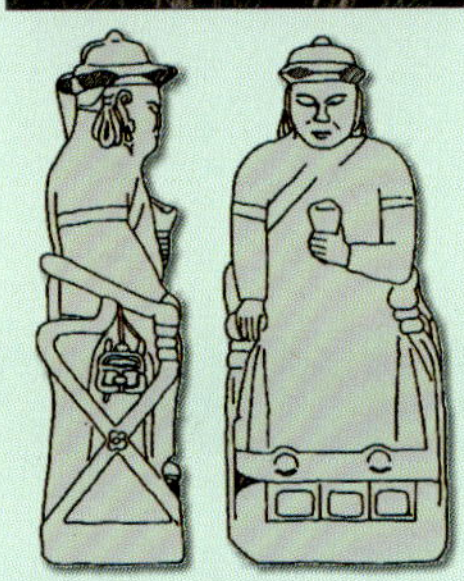

동몽골 부이르노르 초원의 고구려 칸(Khan) 또는 동명왕으로 알려진 석인상_몽골 동쪽 할흐골솜과 다리강가솜, 나란솜 지역에서는 한민족의 기원과 관련된 코리족 이동 설화가 전해진다. 이 지역에서 고려 왕으로 알려진 석인상(사진)을 경계로 하여 동쪽에 고려 사람, 서쪽에 몽골 사람이 살았는데 서로 왕래하며 혼인도 했다고 한다. (박원길, '몽골지역에 전승되는 고대 한민족관련 기원 설화에 대하여', 2011).

환국의 실체와 배달의 역년을 밝히고
배달의 성웅 치우천황의 진면목을 드러낸

원동중 元董仲 (?~?)

원동중의 자세한 행적은 전하지 않는다. 『세조실록』에, 세조가 팔도관
찰사에게 수거하도록 유시한 도서 목록에 안함로와 더불어 『삼성기』
의 저자로 기록되어 있다. 한암당寒闇堂 이유립은 원동중을 고려 때 인
물로 추정하였다.

바이칼호 알혼섬의 성소인 부르칸(Burkhan) 바위

三聖紀全下篇
삼성기전 하편

원동중元董仲 찬撰

* 안함로의 『삼성기』 상편과 원동중의 『삼성기』 하편은 두 권의 책이 마치 일란성 쌍생아와 같이 절묘하게 상호 보완이 되어 있다.

* 특히 원동중의 『삼성기』 하편은 상편에서 빠져 있는 내용을 중점으로 다루었다. 무엇보다도 환국의 일곱 분 환인의 역년과 12환국의 이름을 드러내어 환국의 실체를 밝혔고, 배달국의 열여덟 분 환웅의 역년을 신시역대기로 밝혀주었다. 특히 한민족사의 성웅 치우천황에 대해서 집중적으로 다루었다.

인류의 시조와 동서 문명의 시원 국가

인류의 조상은 **나반**이시다. 나반那般께서 **아만**阿曼과 처음 서로 만나신 곳은 아이사비阿耳斯庀이다. 두 분이 꿈에 천신(상제님)의 가르침을 받고 스스로 혼례를 올리시니 환족의 모든 족속이 그 후손이다.

옛적에 환국이 있었다[석유환국昔有桓国]. 백성들은 풍요를 누렸고 인구도 많았다. 처음에 환인께서 천산에 머무시며 도를 깨쳐 장생하시니 몸에는 병이 없으셨다. 하늘(삼신상제님)을 대행하여 닐리 가르침을 베풀어 사람늘로 하여금 싸움이 없게 하셨다. 모두 힘을 합해 열심히 일하여 스스로 굶주림과 추위를 사라지게 하였다.

아하! 그렇구나

석유환국 날조 사건 | 일제 강점기 때 일본 식민사학자 이마니시 류가 『삼국유사』 임신본에 적힌 '석유환국昔有桓国'의 '국国' 자를 '인因' 자로 변조시켰다. 그것은 일연이 주석을 '위제석야'로 달아서 환국의 통치자인 환인을 불교의 제석신으로 왜곡함으로써 환국을 불교 제석신인 환인으로 변조하는 원인을 제공하였다. 이로써 실제 역사가 신화로 전락하여 통용되고 있다.

환국의 통치자와 열두 나라

환국을 다스리신 분은 초대 안파견환인에서 2세 혁서환인, 3세 고시리환인, 4세 주우양환인, 5세 석제임환인, 6세 구을리환인을 이어 7세 지위리환인에 이르렀는데, 환인을 단인檀仁이라고도 한다.

『고기』에 다음과 같이 기록되어 있다.

파내류산波奈留山 아래에 환인씨의 나라가 있으니 천해天海의 동쪽 땅을 또한 파내류국이라 한다. 그 땅의 넓이는 남북으로 5만 리요, 동서로 2만여 리이니 통틀어 환국이라 했다.

이 환국은 다시 여러 나라로 구성되었는데, 그 이름은 비리국, 양운국, 구막한국, 구다천국, 일군국, 우루국(일명 필나국), 객현한국, 구모액국, 매구여국(일명 직구다국), 사납아국, 선패국(일명 시위국 또는 통고사국), 수밀이국(수메르족의 나라)으로 합하여 **12국**이다. 천해는 지금의 북해北海이다.

환국은 **일곱 분**이 계승하여 다스렸으니, 그 총 햇수는 3,301년인데, 혹자는 63,182년이라고도 하니 어느 것이 옳은지 알 수 없다.

환국 말, 환웅의 동방 개척

3천 명 환족 무리의 백두산 문명 개척

환국 말기에 안파견께서 삼위산三危山과 태백산太白山을 내려다보시며 이렇게 물으셨다.

"두 곳 모두 인간 세상을 널리 이롭게 할[홍익인간弘益人間] 수 있는 곳이다. 과연 누구를 보내는 것이 좋은가?"

오가五加의 우두머리들이 모두 대답하였다.

"서자庶子에 환웅이란 인물이 있는데 용기와 어짊과 지혜를 겸비하고, 일찍이 홍익인간의 이념으로 세상을 개혁하려는 뜻을 가지고 있으니 그를 동방의 태백산(백두산)으로 보내 다스리게 하십시오."

이에 환인께서 환웅에게 천부天符와 인印 세 종류를 주시며 명하셨다.

"이제 인간과 만물이 이미 제자리를 잡아 다 만들어졌으니, 그대는 노고를 아끼지 말고 '무리 3천 명'을 이끌고 가서, 새 시대

파내류산 | 『태백일사』「환국본기」에는 『조대기』를 인용하여 파내류산을 천산이라 하였고, 『산해경』「서산경」에는 돈황(감숙성 소재) 삼위산三危山에서 서쪽으로 190리에 귀산이 있는데 다시 서쪽으로 350리에 천산이 있다고 했다. 지금의 우루무치 동북쪽에 위치한 천산을 말하며, 그곳에 천지天池라는 못이 있다.

천해 | 북해北海, 또는 천하天河라 하며 지금의 바이칼호를 말한다. 세계 최대의 담수호로서 수심이 1,940m에 이르고 수온이 가장 낮다. 천하天河라는 이름 그대로 하늘의 운행 도수를 따라 366개 강줄기가 이 호수로 끊임없이 물을 쏟아 넣는다(측정자에 따라 360개, 366개, 330여 개라는 설이 있다).

선패국 | 『태백일사』「환국본기」에는 선비이국으로 나온다. 선패鮮稗는 선비鮮禪·鮮卑의 필사 오류로 보인다.

서자 | 1. 여러 아들 즉, 뭇 자식이라는 의미로 백성이란 뜻. 2. 부락 또는 부족 이름. 3. 태자의 스승, 기타 높은 벼슬의 명칭. 여기서는 부족 이름으로 본다.

를 열어 가르침을 세우고[개천입교開天立敎] 세상을 신교의 진리로
다스리고 깨우쳐서[재세이화在世理化] 이를 만세 자손이 지켜야할
큰 규범으로 삼을지어다."

알아봅니다!

❀ **개천입교** | 개천開天은 열 개開 자, 하늘 천天 자. 보통 하늘을
연다는 뜻으로 새 나라를 세우는 것[개국]을 말한다. 그런데 좀
더 깊은 뜻은 하늘의 정신, 즉 삼신상제님의 창조 정신을 처음으
로 크게 깨달아 인간에게 도덕을 베푸는 것이다. 입교立敎는 설
입立 자, 가르칠 교敎 자로서 가르침을 세운다는 뜻이다.

신시를 열어 360여 가지 일을 주관하신 환웅천황

환웅이 동방을 개척할 당시 기이한 술법을 좋아하던 반고盤固라는 인물이 있었다. 반고가 개척의 길을 따로 나누어 가기를 청하므로 환인께서 이를 허락하셨다.

드디어 반고는 많은 재화와 보물을 싣고 십간十干 십이지十二支의 신장을 거느리고 공공共工·유소有巢·유묘有苗·유수有燧와 함께 삼위산 납림拉林 동굴에 이르러 임금으로 즉위하였다. 이들을 제견諸畎이라 하고, 반고를 반고가한이라 불렀다.

이때 환웅께서는 무리 **3천 명**을 이끌고 태백산 마루, **신단수**神檀樹 아래에 내려오시어 이곳을 **신시**神市라 하시니, 이분이 바로 **환웅천황**이시다.

환웅께서 **풍백**風伯과 **우사**雨師와 **운사**雲師를 거느리시고, (오가五加에게) 농사·왕명·형벌·질병·선악을 주장하게 하시고, **인간 세상의 360여 가지 일을 주관하여 세상을 신교의 진리로써 다스려 깨우쳐서[재세이화] 인간을 널리 이롭게 하셨다**[홍익인간].

배달의 건국

신교의 수행 계율, 100일 기도와 21일 수행

이때 웅족과 호족[一熊一虎]이 이웃하여 함께 살았다. 일찍이 이 족속들은 **삼신상제님**께 천제 올리고 기도 드리는 신단수에 가서 "삼신의 계율을 따르는 백성이 되기를 바라옵니다." 하고 빌었다. 환웅께서 이 소식을 듣고 "가히 가르칠 만하도다." 하시고, 신령한 도술로써 환골換骨케 하고 정신을 개조시키셨다. 이때 먼저 삼신께서 전해 주신 고요히 수행하여 해탈하는 법[정해법靜解法]으로, 쑥 한 묶음과 마늘 스무 줄기를 영험하게 여겨 이를 주시며 경계하여 말씀하셨다.

"너희들은 이것을 먹으며 햇빛을 보지 말고 **100일** 동안 기도

십간 십이지 신장을 거느리고 | 이로 보아 십간, 십이지의 육십갑자 개념은 이미 환국시대부터 있었다고 추정할 수 있다. 또 『천부경』이 환국의 구전지서口傳之書라는 사실로 볼 때 **음양오행의 개념과 수리**數理 **철학, 상수학**象數學 등 **역법의 역사도 환국시대까지 소급**된다. 동이족이 세운 은나라(기원전 1766~기원전 1122) 때는 임금 이름을 모두 육십갑자를 써서 지었다.

제견 | 일반적으로 '견畎'이란 견이畎夷, 견이犬夷, 견융犬戎을 말한다.

반고가한 | 반고는 중국에 서조차 고대신화에 등장하는 우주 창조신으로 받들어 왔으나 여기서는 약 5,900년 전 환웅의 동방 개척기에 실존한 인물임을 밝혀주고 있다. 전설상의 일물로만 알려졌었다.

풍백·우사·운사 | 풍백(입법관: 법률 만드는 것을 맡은 관리), 우사(행정관: 나라의 살림살이를 맡은 관리), 운사(사법관: 문제가 생겼을 때 법을 적용하여 옳고 그름을 가리는 관리)

쑥과 마늘 | 쑥은 달여 먹어 냉증을 치료하고, 마늘은 구워 먹어 삿된 기운을 물리친다고 한다.

100일 | 100은 우리말로 '온', '한'인데 '모두', '전체'라는 뜻이다.

하라. 그리하면 참된 인간이 되리라.”

이에 웅족과 호족 두 족속이 함께 쑥과 마늘을 먹으면서 **삼칠
일**(21일)을 지내더니, 웅족은 능히 굶주림과 추위를 참아 내고 계
율을 지켜 **인간의 참모습**[儀容]을 얻었으나, 호족은 행동이 제멋대
로인 데다가 게을러 계율을 지키지 못하여 좋은 결과[선업善業]를
얻지 못하였다. 이것은 두 족속의 성정性情이 서로 같지 않았기 때
문이다.

(후에) 웅족 여인[熊女]들이 시집갈 곳이 없어 매일 신단수 아래
에 와서 주문을 외우며 아이 갖기를 빌었다. 이에 환웅께서 이들
을 임시로 환족으로 받아들여 환족 남자들과 혼인하게 하셨는
데, 임신하여 아이를 낳으면 **환桓의 핏줄**을 이은 자손으로 입적
시키셨다.

배달의 발전과 치우천황의 계승

환웅천황께서 처음으로 동방 배달민족의 새 역사 시대를 열고
[개천開天] 백성에게 교화를 베푸실 때, 『**천부경**天符經』을 풀어 설명
하시고 『**삼일신고**三一神誥』를 강론하여 뭇 백성에게 큰 가르침을
베푸셨다.

이후에 치우천황(14세 환웅, 자오지환웅)께서 영토를 개척하고, 구
리와 철을 캐어 무기를 제조하는 한편 병사를 훈련시키고 산업
을 일으키셨다. 이때 **구환족이 모두 삼신을 한뿌리의 조상**으로
삼았다. 천황께서 **소도**蘇塗와 **관경**管境과 **책화**責禍를 주관하고,
백성의 의견을 모아 하나로 통일하는 **화백**和白 **제도**를 두셨다.
또한 백성으로 하여금 **지혜와 생명력을 함께 닦아**[지생쌍수智生雙
修] **전佺의 도**(온전한 인간의 도)에 머물게 하셨다.

그 후 **구환족이, 영토를 삼한**三韓**으로 나누어 다스리시는** 천제
의 아들[천제자天帝子]에 의해 모두 **통일**되니, 이분이 **단군왕검**이시
다.

웅족과 호족의 대립과 환족의 교화

『밀기密記』에 이렇게 기록되어 있다.

환국 말기에 다스리기 어려운 강한 족속이 있어 이를 근심하던 차에 환웅께서 **삼신의 도로써 가르침을 베풀고**[이삼신설교以三神設敎], 온전한 인간을 만드는 계율[전계佺戒]로써 삶의 본업業을 삼으며, 백성을 모아 맹세하게 하여 권선징악의 법을 두셨다. 이때부터 은밀히 그 강족을 제거하려는 뜻을 두셨다.

이때 각 부족의 이름[족호族號]이 한결같지 않고 풍속은 점점 갈라졌다. 본래 살고 있던 사람들은 호족이고, 새로 이주해 온 사람들은 웅족이었다.

호족은 탐욕이 많고 잔인하여 오로지 약탈을 일삼고, 웅족은 어리석고 괴팍하며 고집스러워서 서로 조화를 이루지 못하였다. 비록 같은 곳에 살았으나 세월이 지날수록 더욱 멀어졌다. 그리하여 서로 물건을 빌리거나 빌려 주지도 않고 혼인도 하지 않으며, 매사에 서로 굽히지 않아 함께 같은 길을 가지 않았다.

알아봅니다!

❀ **웅족熊族** | 만주와 시베리아 일대의 원시 부족과, 베링해협을 건너간 북미 인디언들에게 공통으로 나타나는 부족의 상징이 곰 토템이다. 특히 북미 지역에서는 곰 모형을 꼭대기에 앉혀 놓은 토템기둥을 흔히 볼 수 있다. 부여족이 세운 백제의 두 번째 도읍지 이름도 웅진熊津(곰나루)이었다. 일본 큐슈 섬에는 구마소熊襲, 구마모토熊本, 구마시로熊城, 구마가와熊川와 같은 '웅熊' 자 지명이 숱하다. 이는 배달 시대 웅족熊族의 토템신앙을 그대로 계승한 '단군조선의 부여계'가 일본에 건너가 일본 고대 문명을 건설한 역사적 사실을 생생하게 반증한다. 환족의 일원으로 교화된 웅족은 동북아 전역으로 퍼져나가 동아시아 역사와 문화의 기초를 세웠다.

한 마리 곰과 한 마리 호랑이의 진실

『삼국유사』「고조선」 환웅 이야기에 '일웅일호一熊一虎', 즉 한 마리 곰과 한 마리 호랑이 이야기가 나온다. 이 '일웅일호'야말로 우리 고조선 역사를 신화로 왜곡하는 핵심어이다. 『삼국유사』「고조선」을 보자.

"이때 곰과 호랑이[일웅일호一熊一虎]가 함께 굴에 살면서[동혈이거同穴而居] 늘 신령스러운 환웅에게 사람이 되게 해 달라고[원화위인願化爲人] 기도하였다. 이에 환웅이 신께서 남기신 영험한 쑥 한 타래와 마늘 스무 매를 주시며 '너희들이 이것을 먹으면서 백일 동안 햇빛을 보지 않고 기도하면 쉽사리 사람의 참모습을 얻으리라' 하였다. 곰과 호랑이는 그것을 먹으머 삼칠일(21일)을 지냈다. 곰은 삼칠일 동안 금기를 지켜 여자의 몸을 얻었으나 … 웅녀가 혼인할 곳이 없으므로 매일 박달나무 아래서 아이 갖기를 기도하였다. 이에 환웅이 잠시 변하여 웅녀와 혼인하고 아들을 낳으니 이름을 단군왕검이라 하셨다."

'일웅일호一熊一虎' 라는 구절은 『환단고기』「삼성기」 하의 기록과 똑같다. 그런데 그 밖의 『삼국유사』의 기록은 서술이 분명하지 않다. 함께 굴에 살면서 사람이 되고자 원하였다(원화위인)고 되어 있어서 일본 학자들이 '일웅일호' 를 '사람이 되고자 한 한 마리 곰과 한 마리 호랑이' 라고 해석하였고 후대 사람들이 이것을 그대로 받아들였다. 그리하여 단군왕검은 곰의 아들로, 단군조선은 동물의 신화로 전락하고 말았다.

『환단고기』「삼성기」 하는 『삼국유사』에 인용된 똑같은 사건을 역사적으로 분명하게 기술하였다. 그 내용을 간추리면 다음과 같다.

'이때 일웅일호가 이웃하여 함께 살았다[同隣而居]. 그들은 환웅께 찾아와 삼신의 계율을 따르는 백성이 되고 싶다고 하였다. 환웅께서는 그들의 몸과 마음을 신령스럽게 만들고, 쑥과 마늘을 영험하게 여기어 이를 주시며, 그것을 먹으며 햇빛을 보지 말고 백 일 동안 기도하라고 명하셨다. 이에 웅족과 호족 두 족속[웅호이족熊虎二族]이 함께 쑥과 마늘을 먹으며 삼칠일(21일)을 지냈다. 웅족은 인간의 참모습을 얻었으나, 호족은 좋은 결과를 얻지 못했다.'

이것을 보면 일웅일호는 곰을 토템으로 하는 웅족과 호랑이를 토템으로 하는 호족임을 알 수 있다. 예로부터 짐승을 신성시하여 수호신으로 섬기는 토템이 널리 퍼져 있었다. 그 사람들은 각기 숭배하는 동물의 이름으로 부족의 이름을 정했다. 특히 곰을 숭배하는 웅족은 만주, 시베리아, 북아메리카에 널리 퍼져 살았다. 지금도 일본 홋카이도를 가 보면 원주민인 아이누 민속촌에 곰 토템 문화가 남아 있다.

그런데 어떻게 일웅일호를 한 마리 곰과 호랑이로 해석하여 한민족을 곰의 자손으로 만들었단 말인가. 일웅일호가 와서 사람이 되게 해 달라고 했다는 것은 웅족과 호족의 대표가 한 사람씩 와서 '저희도 천지의 광명을 체험한 우주의 광명족 백성이 되게 해 달라' 고 서원한 것이다. 그래서 이에 환웅께서 쑥과 마늘을 주며 집중 수행을 시키신 것이다. 결코 동물이 사람이 되려고 한 신화 이야기가 아니다.

현재 초중고등학교 역사 교과서에 실린 한 마리 곰과 호랑이 이야기를 『환단고기』 「삼성기」 하의 이 기록을 바탕으로 바로잡는다.

이 지경에 이르자 웅족의 여왕이, 환웅께서 신령한 덕[신덕神德]이 있으시다는 소문을 듣고 무리를 거느리고 찾아와 환웅을 뵙고 아뢰기를, "원하옵건대 저희들에게 살 곳을 내려 주십시오. 저희들도 하나같이 **삼신의 계율을 따르는 환족의 백성**이 되고자 하옵니다."라고 하였다.

환웅께서 이 말을 듣고 허락하시어 웅족에게 살 곳을 정해 주시고 자식을 낳고 살아가게 하셨다. 그러나 호족은 끝내 성격을 고치지 못하므로 나라 밖으로 추방하셨다. 환족이 이때부터 흥하기 시작하였다.

배달의 전성기

청동기 문화를 꽃피운 14세 치우천황

그 후 10세 갈고환웅 때는 염제신농의 나라와 국경을 정하였다. 다시 몇 세를 내려와 14세 **자오지환웅**(치우천황)이 계셨는데, 이분은 신이한 용맹이 매우 뛰어났다. 구리와 철로 투구를 만들어 쓰고[동두철액銅頭鐵額] 능히 큰 안개를 일으키며, 구치九冶(광석 캐는 기계)를 제작하여 광석을 캐내고 철을 주조하여 무기를 만드시니 천하가 크게 두려워하였다.

세상에서는 이분을 치우천황이라 불렀는데, 세상에서 하는 말로 '치우'는 '뇌우雷雨가 크게 일어 산하가 뒤바뀐다'는 뜻이다.

치우천황의 신하였던 한족의 시조 헌원

치우천황께서 염제신농의 나라가 날로 쇠약해지는 것을 지켜보시고 드디어 웅대한 포부를 품고 여러 번 서쪽에서 천자天子의 군사[天兵]를 일으키셨다. 삭도索度에서 군사를 진격시켜 회수와 태산 사이의 땅을 점령하시고 헌후軒侯(헌원)가 왕위에 오르자 바로 **탁록涿鹿**의 광야로 진격하여 헌원을 사로잡아 신하로 삼으셨다. 이후 오장군을 파견하여 서쪽으로 고신高辛* 땅을 공격하여 공을 세우게 하셨다.

이때 천하의 형세는 세 세력이 세발솥의 솥발과 같이 대치하고 있었는데, 탁록의 북쪽에 대요大撓, 동쪽에 창힐倉頡*, 서쪽에 헌원이 자리잡고 무력으로 승패를 겨루었으나 서로 이기지 못했다.

당초에 헌원이 치우천황보다 조금 늦게 일어나서 싸울 때마다 불리하였다. 이에 대요에게 의지하고자 하였으나 도움을 얻지 못하고, 다시 창힐에게 의지하려 하였으나 여기서도 역시 도움을 얻지 못했으니, 이들 두 나라는 모두 치우천황을 추종하는 세력이었다.

대요는 일찍이 배달로부터 육십갑자의 '**간지干支의 술법**'을 배웠고, 창힐은 '부적과 그림 같은 글자[부도지문符圖之文]'를 전수받았다. 이때 모든 제후는 치우천황의 신하가 되어 섬기지 않는 자가 없었는데, 이 또한 배달로부터 문물을 배워갔기 때문이다.

아하! 그렇구나

간지干支의 술법 | 음양오행의 술법. 간지는 하늘·땅·인간의 창조와 변화의 원리를 음양의 논리로 전개시킨 10천간天干과 12지지地支를 말한다. 우주 만유는 모두 음양의 조화로 생성 변화하고, 구체적으로는 금목수화 사상四象으로 전개된다. 여기에 토土를 합쳐서 오행五行이라 한다. 오행은 우주를 잡아 돌리는 다섯 개의 기운이다. 이것을 하늘에서는 오운五運이라 하고, 땅에서는 육기六氣라 한다. 이 오운육기가 더욱 분화된 것이 갑을병정무기경신임계甲乙丙丁戊己庚辛壬癸라는 10천간과 자축인묘진사오미신유술해子丑寅卯辰巳午未申酉戌亥라는 12지지이다. 건곤천지와 감리일월이 만물을 낳고 기르는 이치가 다 간지론을 근원으로 한다.

『사기史記』에서 왜곡한 치우천황

사마천의 『사기』에 이렇게 기록되어 있다.

천하의 제후가 모두 황제헌원에게 와서 복종하였으나, 치우가 가장 강하고 포악하여 천하에서 능히 그를 정벌하지 못하였다.

이에 대해 다른 주석서 『사기정의史記正義』에서는 이렇게 말하였다.

헌원이 섭정할 때(임금 대신 정치를 할 때) 치우는 형제가 81명으로, 짐승의 몸을 하고 사람의 말을 하였다. 미리가 구리같이 단단하고 이마는 철같이 강하였으며 모래를 먹었다. 오구장五丘杖과, 칼[刀]과, 가지가 있는 창[戟]과, 한꺼번에 많은 화살을 쏘는 태노太弩를 만들어 천하에 그 위세를 떨쳤다. **치우는 옛 천자의 호칭**[古天子之號]이다.

신시역대기… 18대 환웅천황

배달倍達은 환웅*께서 천하를 안정시키고 정하신 나라의 이름이다. 수도는 **신시**神市요, 후에 **청구국**靑邱國으로 옮겼다. **18세를** 전하니, 역년은 **1,565년**이다.

1세는 **환웅천황**桓雄天皇이시니 일명 **거발환**居發桓이라. 재위 94년이요 그 수명은 120세이시다. (신시개천 원년~신시개천 94, 기원전 3897~기원전 3804)

2세는 **거불리**居佛理환웅이시니 재위 86년이요 그 수명은 102세이시다. (신시개천 94~신시개천 180, 기원전 3804~기원전 3718)

3세는 **우야고**右耶古환웅이시니 재위 99년이요 그 수명은 135세이시다. (신시개천 180~신시개천 279, 기원전 3718~기원전 3619)

4세는 **모사라**慕士羅환웅이시니 재위 107년이요 그 수명은 129세이시다. (신시개천 279~신시개천 386, 기원전 3619~기원전 3512)

5세는 **태우의**太虞儀환웅이시니 재위 93년이요 그 수명은 115세이시다. (신시개천 386~신시개천 479, 기원전 3512~기원전 3419)

6세는 **다의발**多儀發환웅이시니 재위 98년이요 타고난 수명은 110세이시다. (신시개천 479~신시개천 577, 기원전 3419~기원전 3321)

7세는 **거련**居連환웅이시니 재위 81년이요 그 수명은 140세이시다. (신시개천 577~신시개천 658, 기원전 3321~기원전 3240)

8세는 **안부련**安夫連환웅이시니 재위 73년이요 그 수명은 94세이시다. (신시개천 658~신시개천 731, 기원전 3240~기원전 3167)

9세는 **양운**養雲환웅이시니 재위 96년이요 그 수명은 139세이시다. (신시개천 731~신시개천 827, 기원전 3167~기원전 3071)

10세는 **갈고**葛古환웅이시니 일명 갈태천황葛台天王 또는 독로한瀆盧韓이라. 재위 100년이요 그 수명은 125세이시다. (신시개천 827~신시개천 927, 기원전 3071~기원전 2971)

거발환居發桓 ┃ 우리말 '커발한'의 음역. 하늘과 땅과 인간은 삼위일체다. 거발환은 하늘과 땅과 인간의 광명 속에 깃들어 있는 일신즉삼신[一神卽三神]의 조화·교화·치화의 창조 이법을 말한다. 또 환국의 우주사상, 천지 광명의 삼일심법, 이 모든 것을 상징한다. 이것을 강력하게 주장한 이가 행촌 이암이다. 행촌은 『단군세기』 서문에서 "夫三神一體之道는 在大圓一之義라, 대저 삼신일체(삼신과 하나됨)의 도는 '무한히 크고 원융무애하며 하나 되는 정신[대원일]'에 있다."라고 했다. 여기서 대원일은 우주와 역사를 주관·섭리하시는 삼신三神의 창조 정신을 간단히 정의한 말이다. 만물과 우주의 존재 근원이 되는 삼신의 창조 정신은 광대무변[大]하고 원융무애[圓]하며 대광명으로 삼계가 합일[一]되어 있는 것이다. 한마디로 거발환은 우주 삼신의 창조 정신인 크고, 조화롭고, 광명으로 합일된 존재라는 뜻으로서, 배달의 초대 환웅이신 거발환환웅은 환국의 종통과 신교 우주사상, 천지 광명, 인간주의, 홍익인간 등 환단의 심법을 품고 오신 분이다.

11세는 **거야발**居耶發환웅이시니 재위 92년이요 그 수명은 149세이시다. (신시개천 927~신시개천 1019, 기원전 2971~기원전 2879)

12세는 **주무신**州武愼환웅이시니 재위 105년이요 그 수명은 123세이시다. (신시개천 1019~신시개천 1124, 기원전 2879~기원전 2774)

13세는 **사와라**斯瓦羅환웅이시니 재위 67년이요 그 수명은 100세이시다. (신시개천 1124~신시개천 1191, 기원전 2774~기원전 2707)

14세는 **자오지**慈烏支환웅이시니 세칭 **치우천왕**蚩尤天王이요 도읍을 **청구국**青邱國으로 옮기셨다. 재위 109년이요 그 수명은 151세이시다. (신시개천 1191~신시개천 1300, 기원진 2707~기원전 2598)

15세는 **치액특**蚩額特환웅이시니 재위 89년이요 그 수명은 118세이시다. (신시개천 1300~신시개천 1389, 기원전 2598~기원전 2509)

16세는 **축다리**祝多利환웅이시니 재위 56년이요 그 수명은 99세이시다. (신시개천 1389~신시개천 1445, 기원전 2509~기원전 2453)

17세는 **혁다세**赫多世환웅이시니 재위 72년이요 그 수명은 97세이시다. (신시개천 1445~신시개천 1517, 기원전 2453~기원전 2381)

18세는 **거불단**居弗檀환웅이시니 혹은 단웅檀雄이라. 재위 48년이요 그 수명은 82세이시다. (신시개천 1517~신시개천 1565, 기원전 2381~기원전 2333)

인류 장수 문화 시대 | 환국에 이어 신시 배달 시대 또한 무병장수의 전통을 계승하였음을 알 수 있다. 14세 치우천황이 151세로 가장 장수하셨다. 마지막 18세 거불단환웅은 82세로 수가 가장 적다. 이것은 당시 동북아 정세나 국가 정치 상황이 매우 어려워지는 과정에서의 혼란상을 암시한다. 그러나 고조선의 단군왕검에 의해 신교 문화의 또다른 중흥기를 맞이하였는데, 왕검은 역대 환웅 못지않게 130세로 무병장수하셨다.

알아봅시다!

역대 환웅천황의 수명

세	환 웅	수명	세	환 웅	수명	세	환 웅	수명
1	거발환居發桓	120	7	거련居連	**140**	13	사와라斯瓦羅	100
2	거불리居佛理	102	8	안부련安夫連	94	14	자오지慈烏支	**151**
3	우야고右耶古	**135**	9	양운養雲	**139**	15	치액특蚩額特	118
4	모사라慕士羅	129	10	갈고葛古	125	16	축다리祝多利	99
5	태우의太虞儀	115	11	거야발居耶發	**149**	17	혁다세赫多世	97
6	다의발多儀發	110	12	주무신州武愼	123	18	거불단居弗檀	82

환국-배달-고조선 삼성조 시대가 사라진 이유

지금 우리나라 초중고등학교 역사 교과서는 물론 모든 역사 교재에서 환국과 배달은 전혀 거론되지 않고, 단군조선도 '단군왕검이 조선을 건국하였다'는 것뿐이고 전부 신화로 부정되고 있다. 그 원인이 『삼국사기』와 더불어 대한민국 역사 교과서 사료 1호인 『삼국유사』 「고조선」에 있다. 『삼국유사』에 어떻게 기록되어 있을까?

"『위서』에 이르기를 지난 2,000년 전에 단군왕검이 있었다. 아사달에 도읍을 정하고 나라를 세워 이름을 조선이라 하시니 요임금과 같은 때였다.

『고기』에 이르기를, 옛적에 환국이 있었다[제석을 이른다]. 서자 환웅이 천하를 다스릴 뜻을 품고 인간 세상에 내려가기를 원했다. 아버지께서 아들의 뜻을 알고 … 이에 천부인 세 개를 주어 보내어 그곳을 다스리게 하시니 환웅이 무리 삼천 명을 거느리고 태백산 꼭대기 신단수 아래로 내려왔다. 이를 신시라 부르니 이분이 바로 환웅천왕이시다."

이 기록을 보면 '첫째, 단군왕검이 아사달에 도읍을 하고 나라를 열어 조선이라 하였다. 둘째, 석유환국, 옛적에 환국이 있었다. 셋째, 서자부 환웅이 무리 3천 명을 거느리고 태백산 신단수 아래에 내려와 도읍을 정하고 신시神市라 하셨다. 이분이 환웅천황이시다'라고 하였다. 분명히 환국, 신시(배달), 고조선의 삼성조 시대가 역사 속에 실제로 있었다고 하였다. 그런데 이 기록을 자세히 들여다보면 크게 세 가지 문제가 있다.

첫째, '환국'이 '제석신'으로 둔갑하였다.

『삼국유사』는 승려 일연이 『위서』와 『고기』 등의 사서를 인용해서 만들었다. 그는 역사 기록을 불교적으로 해석하여, 책 곳곳에 불교 색채를 덧발랐다. 특히 '석유환국' 이란 구절 옆에 '위제석야謂帝釋也' 라고 주석을 붙였다. '환국이 있었다' 는 기록 옆에 '환국은 불가의 제석신을 말한다' 는 풀이를 넣은 것이다. 본래 제석신은 불교에서 받드는 신으로 제석천 환인이라고 한다.

이것을 본 일본 식민사학자 이마니시 류는 "석유환국昔有桓国"을 "석유환인昔有桓因"으로, 글자 한 자를 바꿔 버렸다. '옛적에 환국이 있었다' 를 '옛적에 환인이 있었다' 고 하여, 환국의 역사를 신화로 만든 것이다. 한 글자를 바꾸었을 뿐인데, 환국이라는 나라가 통째로 사라지고 그 다음에 나오는 환웅과 단군도 역사의 인물이 아니라 신화의 인물이 되어 버렸다.

이마니시 류는 일제강점기에 조선사편수회를 이끌며, 일제 식민사관으로 한민족의 시원 역사를 말살하는 데 앞장 선 대표적인 인물이다. 그는 자신이 한국 고대사를 왜곡한 것이 아니라 일연의 『삼국유사』를 근거로 정당하게 기술한 것이라고 주장하였다. 요컨대 고려의 승려였던 일연이 불교의식으로 주석을 붙임으로써 동방 한민족의 시원 역사를 비롯한 인류의 창세 역사가 암흑 속으로 사라진 것이다.

| 임신본(또는 정덕본) | 경도제대 영인본 | 삼국유사 필사본 |

『삼국유사』 판본비교 | 이마니시류는 '국国' 자를 '인因' 자로 바꿈으로써 환국-배달-단군조선으로 이어지는 한민족의 상고사를 사실성이 없는 신화 이야기로 만들어 버렸다. 이로써 한민족 7천년 역사가 사라져 버리고 말았다.

둘째, 국통 맥이 전수된 환국 → 배달 → 고조선의 관계가 아버지와 아들
과 손자의 혈통 관계로 축소되고 환국, 배달, 고조선을 다스린 단군의 계
보가 전혀 기술되지 않았다.

『삼국유사』에서는 '서자[부족의 이름] 환웅'을 '환인의 아들 환웅'이라
해석하고, 또 단군왕검을 환웅이 웅녀와 혼인하여 낳은 아들이라 서술하
였다. 환인, 환웅, 단군을 아버지, 아들, 손자로 기술한 것이다. 국가의 계
보가 한 집안의 계보로 둔갑하면서 한민족의 고대사에 존재했던 국가가
송두리째 사라져 버린 것이다.

셋째, 해제에서도 상세히 밝혔듯이 '일웅일호'를 '한 마리 곰과 한 마리 호
랑이'로 해석했기 때문이다.

우리는 이 뒤틀리고 증발해 버린 역사를 『환단고기』를 통해 바로잡고, 한
민족의 역사를 새로 써야 한다.

역사 왜곡과 날조의 현장

중화문명의 발상지 탁록의 삼조당
중국 한족이 자기들의 시조로 모시는 황제헌원과,
동방 한민족의 조상인 치우천황과 염제신농을 함께 모셔 놓았다.

중화삼조당中華三祖堂의 입구, 귀근원歸根苑

삼조당에 모셔진 치우천황, 황제헌원, 염제신농(왼쪽부터)

산둥성 거야현 고퇴묘촌에 있는 치우상

치우북채에서 내려다 본 탁록 협곡

이 암 李嵒 (1297~1364)

| 본관 고성固城

| 초명 군해君侅 | 자 고운古雲

| 호   행촌杏村 | 시호 문정文貞

고려 충렬왕 23년(1297), 경상도 김해, 강원도 회양 부사를 지낸 이우李瑀
의 장남이자 고성이씨 9세 손으로 태어났다.

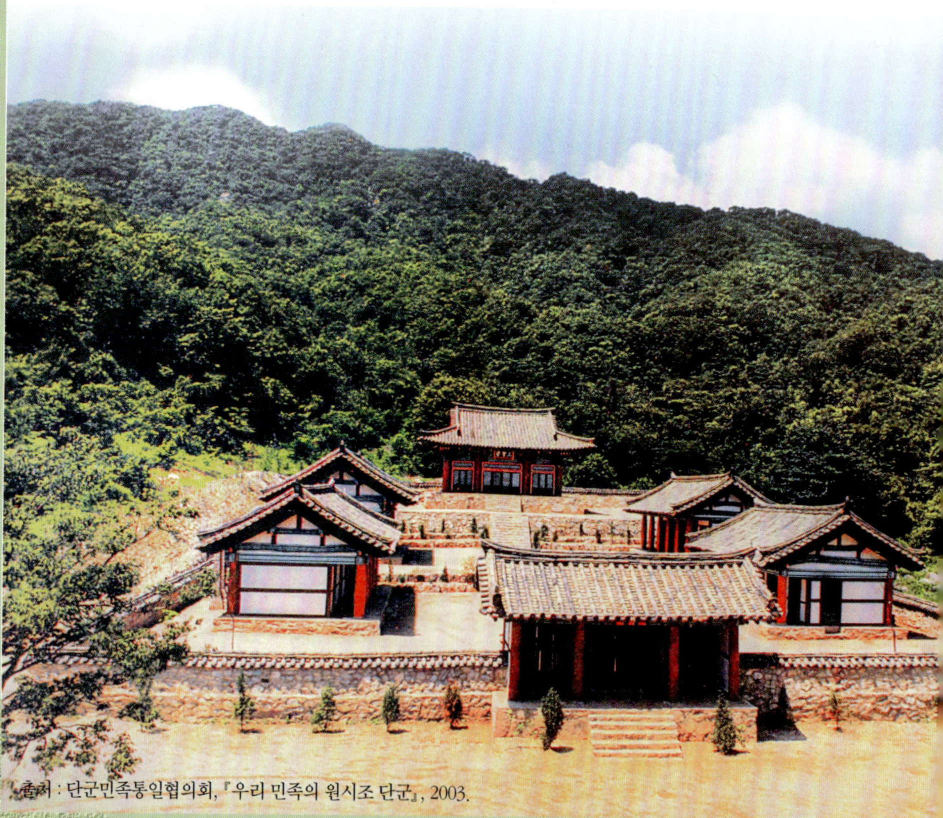

출처 : 단군민족통일협의회, 『우리 민족의 원시조 단군』, 2003.

동방 한민족의 국조이신 환인천제 환웅천황 단군왕검 삼성조를 모신 삼성사_황해도 구월산

檀君世紀

단군세기

행촌杏村 이암李嵒 편編

■ 10세(충렬왕 32, 1306) 때 강화도 마리산 참성단에 올라 단군왕검의 역사의식을 가슴에 새기고 고려를 동방의 맑고 깨끗한 나라로 일신하리라 맹세하였다.

■ 17세(충선왕 6년, 1313) 때 문과에 급제, 충정왕 때 찬성사, 좌정승을 지냈고, 공민왕 때 철원군鐵原君에 봉해졌다. 홍건적 침입 때 임금을 호종하여 1등 공신이 되고 철성부원군鐵城府院君에 봉해졌다. 서예에 뛰어나 동국東國의 조자앙趙子昻이라 일컬어졌고 『서경書經』 「태갑太甲」편을 옮겨 써서 왕에게 바쳤다. 그림으로는 묵죽墨竹을 잘 그렸다.

■ 환국과 배달 역사의 근본을 통하고 환단사상에 대해 깊은 안목을 가진 대학자 조부 이존비李尊庇의 정신을 그대로 이어 받았다.

■ 『단군세기』 서문은 신교 문화의 우주관, 신관, 인성론, 수행문화의 근원적 핵심원리를 체계화시킨 만고의 대문장이다.

■ 이암이 죽자(공민왕 13년) 그를 총애하던 공민왕은 친히 초상을 그리고 행촌이란 두 글자를 써서 관원을 보내 제사를 지냈다. 우왕 1년(1375)에 충정왕의 묘정에 배향되었다.

고조선 최대 추정 강역
고조선 핵심 강역
하상주 중심 영역
하夏
상商 (은殷)
주周
알타이산맥
▲금악산金岳山
천산天山
산맥
천산
곤륜산맥
고조선 산맥
약수: 흉노의 발상지.
3세 가륵단군(BCE 2177) 때 열양욕살 삭정을 약수 지방에 유배. 삭정이 사면된 후 흉노의 시조가 됨.
돈황 ●▲삼위산三危山
약수弱水
훈육(흉노)
상곡
귀방鬼方
고조선 최대 추정 강역
당요唐堯
우순虞舜
여려
빈邠
기岐
호경
견이畎夷
안읍
성주成
주周
하夏
티베트고원
강羌
진사강
백이百夷
양자강
촉蜀
파巴
초
군산郡山
동중
순임금의 이비二妃 무덤
히말라야산맥

일군국
오논강(오난해)
대
흥
안
령
진
사
산
맥
번
고리국
한
남선비국
렌 강
비리국
고 조 선 핵 심 강 역
흑룡강
송화강아사달
하얼빈
소밀랑
① 송화강아사달
② 백악산아사달
장춘
녹산
③ 장당경아사달
개원
웅심산 (서단)
영고탑 (해림)
한
우수리강
적봉
홍산
낭산 (백랑산)
대릉하
구려하(서압록)
심양
해성
백두산 (불함산)
동압록
造陽
영지
恒山
燕
상 하 운장
갈석산
험독 (왕험성) ②
고죽국
북경
안덕향 (탕지보) ①
발해
마
백아강 (평양)
동해
조이鳥夷
남국
창해
한
우이嵎夷
내이萊夷
혈구 (강화도)
조趙
횡하
청구
영주
임치
제濟
낭야
서해
안양 (은殷)
태산 (대岱)
검독홀 (곡부)
엄이奄夷
박毫
서이徐夷
서화
회이淮夷
회수
항이黃夷
도이島夷
무한武漢
오吳
상해
도산 塗山 (회계산)
삼도三島
탐모라
웅습 (쿠마소)
월越
묘三苗
BCE 300년경 대대적인 이주, 벼농사와
청동기 문화의 전파 → 고대 일본 야요이
문화(BCE 3세기~CE 3세기)의 성립

4세 오사구단군(BCE 2137)이
아우 오사달을 몽고리한에 봉함
(몽골의 시조).

요堯임금 아들 단주丹朱의 복위를 주장
하다가 남방으로 쫓겨 옴 : 치우천황을
조상으로 섬김, 초楚나라 건국.

199

나라를 다스리는 근본 법도

나라를 위하는 길에는 선비[士][※]**의 기개보다 앞서는 것이 없고, 사학보다 더 급한 것이 없음은 무엇 때문인가?** 사학이 분명하지 **않으면** 선비의 기개를 떨쳐 일으킬 수 없고, 선비의 기개가 떨쳐 일어나지 못하면 **국가의 근본이 흔들리고 나라를 다스리는 법도 가 갈라지기 때문**이다.

역사학의 중요성

대개 역사학의 정법이, 폄하할 것은 폄하하고[가폄자폄可貶者貶[※]] 기릴 것은 칭찬해서 인물을 저울질하여 평가하고, 시대의 모습 을 논하여 진단하는 것이니, 만세의 표준이 아닌 것이 없다.

이 백성의 삶은 참으로 오래되고 오래되었다. 새 세상을 열고 질서와 법도를 세운 내용 또한 분명히 밝혀져 있어서, 나라는 역 사와 함께 존재하고 사람은 정치와 함께 거론되어 있다. **나라와 역사와 사람과 정치,** 이 네 가지는 모두 우리 자신이 우선시하고 소중히 여겨야 할 바이로다.

자아 인식의 중요성

아아! 정치는 그릇과 같고 사람은 도道와 같으니, 그릇이 도道 를 떠나서 존재할 수 있으며 나라는 형체와 같고 역사는 혼과 같으니, 형체가 그 혼을 잃고서 어찌 보존될 수 있겠는가. 도道 와 그릇을 함께 닦는 자도 나요, 형체와 혼을 함께 키워 나가는 자도 나이다. 그러므로 **천하만사는 무엇보다 먼저 나를 아는 데 있다.** 그렇다면 나를 알려고 할진대 무엇부터 시작해야 하겠는 가?

우주의 삼신과 인간의 탄생 원리

무릇 **삼신일체**(삼신과 하나됨)**의 도**(삼신일체지도三神一體之道)는 '무한히 크고 원만하여 걸림이 없으며 하나 되는 정신[대원일大圓一]에 있으니, **조화신**造化神이 내 몸에 내려 나의 성품[성性]이 되고, **교화신**教化神이 내 몸에 내려 삼신의 영원한 생명인 나의 **목숨**[명命]이 되며, **치화신**治化神이 내려 나의 **정기**[정精]가 된다. 그러므로 오직 사람만이 만물 가운데 가장 고귀하고 존엄한 존재가 된다.

사람의 본성과 목숨의 존재 원리

성·명과 신·기의 상호 관계

대저 **성**[性]이란 인간의 **신**神(신명)이 생겨나고 자리를 잡는 근거와 바탕이다. 신이 성에 뿌리를 두고 있지만 성이 곧 신인 것은 아니다. 기氣가 환히 빛나 어둡지 않은 것이 곧 참된 성품이다.

대원일 | 만물과 우주의 존재 근원이 되는 삼신의 창조 정신은 광대무변[大]하고 원융무애[圓]하며 대광명으로 삼계와 합일[一]되어 있다는 뜻이다.

성性 | 인간이 본래 타고난 성품.

명命 | 천지의 무궁한 생명 또는 목숨. 천지의 주재자인 삼신상제님의 천명을 뜻한다.

신 | 여기서 신은 인간 몸 속의 신이다. 사물을 인식하는 신[識神]으로, 즉 모든 사람의 몸 속에서 개별적으로 작동하고 있는 신, 곧 개별화된 신명을 말한다.

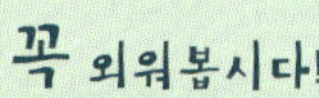

꼭 외워봅시다!

국유형　　　사유혼　　　형가실혼이보호
國猶形하고 史猶魂하니 形可失魂而保乎아.

병수도기자　　아야　구연형혼자　　역아야
並修道器者도 我也며 俱衍形魂者도 亦我也니

고　천하만사　선재지아야
故로 天下萬事가 先在知我也니라.

연즉기욕지아　　자하이시호
然則其欲知我인댄 自何而始乎아.

부삼신일체지도　　재대원일지의　　조화지신　강위아성
夫三神一體之道는 在大圓一之義하니 造化之神은 降爲我性하고

교화지신　강위아명　　치화지신　강위아정
教化之神은 降爲我命하고 治化之神은 降爲我精하니

고　유인　위최귀최존어만물자야
故로 惟人이 爲最貴最尊於萬物者也라.

그러므로 신神은 기氣를 떠날 수 없고, 기 또한 신을 떠날 수 없으니, 내 몸 속의 신[오신지신吾身之神]이 기와 결합된 후에야 내 몸 속의 본래 성품[오신지성吾身之性·조화신]과 (삼신의 영원한 생명인) 나의 목숨[命·교화신]을 볼 수 있게 된다.

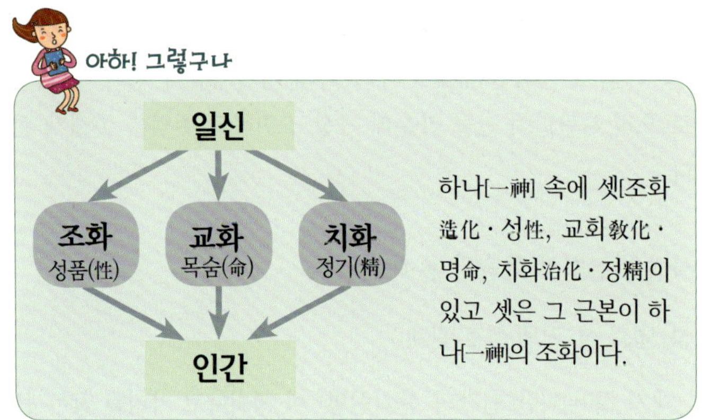

서로 분리될 수 없는 성품과 목숨

성품[性]은 저마다 타고난(삼신의 영원한 생명이 화한) 목숨[命]과 분리될 수 없고, 목숨도 성품과 분리될 수 없다. 그러므로 내 몸에 깃든 성품이 목숨과 결합된 뒤라야, 내 몸 속에서 신으로 화[신화神化] 하기 이전의 본래 성품과 내 몸에서 기로 화[기화氣化] 하기 이전의 본연의 목숨[命]의 조화 경계를 볼 수 있다.

성명정을 통해서 천지와 역사를 보라

그러므로 인간의 이러한 **본성**[性]에 담긴 신령스러운 지각[영각靈覺]의 무궁한 조화 능력은 하늘의 신[천신天神=삼신三神]과 그 근원을 같이 하고, (삼신의 영원한 생명 자체인) **인간의 본래 목숨**[命]이 생명으로 발현됨은 자연의 산천과 그 기를 같이 하고, **인간의 정기**[精]가 자손에게 이어져 영원히 지속함은 **천지의 이상세계를 이루어 가는 과업**[업業]을 창생과 함께 하고자 함이다.

신교의 수행 원리 : 우주와 하나 되는 길

이에 하나[一氣] 속에는 셋(삼신)이 깃들어 있고[집일함삼執一含三], 셋(세 손길로 작용하는 삼신)은 하나의 근원으로 돌아가는 원리[회삼귀일會三歸一]가 그것이다.

알아봅니다!

❀ **집일함삼**執一含三 **회삼귀일**會三歸一 | 우주 근원의 조화 세계[一神]에 세 신성[三神]이 담겨 있고, 삼신 원리를 일체로 보면 본래의 한 조화신[一神]으로 돌아간다는 의미이다.

그러므로 (무궁한 일신의 조화에 머무는) 한마음(일심)으로 안정되어 변치 않는 것을 '**진아**眞我(참을 실현한 나)'라 하고, 신통력으로 온갖 변화를 짓는 것을 '일신一神(하나님)'이라 하니, **진아는 우주의 일신이 거처하는 궁전**이다.

이 참됨의 근원을 알고 법에 의지해 닦고 행하면 상서로운 기운이 저절로 이르고 신(삼신)의 광명이 항상 비치게 된다.

이것이 바로 사람이 하늘과 하나 되고자 할 때[천인상여지제天人相與之際], 진실로 삼신의 계율(참전계)을 굳게 지킬 것을 맹세함으로 말미암아[삼신계맹三神戒盟] 비로소 능히 이 '하나 됨의 경지'[일신一神]에 돌아갈 수 있다는 것이다.

따라서 **성품과 목숨과 정기**[성명정性命精]가 **완전히 합하여 하나가 되는 경계에 계신 분은 '삼신과 한 몸이신 상제님'**[삼신일체상제三神一體上帝]이시다.

상제님은 천지 만물과 혼연히 한 몸이 되시어, 마음과 기운과 몸[심기신心氣身]으로 아무런 자취를 남기지 않으시나 영원히 존재하신다.

그리고 느낌과 호흡과 촉감[감식촉感息觸]이 완전히 합하여 하나가 되는 경지에 계신 분이 **인류의 시조인 환인주조님**桓因主祖

그것 | 인간이 천지와 하나 되는 원리

삼신일체상제 | 삼신과 한 몸으로 계시며, 삼신 자체가 되셔서 삼신의 뜻과 생명을 현상 세계에 열어 주시는 분이 바로 상제님이시다. 상제님을 통해 삼신의 도가 인간 문화 속에 선포된다.

환인주조 | 상제님으로부터 직접 삼신일체의 도를 받아 내려 신교의 영원불멸하는 생명의 문을 인류 문화 사상 처음으로 완전히 드러내신 분이다.

이시다.

환인주조님은 세계만방에 한결같이 덕화를 베풀고 즐거움을 함께 누리시며, 하늘·땅·인간 삼계三界와 더불어 함이 없이 저절로 조화를 이루신다.

이러하므로 가르침을 세우려는 자는 반드시 먼저 자아를 확립해야 하고, 자신의 형체를 바꾸려는 자는 반드시 먼저 무형의 정신을 뜯어고쳐야 하나니, 이것이 바로 '나를 알아 자립을 구하는 유일한 방도'[지아구독지일도知我求獨之一道]인 것이다.

❀ 삼신三神의 네 가지 뜻

첫째, 우주의 창조 정신을 뜻한다. 이때 삼신은 조화造化, 교화敎化, 치화治化라는 '세 가지 창조성을 지닌 조화 정신'으로서 만물을 낳고 길러 내며 다스리는 '우주의 순수한 창조 정신'이다.

둘째, 천상의 궁궐에서 사람 모습을 하고 '우주 역사를 통치(주재)하시는 인격신'을 말한다. 이때의 삼신하느님은 우주의 삼신 정신을 주재하여 천·지·인 삼계를 다스리는 실제적인 하느님 삼신상제님이다.

셋째, 한민족사의 뿌리 시대를 열어 주신 국조 삼신으로 환인(환국)─환웅(배달국)─단군(조선) 삼성조를 일컫는다.

넷째, 자손 줄을 태워 주는 신, 보통 조상신을 말한다.

구국의 길, 국통을 바로 세움

아, 슬프구나!

부여에 부여의 도道가 없어진 후에 한漢나라 사람이 부여에 쳐들어왔고, 고려에 고려의 도가 없어진 후에 몽골이 고려에 쳐들어왔다. 만약 그 당시에 미리 제정되어, 부여에 부여의 도가 있었다면 한나라 사람은 한나라로 쫓겨 가고, 고려에 고려의 도가 있었다면 몽골인은 몽골로 쫓겨 갔을 것이다.

아, 통탄스럽도다! 과거에 오잠吳潛과 류청신柳淸臣 같은 간신배가 떠들어 댄 사악한 말이 수많은 귀신과 더불어 은밀히 밤중에 돌아다니며 고구려의 역신인 남생男生과 발기發岐의 역심逆心과 서로 부응하여 합세하였다. 그런데 나라를 다스리는 사람들이, 이렇게 도와 그릇이 함께 없어지고 형체와 혼이 다 사라지는 때에 어찌하여 자신만 편안코자 한단 말인가!

금일에 외인(몽골인)이 조정의 정치를 간섭함이 갈수록 심하여 왕이 자리에서 물러나고 다시 오름을 저희들 멋대로 조종하는데도, 우리 대신들이 한갓 속수무책인 것은 무슨 까닭인가? **나라에 역사가 없고, 형체가 혼을 잃어버렸기 때문**[국무사이형실혼지고國無史而形失魂之故]이로다.

대신大臣 한 사람의 능력으로 나라를 구할 수 있다고 말할 수는 없으나, 온 나라 사람이 나라 구하기를 스스로 기약하고 나라를 구하는 데 무엇이 유익한 것인지 찾아낸 연후에 비로소 구국救國을 말할 수 있으리라.

그렇다면 나라를 구하는 길은 어디에 있는가.

앞에서 말한 바, '**나라에 역사가 있고, 형체에 혼魂이 있어야 한다**[국유사이형유혼國有史而形有魂]'는 것이다.

신시에 나라를 연[신시개천神市開天] **이후로 국통國統이 있어, 나라는 이 국통으로 인하여 세워지고, 백성은 이 국통으로 인해 흥하였나니, 역사를 배움이 어찌 소중하지 않으리오?**

이 글을 써서 기쁜 마음으로 『단군세기』의 서문으로 삼는다.

공민왕 12년(환기 8560, 신기개천 5260, 단기 3696, 1363) 계묘 10월 3일에, 홍행촌수紅杏村叟가 강화도의 해운당海雲堂에서 쓰노라.

오잠 | 고려 충렬왕 때의 간신. 고려를 없애고 원나라의 직속령으로 남자고 청하였다.

류청신(?~1329) | 고려 중기의 간신.

남생 | 연개소문의 큰아들. 연개소문을 이어 최고 관직인 대막리지가 되었다. 전국의 성城을 순시하러 나간 사이에 아우 남건이 대막리지 자리를 탈취하자 당나라에 항복하고, 이세적李世勣과 함께 당군을 이끌고 와서 고구려를 멸망시켰다. 그후 우위대장군, 변국공에 봉해졌다.

발기 | 고구려 신대열제(8세)의 아들, 고국천열제(9세)의 아우. 고국천열제가 196년에 후사 없이 죽자 아우 연우와 왕위쟁탈전을 벌이다 패하여 요동(지금의 하북성 난하 동쪽)으로 도망가서 공손탁에게 군사를 빌어 본국을 치다가 패하여 자살하였다.

국통 | '민족의 역사 정신의 맥과 법통'을 말한다.

단군세기

국조 단군왕검 재위 93년

단군왕검의 탄생 배경과 성장 과정

『고기古記』에 다음과 같이 기록되어 있다.

왕검王儉의 아버지는 단웅檀雄이요, 어머니는 웅씨왕熊氏王의 따님이다. 환기 4828, 신시개천 1528, 기원진 2370년(신묘) 5월 2일 인시에 박달나무가 우거진 숲에서 태어나시니, 신인神人의 덕이 있어 원근 사람들이 모두 공경하며 두려운 마음으로 따랐다.

14세 되던 기원전 2357년(갑진)에, 웅씨왕이 그 신성함을 듣고 비왕神王으로 천거하여 '대읍국大邑國'의 국사를 맡아 다스리게 하였다.

무진년 당요唐堯 때에 단국檀國에서 돌아와 아사달의 박달나무가 우거진 터에 이르시니 온 나라 백성이 천제의 아들로 추대하였다. 구환족九桓族을 합쳐서 하나로 통일하시고 신성한 덕화가 멀리까지 미치니 이분이 단군왕검이시다. 성조께서 비왕으로 24년, 제왕으로 93년 동안 재위하셨고 그 수壽는 130세였다.

단군왕검이 왕위에 오른 첫해는 기원전 2333년(무진)이다. 신시시대가 처음 시작될 무렵에는 사방에서 백성이 모여 들어 산골짜기 곳곳에 퍼져 살았는데, 풀로 옷을 지어 입고 맨발로 다녔다.

배달 신시 개천開天 1565년(단기 원년, 기원전 2333) 10월[上月] 3일에, 신인 왕검께서 오가五加의 우두머리로서 무리 8백 명을 거느리고 단목 터에 와서 백성과 더불어 삼신상제님께 천제를 지내셨다.

왕검께서 지극히 신성한 덕성과 성스러움을 겸한 인자함으로 능히 **선대 환인·환웅 성조의 가르침을 받들고 하늘의 뜻을 계승** [계천繼天] 하시니 그 공덕이 높고 커서 찬란하게 빛났다.

이에 구환의 백성이 모두 기뻐하고 진실로 복종하여 천제의 화신으로 여기고 임금으로 추대하니, 이분이 바로 **단군왕검**이시다.

왕검께서는 신시 배달의 법도를 되살리고, 아사달에 도읍을 정하여 나라를 세우시고 그 이름을 **조선**朝鮮이라 하셨다.

단군왕검의 여덟 가지 가르침(8대 강령)

단군왕검께서 조칙詔勅을 내려 말씀하시니 이러하다.

제1조: **하늘의 법도는 오직 하나요, 그 문은 둘이 아니니라. 너희들이 오직 순수한 정성으로 다져진 일심을 가져야 하느님(상제님)을 뵐 수 있느니라.**[조천朝天]

제2조: 하늘의 법도는 항상 하나이며, 사람 마음은 똑 같으니라. 자기의 마음을 미루어 다른 사람의 마음을 깊이 생각하라. 사람들의 마음과 잘 융화하면, 이는 하늘의 법도에 일치하는 것이니 이로써 만방을 다스릴 수 있게 되리라.

알아봅시다!

✽ '아사달'의 의미

① 아사달은 밝고 환한 땅(산)이다. 아사달은 '아사+달'로 '아사'는 '아침[朝]', '밝음'을, '달'은 '산', '땅'을 뜻한다. 이를 한자로 나타낸 것이 '조선朝鮮'이다.

② 아사달은 신성한 곳이다. 겨레의 시조이자 하늘의 대행자가 머무는 곳, 하늘(삼신상제)에 제사하고 조상을 섬기며 하늘의 뜻에 따라 다스림을 펼치던 곳이다.

③ '단군왕검이 머무는 도성'이란 의미에서 임검성王儉城(왕검성王儉城, 왕험성王險城)으로도 불린다.

④ 아사달은 넓게 확 트인 땅이다. 『요사遼史』에서 '아사阿斯는 넓다, 혹은 관대하다는 뜻으로 사용된다'고 하였다. 이런 의미에서 아사달을 한자로 옮긴 것이 '평양平壤'이다. 평양이라는 지명은 만주 집안, 요령성, 대동강 유역 등 여러 곳에서 등장한다.

계천 | 배달의 법통과 국통을 계승했다는 의미이다.

아사달 | 단군왕검께서 처음으로 도읍하신 곳. 단재 신채호 선생의 『전후삼한고前後三韓考』에 의하면 지금의 송화강변에 있는 하얼빈의 완달산完達山이다.

조칙 | 왕명을 기록한 문서.

조천 | 하늘에 조회하다. 곧 천상 보좌에 임어해 계시는 상제님을 알현한다는 뜻이다.

경천 | 삼신상제님을 공경
하여모신다는 뜻.

제3조: 너를 낳으신 분은 부모요, 부모는 하늘로부터 내려 오셨으니, 오직 너희 **부모를 잘 공경하여야 능히 하느님(상제님)을 경배**[경천敬天] **할 수 있느니라.** 이러한 정신이 온 나라에 번져 나가면 충효가 되나니, 너희가 이러한 도를 몸으로 잘 익히면 하늘이 무너져도 반드시 먼저 벗어나 살 수 있으리라.

제4조: 짐승도 짝이 있고 헌 신도 짝이 있는 법이니라. **너희 남녀는 잘 조화하여 원망하지 말고** 질투하지 말며, 음행하지 말지어다.

제5조: 너희는 열 손가락을 깨물어 보라. 그 아픔에 차이가 없느니라. 그러므로 서로 사랑하여 헐뜯지 말며, 서로 돕고 해치지 말아야 집안과 나라가 번영하리라.

제6조: 너희는 소와 말을 보아라. 오히려 먹이를 나누어 먹나니, 너희는 서로 양보하여 **빼앗지 말며,** 함께 일하고 도적질하지 않아야 나라와 집안이 번영하리라.

제7조: 너희는 저 호랑이를 보아라. 힘이 세고 포악하며 신령하지 못하여 재앙을 일으키느니라. 너희는 사납고 성급히 행하여 성품을 해하지 말고 남을 해치지 말며, 하늘의 법을 항상 잘 준수하여 능히 만물을 사랑하여라. 너희는 위태로운 사람을 붙잡아 주고 약한 사람을 능멸하지 말 것이며, 불쌍한 사람을 도와주고 비천한 사람을 업신여기지 말지어다. 너희가 이러한 원칙을 어기면 영원히 신의 도움을 얻지 못하여 몸과 집안이 함께 망하리라.

제8조: 너희가 만일 서로 충돌하여 논밭에 불을 내면 곡식이 다 타서 없어져 신과 사람이 노하게 되리라. 너희가 아무리 두텁게 싸고 덮는다 해도 그 향기는 반드시 새어 나오게 되느니라. 너희는 **타고난 본성을 잘 간직하여** 사특한 생각을 품지 말고, 악을 숨기지 말며, 남을 해치려는 마음을

지니지 말지어다. 하늘을 공경하고 백성을 사랑하여야 너
희들의 복록이 무궁하리라.

너희 오가五加와 백성들아! 나의 말을 잘 받들지어다.

황후와 주요 신하

어질고 후덕한 정치를 펴심

이때에 단군왕검께서 어명을 내려 팽우彭虞에게 토지를 개간하
게 하시고, 성조成造에게 궁실을 짓게 하시며, 신지臣智에게 글자
를 만들게 하셨다. 기성奇省에게 의약을 베풀게 하시고, 나을那乙
에게 호적을 관장하게 하시며, 희羲에게 괘서卦筮를 주관하게 하
시고, 우尤에게 병마兵馬를 담당하게 하셨다.

비서갑斐西岬에 사는 **하백의 따님**[하백녀河伯女]을 맞이하여 황후
로 삼고 **누에치기**를 맡게 하시니, 백성을 사랑하시는 어질고 후
덕한 정치가 사방에 미치어 천하가 태평하였다.

아하! 그렇구나

누에치기 | 당시 누에치기는 나라의 중요한 산업이었다. 이후에
도 오랜 역사를 통해 이어져 내려오면서 경제에 많은 비중을 차지하
였다. 누에를 치는 목적은 비단의 원료인 고치실을 얻는 데 있으나,
그 과정에서 얻는 부수적인 것도 적지 않다. 오늘날 누에똥은 가축의
사료로 쓰이고, 식물의 뿌리를 빨리 자라게 하는 촉진제로 쓰이며,
녹색 염료와 활성탄, 그리고 연필심 제조에도 사용된다. 또 실을 만
드는 과정에서 나오는 번데기는 사람이 먹기도 하고, 가축과 양어의
사료, 고급 비누나 식용유의 원료로 쓰이기도 한다. 한방에서는 누에
말린 것, 누에고치 번데기, 두 번째 기른 누에나방, 누에똥, 누에알 낸
종이, 풋고치 따위를 약으로 쓴다.

성조 | 단군왕검 시대의 건
축을 담당하였다. 건축의
시조신이 되어 4천여 년 동
안 무속(샤머니즘)과 민간
신앙에서 '성조대군, 성주
신'으로 받들어지고 집의
수호신으로 모셔졌다. 오늘
날 새 집을 짓거나 이사한
뒤에 행하는 '집들이'는, 집
을 짓거나 이사한 뒤에 '성
주풀이'를 하여 성주신을
받아 내리는 신교의 풍속이
변형된 것이다.

괘서 | 괘로써 길흉을 점치
는 일.

비서갑 | 송화강 아사달로
지금의 흑룡강성 하얼빈이
다.

동방의 대홍수 사건과 마리산 참성단의 유래

재위 50년 단기 50, 기원전 2284년(정사)에 홍수가 나서 강이 범람하여 백성이 편안히 살 수 없게 되었다. 왕검께서 풍백風伯 팽우에게 명하여 물을 다스리게 하시고, 높은 산과 큰 하천을 잘 정리하여 백성이 편안히 거처하게 하셨다. 우수주牛首州에 이 내용을 기록한 비碑가 남아 있다.

재위 51년 단기 51, 기원전 2283년(무오)에 왕검께서 운사雲師 배달신倍達臣에게 명하여 혈구穴口에 **삼랑성**三郞城을 건설하게 하시고, 마리산에 제천단을 쌓게 하시니 지금의 **참성단**塹城壇이 곧 그것이다.

재위 67년 단기 67, 기원전 2267년(갑술)에 왕검께서 **태자 부루** 扶婁를 보내어 우虞나라 순임금이 보낸 사공司空(우禹를 말함)과 도산塗山에서 만나게 하셨다. 태자께서 '오행의 원리로 물을 다스리는 법[오행치수지법五行治水之法]'을 전하시고, 나라의 경계를 살펴 정하시니 유주幽州·영주營州 두 주가 우리 영토에 귀속되고, 회수와 태산 지역의 제후들을 평정하여 **분조**分朝를 두어 다스리실 때 우순을 시켜 그 일을 감독하게 하셨다.

태평성대의 모습과 단군왕검의 어천

신교의 10월 제천 문화

재위 93년 단기 93, 기원전 2241년(경자)에 왕검께서 버드나무로 지은 궁궐에 머무실 때 흙 계단이 저절로 이루어지고 풀이 우거졌으나 베지 않으셨고, 박달나무[단목檀木]가 무성한 그늘 밑에서 곰·호랑이와 더불어 노니시고 소와 양이 풀을 뜯는 평화로운 정경을 바라보셨다. 도랑을 파고 밭길을 내며, 농사짓기와 누에치기를 권장하시고 고기잡이와 사냥을 익히게 하셨다. 백성에게 남아도는 물자가 있으면 나라 살림에 보태어 쓰게 하셨다.

상달 **10월에 나라에 큰 제전을** 열어 **하늘에 제사를** 지내니, 온 백성이 진실로 밝은 모습으로 즐거워하였다.

이로부터 단군왕검의 덕화德化가 온 누리를 덮어 멀리 탐랑耽浪까지 미쳤고, 성덕聖德의 가르침은 점차로 위세를 얻어 널리 퍼져 나갔다.

삼한관경과 단기(댕기) 풍속의 유래

이에 앞서 왕검께서 천하의 땅을 일정한 지역으로 경계를 정해 **삼한三韓으로 나누어 다스리셨다.** 삼한에는 모두 **5가五家 64족六十四族**이 있었다.

이 해(환기 4957, 신시개천 1657, 단기 93, 기원전 2241) 3월 15일에 단군왕검께서 봉정蓬亭에서 붕어하시니 교외 십 리 되는 곳에 장사지냈다.

모든 백성이 부모를 잃은 듯 슬퍼하였고, **단기檀旂**를 받들어 아침저녁으로 모여 앉아 경배하며 항상 단군왕검의 덕을 가슴에 품고 잊지 않았다. 태자 부루께서 즉위하셨다.

댕기머리

탐랑 | 탐랑은 탐라耽羅(제주도), 탐라耽羅+낙랑樂浪이라는 두 가지 설이 있다.

삼한 | 마한馬韓·번한番韓·진한辰韓을 말한다. 삼신三神 우주론에 근거하여 천·지·인 삼계의 천일天一·지일地一·태일太一 정신에 따라 고조선의 전 영역을 삼한으로 나누어 다스렸다.

3월 15일 | 초대 단군왕검의 어천절御天節. 고구려의 을지문덕, 연개소문 등 역대 영걸들은 반드시 3월에는 마리산에서, 10월 개천절에는 백두산에서 천제를 봉행하였다.

단기 | 우리 민족은 수천 년 동안 어린아이의 머리에 고운 헝겊으로 만든 '댕기'를 달아주었다. '댕기'는 바로 초대 단군왕검을 추모하여 받든 조기弔旗인 단기가 변형된 것이다. 우리 민족 고유의 댕기 풍속은 단군왕검의 자손임을 표시하는 증표이다.

2세 단군 부루 재위 58년

나라의 기반을 세우고 국경을 바로잡으셨다

부루단군의 재위 원년은 단기 94, 기원전 2240년(신축)이다. 임금께서 어질고 복이 많아서 재물을 많이 쌓아 큰 부를 누리셨다. 백성과 더불어 산업을 다스리시니 굶주리거나 추위에 떠는 사람이 하나도 없었다.

매년 봄가을에 나라 안을 돌아다니며 두루 살피고. 예를 갖추어 **하늘에 제사** 지내고, 모든 제후의 선악을 살피고 상벌을 신중히 하셨다. 도랑을 파고 농업과 누에치기를 권장하며, 학교를 지어 학문을 일으키시니, 문화가 크게 진보하고 그 명성이 나날이 퍼져 나갔다.

초기에 우나라 순임금이 유주와 영주를 **남국**藍國 근처에 설치하였다. 이에 임금께서 군사를 보내 그곳을 정벌하여 그 왕을 모두 쫓아 버리고 동무東武와 도라道羅 등을 우두머리로 봉하여 그 공을 표창하셨다.

배달과 단군조선 시대의 제천가, 「어아가」

신시 개천神市開天 이래로 **매년 하늘에 제사**를 지낼 때 나라에 큰 축제를 열어 모두 **삼신상제님의 덕을 찬양하는 노래**를 부르며 화합하였다.

「**어아**於阿」를 노래하여 음악으로 삼고 **감사함을 근본으로** 하여 하늘의 **신명과 인간을 조화**시키니 사방에서 모두 이를 본받았다. 이것이 **참전계**參佺戒가 되었는데, 그 가사는 다음과 같다.

어아 어아!
우리 대조신의 크나큰 은덕을 배달의 아들딸 모두
백 년 천 년 영원토록 잊지 못하리.

남국 | 단군조선의 제후국으로 동이 구족東夷九族 가운데 남藍씨가 세운 나라. 하북성 지역에 위치함.

어아 | 기쁨과 흥에 겨워 내는 감탄사. 여기서는 음악(노래) 이름.

참전계 | '참전'은 사람으로서 천지와 온전하게 하나 됨을 꾀한다는 뜻. '참전계'는 참된 인간이 되게 하는 계율을 말한다.

대조신 | 인간과 신명의 궁극의 뿌리 되는 천상의 큰 조상님이라는 뜻이다. 환인·환웅·단군 삼성조를 의미하면서, 궁극적으로는 온 우주의 신명들과 인간의 조상 되시는 삼신상제님을 말한다. 『태백일사』「소도경전본훈」도 대조신이 우주 역사의 주재자이신 '삼신상제님'이라고 밝혀 주고 있다.

어아 어아!

선한 마음 큰 활 되고 악한 마음 과녁을 이루었네!

백백 천천(수많은) 우리 모두 큰 활줄같이 하나 되고,

착한 마음은 곧은 화살처럼 한 마음 되리라.

어아 어아!

백백 천천(수많은) 우리 모두 큰 활처럼 하나 되어

수많은 악의 과녁 꿰뚫어 버리리라.

끓어오르는 물 같은 착한 마음속에

한 덩이 눈 같은 것이 악한 마음이라.

어아 어아!

백백 천천(수많은) 우리 모두 큰 활처럼 굳세게 한마음 되니,

배달나라의 영광이라네.

백 년 천 년 그 오랜 세월 큰 은덕이여!

우리 대조신이시네. 우리 대조신이시네.

소련·대련과 삼년상 풍속의 유래

재위 2년 단기 95, 기원전 2239년(임인)에 임금께서 **소련**少連과 **대련**大連을 불러 나라를 다스리는 방도에 대해 물으셨다.

이에 앞서 소련과 대련은 부모가 돌아가셨을 때 상을 잘 치렀다. 처음 3일 동안 태만하지 않았고, 3개월 동안 게으르지 않았고, 한 해가 다 지나도록 슬퍼하였으며, 3년간 근심으로 지냈다.

이로부터 세상의 풍속이 부모상을 당하면 소련과 대련을 본받아 다섯 달 동안 상을 하였는데 오래도록 상을 모시는 것을 영광으로 여겼다.

천하의 대성인이 아니었다면 그 덕화德化가 널리 퍼짐이 어찌 이토록 역말驛馬로 전하는 것처럼 빠를 수 있었겠는가? 소련과 대련은 효자로 알려지고, 공자 또한 이들을 칭송하였다.

무릇 효란 사람을 사랑하고 세상을 이롭게 하는 근본이니 임금께서 온 세상에 널리 펴서 이를 표준으로 삼았다.

도량형을 통일하고 세금을 정함

재위 3년 단기 96, 기원전 2238년(계묘) 9월에 조칙을 내려 백성들에게 머리카락을 땋아서 관이나 갓으로 머리를 덮게 하고[편발개수編髮蓋首] 푸른 옷을 입게 하셨다. 도량형度量衡을 모두 관官의 표준에 맞게 통일하고, 삼베와 모시의 시장 가격을 어디서나 똑같게 하셨다. 백성이 서로 속이지 않게 되므로, 원근 사람들이 모두 이를 편하게 여겼다.

재위 10년 단기 103, 기원전 2231년(경술) 4월에 토지의 경계를 우물 정井 자로 그어 구분하고[정전법井田法] 논밭에 물리는 세금[전결]을 정하여 백성이 스스로 사리사욕을 채우지 못하게 하셨다.

재위 12년 단기 105, 기원전 2229년(임자)에 신지神誌 귀기貴己가 「칠회력七回曆」과 「구정도邱井圖」를 만들어 바쳤다.

부루단지 풍속의 유래와 전계의 뜻

재위 58년 단기 151, 기원전 2183년(무술)에 부루단군께서 붕어하셨다. 이 날 하늘에 일식日蝕이 있었고, 산짐승이 떼를 지어 산 위에서 울부짖고, 만백성이 목 놓아 통곡하였다.

아하! 그렇구나

칠회력 | 한민족의 신교 시대에 주기적으로 행하는 제천 행사를 정하여 기록한 책력. 배달 신시 시대에도 칠회제신력七回祭神曆이 있었다. 첫째 날에 천신(삼신상제님)에게, 둘째 날에 월신月神에게, 셋째 날에 수신水神에게, 넷째 날에 화신火神에게, 다섯째 날에 목신木神에게, 여섯째 날에 금신金神에게, 일곱째 날에 토신土神에게 제사를 지냈다. 오늘날 일주일 역의 기원이다.

도량형 | 길이, 부피, 무게 따위를 재는 법.

관의 표준 | 나라에서 정한 표준

시상가격 | 실제로 물건을 사고파는 가격.

정전법 | 정사각형의 농경지를 우물 정井 자 형으로 구획하여 관리한 토지 제도.

구정도 | 우물 정 자처럼 나눈 토지 구획도이다.

후에 백성들이 제사를 지낼 때, 집안에 자리를 정하여 제단을 설치하고 항아리에 곡식을 담아 제단 위에 올려 놓았는데, 이것을 **부루단지**扶婁壇地라 부르고, **업신**業神으로 삼았다.

또한 이것을 **전계**佺戒라고도 부르는데, 전계는 '온전한 사람이 되는 계율을 받아서 업주가리業主嘉利가 된다'는 것으로, '사람과 그가 이루고자 하는 업業이 함께 온전해진다'는 뜻이다.

태자 가륵께서 즉위하셨다.

3세 단군 가륵 재위 45년

신神·왕王·종倧·전佺의 도에 대한 말씀

가륵단군의 재위 원년은 단기 152, 기원전 2182년(기해)이다.

5월에 임금께서 **삼랑**三郞 을보륵乙普勒을 불러 '**신**神과 **왕**王과 **종**倧과 **전**佺의 도'를 하문하셨다.

보륵이 엄지손가락을 깍지 끼고 오른손을 왼손 위에 포개어 삼육대례三六大禮를 행하고서 이렇게 아뢰었다.

"**신**神은 (천지조화의 기氣로부터) **만물을 낳고 각기 타고난 성품**[천성天性]**을 온전하게 하시니 신의 오묘한 조화를 백성이 모두 믿고 의지하는 것입니다.**

왕王**은 덕과 의로써 세상을 다스려 각자 타고난 목숨을 안전하게 해주시니, 왕이 베푸는 것을 백성이 복종하여 따르는 것입니다.**

알아봅시다!

❀ **업주가리** | '가리'는 단으로 묶은 곡식이나 장작 따위를 차곡차곡 쌓은 더미를 뜻한다. 흙으로 만든 단지에 곡식을 담아 단 위에 두고, 볏짚으로 우산처럼 만들어서 씌운 것을 부루단지, 업왕가리라 불렀다. 이것을 업주가리라고 본다.

부루단지 | 예로부터 민간에서 정월正月이 되면, 쌀을 담은 질그릇 단지에 짚으로 고깔을 씌우고, 뒤울 안 박달나무 말뚝 위에 올려 놓고 복을 빌었다. 이 쌀단지를 부루단지라 한다.

업신 | 일명 업위신業位神 또는 사창신司倉神으로 집안의 재물과 가복家福을 관장하는 신이다.

삼랑 | 삼신을 수호하는 관직이다(「신시본기」).

신과 왕과 종과 전 | 신神이란 천지 만물을 낳는 조화신과 이를 주재하시는 인격신 삼신상제님을 말한다. 왕王이란 삼신의 뜻을 받들어 지상의 만민을 통치하는 역사의 주재자로 사제를 겸한다. 종倧은 나라 전체에서 선발되어 삼신의 가르침을 펴고 백성을 올바른 길로 인도하는 나라의 큰 스승[師]이며, 전佺은 고을에서 선발되어 온전한 사람이 되는 계율인 전계佺戒를 지키고 수행하는 구도자를 말한다.

종과 전의 도[倧佺之道] | 인간은 삼신의 조화로 태어나서, 삼신과 한 몸이 되어 살아가야 한다. 온전한 인간, 완전한 인간이 되는 길이 종전의 도이다.

삼육대례 | 삼육구배三六九拜라고도 한다. 삼신상제님께 천제를 올릴 때와 천자를 알현할 때 올리던 우리 고유 절법이다. 세 번 절을 하는데 일배에 머리를 세 번 조아리고, 재배에 여섯 번 조아리며, 삼배에는 아홉 번 조아린다.

종倧은 **나라에서 선발한 스승**이요 전佺은 **백성이 천거한 스승**이니, 모두 **이레**(7일)를 한 회로 하여 **삼신께 나아가 맹세합니다.** 세 고을에서 뽑은 사람은 전佺이 되고 **구환에서 뽑은 사람**은 종倧이 됩니다.

그 도를 말하자면, 아비가 되고자 하는 사람은 아비다워야 하고, 임금이 되고자 하는 사람은 임금다워야 하고, 스승이 되고자 하는 사람은 스승다워야 하는 것입니다. 아들, 신하, 제자가 된 사람 역시 아들답고 신하답고 제자다워야 합니다.

신교의 핵심가르침

그러므로 환웅천황 께서 펼치신 신시 개천의 도는 **신도(삼신의 도)로써 가르침을 베풀어,** 나를 알아 자립을 구하며 나를 비워 만물을 잘 생존케 하여 능히 인간 세상을 복되게 할 따름입니다.

천상의 상제님[천신天神]을 대신하여 천하를 다스릴 때는, 도를 널리 펴서 백성을 이롭게 하여 한 사람도 자신의 타고난 성품을 잃지 않게 하며, 세상의 모든 왕을 대신하여 인간을 다스릴[주인간主人間] 때는 '병을 없애고 원한을 풀어 주어[거병해원去病解怨]' 비록 하찮은 생물이라도 함부로 생명을 해하지 못하게 하는 것이옵니다.

백성으로 하여금 그릇된 마음을 고쳐 참되게 하고 삼칠일(21일)을 기약하여 '**온전한 사람이 되는 계율**'을 굳게 지키게 해야 하옵니다. 이로부터 **조정**에는 **종훈倧訓**이 서고 **민간**에는 **전계佺戒**가 바로 서게 되며 우주 정기가 삼한의 온 천하에 순수하게 모이고, **삼광오정三光五精**의 기운이 모든 사람의 머릿속에 응결하게 되어 '**현묘한 도**[신교神敎]를 깨쳐 **광명 사상으로 세상을 함께 건지게 될 것**'이니, 이것이 바로 '**거발환居發桓의 정신**'입니다."

임금께서 구환족에게 이 가르침을 베푸시니 구환의 백성이 모두 순종하고 삼신의 한마음으로 돌아가 교화되었다.

전계 | 온전한 사람이 되기 위하여, 상제님이 내려 주신 인류 문화 최초의 경전인 『천부경』, 『삼일신고』, 『참전계』를 깨달아 하루하루 생활 속에서 실천하는 것을 말한다.

삼광오정 | 삼광三光은 천광명 환桓, 지광명 단檀, 인광명 한韓을 뜻하니 곧 삼신의 광명이다. 오정五精은 오행五行의 정기이다.

한글의 원형 가림토 창제와 역사서 편찬

재위 2년 단기 153, 기원전 2181년(경자), 이때 풍속이 일치하지 않고 지방마다 말이 서로 달랐다. 비록 상형象形·표의表意 문자인 진서眞書가 있어도 열 가구 정도 모인 마을에서도 말이 통하지 않는 것이 많고, 땅이 백리가 되는 나라에서는 서로 문자를 이해하기 어려웠다.

이에 가륵단군께서 삼랑 을보륵에게 명하시어 '**정음**正音 **38자**'를 짓게 하시니, 이것이 **가림토**加臨土이다. 글자는 다음과 같다.

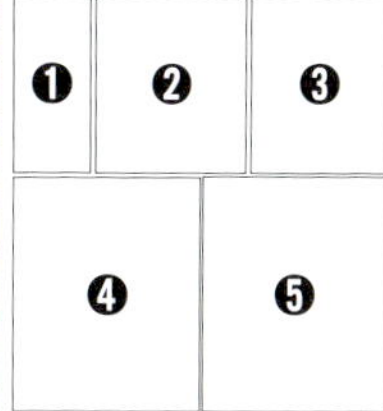

진서 | 신지 혁덕이 만든 녹도문鹿圖文으로 추정한다.

가림토 | 한글의 원형이자 모태 글자. 세종대왕은 이를 바탕으로 훈민정음을 창제하였다. 『세종실록』 103권 갑자년 2월 경자일 기록을 보면 "언문은 다 옛 글자에 근본한 것이요, 새로운 글자가 아니다."라고 하였고, "언문은 전조前朝부터 있었던 것을 빌어 쓴 것이다."라고 하여, 이미 전 시대에 한글의 모체가 되는 문자가 있었음을 밝히고 있다.

❶ 김규진의 서법진결 11자
❷ 남해군 상주면 양아리에 있는 신시 고각
❸ 해동명가 16자
❹ 창성조적서비
❺ 순화각첩

재위 3년 단기 154, 기원전 2180년(신축)에 신지神誌 고설高契에게 명하시어 『**배달유기**倍達留記』를 편찬하게 하셨다.

흉노족의 시조와 우수국의 기원

재위 6년 단기 157, 기원전 2177년(갑진), 임금께서 열양列陽 욕살褥薩 **삭정**索靖을 **약수**弱水 지방에 유배시켜 종신토록 감옥에 가두셨다. 후에 용서하여 그 땅에 봉하시니, **흉노**凶奴**의 시조가** 되었다.

재위 8년 단기 159, 기원전 2175년(병오)에 강거康居가 반린을 일으키니 임금께서 지백특支伯特에서 토벌하셨다.

여름 4월에 불함산에 올라 민가에서 밥짓는 연기가 적은 것을 보시고 조세를 줄이고 차등을 두게 하라고 명하셨다.

재위 10년 단기 161, 기원전 2173년(무신)에 두지주豆只州의 예읍濊邑이 반란을 일으키니 임금께서 여수기余守己에게 명하여 그곳 추장 소시모리素尸毛犂의 목을 베게 하셨다.

이로부터 그 땅을 **소시모리**라 불렀는데, 지금은 음이 변해서 **소머리 나라**[우수국牛首國]가 되었다.

그 후손에 **협야노**陜野奴라는 인물이 있는데, 바다를 건너가 **삼도**三島(일본)를 점거하고 스스로 **천왕이라 참칭**僭稱하였다.

재위 45년 단기 196, 기원전 2138년(계미) 9월에 가륵단군께서 붕어하셨다.

태자 오사구烏斯丘께서 즉위하셨다.

4세 단군 오사구 재위 38년

몽고왕 임명과 인삼의 유래

오사구단군의 재위 원년은 단기 197, 기원전 2137년(갑신)이다.

임금께서 아우 **오사달**烏斯達을 몽고리한蒙古里汗으로 봉하셨다. 혹자는 지금의 **몽고족이 그 후손**이라 말한다.

　겨울 10월에, 북쪽을 순수巡狩하고 돌아오시는 길에 태백산에 이르러 **삼신**께 천제를 지내고 영험한 약초를 얻으셨다. 이것이 곧 인삼이며, 선약仙藥이라고도 불렀다. 이때부터 '신선 불사의 설'이 인삼을 먹어 정기를 보호하는 것과 밀접한 관련이 있게 되었다. 간혹 삼을 캐어 먹은 사람이 전하는 바에 따르면, 신이한 영험이 있어 자못 특이한 효과가 있다고 하였다.

화폐 주조와 하나라 정벌

　재위 5년 단기 201, 기원전 2133년(무자)에 둥근 구멍이 뚫린 **패전**貝錢(쇠붙이로 만든 조개 모양의 돈)을 주조하였다. 이해 가을 8월에, 하夏나라 사람이 와서 특산물을 바치고 신서神書를 구해 갔다.

　10월에 「조야기朝野記」를 돌에 기록하여 백성에게 공포하였다.

　재위 7년 단기 203, 기원전 2131년(경인)에 살수薩水 강가에 조선소造船所를 설치하였다.

　재위 19년 단기 215, 기원전 2119년(임인)에 하나라 5세 왕 상相이 실덕하므로 임금께서 식달息達에게 명하여 **남·진·변**藍眞弁 **3부**部의 군대를 이끌고 가서 정벌征伐하게 하시니, 천하 사람이 그 소식을 듣고 복종했다.

　재위 38년 단기 234, 기원전 2100년(신유) 6월에 오사구단군께서 붕어하셨다. 계가鷄加 출신 구을丘乙이 즉위하셨다.

5세 단군 구을 재위 16년

　구을단군의 재위 원년은 단기 235, 기원전 2099년(임술)이다. 임금께서 태백산에 단을 쌓으라 명하시고, 사자使者를 보내 제사를 지내게 하셨다.

재위 2년 단기 236, 기원전 2098년(계해), 5월에 황충蝗蟲이 크게 번져 밭과 들에 가득찼다. 임금께서 친히 밭과 들을 돌아보며 황충을 잡아 입에 넣어 삼키시고 삼신께 이를 멸해 주시기를 비니 과연 며칠 만에 황충이 전멸하였다.

재위 4년 단기 238, 기원전 2096년(을축)에, 처음으로 **갑자를 으뜸으로 사용하여**[시용갑자始用甲子] **책력을 만드셨다.**

재위 8년 단기 242, 기원전 2092년(기사), 신독身毒(인도의 옛 이름) 사람이 표류하여 동해가에 도착했다.

재위 16년 단기 250, 기원전 2084년(정축), 임금께서 친히 장당경에 순행하여 **삼신단**三神壇(삼신상제님께 제사 올리는 제단)을 쌓고 **환화**桓花(무궁화)를 많이 심으셨다.

이 해(단기 250, 기원전 2084) 7월에 임금께서 남쪽으로 순수하실 때 풍류강을 거쳐 송양松壤에 당도하여 병을 얻어 갑자기 붕어하시므로 대박산大博山에 장사를 지냈다. 우가牛加 출신 달문達門이 무리의 추대를 받아 대통을 이으셨다.

6세 단군 달문 재위 36년

천제를 올리고 「서효사」를 짓게 하심

달문단군의 재위 원년은 단기 251, 기원전 2083년(무인)이다.

재위 35년 단기 285, 기원전 2049년(임자)에 여러 왕[제한諸汗]을 상춘常春에 모아 구월산九月山에서 삼신三神께 제사지내실 때, 신지神誌 발리發理로 하여금 「서효사誓效詞」를 짓게 하시니 그 가사는 이러하다.

동방 문명의 개창 정신을 찬양함

아침 햇빛 먼저 받는 이 땅 조선에

삼신께서 세상 밝혀 내려오셨습니다.

환인천제 먼저 나와 법을 내시어

크고도 깊은 덕 펼치시고

모든 신이 의논하여 환웅 내시니

환인님의 법으로 나라 여셨습니다.

치우천황 청구에서 일어나시어

무예와 용맹 만고에 떨치시니

회수 태산 모두가 귀순해 오고

천하에 그 누구도 침범 못 하였습니다.

단군왕검 하늘의 명 받드시니

기쁜 소리 구환九桓에 울려 퍼집니다.

물고기가 물 만난 듯 백성들 생기 넘치고

풀잎에 부는 바람처럼 덕이 새롭습니다.

원한 맺힌 자 원한 먼저 풀어 주시고

병든 자 병 먼저 낫게 하시며

한마음으로 인仁과 효孝 행하게 하시니

온 세상에 광명이 넘쳐납니다.

진한眞韓이 나라의 중심에 자리 잡으니

다스림이 모두 새로워집니다.

마한馬韓은 왼쪽에서 보좌를 하고

번한番韓은 남쪽을 지켜 줍니다.

깎아지른 바위 사방을 두른 가운데

거룩하신 우리 임금 새 서울에 행차하셨습니다.

삼한의 모습이 저울 같으니

저울판은 백아강(평양) 이요

저울대는 소밀랑(하얼빈) 이요

저울추는 안덕향(당산) 이라.

그 모습이 서로 균형 이루니

삼신의 좋은 기운 보존됩니다.

삼한의 수도 | ①백아강-마한의 수도. 지금의 대동강 평양. ②소밀랑(부소량)-진한의 수도. 송화강 아사달로 지금의 하얼빈. ③안덕향(오덕지)-번한의 수도. 개평부 동북 70리에 있는 탕지보湯地堡를 말함. 고구려 시대 안시성이 바로 이곳이다(『태백일사』「소도경전본훈」; 신채호, 『조선상고사』).

고조선 삼한三韓의 수도 위치

나라가 부흥하여 태평케 되니

일흔 나라가 조공 바쳐 복종하였습니다.

삼한으로 나누어 다스린 뜻을 영원토록 길이 보전하여야

나랏님의 대업이 흥성할 것입니다.

그러나 나라의 흥망을 말하지 않겠습니다.

정성 다하여 상제님 모심에 달려 있으니!

동방의 모든 왕을 소집하여
환국 오훈과 신시 오사를 전수하심

이에 모든 왕과 약속하시니 이러했다.

"무릇 나와 함께 약속한 사람은 환국 오훈桓國五訓과 신시 오사
神市五事를 영구히 준수할 법도로 삼아야 하리라. 제천 의례는 사
람을 근본으로 삼고, 나라를 다스리는 도는 먹는 것을 우선으로
삼아라. 농사는 만사의 근본이요, 제사는 오교五敎(오훈)의 근원

알아봅시다!

❀ **환국 오훈**

①매사에 정성과 믿음으로 행하여 거짓이 없게 하라[誠信不僞].

②공경하고 근면하여 게으름이 없게 하라[敬勤不怠].

③효도하고 순종하여 거역치 말라[孝順不違].

④청렴하고 정의를 지켜 음란하지 말라[廉義不淫].

⑤겸양하고 화평함으로써 싸움을 하지 말라[謙和不鬪].

❀ **신시 오사**

①우가牛加는 농사를 주관하고[主穀]

②마가馬加는 왕명을 주관하고[主命]

③구가狗加는 형벌을 주관하고[主刑]

④저가猪加는 질병을 주관하여 치료하고[主病]

⑤양가羊加는 선악을 맡아 다스린다[主善惡](『태백일사』「환국본기」).

이라. 마땅히 백성과 함께 일하고 생산하되, 먼저 겨레를 중히 여기도록 가르쳐라.

포로와 죄수를 용서하며, 아울러 사형을 없애도록 하라. **책화** 責禍 제도*를 두어 나라의 경계를 보존하고, **화백**을 공의로 삼아 라[화백위공和白爲公]. **오로지 한결같이 함께 화합하는 마음**[공화지심 共和之心]을 베풀어 **겸양의 덕**을 길러야 어진 정치를 행하는 기틀이 열리리라."

이때 맹세하고 폐백을 바친 자는 **대국이 둘, 소국이 스물, 읍락 이 3,624곳**이었다.

재위 36년 단기 286, 기원전 2048년(계축)에 달문단군께서 붕어하셨다. 계가鷄加 출신 한율翰栗이 즉위하셨다.

7세 단군 한율 재위 54년

한율단군의 재위 원년은 단기 287, 기원전 2047년(갑인)이다.

재위 54년 단기 340, 기원전 1994년(정미)에 임금께서 붕어하셨 다. 우서한于西翰이 즉위하셨다.

8세 단군 우서한(일명 오사함) 재위 8년

우서한단군의 재위 원년은 단기 341, 기원전 1993년(무신)이다. 임금께서 '20분의 1 세법'을 정하시고, 물자가 있는 곳과 없는 곳을 서로 통하게 하여 부족한 것을 보충하게 하셨다.

재위 2년 단기 342, 기원전 1992년(기유)에 풍년이 들어 줄기 하나에 이삭이 여덟 개씩 패었다.

재위 4년 단기 344, 기원전 1990년(신해)에 임금께서 미복을 입 고 몰래 국경을 벗어나 하夏나라의 실정을 살피시고 돌아와 관제를 크게 개혁하셨다.

재위 7년 단기 347, 기원전 1987년(갑인)에 **삼족오**三足烏가 동산에 날아들었는데 그 날개 길이가 석 자 나 되었다.

재위 8년 단기 348, 기원전 1986년(을묘)에 우서한단군께서 붕어하셨다. 태자 아술阿述께서 즉위하셨다.

9세 단군 아술 재위 35년

아술단군의 재위 원년은 단기 349, 기원전 1985년(병진)이다.

임금께서 이진 딕이 있어 백성 중에 **금법**禁法을 위반한 자가 있으면 반드시 "오물 구덩이가 비록 더러우나 비와 이슬이 가리지 않고 내리느니라"하시고, 죄를 논하지 않으셨다. 금법을 범한 자가 그 딕에 감화되어 순박하고 후덕한 교화가 널리 행해졌다. 이 날 해가 둘이 나타나 그것을 보는 사람들이 담처럼 늘어서서 큰 행렬을 이루었다.

재위 2년 단기 350, 기원전 1984년(정사)에 청해靑海 욕살褥薩 우착于捉이 군사를 일으켜 대궐을 침범하였다. 임금께서 상춘으로 피난하여 구월산 남쪽 기슭에 새 궁궐을 세우시고, 우지于支와 우속于粟 등을 보내 우착을 토벌하여 죽이셨다. 그 후 3년 만에 다시 도성으로 돌아오셨다.

재위 35년 단기 383, 기원전 1951년(경인)에 아술단군께서 붕어하셨다. 우가牛加 출신 노을魯乙이 즉위하셨다.

10세 단군 노을 재위 59년

신원목을 세우고 최초로 천문대를 설치하심

노을단군의 재위 원년인 단기 384, 기원전 1950년(신묘)에 큰 동산을 만들어 처음으로 야생 동물을 기르셨다.

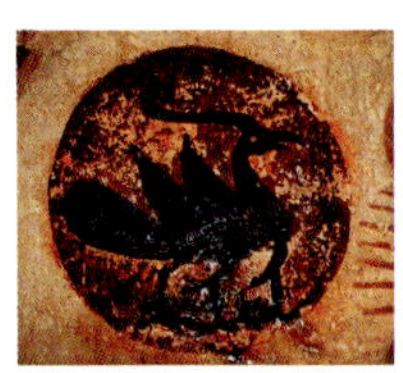

삼족오 | 다리가 셋 달린 까마귀. 만주 길림성 집안현에 있는 고구려 고분 각저총角抵塚 천정 벽화에는 태양 속에 삼족오가 그려져 있다.

석 자 | 약 1미터. 한 자는 약 30.3센티미터.

금법 | 고조선 고유의 법을 지칭한다. 22세 색불루단군 때 시행된 팔조금법八條禁法이 나오기 전에도 기본법이 있었음을 알 수 있다.

해가 둘이 나타나다 | 고대부터 해(태양)는 제왕을 상징한다. 그러므로 해가 둘이 나타난 것은 두 왕의 대립, 즉 전란의 징조이다. 다음 해에 일어날 청해 욕살 우착의 모반을 예시한 듯하다.

재위 2년 단기 385, 기원전 1949년(임진)에 임금께서 친히 읍락에 행차하여 민정을 살피며 백성을 위로하시고 어가를 멈추고 야외에 머무르실 때 현자가 많이 따랐다.

재위 5년 단기 388, 기원전 1946년(을미), 궁문 밖에 **신원목**伸寃木을 세워 백성의 하소연을 들으시니 모든 백성이 크게 기뻐하였다.

재위 16년 단기 399, 기원전 1935년(병오), 동문 밖 십 리 떨어진 땅 위에 연꽃이 피었고, **불함산**에서 누웠던 돌이 저절로 일어났으며, **천하**天河에서 신령스런 거북이 그림을 지고 나타났는데 그 모양이 윷판과 같았다. 또 발해 연안에서 금덩어리가 나왔는데 수량이 13석石이었다.

재위 35년 단기 418, 기원전 1916년(을축)에 처음으로 별을 관측하는 **감성**監星(천문대)을 설치하셨다.

재위 59년 단기 442, 기원전 1892년(기축)에 노을단군께서 붕어하셨다. 태자 도해道奚께서 즉위하셨다.

11세 단군 도해 재위 57년

국선소도 설치와 웅상의 유래

재위 원년인 단기 443, 기원전 1891년(경인)에 도해단군께서 오가에게 명하여 12명산 가운데 가장 아름다운 곳을 택해 **국선소도**國仙蘇塗를 설치하게 하셨다. 그 둘레에 박달나무를 많이 심고, 가장 큰 나무를 택하여 환웅상桓雄像으로 모시고 제사를 지내셨다. 그 이름을 **웅상**雄常이라 하셨다.

배달의 교화 정신 - 전의 도

국자랑國子郎을 가르치는 사부師傅 **유위자**有爲子가 헌책하여 아뢰었다.

신원목 | 백성의 억울함을 호소하도록 세워 둔 나무. 조선 시대 태종 때 시행한 신문고申聞鼓의 원형이라 할 수 있다.

불함산 | 만주 하얼빈 완달산完達山을 말한다. 최남선은 『불함문화론不咸文化論』에서 불함은 광명, 하늘, 천신天神, 태양, 백白 등을 뜻한다고 했다.

천하 | 송화강.

13석 | 130말. 1석은 10말이다.

국선소도 | 삼신상제님께 천제 지내는 곳. '소도' 또는 '수두'라 한다. 큰 나무에 방울과 북을 매달고 주위에 금줄을 쳐서 사람의 출입을 금하며, 3월과 10월에 삼신상제님께 제사를 드렸다. 소도 신앙은 환국 시대에 비롯하였고, 초대 배달환웅이 백두산 신시神市에서 개천開天하여 삼신께 천제를 올린 이후로 모든 후손이 그 일을 흠모하고 본받아 더욱 세상에 널리 전파하였다(『태백일사』「신시본기」).

웅상 | 환웅께서 항상 임재해 계신다는 뜻으로 붙인 이름.

"오직 우리 배달이 실로 환웅천황의 신시 개천 이래 백성을 모아 '전佺의 도'로써 계율을 세워 교화하였습니다. 『**천부경**』과 『**삼일신고**』[천경신고天經神誥]는 역대 성조들이 조명詔命으로 기록하였고, 의관을 갖추고 칼을 차고 다니는 풍속은 아래로 백성이 즐거이 본받았습니다. 이에 백성은 법을 어기지 않고 한결같이 잘 다스려졌으며, 들에는 도적이 없어 저절로 평안하게 되었습니다. 온 세상 사람이 병이 없어 저절로 장수를 누리고 흉년이 없어 저절로 넉넉하여, 산에 올라 노래 부르고 달맞이를 하면서 춤을 추며, 아무리 먼 곳이라도 그 덕화가 미치지 않은 데가 없고 어떤 곳이든 흥하지 않은 곳이 없었습니다. 이렇게 넉과 가르침이 만백성에게 미치고 칭송하는 소리가 온 세상에 넘쳤다 하옵니다."

그러고는 그렇게 다스려 주시기를 청하였다.

대시전의 위용

그 해 겨울 10월, 임금께서 **대시전**大始殿을 건축하도록 명하셨다. 대시전이 완성되니 그 모습이 지극히 웅장하고 화려하였다.

천제 환웅의 유상遺像을 받들어 모시니 머리 위에 광채가 찬란하여 마치 태양이 온 우주를 환하게 비추는 것 같았다.

신단수 아래 무궁화 꽃 위에 앉아 계시니 마치 진신眞神 한 분

아하! 그렇구나

천경신고 | 『천부경天符經』과 『삼일신고三一神誥』를 말한다.

*『천부경』은 환국 때부터 구전되어 온 것으로 환웅천황께서 신지 혁덕에게 명하여 녹도문鹿圖文으로 기록하게 하셨는데, 최치원이 신지의 전고비篆古碑를 보고 다시 첩帖으로 만들어 세상에 전했다.

*『삼일신고』는 동방 한민족 신교 신앙의 세계관과 신관의 정수를 요약한 것이다. 기본 정신은 천부경에 뿌리를 두고 있으며, 환웅천황 때 글로 엮어졌다.

[일진신一眞神]이 원융무애한 마음으로 손에 **천부인**天符印을 쥐고 계시는 것 같았다. 누전樓殿에 대원일大圓一을 그린 기旗를 걸어 놓고 그 이름을 **거발환**居發桓이라 하셨다.

사흘 동안 몸과 마음을 깨끗이 하고 이레 동안 강론하시니, 그 덕화의 바람이 사해를 움직였다.

하늘·땅·사람*의 창조정신과 목적

그 「염표문[念標之文]」의 내용은 다음과 같다.

"하늘은 아득하고 고요함으로 넓고 크니
하늘의 도는 두루 미치어 원만(원융무애)하고
그 하는 일은 참됨으로 만물을 하나 되게 함이다.

땅은 하늘의 기운을 모아서 풍성하고 크니
땅의 도는 하늘의 도를 본받아 원만하고
그 하는 일은 쉬임없이 길러 만물을 하나 되게 함이다.

사람은 지혜와 능력이 있어 위대하니
사람의 도는 천지의 도를 선택하여 원만하고
그 하는 일은 서로 **협력**하여
태일의 세계를 만드는 것이다.

하늘·땅·사람天地人 | 삼신이 지니고 있는 조화 정신이 스스로 발현된 것이 천·지·인 삼계 우주이다.

염표문 | '생각 염念' 자와 '나타낼 표, 드러낼 표標' 자, 글월 문 자. 인류 시원국가 환국으로부터 내려오는 신교 문화의 진리 주제를 깨달아 마음에 아로새기고 생활화하여 환국의 진성한 백성이 되라는 글이다. 본래 염표문은 배달의 초대 환웅천황이, 환국의 국시인 홍익인간의 대도 이념을 열여섯 자로 정리해 준 것이다. 도해단군은 이 염표문을 삼신의 외현인 하늘·땅·인간의 삼위일체 도로써 완성하였다.

충 | 옳고 그름, 선악과 같은 상대 논리를 초월한 '중용의 지극히 선한 마음자리'가 충이다. 한마디로 참마음자리이다.

그러므로 삼신상제님께서 참마음을 내려 주시어[일신강충一神降衷]
사람의 성품은 본래 삼신의 광명에 통해 있으니[성통광명性通光明]
삼신의 가르침으로 세상을 다스리고 깨우쳐서[재세이화在世理化]
인간을 널리 이롭게 하라[홍익인간弘益人間]."

하고, 이 글을 그대로 돌에 새기셨다.

송화강변에 청사를 세워 물자를 생산하게 하셨다

재위 28년 단기 470, 기원전 1864년(정사)에 장소를 마련하여 각지의 특산물을 모아 진기한 물건을 진열하게 하니, 천하의 백성이 다투어 바쳐 쌓은 것이 산과 같았다.

재위 38년 단기 480, 기원전 1854년(정묘)에 장정을 징집하여 병사로 만드셨다. 선비 20명을 뽑아 하夏나라 수도로 보내 처음으로 **국훈**國訓을 전하여 위엄 있는 명성을 보여주셨다.

재위 46년 단기 488, 기원전 1846년(을해)에 송화강변에 청사를 세워 배와 노, 기물器物을 생산하여 세상에 크게 쓰이게 하셨다.

3월에 산 남쪽에서 삼신께 제사 지낼 때 술과 음식을 준비하여 제문을 지어 초제醮祭를 지내시고, 이날 밤에 특별히 술을 하사하시어 백성과 함께 돌려가며 드셨다.

모든 유희가 끝난 뒤에 누대의 전각에 오르시어 『**천부경**』을 논하고 『**삼일신고**』를 강론하시고, 오가五加를 돌아보고 이렇게 말씀하셨다.

"이제부터 살생을 금하고 잡은 것은 놓아주며, 옥문을 열고, 거지에게 밥을 주고, 사형을 없애라."

나라 안팎에서 이 소식을 듣고 크게 기뻐하였다.

재위 57년 단기 499, 기원전 1835년(병술)에 도해단군께서 붕어하시자 만백성이 통곡하기를 아비 어미의 상喪과 같이 하였다. 3년 동안 슬퍼하고 사해에 음악 소리가 그쳤다.

우가牛加 출신 아한阿漢이 즉위하셨다.

12세 단군 아한 재위 52년

순수관경비를 세우시다

아한단군의 재위 원년은 단기 500, 기원전 1834년(정해)이다.

재위 2년 단기 501, 기원전 1833년(무자) 여름 4월에 외뿔 달린 짐승이 송화강 북변에 나타났다. 가을 8월에 임금께서 나라를 순행하시다가 **요하**遼河 의 왼쪽에 이르러 **순수관경비**巡狩管境碑를 세우고, 역대 제왕의 명호를 새겨 전하셨다. 이것이 금석문金石文으로 가장 오랜 것이다. 후에 창해蒼海 역사 여홍성黎洪星이 이곳을 지나다가 시 한 수를 지었는데, 그 시는 이러하다.

요하 | 여기서 요하는 지금의 영정하永定河 또는 난하를 말한다. 이 강을 경계로 동쪽을 요동, 서쪽을 요서라 한다.

창해 | 지금의 발해를 말한다.

예로부터 변한이라 불러 온 이곳 들판에

유난히 특이한 돌 하나 서 있구나!

토대는 무너져 철쭉꽃이 붉게 피었고

글자는 이지러져 이끼만 푸르네

저 아득한 태고 시절에 만들어져

흥망의 역사 간직한 채 홀로 서 있구나!

문헌으로 고증할 길 없지만

이것이 단군왕검의 자취 아니겠는가!

여러 제후들을 봉하셨다

재위 29년 단기 528, 기원전 1806년(을묘)에 조칙詔勅 을 내려 청아菁莪 욕살 비신조信과 서옥저西沃沮 욕살 고사침高士琛과 맥성貊城 욕살 돌개突蓋를 열한列汗(다스리는 왕)으로 봉하셨다 .

재위 52년 단기 551, 기원전 1783년(무인)에 아한단군께서 붕어하셨다. 우가牛加 출신 흘달屹達이 즉위하셨다.

조칙 | 조서. 임금의 명령을 일반에게 알릴 목적으로 적은 문서.

봉하다 | 임금이 벼슬, 지위를 내려 주다.

> 🌸 **서옥저** | '옥저'는 '울창한 삼림이 있는 지역'이란 뜻으로 4옥저가 있다. 동옥저는 함경도 지방, 남옥저는 요동 반도 지역, 북옥저는 남옥저 동북 800리로 서간도 지방이고, 서옥저는 지금의 만리장성 이남 지역이다.

13세 단군 흘달(일명 대음달) 재위 61년

주와 현을 정하고 관직 분립 제도를 두시다

흘달단군의 재위 원년은 단기 552, 기원전 1782년(기묘)이다.

재위 16년 기원전 1767년(갑오)에 임금께서 주州와 현縣을 정하고 관직을 분립하는 제도를 두셨다. 관官은 권한을 겸하지 못하게 하고 정치는 법도를 넘지 않게 하시므로, 백성은 고향을 떠나지 않고 스스로 하는 일을 편안하게 여기어 현악기에 맞추어 부르는 노래 소리가 나라에 넘쳐흘렀다.

하나라 멸망과 은나라 건국 비사

이 해 겨울, 은殷나라 사람이 하夏나라를 치자 하나라 걸桀왕이 구원을 청하였다. 임금께서 읍차邑借 말량末良에게 구환의 병사를 이끌고 전투를 돕게 하셨다. 이에 탕湯이 사신을 보내 사죄하므로 군사를 되돌리라 명하셨다.

이때 걸이 약속을 어기고 군사를 보내어 길을 막고 맹약을 깨뜨리려 하였다. 그리하여 임금께서 마침내 은나라 사람과 함께 걸을 치는 한편, 은밀히 신지臣智 우량于亮을 보내어 견군畎軍을 이끌고 **낙랑**樂浪 군사와 합세하여 관중의 **빈**邠·**기**岐 **땅**을 점령하여 주둔시키고 관제官制를 설치하셨다.

읍차 | 고을 우두머리에 대한 호칭의 하나이다.

견군 | 견이畎夷의 군사. 견이는 동이東夷 9족 가운데 하나이다.

낙랑 | 번조선 말기 위만정권의 수도. 지금의 하북성 창려 지역.

관중 | 지금의 섬서성 지역이다.

빈·기 땅 | 빈은 섬서성 순읍현의 서쪽, 기는 섬서성 기산현의 동북에 있다.

하夏의 멸망과 은殷나라 건국 비사 | 이 내용을 보면 하나라와 은나라의 패권 싸움에서 성패成敗의 관건을 쥐고 있던 것은 구이九夷, 곧 단군조선임을 명백히 알 수 있다.

하나라(기원전 2205~기원전 1766) | 단군왕검의 가르침을 받아 치수에 성공한 우禹임금에서부터 폭군 걸桀에 이르러 멸망할 때까지 17세 439년 동안 존속하였다.

은나라 | 건국 초기에 하남성 박亳(상구商丘)을 도읍으로 삼고 나라 이름을 상商이라 하였다. 그 뒤 여러 차례 도읍을 옮겼는데 19세 반경왕이 은殷(하남성 안양)으로 도읍을 옮긴 뒤 은이라 불렀다.

신라 화랑의 유래 - 국자랑

재위 20년 단기 571, 기원전 1763년(무술)에 소도蘇塗를 많이 설치하고 **천지화**天指花(무궁화)를 심으셨다. 미혼 소년들에게 독서와 활쏘기를 익히게 하고, 이들을 **국자랑**國子郎이라 부르셨다. 국자랑이 밖에 다닐 때 머리에 천지화를 꽂았기 때문에 당시 사람들이 **천지화랑**天指花郎이라 불렀다.

재위 50년 단기 601, 기원전 1733년(무진)에 오성五星(수성, 금성, 화성, 목성, 토성)이 누성婁星(서쪽 방위에 있는 별)에 모이고, 황학黃鶴이 날아와 궁궐 후원의 소나무에 깃들었다.

❀ **국자랑**國子郎 | 국선國仙 또는 선랑仙郎이라 불리며 신라 시대 화랑의 모체이다. 국자랑의 전통은 고구려의 조의선인皂衣仙人, 신라의 화랑花郎, 백제의 무절武節로 계승되었다. 그 뒤로 명맥이 쇠잔하였으나 그 정신만은 한민족의 역사의식 속에 깊이 잠재되어 조선 시대 선비의 저항 정신, 구한말의 항일 구국 운동과 3·1운동 등으로 민족의 위기 때마다 유감없이 표출되었다.

오성이 누성에 모이다 | 흘달단군 50년 기원전 1733년(무진)의 이 기록은 서울대 천문학과 박창범 교수에 의해 역사적 사실로 입증되었다.

재위 61년 단기 612, 기원전 1722년(기묘)에 흘달단군께서 붕어하시자 만백성이 음식을 끊었고 울음소리가 그치지 않았다. 명을 내려 죄수와 포로를 석방하고, 살생을 금하고 방생하였다. 해를 넘겨서 장례를 치렀다. 우가牛加출신 고불古弗이 즉위하셨다.

14세 단군 고불 재위 60년

하늘에 기우제를 지내심

고불단군의 재위 원년은 단기 613, 기원전 1721년(경진)이다.

재위 6년 단기 618, 기원전 1716년(을유), 이 해에 큰 가뭄이 들어 임금께서 친히 하늘에 기우제祈雨祭를 지내셨다. 하늘에 바친 「서고문誓告文」은 이러하다.

하늘의 은혜 비록 크다 하여도
백성이 없으면 어찌 베풀까요.
비가 비록 대지를 기름지게 하지만
곡식이 없으면 어찌 귀할까요.
백성이 하늘처럼 섬기는 것은 곡식이요
하늘이 마음으로 삼는 바는 사람입니다.
하늘과 사람이 한 몸인데
하늘이 어찌 백성을 버리려 하십니까!
어서 비를 내리시어 곡식이 잘 자라도록 하여
저희 백성을 제때에 구하여 주소서!

기도를 마치자 곧 큰 비가 수천 리에 내렸다.

호구 조사를 하게 하심

재위 42년 단기 654, 기원전 1680년(신유) 9월에 고목에서 싹이 돋았고, 오색찬란한 큰 닭이 성동자 마을의 한 집에서 태어났

기우제 | 비를 내려 주시기를 비는 제사.

하늘이 마음으로 삼는 바 | 하늘과 사람은 마음으로 통한다. 하늘은 마음으로 인간을 대리인으로 삼는다.

는데 보는 사람들이 봉황으로 잘못 알았다.

재위 56년 단기 668, 기원전 1666년(을해)에 사방으로 관리를 보내 호구를 조사 하니 모두 1억 8천만 명이었다.

재위 60년 단기 672, 기원전 1662년(기묘)에 고불단군께서 붕어하셨다. 대음代音이 즉위하셨다.

15세 단군 대음(일명 후흘달) 재위 51년

대음단군의 재위 원년은 단기 673, 기원전 1661년(경진)이다. 은나라 왕 소갑小甲(7세)이 사신을 보내 화친을 청하였다. 이 해에 세제를 개혁하여 80분의 1 세법으로 고쳤다.

재위 2년 단기 674, 기원전 1660년(신사)에 홍수가 크게 나서 민가에 많은 피해를 주었다. 임금께서 심히 불쌍히 여기시어 곡식을 **창해**蒼海·**사수**蛇水 **땅**으로 옮겨 백성에게 균등하게 나누어 주게 하셨다. 겨울 10월에 **양운**養雲·**수밀이**須密爾 두 나라 사람이 와서 방물(특산물)을 바쳤다.

재위 10년 단기 682, 기원전 1652년(기축)에 임금께서 서쪽의 약수弱水에 순행하여, 신지 우속禹粟에게 명하여 금과 철과 기름을 채취하게 하셨다. 가을 7월에 우루虞婁 사람 20가구가 투항해 오므로 염수鹽水 근처의 땅에 정착하게 하셨다.

재위 28년 단기 700, 기원전 1634년(정미)에 임금께서 **태백산**에 올라 **옛 성조들과 여러 제후국 왕의 공적을 새긴 비석을 세우셨다.**

재위 40년 단기 712, 기원전 1622년(기미)에 아우 대심代心을 **남선비국**南鮮卑國 의 대인大人 으로 봉하셨다.

재위 51년 단기 723, 기원전 1611년(경오)에 대음단군께서 붕어하셨다. 우가 출신 위나尉那가 즉위하셨다.

호구 조사 | 한반도 전역(마한)과 만주 전역(진한), 요서(번한)와 분조分朝 지역인 산동성, 하북성, 강소성과 북방 몽골 전역에서 이루어진 인구 조사로 볼 수 있다.

창해·사수 | 창해는 일반적으로 발해로 본다. 사수 또한 단군조선의 번한 지역(중국 동북부 발해 연안)에 있었다고 보인다. 『산해경』에 "북해, 즉 발해 안쪽에 뱀산이 있다. 그곳에서 사수가 나오는데 동쪽으로 흘러 바다로 들어간다."라는 기록이 있기 때문이다.

양운·수밀이 | 본래 환국 때(12나라)부터 있었던 나라들이다. 2만~5만 호戶 정도의 작은 나라로 시베리아 등지에 있었다.

염수 | 요하 상류 파림좌기(요나라 수도 상경 일대)로 밝혀졌다.

남선비국 | 내몽골에 위치했던 나라.

대인 | 으뜸 벼슬. 우두머리

16세 단군 위나 재위 58년

위나단군의 재위 원년은 단기 724, 기원전 1610년(신미)이다.

재위 28년 단기 751, 기원전 1583년(무술)에 임금께서 **구환족의 모든 왕을 영고탑寧古塔에 모이게 하여 삼신상제님께 천제를 지낼 때, 환인천제·환웅천황·치우천황**(14세 환웅천황)과 **단군왕검을 배향**하셨다.

5일간 큰 연회를 베풀어 백성과 함께 불을 밝히고 **밤을 새워 「천부경」을 노래하며 마당밟기를 하셨다.** 한쪽에 횃불을 줄지어 밝히고, 다른 쪽에서 둥글게 손을 잡고 춤을 추며 「애환가愛桓歌(환화를 사랑하는 노래)」를 함께 불렀다. 「애환가」는 고신가古神歌의 한 종류이다.

옛 사람들은 환화를 가리켜 이름을 짓지 않고 그냥 꽃이라 하였다. 애환가에 전하는 가사가 있으니 이러하다.

산에는 꽃 피네, 꽃이 피네
지난해 만 그루 심고 올해도 만 그루 심었다네.
봄이 찾아와 불함산 꽃이 온통 붉으니
상제님 섬기고 태평세월 즐겨 보세

재위 58년 단기 781, 기원전 1553년(무진)에 위나단군께서 붕어하셨다. 태자 여을余乙께서 즉위하셨다.

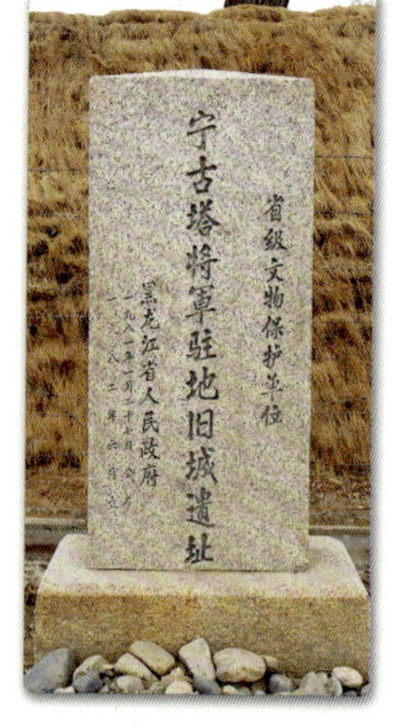

영고탑 구성舊城 유적비 | 흑룡강성 해림시海林市 장정진長汀鎭 구성舊城. 현지 관리인의 안내로 유적지를 답사해보니 군대가 주둔했던 토성의 일부가 지금도 남아 있었고, 그 한 쪽에 유적비가 서 있었다.

17세 단군 여을 재위 68년

여을단군의 재위 원년은 단기 782, 기원전 1552년(기사)이다.

재위 52년 단기 833, 기원전 1501년(경신)에 임금께서 오가와 함께 두루 나라를 순수巡狩하셨다. 개사성蓋斯城 부근에 이르시자, 푸른 도포를 입은 노인이 찬미의 노래를 지어 바쳤다.

오랫동안 선인仙人의 나라에 살면서

기쁜 마음으로 선인 나라 백성이 되었나이다.

임금님 밝은 덕 어긋남이 없고

임금님 훌륭하신 도 치우침이 없으니

백성이여! 이웃이여!

근심과 괴로움을 찾아볼 수 없나이다.

책화로 믿음을 삼으시고

관경管境으로 은혜를 베푸시니

성이여! 나라여!

전쟁과 정벌 따위를 볼 수가 없나이다.

임금께서 말씀하시기를, "암, 그래야지. 반드시 그렇게 해야지! 짐의 덕 닦음이 일천하여 백성이 바라는 바에 보답하지 못할까 두렵도다."하셨다.

재위 68년 단기 849, 기원전 1485년(병자)에 여을단군께서 붕어하셨다. 태자 동엄冬奄께서 즉위하셨다.

18세 단군 동엄 재위 49년

동엄단군의 재위 원년은 단기 850, 기원전 1484년(정축)이다.

재위 20년 단기 869, 기원전 1465년(병신)에 지백특支伯特 사람이 와서 방물을 바쳤다.

재위 49년 단기 898, 기원전 1436년(을축)에 동엄단군께서 붕어하셨다. 태자 구모소縱牟蘇께서 즉위하셨다.

19세 단군 구모소 재위 55년

구모소단군의 재위 원년은 단기 899, 기원전 1435년(병인)이다.

재위 24년 단기 922, 기원전 1412년(기축)에 남상인南裳人이 입조하였다.

재위 54년 단기 952, 기원전 1382년(기미)에 지리숙支離叔이 「주천력周天曆」과 「팔괘상중론八卦相重論」을 지었다.

재위 55년 단기 953, 기원전 1381년(경신)에 구모소단군께서 붕이하셨다. 우가 출신 고홀固忽이 즉위하셨다.

20세 단군 고홀 재위 43년

고홀단군의 재위 원년은 단기 954, 기원전 1380년(신유)이다.

재위 11년 단기 964, 기원전 1370년(신미) 가을에 태양이 무지개를 꿰뚫었다.

재위 36년 단기 989, 기원전 1345년(병신)에 **영고탑을 개축**하시고 별궁[離宮]을 지으셨다.

재위 40년 단기 993, 기원전 1341년(경자)에 공공共工인 공홀工忽이 「**구환지도**九桓地圖」를 만들어 바쳤다.

재위 43년 단기 996, 기원전 1338년(계묘), 사해가 평안하지 못할 때 고홀단군께서 붕어하셨다. 태자 소태蘇台께서 즉위하셨다.

21세 단군 소태 재위 52년

고조선 제후국을 침공하다가 대패한 은나라 무정

소태단군의 재위 원년은 단기 997, 기원전 1337년(갑진)이다. 은나라 왕 소을小乙(21세)이 사신을 보내 조공을 바쳤다.

재위 47년 단기 1043, 기원전 1291년(경인)에 은나라 왕 무정武丁(22세)이 전쟁을 일으켜 이미 귀방鬼方을 물리치고 나서 다시 대군을 이끌고 **삭도索度 · 영지슈支** 등의 나라를 침공하다가 우리 군사에게 대패하여 화친을 청하고 조공을 바쳤다.

재위 49년 단기 1045, 기원전 1289년(임진)에 개사원蓋斯原 욕살 고등高登이 몰래 군사를 이끌고 귀방을 공격하여 멸망시키자, 일군一群 · 양운養雲 두 나라가 사신을 보내 조공을 바쳤다.

이때 고등이 대군을 장악하고 서북 지방을 경략하니 세력이 더욱 강성해졌다. 고등이 임금께 사람을 보내어 우현왕右賢王이 되기를 주청하였다. 임금께서 꺼리시며 윤허하지 않으시다가 거듭 청하므로 윤허하시고, 두막루豆莫婁라 불렀다.

고등의 손자 색불루의 혁명

재위 52년 단기 1048, 기원전 1286년(을미)에 우현왕 고등이 흥서薨逝하고, 손자 색불루索弗婁가 우현왕을 계승하였다.

임금께서 나라를 순수하시다가 남쪽 해성海城에 이르러 나이 든 남자들을 크게 모아 하늘에 제사 지내고 노래와 춤을 즐기셨다. 이때 오가五加를 모아 놓고 옥좌를 양위할 일을 함께 의논할 때 "내가 이제 늙어 일하기가 고달프다"라고 말씀하시고, "서우여徐于餘에게 정사를 맡기겠노라"하셨다. 이에 살수薩水 주위의 땅 백 리를 분봉하여 섭주攝主로 삼고 기수奇首라 하셨다.

은·주 교체기, 고조선의 제후국인 고죽국

우현왕(색불루)이 소식을 듣고 임금께 사람을 보내어 멈추시기를 청하였으나, 임금께서 끝내 듣지 않으시므로 우현왕이 좌우의 사람들과 사냥꾼 수천 명을 이끌고 부여 신궁夫餘新宮에서 단군으로 즉위하였다. 이에 임금께서 부득이 옥책玉册과 국보(나라의 보물)를 우현왕에게 전하고, 서우여를 폐하여 평민으로 만드셨다. 임금께서 아사달에 은거하여 그곳에서 최후를 마치셨다.

이때 백이와 숙제는 고죽국孤竹國의 왕자로서 왕위를 사양하고 달아나 동해 쪽 물가에 살면서 스스로 밭을 일구어 먹고 살았다.

인물 돋보기

백이伯夷와 숙제叔齊 | 고조선의 제후국인 고죽국의 왕자들. 주나라의 무왕이 은나라의 폭군 주왕을 정벌하려고 쳐들어오자 백이와 숙제는 이를 말렸다. 그러나 마침내 무왕이 은을 쳐서 천하의 반을 차지하자, 이를 인정할 수 없다며 수양산에 들어가 절개를 지키다 굶어 죽었다고 전한다.

22세 단군 색불루 재위 48년

관제를 개혁하고 은나라 수도를 함락하심

색불루단군의 재위 원년은 단기 1049, 기원전 1285년(병신)이다. 임금께서 녹산鹿山의 성城을 개축하게 하고 관제를 개혁하셨다. 가을 9월에 장당경에 행차하여 종묘宗廟를 세우고 고등高登왕(색불루단군의 할아버지)에게 제사를 지내셨다.

11월에 친히 구환의 군사를 이끌고 여러 차례 전투를 벌여 은나라 수도를 함락하고 잠시 서로 화해하였으나, 또 다시 싸워 크게 격파하셨다.

이듬 해 2월에 **황하 상류까지 추격**하여 대첩의 하례賀禮를 받으시고, **회수와 태산 지역에 변한**弁韓(번한) **백성을 이주시켜** 가축을 기르고 농사를 짓게 하시어 국위를 크게 떨쳤다.

백악산[녹산] 아사달로 도읍을 옮김

재위 6년 단기 1054, 기원전 1280년(신축)에 신지 육우陸右가 주청하기를, "아사달은 천 년 제업帝業의 땅이나 대운이 이미 다했고 영고탑은 왕기가 농후하여 백악산보다 나으니, 청하옵건대 그곳에 성을 쌓고 천도하시옵소서" 하니, 임금께서 윤허하지 않고 말씀하시기를, "새 수도에 이미 자리를 잡았거늘 어찌 다시 다른 곳으로 옮기리오" 하셨다.

재위 20년 단기 1068, 기원전 1266년(을묘)에 이르러 **남국**藍國이 자못 강성해져 **고죽국**孤竹國 왕과 함께 모든 도적을 쫓아 버렸다. 남쪽으로 옮겨 **엄독홀**奄瀆忽에 이르러 머무르니 그곳은 은나라 국경과 가까운 곳이었다.

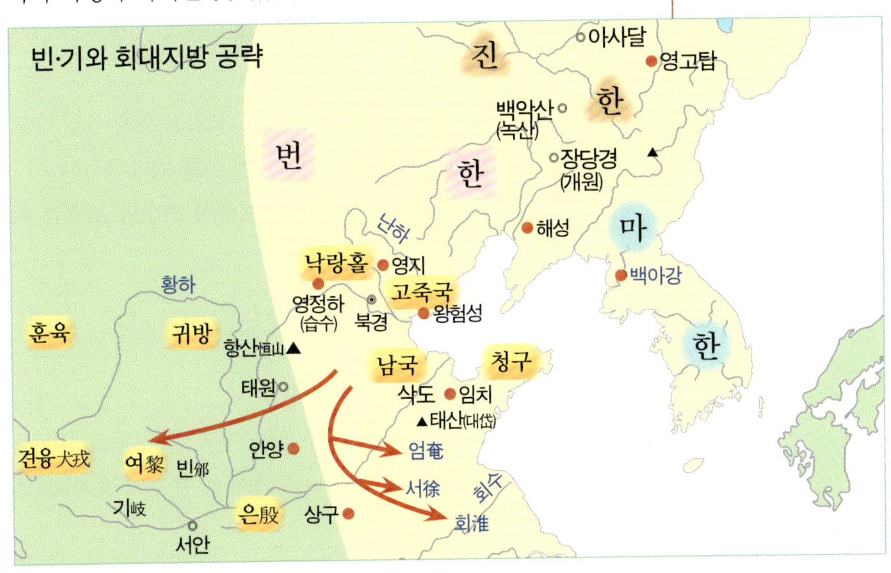

임금께서 여파달黎巴達로 하여금 병력을 나누어 **빈·기** 땅으로
진격하게 하시고, 그곳 유민과 서로 단합하여 나라를 세워, 그
이름을 **여**黎라 하셨다. 이들을 서쪽 융족西戎과 더불어 은나라의
제후국들 안에 뒤섞여 살게 하셨다. 남씨의 위세가 매우 강성해
지고, 임금의 덕화가 멀리 항산恒山 이남의 땅까지 미쳤다.

재위 36년 단기 1084, 기원전 1250년(신미)에 변방 장수 신독申
督이 난을 일으켜 임금께서 잠시 영고탑으로 피난하시니 많은 백
성이 뒤를 따랐다.

재위 48년 단기 1096, 기원전 1238년(계미)에 색불루단군께서
붕어하셨다. 태자 아홀阿忽께서 즉위하셨다.

23세 단군 아홀 재위 76년

남방 정벌을 계획하심

아홀단군의 재위 원년은 단기 1097, 기원전 1237년(갑신)이다.
아우 고불가固弗加에게 명하여 **낙랑홀**樂浪忽을 다스리게 하시고,
웅갈손熊乫孫을 보내어 남국藍國 왕과 함께 남방을 정벌하는 군대
를 살피게 하셨다.

은나라 땅에 여섯 읍邑을 설치할 때, 은나라 사람과 서로 다투
어 결판이 나지 않으므로 병력을 진군시켜 이를 격파하셨다.

가을 7월에 임금께서 신독을 베고 환도하여 죄수와 포로를 석
방하라고 명하셨다.

고조선 제후국의 은나라 정벌

재위 2년 단기 1098, 기원전 1236년(을유), 남국 왕 금달今達이
청구국 왕, 구려국 왕과 더불어 주개周愷에서 만나 몽고리의 군
대와 합세하여 이르는 곳마다 은나라 성책을 부수고 오지奧地로
깊숙이 들어갔다.

아홀단군께서 **회대**淮岱(회수와 태산) **땅**을 평정하고 포고씨蒲古氏를 **엄**淹에, 영고씨盈古氏를 **서**徐에, 방고씨邦古氏를 **회**淮에 봉하시니 은나라 사람이 이것을 보고 겁내어 감히 근접하지 못하였다.

재위 5년 단기 1101, 기원전 1233년(무자)에 임금께서 **이한**二韓(번한, 마한)과 **오가**五加를 불러 **영고탑**으로 도읍을 옮기는 일에 대한 의논을 중지시키셨다.

재위 76년 단기 1172, 기원전 1162년(기해) 아홀단군께서 붕어하셨다. 태자 연나延那께서 즉위하셨다.

24세 단군 연나 재위 11년

연나단군의 재위 원년은 단기 1173, 기원전 1161년(경자)이다. 임금께서 숙부 고불가固弗加에게 명하여 섭정을 맡기셨다.

재위 2년 단기 1174, 기원전 1160년(신축)에 여러 왕이 조칙을 받들어 **소도**蘇塗를 중설하여 하늘에 **제사** 지내고, 국가에 대사가 있거나 재앙이 있으면 곧 **기도하여 백성의 뜻을 하나로 모았다.**

재위 11년 단기 1183, 기원전 1151년(경술)에 연나단군께서 붕어하셨다. 태자 솔나率那께서 즉위하셨다.

25세 단군 솔나 재위 88년

은나라 사람 기자의 은둔 생활

날조된 기자조선의 주인공

솔나단군의 재위 원년은 단기 1184, 기원전 1150년(신해)이다.

재위 37년 단기 1220, 기원전 1114년(정해)에 **기자가 서화**西華에 살면서 인사를 사절하였다.

회 | 안휘성安徽省 회수 일대이다.

서화 | 지금의 하남성 개봉開封 남쪽 약 100킬로미터 지점에 있으며 그곳에 기자 독서대가 있다.

기자조선箕子朝鮮, 그 진실을 밝힌다

중국은 예로부터 자국이 세계의 중심 국가이자 동북아 문명의 주체라 자부하였다. 이것이 중화中華사상이다. 이러한 중화 패권주의 사관에 따라 중국은 한국의 시원 역사를 자신들에게 예속된 속국屬國의 역사로 왜곡하였다.

그들은 '지금으로부터 3,100년 전에 조선 땅에 기자가 들어와서 기자조선을 세웠다. 한국 역시는 중국을 종주로 모시는 제후국인 이 기자조선에서 시작되었다' 고 우리 시원 역사를 조작하였다.

그 왜곡의 뿌리는 한나라 때 사마천이 쓴 『사기史記』의 "봉기자어조선封箕子於朝鮮(기자를 조선에 봉하다)" 이다. '주周나라 무왕이 상商(은)나라의 성인이던 기자를 조선이란 곳의 왕으로 봉하였다' 는 말이다. 이것이 중국 사서에서 밝히는 한국의 첫 역사이다.

그 진실은 무엇일까? 그 답을 『사기』의 다른 구절, '(기자를 조선에 봉하였으나) 주나라의 신하로 삼지는 않았다[而不臣也]' 에서 찾을 수 있다. 주나라가 봉한 조선의 왕이라면 당연히 주나라의 신하가 되어야 하는 것 아닌가. 이것은 기자조선이 존재하지 않았다는 사실을 사마천이 자신도 모르게 고백한 것이다.

그리고 기자가 조선의 왕이 아니라, 다른 나라의 왕이었을 가능성을 입증하는 유물도 나왔다. 산동성과 요령성에서 발굴된 나라를 상징하는 예기禮器인 기기箕器, 기후정箕侯鼎, 기후방정箕侯方鼎 등이 그것이다. 여기서 기箕는 나라 이름이고, '기후箕侯' 는 '기국箕國의 제후', 즉 기국의 왕을 뜻한다. 이 기국의 정체에 대해 윤내현 교수는 "상말商末에 세워진 중국 변방의 작은 나라로 마지막 임금에 이르러서는 고조선의 변방까지 쫓겨 왔다가 멸망한 나라"라고 말한다.(『한국고대사신론』) 결코 단군조선을 이은 한국의 고대 국가가 아닌 것이다.

『사기색은史記索隱』에서도 기자를 상나라의 왕족이라 하면서 '기자箕子의 기箕는 국명國名'이라 하였다. 기국은 상나라의 제후국이었고, 기자는 기국의 왕이었던 것이다.

그럼에도 사마천이 날조한 기자조선은 그 후 중국 역사서에서 역사적 사실로 굳어졌다. 예를 들면 3세기 진晉나라 때 진수陳壽가 쓴『삼국지』는『위략魏略』을 인용하여 고조선 말기에 위만에게 왕위를 배앗긴 번조선의 기준箕準(준왕)을 기자의 후예라 하였다.

후대로 내려오면서 그 왜곡은 정도가 더 심해졌다. 고려와 조선의 사대주의자들은 중국이 날조한 기자조선을 한민족사의 뿌리로 여기고 기자를 은인恩人으로 받들었다. 조선의 대철인이라는 퇴계 이황 같은 분도 '우리 민족은 원래 야만인인데 기자란 분이 한반도까지 오셔서 나라를 세우고 문자를 가르쳐 주어 우리가 도덕을 알게 되었다'고 말했다. 우리 한민족을 모독하는, 정말로 있을 수 없는 얘기이다.

하지만 1960년대에 북한 역사학계에서 기자의 정전 터로 주장되던 곳과 평양 을밀대 북쪽에 있던 기자묘를 조사하면서 그 허구가 밝혀졌다. 요즘 국내 사학계에서는 대부분 기자조선을 중화주의 사상에 빠진 중국이 지어낸 것이라 보고 있다. 그나마 다행스러운 일이다.

산동성 조현에 있는 기자 묘_산동성 조현은 하나라를 무너뜨리고 상나라를 세운 탕왕이 도읍을 삼았던 곳으로 박훌이라 불렀다. 조현읍 서남쪽에 왕성두촌이라는 작은 마을이 있는데, 그 마을 들판 한가운데에 작고 초라한 모습의 기자묘가 있다. 기자묘가 이곳에 있다는 것은, 기자가 한반도로 와서 고조선의 왕이 되었다는 '기자조선설'은 완전히 허구이며, 역설적으로 고조선의 세력이 지금의 하북·산동성까지 미쳤다는 것을 증명해 주는 것이다. 다만 기자가 고조선에 망명하였다가 다시 고향으로 돌아간 뒤 그 후손과 족속들이 고조선 내에 정착하여 기자 성을 가진 제후국의 왕이 존재했을 가능성은 있다.

아첨하는 신하와 올곧은 신하의 차이

재위 47년 단기 1230, 기원전 1104년(정유)에 임금께서 **상소도**上蘇塗에서 **고례**古禮를 강론하시다가, 아첨하는 신하[영신佞臣]와 올곧은 신하[직신直臣]의 차이를 물으셨다. 삼랑三郎 홍운성洪雲性이 나아가 아뢰었다.

"올바른 이치를 굳게 지켜 굽히지 않는 자는 직신直臣이요, 권위를 두려워하여 자기 뜻을 굽혀 복종하는 자는 영신佞臣입니다. 임금은 근원이요 신하는 지류이니, 근원이 이미 탁하거늘 지류가 맑기를 비린다면 이는 옳지 않습니다. 그러므로 군왕이 성군이라야 신하가 올곧은 신하가 되는 것이옵니다."

임금께서 "그대 말이 옳도다" 하셨다.

재위 59년 단기 1242, 기원전 1092년(기유)에 밭곡식이 잘 여물어 한 줄기에 다섯 이삭이 패었다.

재위 88년 단기 1271, 기원전 1063년(무인)에 솔나단군께서 붕어하셨다. 태자 추로鄒魯께서 즉위하셨다.

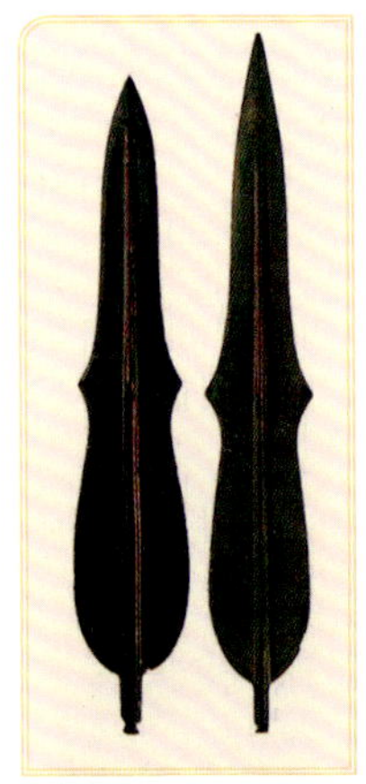

비파형 동검 | 고조선 문화의 지표라고 할 수 있는 비파형 동검은 요령성을 비롯한 만주 전역과 한반도에서 골고루 발견된다.

26세 단군 추로 재위 65년

추로단군의 재위 원년은 단기 1272, 기원전 1062년(기묘)이다. 가을 7월에 백악산 계곡에 흰 사슴 200마리가 떼를 지어 와서 놀았다.

재위 65년 단기 1336, 기원전 998년(계미)에 추로단군께서 붕어하셨다. 태자 두밀豆密께서 즉위하셨다.

27세 단군 두밀 재위 26년

12환국 중 세 나라가 조공을 보내오다

두밀단군의 재위 원년은 단기 1337, 기원전 997년(갑신)이다. 천해天海의 물이 넘치고 사아란산斯阿蘭山이 무너졌다. 이 해에 **수밀이국**須密爾國·**양운국**養雲國·**구다천국**句茶川國이 모두 사신을 보내 방물을 바쳤다.

재위 8년 단기 1344, 기원전 990년(신묘)에 심한 가뭄이 든 뒤에 큰비가 내려 백성들이 곡식을 거둬들이지 못하였다. 임금께서 곡물 창고를 열어 두루 나누어 주게 하셨다.

재위 26년 단기 1362, 기원전 972년(기유)에 두밀단군께서 붕어하셨다. 해모奚牟가 즉위하셨다.

28세 단군 해모 재위 28년

해모단군의 재위 원년은 단기 1363, 기원전 971년(경술)이다. 임금께서 병이 나자 흰옷 입은 동자로 하여금 하늘에 기도하게 하니 곧 나으셨다.

재위 11년 단기 1373, 기원전 961년(경신) 여름 4월에 회오리바람이 크게 일어나고 폭우가 쏟아져 땅 위에 물고기가 어지럽게 떨어졌다.

재위 18년 단기 1380, 기원전 954년(정묘)에 **빙해**氷海 **지역** **여러 왕**[汗]이 사신을 보내 조공을 바쳤다.

재위 28년 단기 1390, 기원전 944년(정축)에 해모단군께서 붕어하셨다. 마휴摩休가 즉위하셨다.

29세 단군 마휴 재위 34년

마휴단군의 재위 원년은 단기 1391, 기원전 943년(무인)이다. 주周나라 사람이 공물을 바쳤다.

재위 8년 단기 1398, 기원전 936년(을유) 여름에 지진이 있었다.

재위 9년 단기 1399, 기원전 935년(병술)에 **남해 조수潮水가 석 자 후퇴**했다.

재위 34년 단기 1424, 기원전 910년(신해)에 마휴단군께서 붕어하셨다. 태자 내휴奈休께서 즉위하셨다.

30세 단군 내휴 재위 35년

주나라와 수교하시다

내휴단군의 재위 원년은 단기 1425, 기원전 909년(임자)이다.

임금께서 남쪽으로 순수하여 청구靑邱의 정치 상황을 돌아보고 돌에 **치우천황의 공덕功德**을 새기셨다. 서쪽으로 **엄독홀**에 이르러 분조分朝의 여러 왕을 모아 **열병閱兵**하신 후 하늘에 제사 지내고, 주周나라와 수교修交하셨다.

재위 5년 단기 1429, 기원전 905년(병진)에 **흉노匈奴가 공물貢物**을 바쳤다.

재위 35년 단기 1459, 기원전 875년(병술)에 내휴단군께서 붕어崩御하셨다. 태자 등올登屼께서 즉위하셨다.

31세 단군 등올 재위 25년

등올단군의 재위 원년은 단기 1460, 기원전 874년(정해)이다.

재위 16년 단기 1475, 기원전 859년(임인)에 **봉황鳳凰이** 백악산에서 울고 **기린麒麟이** 상원上苑에 와서 놀았다.

열병 | 정렬한 군대의 앞을 지나며 부대의 상태를 점검함.

봉황 | 성왕이 나면 나타난다는 상서로운 새로 수컷을 봉鳳, 암컷을 황凰이라 한다.

기린 | 아프리카에 서식하는 기린이 아니다. 성왕, 성인이 이 세상에 출현할 때 나타나는 상서로운 동물이다. 수컷을 기麒, 암컷을 인麟이라 한다. 살아있는 풀을 밟지 않고, 생물을 먹지 않는 어진 짐승이다. 용, 거북, 봉황과 함께 사령四靈이라 불린다.

재위 25년 단기 1484, 기원전 850년(신해)에 등올단군께서 붕
어하셨다. 아들 추밀鄒密께서 즉위하셨다.

32세 단군 추밀 재위 30년

추밀단군의 재위 원년은 단기 1485, 기원전 849년(임자)이다.

재위 3년 단기 1487, 기원전 847년(갑인)에 **선비산**鮮卑山* 추장
문고們古가 공물을 바쳤다.

재위 12년 단기 1496, 기원전 838년(계해)에 초楚나라 대부 이
문기李文起가 입조入朝(외국 사신이 조정의 회의에 참여함)하였다.

재위 13년 단기 1497, 기원전 837년(갑자) 3월에 일식이 있었다.

재위 15년 단기 1499, 기원전 835년(병인)에 농작물에 심한 흉년
이 들었다.

재위 30년 단기 1514, 기원전 820년(신사)에 추밀단군께서 붕
어하셨다. 태자 감물甘勿께서 즉위하셨다.

33세 단군 감물 재위 24년

감물단군의 재위 원년은 단기 1515, 기원전 819년(임오)이다.

재위 2년 단기 1516, 기원전 818년(계미)에 주周나라 사람이 와
서 호랑이와 코끼리 가죽을 바쳤다.

재위 7년 단기 1521, 기원전 813년(무자)에 **영고탑** 서문 밖 감
물산甘勿山 아래에 **삼성사**三聖祠*를 세우고 친히 제사를 드렸는데,
그 「**서고문**誓告文」에서 이렇게 말씀하셨다.

세 분 성조(환인·환웅·단군)의 높고도 귀하심은

삼신과 더불어 공덕이 같으시고

삼신(상제님)의 덕은 세 분 성조로 말미암아

더욱 성대해집니다.

텅 빔(무)과 현상(유)은 한 몸이요[허조동체虛粗同體]

날개와 전체는 하나이니[개전일여個全一如].

지혜와 삶을 함께 닦아[지생쌍수智生雙修]

내 몸과 영혼 함께 뻗어나갑니다[형혼구연形魂俱衍].

참된 가르침이 이에 세워져

믿음이 오래면 저절로 밝아질 것이요

삼신의 힘을 타면 존귀해질 것이니

삼신의 광명을 돌려 내 몸을 살핍니다.

저 높고 가파른 백악산은 만고萬古에 변함없이 푸르고

역대 성조께서는 대를 이어

예악을 찬란히 부흥시키셨습니다.

그 규모 이토록 위대하여

신교의 도술 깊고도 광대합니다.

하나[一氣] 속에는 셋(삼신)이 깃들어 있고[집일함삼執一숨三],

세 손길로 작용하는 삼신은

하나의 근원으로 돌아가나니[회삼귀일會三歸一]

하늘의 계율 널리 펴서 영원토록 법으로 삼겠습니다.

재위 24년 단기 1538, 기원전 796년(을사)에 감물단군께서 붕어하셨다. 태자 오루문奧婁門께서 즉위하셨다.

34세 단군 오루문 재위 23년

오루문단군의 재위 원년은 단기 1539, 기원전 795년(병오)이다. 이 해에 오곡이 풍성하게 잘 익어 만백성이 기뻐하며 「도리가兜里歌」를 지어 부르니 그 가사는 이러하다.

하늘에 아침 해 솟아 밝은 빛 비추고

나라에 성인 계시어 후덕한 가르침 널리 미치네.

큰 나라 우리 배달 거룩한 조정이여!

많고 많은 사람들 가혹한 정치 당하지 않아

즐겁고 화평하게 노래 부르니

언제나 태평성대太平聖代라네!

재위 10년 단기 1548, 기원전 786년(을묘), 두 개의 해가 함께 뜨고 누런 안개가 사방을 덮었다.

재위 23년 단기 1561, 기원전 773년(무진)에 오루문단군께서 붕어하셨다. 태자 사벌沙伐께서 즉위하셨다.

35세 단군 사벌 재위 68년

웅습(일본 큐슈 지방) 평정

사벌단군의 재위 원년은 단기 1562, 기원전 772년(기사)이다.

재위 6년 단기 1567, 기원전 767년(갑술), 이 해에 누리(황충)가 날뛰고 홍수가 있었다.

재위 14년 단기 1575, 기원전 759년(임오)에 범이 궁전에 들어왔다.

재위 24년 단기 1585, 기원전 749년(임진)에 홍수가 나서 산이 무너지고 골짜기가 메워졌다.

재위 50년 단기 1611, 기원전 723년(무오)에 임금께서 장수 **언파불합**彦波弗哈을 보내어 **바다 위의 웅습**熊襲 을 **평정**하셨다.

제나라와 함께 연나라 수도를 공격하게 하심

재위 66년 단기 1627, 기원전 707년(갑술)에 임금께서 조을祖乙을 보내어 곧장 **연**燕**나라 수도**로 진격하게 하시니, **제**齊**나라 군대**와 더불어 임치臨淄(제나라 수도) 남쪽 들판에서 싸워 승리를 거두었다고 고하였다.

웅습 | 일본의 큐슈九州 지방에 있는 지명으로 '구마소'라 한다. 본래 큐슈 지방에 곰이 서식하지 않는데도 구마모토熊本·구마시로熊城·구마가와熊川 등 웅熊자가 들어간 지명이 많다. 이것은 배달국 환웅 시대 웅족熊族의 토템 신앙을 계승한 '단군조선의 부여계'가 일본으로 건너가 일본 고대 문명을 건설했음을 여실히 반증하는 것이다.

재위 68년 단기 1629, 기원전 705년(병자)에 사벌단군께서 붕어하셨다. 태자 매륵買勒께서 즉위하셨다.

36세 단군 매륵 재위 58년

천하에서 용마가 등에 별을 지고 나왔다

매륵단군의 재위 원년은 단기 1630, 기원전 704년(정축)이다.

재위 28년 단기 1657, 기원전 677년(갑진)에 지진과 해일이 일어났다.

재위 32년 단기 1661, 기원전 673년(무신)에 서쪽 마을 민가에서 다리가 여덟 개 달린 송아지가 태어났다.

재위 35년 단기 1664, 기원전 670년(신해)에 **용마**龍馬가 **천하**天河에서 나왔는데 등에 별 무늬가 있었다.

일본 왕가의 뿌리가 된 협야후 배반명

재위 38년 단기 1667, 기원전 667년(갑인), **협야후**陝野侯 **배반명**裵幋命*을 보내어 해상의 적을 토벌하게 하셨다.

12월에 **삼도**三島(일본을 구성하는 세 섬, 곧 큐슈, 혼슈, 시코쿠)를 모두 평정하였다.

재위 52년 단기 1681, 기원전 653년(무진)에 임금께서 병력을 보내 **수유국**須臾國* 군대와 더불어 연燕나라를 정벌하자 연나라 사람이 제齊나라에 위급을 고했다.

제나라 사람들이 대거 **고죽**孤竹으로 쳐들어오다가 아군의 복병伏兵*을 만나 전세가 불리하자, 화친和親을 구걸하고 물러갔다.

재위 58년 단기 1687, 기원전 647년(갑술)에 매륵단군께서 붕어하셨다. 태자 마물麻勿께서 즉위하셨다.

협야후 배반명 | 『일본서기』에 나오는 진무왕, 즉 협야존狹野尊이다. 3세 가륵단군 재위 10년(기원전 2173)에 두지주의 예읍이 반란을 일으키자 임금께서 여수기를 보내 추장 소시모리의 목을 베게 하셨는데, 이 소시모리의 후손에 협야노라는 인물이 있다고 하였다.

수유국 | 기자의 이름은 '서여胥餘 또는 수유須臾'이다. 은나라가 망하자 기자의 일족은 북경과 하북성 난하 일대로 망명해 단군조선의 작은 제후국으로 존재했다. 따라서 수유국은 기자의 후예가 세운 나라로 추정할 수 있다.

복병 | 적을 기습하려고 길목에 군사를 숨겨 놓음, 또는 그 군사.

37세 단군 마물 재위 56년

마물단군의 재위 원년은 단기 1688, 기원전 646년(을해)이다.

재위 56년 단기 1743, 기원전 591년(경오)에 임금께서 남쪽으로 순행하시며 둘러보시다가 기수淇水에 이르러 붕어하셨다. 태자 다물多勿께서 즉위하셨다.

38세 단군 다물 재위 45년

다물단군의 재위 원년은 단기 1744, 기원전 590년(신미)이다.

재위 45년 단기 1788, 기원전 546년(을묘)에 다물단군께서 붕어하셨다. 태자 두홀豆忽께서 즉위하셨다.

39세 단군 두홀 재위 36년

두홀단군의 재위 원년은 단기 1789, 기원전 545년(병진)이다.

재위 36년 단기 1824, 기원전 510년(신묘)에 두홀단군께서 붕어하셨다. 태자 달음達音께서 즉위하셨다.

40세 단군 달음 재위 18년

달음단군의 재위 원년은 단기 1825, 기원전 509년(임진)이다.

재위 18년 단기 1842, 기원전 492년(기유)에 달음단군께서 붕어하셨다. 태자 음차音次께서 즉위하셨다.

41세 단군 음차 재위 20년

음차단군의 재위 원년은 단기 1843, 기원전 491년(경술)이다.

재위 20년 단기 1862, 기원전 472년(기사)에 음차단군께서 붕어하셨다. 태자 을우지乙于支께서 즉위하셨다.

42세 단군 을우지 재위 10년

을우지단군의 재위 원년은 단기 1863, 기원전 471년(경오)이다. 재위 10년 단기 1872, 기원전 462년(기묘)에 을우지단군께서 붕어하셨다. 태자 물리勿理께서 즉위하셨다.

43세 단군 물리 재위 36년

사냥꾼 우화충이 역모를 일으켰다

물리단군의 재위 원년은 단기 1873, 기원전 461년(경진)이다. 재위 36년 단기 1908, 기원전 426년(을묘)에 융안隆安의 사냥꾼 우화충于和冲이 스스로 장군이라 칭하고 무리 수만 명을 모아 서북 36군郡을 함락시켰다. 임금께서 군사를 보내셨으나 이기지

아하! 그렇구나

단군조선의 멸망과 우화충의 역모사건 | 단군조선은 어떻게 2천여 년간 장구한 역사를 유지했으며, 왜 갑자기 쇠퇴의 길을 걷게 되었을까? 6세 달문단군 때 신지 발리가 지은 「서효사(일명 신지비사)」에 그 해답이 있다. 즉, '단군조선은 신교神敎의 삼신사상에 기초하여 성립된 삼한관경제(진한·마한·번한)를 시행하고 삼경(소밀랑·백아강·안덕향)의 균형을 유지함으로써 한민족 역사상 최대의 전성기를 누렸다. 그러나 단군조선 말에 삼신사상의 쇠퇴와 함께 삼한관경제가 와해되면서 단군조선도 종말을 맞이하게 된 것'이다. 또 단재 신채호는 "천일天一·지일地一·태일太一의 삼신 사상에 따라 보좌역인 번한과 마한이, 삼신상제님의 대행자[태일太一]인 진한(진왕=대단군, 천황)을 받들어 오다가, 단군조선 말에 이르러 삼신사상이 파탄나자 '삼한이 서로 진왕이라 자칭'함으로써 삼한관경체제가 동시에 붕괴되었다."(『독사신론』)고 하였다. 여기에 실제로 삼한관경제를 무너뜨린 직접적인 계기가 된 것은 '우화충의 역모 사건'이다.

못하였다.

　겨울에 이 역적이 도성을 포위하고 급히 공격하므로 임금께서 좌우 궁인과 더불어 종묘와 사직의 신주神主(위패)를 받들고 배를 타고 내려가다가 해두海頭에 이르렀는데 얼마 있지 않아 붕어하셨다.

욕살 구물이 어명을 받들고 진압하러 나섰다

　이 해에 **백민성**白民城 **욕살 구물**丘勿이 천명을 받들어 병사를 일으켜 먼저 **장당경** 을 점령하자, 아홉 지역의 군사가 추종하고 동서압록 의 열여덟 성이 모두 군사를 보내 원조하였다.

44세 단군 구물 재위 29년

마침내 역적들을 토벌하였다

　구물단군의 재위 원년은 단기 1909, 기원전 425년(병진)이다. 3월에 홍수로 도성이 잠기자 역적들이 크게 어지러워졌다. 구물이 병사 1만 명을 이끌고 가서 토벌討伐하자, 역적들은 싸워 보지도 못하고 스스로 궤멸潰滅(완전히 무너져 없어짐)하였다. 마침내 우화충을 잡아 목을 베었다.

<table>
<tr><td colspan="2" align="center">고조선 체제의 변화</td></tr>
<tr><td>초대 단군왕검</td><td>삼한(분조관경) ㅣ 진한·번한·마한</td></tr>
<tr><td colspan="2" align="center">↓</td></tr>
<tr><td>22세 색불루</td><td>삼조선(분조관경) ㅣ 진조선·번조선·막조선</td></tr>
<tr><td colspan="2" align="center">↓</td></tr>
<tr><td>44세 구물</td><td>대부여(분권관경) ㅣ 진조선·번조선·막조선</td></tr>
</table>

국호를 대부여로 개칭, 삼한을 삼조선으로 바꾸셨다

이에 구물이 모든 장수의 추대를 받아 **3월 16일**에 단을 쌓아 하늘에 제사 지내고 장당경에서 즉위하였다. 구물단군께서 국호를 **대부여**大夫餘로 바꾸고, **삼한**三韓을 **삼조선**三朝鮮*으로 바꾸셨다. 이로부터 삼조선이 비록 대단군을 받들어 한 분이 다스리는 제도는 그대로 유지하였으나 화전和戰의 권한(병권)은 단군 한 분에게 있지 않았다.

7월에 해성海城을 개축하여 **평양**平壤이라 하고 별궁[이궁離宮]을 지으셨다.

삼신영고제를 지내셨다

재위 2년 단기 1910, 기원전 424년(정사)에 예관禮官*이 **삼신영고제**三神迎鼓祭를 올리기를 청하니 **3월 16일**(대영절大迎節)이었다. 임금께서 친히 납시어 경배하실 때, 초배에 세 번 조아리고, 재배에 여섯 번 조아리고, 삼배에 아홉 번 조아리는 것이 예禮이지만, 무리를 따라 특별히 열 번 조아리셨다. 이것이 **삼육대례**三六大禮이다.

재위 17년 단기 1925, 기원전 409년(임신)에 임금께서 각 주군州郡에 감찰관을 보내어 관리와 백성을 **규찰**糾察하고*, 효자와 청렴한 선비를 천거薦擧하게 하셨다.

삼조선 | 고조선은 본래 삼한관경제를 시행하여 삼한으로 나누어 다스렸다. 이때 병권은 진한의 대단군이 행사하였다. 그런데 44세 구물단군 때에 삼조선 체제로 바뀌면서 삼조선(진·번·막조선)이 각기 전쟁 수행 권한을 갖게 되었다.

예관 | 제향에 관한 일 등을 맡아보던 관리

규찰하다 | 죄상을 들추어 자세히 밝힌다는 뜻.

알아봅시다!

❀ **삼신영고제** | 삼신상제님을 맞이하는 제천의식이다. 해마다 3월 16일에 행하였는데, 이 날을 대영절이라 한다. 1909년 3월 16일에 이기·계연수 등이 강화도 마리산 참성단에서 제천의식을 거행하고 단학회를 창립하였다. 1969년에, 이유립은 마리산에 환인·환웅·단군왕검 등 국조 삼성을 받드는 개천각開天閣을 세우고 대영절과 개천절에 제천행사를 하였다. 단단학회는 매년 3월 16일 대영절에 개천각에서 천제를 올린다.

재위 23년 단기 1931, 기원전 403년(무인)에 연나라에서 사신을 보내 신년 하례賀禮(축하드리는 예)를 올렸다.

재위 29년 단기 1937, 기원전 397년(갑신)에 구물단군께서 붕어하셨다. 태자 여루余婁께서 즉위하셨다.

45세 단군 여루 재위 55년

성을 쌓고 연나라를 물리침

여루단군의 재위 원년은 단기 1938, 기원전 396년(을유)이다. 장령長嶺·낭산狼山*에 성을 쌓았다.

재위 17년 단기 1954, 기원전 380년(신축)에 연나라 사람이 변방邊防을 침범하자 그곳을 지키던 장수 묘장춘苗長春이 이를 쳐서 물리쳤다.

요서 지방의 모든 성을 회복함

재위 32년 단기 1969, 기원전 365년(병진)에 연나라 사람들이 이틀길을 하루에 달려 쳐들어와 요서를 함락하고 **운장**雲障 지방을 핍박하였다*.

번조선番朝鮮 왕이 상장 우문언于文言에게 명하여 막게 하고 **진**眞·**막**莫 두 조선도 역시 군대를 보내 구원하였다. 복병을 두어 협공하여 연燕·제齊 두 나라의 군대를 오도하五道河에서 깨뜨리고 요서 지방의 성을 모두 회복하였다.

연나라의 끊임없는 침략

재위 33년 단기 1970, 기원전 364년(정사)에, 연나라 사람들이 패한 뒤에도 연운도連雲島에 주둔하면서 배를 만들어 장차 쳐들어오려 하였다. 우문언이 추격하여 대파大破하고 그 장수를 쏘아 죽였다.

재위 47년 단기 1984, 기원전 350년(신미)에 **북막**北漠 추장 액니거길厄尼車吉이 내조來朝하여 말 2백 필을 바치고 함께 연燕을 치자고 청하였다. 이에 번조선 소장少將 신불사申不私로 하여금 병사 1만 명을 거느리게 하시니 연나라 **상곡**上谷을 함께 공격하여 함락하고 성읍城邑을 설치하였다.

재위 54년 단기 1991, 기원전 343년(무인), 상곡 싸움 이후로 연나라가 해마다 쳐들어오다가 이때에 사신을 보내 강화講和를 청하자, 이를 윤허允許하시고 다시 **조양**造陽의 서쪽으로 경계를 삼으셨다.

재위 55년 단기 1992, 기원전 342년(기묘) 여름에 큰 가뭄이 들자 임금께서 원통하게 옥살이하는 사람이 있을까 염려하여 대사면을 내리고, 친히 납시어 기우제祈雨祭를 지내셨다.

9월에 여루단군께서 붕어하셨다. 태자 보을普乙께서 즉위하셨다.

46세 단군 보을 재위 46년

번조선 왕 시해 사건과
고조선 중앙 정부의 내분 심화

보을단군의 재위 원년은 단기 1993, 기원전 341년(경진)이다.

12월에 번조선 왕 해인海仁이 연나라에서 보낸 자객에게 시해弑害를 당하였다. 오가五加가 서로 권력을 다투었다.

기후가 번조선 왕이 되다

재위 19년 단기 2011, 기원전 323년(무술) 정월에 읍차邑借 **기후**箕詡가 병사를 이끌고 번조선 궁에 진입하여 스스로 70세 번조선 왕이 되고, 사람을 보내어 윤허允許를 청하였다. 임금께서 윤허하시고 연나라에 대한 방비를 강화하게 하셨다.

재위 38년 단기 2030, 기원전 304년(정사)에 도성(장당경)에 큰 불이 일어나 모두 타 버리자 임금께서 해성海城의 별궁으로 피하셨다.

재위 44년 단기 2036, 기원전 298년(계해)에 북막 추장 니사尼숍가 음악을 지어 바치니 임금께서 이를 받으시고 후히 상을 내리셨다.

고열가의 반란 진압과 망국 운에 빠져 드는 고조선

재위 46년 단기 2038, 기원전 296년(을축)에 한개韓介가 수유須臾의 병사를 이끌고 궁궐을 침범하여 스스로 임금 자리에 올랐다. 이에 상장 고열가高列加가 의병을 일으켜 한개를 격파하였다. 임금께서 환도하고 대사면을 내리셨다.

이로부터 나라의 힘이 심히 미약해지고 살림살이가 넉넉지 못하더니 얼마 있지 않아 보을단군께서 붕어하셨다. 후사는 없었다.

고열가가 43세 물리勿理단군의 현손玄孫(손자의 손자)으로 백성의 사랑과 공경을 받고 또한 공로가 많으므로 드디어 추대를 받아 즉위하였다.

47세 단군 고열가 재위 58년

백악산에 단군왕검의 사당을 세우심

고열가단군의 재위 원년은 단기 2039, 기원전 295년(병인)이다.

재위 14년 단기 2052, 기원전 282년(기묘)에 임금께서 단군왕검의 사당을 백악산에 세워 유사有司(담당 관원)로 하여금 계절마다 제사 지내게 하시고, 임금께서는 일 년에 한 번씩 친히 제사를 드리셨다.

재위 44년 단기 2082, 기원전 252년(기유)에 연나라에서 사신을 보내어 신년 하례新年賀禮를 올렸다.

재위 48년 단기 2086, 기원전 248년(계축) 10월 초하루에 일식이 있었다. 이 해 겨울에 북막 추장 아리당부阿里當夫가 연나라를 정벌征伐하는데 출병해 주기를 청하였다. 임금께서 응하지 않으시자, 원망하여 이후로 조공을 바치지 않았다.

해모수가 웅심산에서 일어남

재위 57년 단기 2095, 기원전 239년(임술) 4월 8일에 해모수가 웅심산熊心山으로 내려와 군사를 일으켰다. 해모수의 선조는 고리국槁離國 사람이다.

재위 58년 단기 2096, 기원전 238년(계해), 임금께서 어질고 인자하시나 우유부단하여 명령이 제대로 이행되지 않을 때가 많았다. 그리하여 여러 장수가 자신의 용맹을 믿고 화란禍亂을 자주 일으켰다. 나라 살림은 쪼들리고 백성의 기운도 더욱 쇠약해졌다.

단군조선의 몰락과 북부여 시대의 개창

3월 하늘에 제사를 올린 날 저녁에, 임금께서 오가五加와 더불어 의논하여 말씀하셨다.

"옛날 우리 성조들께서 처음으로 법도를 만들고 국통國統(나라의 계통)을 세워 후세에 전하셨노라. 덕을 심으심이 넓고도 멀리 미쳐 만세의 법이 되어 왔느니라. 그러나 이제 왕도王道가 쇠미하여 모든 왕[汗]이 세력을 다투고 있도다. 짐이 덕이 부족하고 나약하여 능히 다스릴 수 없고, 이들을 불러 무마撫摩시킬 방도도 없으므로 백성이 서로 헤어져 흩어지고 있느니라. 너희 오가五加

는 현인(어진 사람)을 택하여 단군으로 천거薦擧하라."

옥문을 크게 열어 사형수 이하 모든 포로를 석방하셨다.

오가의 과도기 공화정 시대

이튿날 임금께서 마침내 제위를 버리고 산으로 들어가 수도하여 선인仙人이 되셨다. 이에 오가가 6년(기원전 238~기원전 232) 동안 국사를 공동으로 집행하였다.

이보다 먼저, 종실宗室(임금의 친족)인 대해모수께서 은밀히 수유국須臾國과 약속을 하고, 옛 도읍지 백악산을 습격하여 점거한 뒤에 스스로 천왕랑天王郎이라 칭하셨다. 사방에서 사람들이 모두 해모수의 명을 따랐다.

북부여가 발흥한 배경과 고구려 호칭의 기원

이때에 해모수가 모든 장수를 봉하면서 수유의 제후인 기비箕丕를 올려 번조선 왕으로 삼았다(단기 2102, 기원전 232). 그리고 가서 상·하 운장上下雲障을 지키게 하였다. 대개 북부여가 흥하기 시작한 것은 이때부터였다. 그리고 고구려 땅은 해모수께서 태어난 고향이므로 북부여를 또한 고구려라고도 불렀다.

단군기원 원년, 기원전 2333년(무진)부터 지금의 주상(고려 공민왕)께서 보위에 오르신 이후 12년째 되는 단기 3696, 1363년(계묘)까지 무릇 3,696년이라. 이 해 10월 3일에 홍행촌수紅杏村叟가 강화도의 해운당海雲堂에서 이 글을 쓰노라.

기비 | 번조선 74세 왕으로 마지막 왕인 기준의 부왕父王.

상하운장 | 국경 요새. 지금의 난하와 북경 사이에 있었다. 뒷날 위만이 번조선 마지막 왕 기준에게서 봉지封地로 하사 받은 서쪽 변방 100리 땅이 이곳이다.

고구려 | 고구려의 본래 이름은 '고리', '구려'이다. 『삼성기』에는 고구려를 건국한 주몽이 해모수를 시조로 삼아 제사를 지냈다고 하였다. 해모수가 태어난 곳이 서압록의 고리이므로 후에 북부여를 고구려라고도 불렀는데, 주몽이 그 이름을 계승하여 고구려라 한 것이다.

현 국정 국사교과서에 실린 고조선 기사

구분	초등학교(2012년판)	중학교(2012년판)	고등학교(2012년판)
성립 배경	우리 조상들은 청동기 문화를 바탕으로 최초의 국가인 고조선을 세웠다(7쪽).	청동기 문화가 형성되면서 만주 요령 지방과 한반도 서북 지방에는 족장(군장)이 다스리는 많은 부족이 나타났다(18쪽).	청동기 문화의 발전과 함께 족장이 지배하는 사회가 출현하였다. 이들 중에서 강한 족장은 주변의 여러 족장 사회를 통합하면서 점차 권력을 강화해 갔다(32쪽).
건국	단군왕검은 아사달에 도읍을 정하고 나라를 세워 조선이라 하였다(7쪽).	단군은 이러한 부족을 통합하여 고조선을 건국하였다. 단군의 고조선 건국은 우리 나라의 역사가 매우 오래 되었음을 말해 준다(18쪽).	족장 사회에서 가장 먼저 국가로 발전한 것은 고조선이다. 삼국유사의 기록에 따르면 단군왕검이 고조선을 건국하였다(기원전 2333). 단군왕검은 당시 지배자의 칭호였다(32쪽).
강역	고조선은 초기에 서쪽의 요령 지방으로부터 만주와 한반도 북부까지 세력을 뻗었다. 그러나 중국과의 충돌이 있은 뒤에는 그 중심지가 한반도 북서쪽 지역으로 옮겨졌다(8쪽).	고조선은 청동기 문화의 발선에 따라 점차 정치, 문화의 중심 역할을 하면서 세력을 확장해 갔다. 그리하여 기원전 4세기 경에는 요령지방을 중심으로 만주와 한반도 북부를 잇는 넓은 지역을 통치하는 국가로 발전하였다(19쪽).	고조선은 요령 지방을 중심으로 성장하여 점차 인접한 족장사회를 통합하면서 한반도까지 발전하였는데, 이와 같은 사실은 비파형 동검과 고인돌의 출토 분포로써 알 수 있다(32쪽).
단군에 대한 인식	삼국유사의 '단군의 건국 이야기'로 대체	단군의 고조선 건국은 우리 나라의 역사가 매우 오래되었음을 말해 준다. 또, 단군의 건국 사실과 홍익인간의 건국이념은 우리 민족이 어려움을 당할 때마다 자긍심을 일깨워 주는 원동력이 되었다(18쪽).	단군은 제정일치의 지배자로, 고조선의 성장과 더불어 주변의 부족을 통합하고 지배하기 위하여 자신들의 조상을 하늘에 연결시켰다(33쪽).
관제	이 무렵 고조선에는 왕 밑에 여러 관직이 있었으며(8쪽)	통치조직이 확립되어 왕 밑에는 상, 대부, 장군 같은 여러 관직이 마련되기도 하였다(20쪽).	기원전 3세기경에는 부왕, 준왕 같은 강력한 왕이 등장하여 왕위를 세습하였으며, 그 밑에 상, 대부, 장군 등의 관직도 두었다. 또 요서 지방을 경계로 하여 연나라와 대립할 만큼 강성 하였다(33쪽).

구분	초등학교(2012년판)	중학교(2012년판)	고등학교(2012년판)
사회상	이 시대의 사람들은 농사짓기에 알맞은 평야나 하천이 가까운 곳에 작은 마을을 이루고 살았다. 또 평등했던 사람들이 지배하는 사람과 지배를 받는 사람들로 나뉘게 되었다(6쪽). 백성들을 다스리기 위한 8개조의 법도 있었다(8쪽).	고조선 사회는 생산력의 증가로 사유 재산이 늘어나면서 빈부의 차이가 생기고, 정치와 군사를 담당하는 지배 계층과 생산을 담당하는 피지배 계층이 생겼다(20쪽). 이 법을 보면, 고조선 사회는 사람들의 생명(노동력)과 재산을 중시하고 사회 질서를 유지하는 데에 힘썼음을 알 수 있다(20쪽).	고조선의 사회상을 알려 주는 것으로 8조의 법이 있었다. 그중에서 3개 조목의 내용만 전해진다. 이를 통하여 당시 사회에 권력과 경제력의 차이가 생겨나고 재산의 사유가 이루어지면서 형벌과 노비도 발생하고 있었음을 알 수 있다(35쪽).
위만 정권		기원전 2세기경, 서쪽 지방에서 세력을 키운 위만이 준왕을 몰아내고 고조선의 왕이 되었다(기원전194). 이 시기에 철기 문화가 확산되면서 고조선은 이를 바탕으로 주위의 여러 부족을 통합하여 세력을 크게 확장하였다(19쪽).	중국이 전국시대 이후로 혼란에 휩싸이면서 유이민이 대거 고조선으로 넘어왔다. 고조선은 그들을 받아들여 서쪽 지역에 살게 하였다. 그 뒤, 진한 교체기에 또 한 차례의 유이민 집단이 이주해 왔다. 그 중 위만은 1,000여 명의 무리를 이끌고 고조선으로 들어왔다. … 위만은 수도인 왕검성에 쳐들어가 준왕을 몰아 내고 스스로 왕이 되었다(34쪽).
멸망		고조선이 강성해지면서 한에 대항하는 세력으로 커가자, 한은 대군을 보내어 수도인 왕검성을 포위, 공격하였다. 위만의 손자인 우거왕은 막강한 한의 대군을 맞아 1년 동안 버티면서 잘 싸웠으나, 결국 왕검성이 함락되고 고조선은 멸망하였다(기원전 108)(19쪽).	이 무렵, 고조선은 사회와 경제의 발전을 기반으로 중앙 정치 조직을 갖춘 강력한 국가로 성장하였다. … 이에 불안을 느낀 한의 무제는 수륙 양면으로 대규모 침략을 감행하였다. … 그러나 장기간의 전쟁으로 지배층의 내분이 일어나 왕검성이 함락되어 멸망하였다(기원전 108)(34쪽).
고조선 이후		우리 민족 최초의 국가인 고조선이 만주와 한반도 북부 지방을 중심으로 세력을 펼치다가 사라질 무렵, 그 주변 지역에서는 한민족의 또 다른 집단들이 부족 단위로 세력을 키워가고 있었다(23쪽).	위만조선이 있었던 기원전 2세기경에 남쪽에는 진辰이 있었으며, 여기에서 마한, 변한, 진한의 삼한이 형성된 것으로 보인다. 이후, 기원전 1세기경에는 고구려, 백제, 신라의 삼국과 더불어 부여, 동예, 옥저 등이 공존하고 있었다(37쪽).

9천년 한민족사의 잃어버린 고리,
부여사의 진실을 온전히 드러낸

범 장 范樟 (?~?)

| 본관 금성錦城(나주)
| 초명 세동世東　　| 자　여명汝明
| 호　　복애伏崖　　| 시호 문충文忠

고려의 국운이 다하자 사관仕官의 뜻을 버리고 두문동杜門洞에 은거하여 충절을 지킨 두문동 72인 중 한 분이다.

사후 후덕군厚德君에 봉해졌으며, 시호는 문충文忠이다. 묘는 고향인 현 광주광역시 광산구 덕림동 복만마을에 있다.

부여의 초기 발원지로 추정하는 동단산과 길림시를 관통하는 송화강의 전경

北夫餘紀
북부여기

복애거사伏崖居士 범장范樟 찬撰

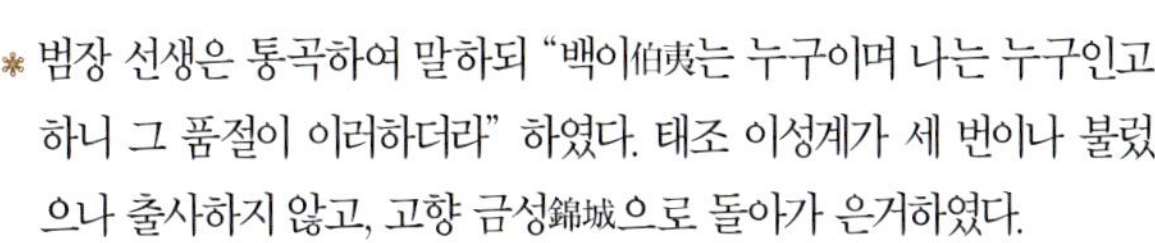

* 범장 선생은 통곡하여 말하되 "백이伯夷는 누구이며 나는 누구인고 하니 그 품절이 이러하더라" 하였다. 태조 이성계가 세 번이나 불렀으나 출사하지 않고, 고향 금성錦城으로 돌아가 은거하였다.

* 『태백일사』 「고려국 본기」에 의하면 이명李茗과 함께 천보산天寶山 태소암太素庵에 머무를 때 소전거사에게서 많은 기고지서奇古之書─환·단 이후로 전해 내려오던 역사의 진결桓檀傳授之眞訣─를 얻었다.

* 이암은 『단군세기』를, 범장은 『북부여기』 상·하를 저술했고, 이명은 조선 숙종 때 북애北崖가 지은 『규원사화』의 저본底本이 된 『진역유기震域留記』 3권을 썼다고 한다.

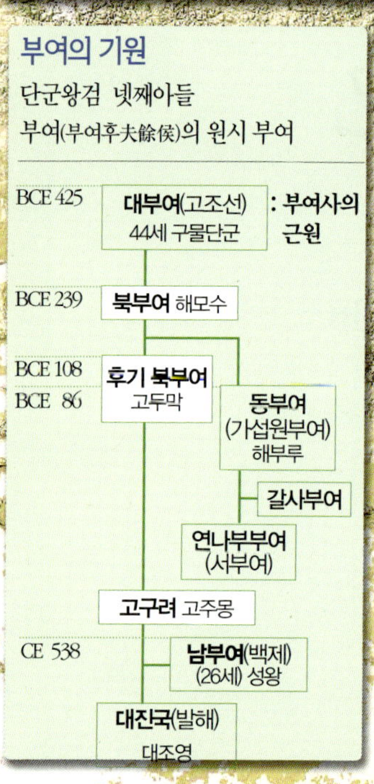

고 비 사 막

오환烏

수

흉노匈奴

오르도스

운중

상곡(탁록)

영정

태원

황하

황하

박랑사(신향시)

황하

경하

서안 장안

한漢

선비鮮卑
두막루
대흥안령
북
부
여
읍루
해부루
가섭원부여(동부여)
(BCE 86~CE 22)
아사달 하얼빈
가섭원(차릉·통하)
갈사국
(CE 22~CE 68)
염리대수(송화강)
맥
고리국
백악산
장춘-농안
영고탑(해림)
곤연(경박호)
수분하
졸본① (수분하)
파림좌기(서안평)
서압록
장당경
개원
웅심산(서란)
훈춘
위만정권
(BCE 194~BCE 108)
심양
해모수
북부여 발흥지
(BCE 239~BCE 86)
적봉
홍산
졸본② (환인)
백두산(불함산)
동명왕 고두막한의
졸본부여 건국(BCE 108)
고주몽의 고구려 건국(BCE 58)
① 정인보, 이유립의 수분하설
② 학계의 환인설
난하(요수)
대릉하
구려하
좌원
현도
요양평양
국내성(집안)
동옥저
해성海城
패수(조하)
수성현(낙랑)
갈석산
상·하 운장
왕험성(위만의 도읍)
평나(창려)
개평
살수(추남하)
최씨낙랑국
(BCE 195~CE 37)
동고새
만번한(탕지보)
최숭의
낙랑국 건설
백아강
평양
창해군
발해
조선5군五郡
해청, 적저, 평주, 온(날)양, 기
동해
고조선 이래 한민족의
지속적인 일본 열도
이주 개척
저
온(날)양
황해
중삼한
화청
제齊
1) 번조선 마지막 왕(75세)
기준箕準의 도피
2) 번조선 상장 탁록의
중마한 건설(BCE 194)
마한
진한
태산(대岱)
변한
평주
월지(익산)
구야한국狗邪韓國
회수
말로국
큐슈

265

시조 단군* 해모수 재위 45년

고조선의 국통 계승자, 해모수 단군 즉위

해모수단군의 재위 원년은 환기 6959, 신시개천 3659, 단기 2095, 기원전 239년(임술)이다. 임금께서는 본래 타고난 기품이 영웅의 기상으로 씩씩하시고, 신령한 자태는 사람을 압도하여 바라보면 마치 **천왕랑**天王郎* 같았다. 23세에 천명을 좇아 내려오시니, 이때는 47세 고열가단군 재위 57년(단기 2095)으로 **임술년 4월 8일**이었다.

임금께서 웅심산熊心山*에서 군사를 일으켜 난빈蘭濱에 제실帝室을 지으셨다. 머리에 **오우관**烏羽冠(검은 깃털로 꾸민 관)을 쓰고 허리에 용광검龍光劍(용의 빛이 도는 보검)을 찼으며 오룡거五龍車(다섯 용이 끄는 수레)를 타고 다니시니, 따르는 사람이 5백여 명이었다. 아침이 되면 정사를 돌보시고, 날이 저물면 하늘의 뜻에 따르셨다. 이 해에 이르러 즉위하셨다.

재위 2년 단기 2096, 기원전 238년(계해) **3월 16일 대영절**大迎節에 임금께서 하늘에 제를 올리시고, 연호법烟戶法*을 만들어 백성을 살피셨다. 오가五加의 군대를 나누어 배치하고 둔전屯田*으로 자급하게 하여 뜻밖의 사태에 대비하셨다.

오가의 공화정 종결

재위 8년 단기 2102, 기원전 232년(기사)에 임금께서 무리를 거느리고 옛 수도에 가서 오가를 설득하시니, 오가가 드디어 **공화정**共和政**을 철폐**하였다. 이때 나라 사람들이 단군으로 추대하여 받드니, 이분이 바로 북부여의 시조이시다.

시조 단군 | 고조선 시대뿐만 아니라 북부여 시대에도 역대 임금이 고조선의 제도를 계승하여 스스로 단군이라 칭했다.

천왕랑 | 신교의 근본 정신을 바탕으로 환국시대 말에 배달국을 연 개척단인 제세핵랑濟世核郎의 맥을 이은 집단. 국자랑國子郎이라고도 한다.

웅심산 | 지금의 길림성 서란舒蘭.

연호법 | 연호는 밥짓는 연기를 인가人家의 상징으로 한 데서 온 말이라 하며, 호戶는 가家와 같은 의미라 한다.

둔전 | 아직 개간하지 않은 땅을 개척하여 경작하게 하고 여기에서 나오는 수확물을 군대의 양식으로 쓰도록 한 토지.

공화정 | 주권이 한 사람의 의사에 따라 행사되지 않고 여러 사람의 합의에 의하여 행사되는 정치 또는 그런 정치 체제

❀ **오가五加 제도** | 오가제도는 한민족 국교인 신교의 삼신 사상과 오행五行 철학을 기초로 하여 성립된 것이다. 즉 신교의 삼신오제三神五帝 사상을 현실의 인사人事 제도에 그대로 적용하여 '삼한오가三韓五加'라는 국가 통치 제도로 발전시킨 것이다. 이것은 환국 시대 이후 배달국 시대의 삼한三韓(풍백·우사·운사)·오가五加(마가·우가·구가·저가·계가) 제도 → 단군조선의 삼한관경(진한·번한·마한), 삼경三京제와 오가 제도→ 북부여의 오부五部 제도 → 고구려의 삼경오부三京五部와 백제의 오부제로 계승·발전되었다. 이것은 다시 대진국(발해)의 오경五京제와 신라의 오소경五小京제로 이어졌고, 요遼·금金나라가 대진국의 오경제를 그대로 답습하였다.

겨울 10월에 태아를 가진 임신부를 보호하는 법을 만들고 사람들을 가르칠 때 반드시 **태교부터 시작**하게 하셨다.

재위 11년 단기 2105, 기원전 229년(임신)에 북막北漠 추장 산지객륭山只喀隆이 영주寧州를 습격하여 순사巡使 목원등穆遠登을 죽이고 크게 약탈한 뒤 돌아갔다.

기준이 번조선의 마지막 (75세) 왕위에 오름

재위 19년 단기 2113, 기원전 221년(경진)에 기비箕丕가 훙서하자 아들 준準(번조선의 75세 마지막 왕)이 아버지의 뒤를 이어 번조선 왕으로 책봉冊封되었다. 임금께서 관리를 파견해 군대를 감독하게 하여 연나라의 침입에 대비하는 데 더욱 힘쓰게 하셨다. 이보다 앞서 연나라가 장수 진개秦介를 보내 번조선 서쪽 변방을 침범하여 **만번한滿番汗**에 이르러 그곳을 국경으로 삼았다.

재위 20년 단기 2114, 기원전 220년(신사)에 임금께서 **백악산 아사달**에서 천제를 지내도록 명하셨다. 7월에 궁궐 **366칸**을 새로 짓고 이름을 **천안궁天安宮**이라 하였다.

북막 | '북쪽의 사막'이란 뜻으로 보통 고비 사막을 지칭한다. 여기서도 고비 사막을 비롯한 내몽골 지역으로 볼 수 있다.

연나라의 침입 | 연나라는 기원전 222년 진秦나라에게 망했다. 이 기사는 번조선 71세 왕 기욱箕煜 때인 기원전 300년경에 발생한 사건을 기록한 것이다.

서쪽 변방 | 여기서는 현 북경 부근을 흐르는 백하白河 일대를 말한다. 바로 이곳에 훗날 위만이 망명하여 살던 상·하 운장上下雲障이 있었다.

만번한 | 진개가 점령한 만번한의 위치는 하북성 장가구시와 북경시, 당산시에 이르는 지역이라고 봐야 한다. 이유립은 만滿을 하북성 보정시 만성현으로, 번番을 반현潘縣이 있던 하북성 회래현으로 비정하였다.

재위 22년 단기 2116, 기원전 218년(계미)에 창해역사 여홍성黎洪
星이 한韓나라(전국 시대 칠웅의 하나) 사람 장량張良과 함께 박랑사博
浪沙에서 진왕秦王 정政을 저격하였으나 수행하던 수레를 맞혔다.

재위 31년 단기 2125, 기원전 209년(임진)에 진승陳勝이 병사
를 일으키자 진秦나라 사람들이 큰 혼란에 빠졌다. 이에 연燕·제
齊·조趙나라 백성 가운데 번조선으로 망명해 온 자가 수만 명이
었다. 준왕이 곧 상·하 운장雲障에 나누어 수용하고 장수를 파
견하여 감독하게 하였다.

재위 38년 단기 2132, 기원전 202년(기해)에 연나라 노관盧綰
이 다시 요동의 옛 요새를 수리하고 패수浿水를 동쪽 경계로
삼았다. 패수는 지금의 조하潮河이다.

재위 45년 단기 2139, 기원전 195년(병오)에 연나라 노관이 한
漢나라를 배반하고 흉노로 달아나자 그 일당인 **위만**이 우리나라
에 망명을 구하였다. 임금(해모수단군)께서 이를 허락하지 않으셨
으나, 병이 들어 능히 스스로 결단을 내리지 못하셨다.

번조선 왕 기준이 (거절할 수 있는) 기회를 여러 번 놓치고 마침내
위만을 박사博士로 삼고 상하 운장을 떼어 주어 지키게 하였다.

이 해(단기 2139, 기원전 195년)겨울에 해모수단군께서 붕어하시니 웅
심산 동쪽 기슭에 장사 지냈다. 태자 모수리慕漱離께서 즉위하셨다.

2세 단군 모수리 재위 25년

고조선 삼한 유민들의 중삼한 건국

모수리단군의 재위 원년은 단기 2140, 기원전 194년(정미)이다.
번조선 왕 기준이 오랫동안 **수유**須臾에 있으면서, 일찍이 백성에
게 은혜를 많이 베풀어 모두 풍요롭고 생활이 넉넉하였다.

후에 기준箕準이 떠돌이 도적 위만에게 패하여 바다로 들어가
돌아오지 않았다. 이에 오가의 무리가 **상장**上將 **탁**卓을 받들고 대

규모로 여정에 올라 곧바로 **월지**月支 에 이르러 나라를 세웠다. 월지는 탁이 태어난 곳이다. 이를 일러 **중마한**中馬韓 이라 한다.

이때 변한 과 진한 도 각각 그 백성과 함께 백 리 땅에 봉함을 받아 도읍을 정하고 나라를 세웠다. **변한·진한은 모두 마한의 정령**政令**을 따라서 그대로 행하고** 세세토록 배반하지 않았다.

재위 2년 단기 2141, 기원전 193년(무신)에 임금께서 상장上將 연타발 을 보내 평양平壤 에 성책城柵을 세워 도적 위만을 대비하게 하셨는데, 위만도 싫증이 나고 괴롭게 여겨서 다시는 침노하여 어지럽히지 않았다.

재위 3년 단기 2142, 기원전 192년(기유)에 임금께서 해성海城을 평양도平壤道에 부속시켜 아우 고진高辰으로 하여금 지키게 하셨다. 이때 중부여 사람들이 모두 식량 조달에 참여하였다.

수도와 지방을 나누어 지키는 법을 제정하셨다

겨울 10월에 수도와 지방을 나누어 지키는 **법**을 제정하여 수도는 천왕이 친히 군사를 거느려 위수를 총괄하고, 지방은 사방 네 개 구역으로 나누어 (오가가) 진수鎭守하게 하셨다. 그 모습이 마치 윷놀이에서 말판 싸움을 보는 듯했으며, (천지의 창조 설계도인) **용도**龍圖 로써 변화의 법칙을 알아내는 것과 같았다.

재위 25년 단기 2164, 기원전 170년(신미)에 모수리단군께서 붕어하셨다. 태자 고해사高奚斯께서 즉위하셨다.

3세 단군 고해사 재위 49년

번조선 유민 최숭의 낙랑국 건설

고해사단군의 재위 원년은 단기 2165, 기원전 169년(임신)이다. 정월에 **낙랑 왕 최숭**崔崇 이 해성에 곡식 3백 석을 바쳤다. 이보다 먼저 최숭은 **낙랑산**樂浪山에서 진귀한 보물을 싣고 바다를 건너 마한馬韓에 이르러 **왕검성**王儉城에 도읍하였다. 이때는 해모수단군 재위 45년 기원전 195년(병오) 겨울이었다.

남려성에서 도적 위만을 격퇴하셨다

재위 42년 단기 2206, 기원전 128년(계축)에 임금께서 친히 보병과 기병 1만 명을 거느리고 남려성南閭城에서 도적 위만을 격퇴하고 관리를 두어 다스리게 하셨다.

재위 49년 단기 2213, 기원전 121년(경신)에 **일군국**-羣國에서 사절使節을 보내 방물을 바쳤다. 이 해 9월에 고해사단군께서 붕어하셨다. 태자 고우루高于婁께서 즉위하셨다.

4세 단군 고우루(일명 해우루) 재위 34년

위만정권 우거왕의 침략과 해성 수복

고우루단군의 재위 원년은 단기 2214, 기원전 120년(신유)이다. 임금께서 장수를 보내 우거右渠를 토벌하게 했으나 이기지 못하였다. 이에 **고진**高辰을 발탁하여 서압록을 지키게 하셨는데, 고진이 점차 병력을 증강시키고 성책을 많이 설치하여 능히 우거의 침입에 대비하여 공을 세웠다. 고진의 벼슬을 높여 **고구려후**高句麗侯로 삼으셨다.

재위 3년 단기 2216, 기원전 118년(계해)에 우거의 도적떼가 대거 침략해 왔다. 우리 군사가 대패하여 해성 이북 50리 땅이 전부 약탈당하고 점령되었다.

재위 4년 단기 2217, 기원전 117년(갑자)에 임금께서 장수를 보내어 해성을 공격했으나 석 달이 지나도록 함락하지 못하였다.

재위 6년 단기 2219, 기원전 115년(병인)에 임금께서 친히 정예 군사 5천 명을 거느리고 해성을 격파하고, 계속 추격하여 살수薩水에 이르셨다. 이로써 구려하九黎河(지금의 요하) 동쪽이 전부 항복하였다.

재위 7년 단기 2220, 기원전 114년(정묘)에 임금께서 좌원坐原에 목책을 설치하고 남려南閭에 군대를 배치하여 뜻밖의 사태에 대비하셨다.

한무제의 침략을 격퇴한 고두막한

재위 13년 단기 2226, 기원전 108년(계유)에 한漢나라 유철劉徹(무제)이 평나平那를 침범하여 우거를 멸하더니 그곳에 4군四郡을 설치하려고 군대를 크게 일으켜 사방으로 쳐들어왔다. 이에 **고두막한이 구국의 의병을 일으켜** 이르는 곳마다 한나라 도적을 격파하였다. 이때 유민流民이 사방에서 호응하여 전쟁을 지원하니 군세를 크게 떨쳤다.

재위 34년 단기 2247, 기원전 87년(갑오) 10월에 **동명국**東明國 **고두막한**이 사람을 보내어 고하기를, "나는 **천제의 아들**[天帝子]이로다. 장차 여기에 도읍하고자 하나니, 임금은 이곳을 떠나도록 하시오" 하니, 임금께서 난감하여 괴로워하셨다.

이 달에 고우루단군께서 근심과 걱정으로 병을 얻어 붕어하셨다. 아우 해부루解夫婁가 즉위하였다.

해부루의 가섭원迦葉原 부여 건국

동명왕 고두막한이 군대를 보내어 계속 위협하므로 임금과 신하들이 몹시 난감하였다. 이때 국상國相 아란불阿蘭弗이 임금에게 청하기를 "통하通河 물가에 **가섭원**迦葉原이란 곳이 있는데, 토양이 기름져서 오곡이 자라기에 적합하니 가히 도읍할 만한 곳입니다"라고 하였다. 임금께 권유하여 마침내 도읍을 옮기니, 이 나라를 **가섭원 부여**迦葉原夫餘, 혹은 **동부여**東夫餘라 한다.

살수 | 여기서 살수는 요령성 개평현蓋平縣 주남하州南河를 말한다.

좌원 | 기원전 115년에 이미 요하 동쪽이 모두 항복했다 했으니 이 좌원은 요하의 서쪽 대릉하大凌河 상류 능원현凌源縣 지역으로 추정된다.

유철 | 기원전 156~기원전 87. 전한前漢의 7세 황제 무제(재위 기원전 141~기원전 87). 흉노, 위만조선 등을 멸망시키고 중국 역사상 가장 넓은 영토를 만들어 전성기를 열었다. 진시황제·강희제 등과 더불어 중국의 가장 위대한 황제 중 한 사람으로 꼽힌다.

평나 | 지금의 하북성 창려昌黎이다.

한나라 도적 격파 | 이 말은 북부여의 시조 해모수가 동부여의 재상 아란불阿蘭弗에게 한 것으로 『삼국사기』 등에 기록되어 있다.

가섭원 | 지금의 만주 흑룡강성 통하현이다.

고두막한의 한사군 격퇴

고두막한이 의병을 일으켜 사군을 설치하려고 침략한 한 무제를 물리친 사실이 어떻게 왜곡되어 있는가?

사마천의 『사기』에는 한무제가 한사군을 설치했다고 하였다. 이를 근거로 1915년, 일본 제국주의는 조선사편수회를 만들어, 한사군 낙랑·대방군이 평양과 황해도 지역에 있었으며 중국이 한민족을 다스렸다고 조작하였다. 그리하여 그들은 '한민족 역사기 중국의 식민지에서 시작되었나'고, 우리 고대사를 식민지 역사로 만들어 버렸다. 그들은 이 주장을 정당화하기 위해 우리 역사서는 물론 유물 조작도 서슴지 않았다.

사실 한사군에 대해 기록한 사마천도 『사기』에서 "드디어 조선을 정벌하고 사군을 삼았다."라고만 하였지, 사군의 이름은 적지 않았다. 또한 평양에 낙랑군이 있었다는 중국 기록도 전혀 없다.

그럼에도 일본 제국주의가 조작한 이러한 역사를, 중국 사가들과 일제 어용 사학자, 그리고 이 땅의 반민족 사가들은 철저하게 추종해 왔다. 수십 년 동안 학생들은 국사 교과서에 그려진 한반도 안의 한사군 이름을 외우고 다녔다. 동북공정을 추진하고 있는 중국은 한술 더 떠서 일본이 조작한 역사를 근거로 '본래 한강 이북은 중국의 영토였다'라고 주장한다.

그러나 최근 그 허구성이 만천하에 드러났다. 북한 학자들이 한사군이 있었다는 대동강 지역에서 발굴된 유물의 연대를 기원전 3세기 이전부터 기원전 1세기 말까지라고 발표하였다. 낙랑군이 설치되었다는 기원전 108년보다 훨씬 앞선 시대의 것이라는 말이다. 또한 복기대는 「임둔태수장을 통해 본 한사군의 위치」라는 논문에서 '임둔태수장臨屯太守章'(임둔군 태수가 쓴 글)이 요하 서쪽 금서錦西시에서 출토된 사실을 폭로하였다. 이에 한사군이 한반도 내에 있었다는 기존의 학설은 설 땅을 잃게 되었다.

그래서인지 현행 우리나라 고등학교 한국사 교과서에는 한사군의 구체적인 위치에 대한 언급은 사라지고, "고구려가 한사군을 격퇴하고 요동으로 진출하였다."고 애매하게 기술되어 있다. '고조선이 멸망하자 한나라가 침략하여 고조선 일부 지역에 군현을 설치하고 지배하였으며, 뒤에 고구려의 공격을 받고 물러갔다' 는 것이다. 하지만 '고조선이 망한 뒤 한사군이 고구려 시대까지 한민족을 지배했다' 고 하는 등, 일본이 조작한 역사는 여전히 그대로 살아 있다. 우리는 일본 침략주의자들의 야욕에 의해 말살되고 조작된 우리 역사를 『환단고기』를 통해서 속히 되찾아 바로잡아야 할 것이다.

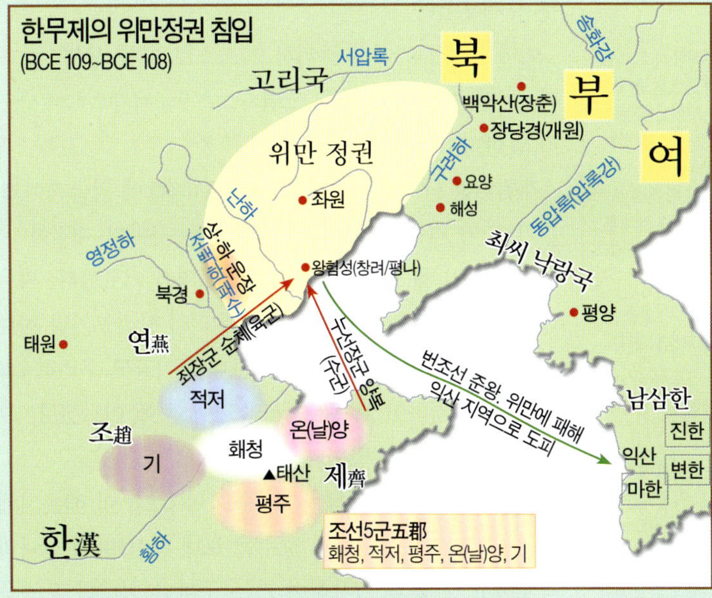

BCE 109년, 위만의 손자 우거右渠 때 한무제가 좌左장군 순체筍彘에게 군사 5만을 주어 육로로, 누선樓船장군 양복에게 수군 7천을 보내 바닷길로 우거정권의 수도 왕험성을 공격하게 하였다. 한나라는 초기에 패하였으나 1년이 넘는 교전 끝에 이간책으로 우거정권 지도층을 분열시켜 결국 우거를 죽였다(BCE 108). 한나라는 그 여세를 몰아 북부여로 쳐들어왔으나 서압록 출신 고두막한이 거병하여 한나라의 침략을 막아냈다. 고두막한은 졸본卒本에 나라를 열어(BCE 108) 졸본부여라 하고, 스스로 동명왕東明王이라 칭하였다.

5세 단군 고두막(일명 두막루)
동명왕 재위 22년 북부여 단군 재위 27년

동명왕 고두막한의 북부여 재건과 시대 배경

고두막단군의 재위 원년은 환기 7090, 신시개천 3790, 단기 2226, 기원전 108년(계유)이다. 이때는 북부여 고우루단군 13년 이다. 임금께서는 사람됨이 호방하고 영준하며 용병用兵을 잘 하 셨다. 일찍이 북부여가 쇠하면서 한나라 도적이 불길처럼 성하게 일어나는 것을 보고 분개하여 개연히 세상을 구제하겠다는 큰 뜻을 세우셨다.

이에 졸본卒本*에서 즉위하고 스스로 호를 동명東明*이라 하셨 다. 어떤 사람은 이분을 고열가(고조선의 마지막 47세 단군)의 후예 라 말한다.

재위 3년 단기 2228, 기원전 106년(을해)에 임금께서 스스로 장 수가 되어 격문檄文*을 돌리니 이르는 곳마다 대적할 자가 없었 다. 한 달이 채 안 되어 군사가 5천 명에 이르렀다. 싸울 때마다 한나라 도적이 멀리서 동명왕을 우러러 바라보기만 하여도 스스 로 무너졌다. 임금께서 마침내 군대를 이끌고 구려하九黎河*를 건 너 계속 추격하여 요동遼東 서안평西安平*에 이르셨다. 그곳은 바 로 옛 고리국槀離國 땅이다.

재위 22년 단기 2247, 기원전 87년(갑오), 이 해는 4세 고우루 단군 34년이다. 임금께서 장수를 보내 배천裴川의 한나라 도적을 격파하고, 유민과 합세하여 가는 곳마다 한나라 도적을 연달아 쳐부수었다. 그리고 그 수비 장수를 사로잡아 방비를 갖추어 적 을 막기에 힘쓰셨다.

졸본 | 고구려의 시조 고주 몽이 도읍한 곳으로 광개토 대왕 비문에 나타난 홀본忽 本과 같은 말이다. 이유립은 두만강 부근의 수분하 지역 으로 비정하고, 학계에서는 지금의 혼강渾江 유역의 환 인桓仁 지방으로 추정하고 있다.

동명 | 동녘 동 자, 밝을 명 자. 동방의 광명을 뜻한다.

격문 | 어떤 일을 여러 사람 에게 널리 알려 부추기기 위 한 글.

구려하 | 현 요하의 옛 이름 이다. 만주 남부 평원을 관 통하는 전장 약 1,400km의 하천이다.

서안평 | 내몽고 임황臨潢 으로 지금은 임동林東 또는 파림좌기巴林左旗라 한다.

고두막한의 북부여 국통 계승

재위 23년 단기 2248, 기원전 86년(을미)에 북부여가 성읍을 바쳐서 항복하고 왕실만은 보존시켜 주기를 여러 번 애원하였다. 고두막단군께서 이를 들어 주시어, 해부루解夫婁의 봉작封爵을 낮추어 제후諸侯로 삼아 **차릉**岔陵으로 이주해 살게 하셨다. 임금께서 북 치고 나팔 부는 악대를 앞세우고 무리 수만 명을 이끌고 도성에 입성하셨다. 나라 이름을 여전히 **북부여**北夫餘라 칭하셨다.

가을 8월에, 한나라 도적과 여러 번 서압록하西鴨綠河 강가에서 싸워 크게 승리를 거두셨다.

고주몽의 탄강

재위 30년 단기 2255, 기원전 79년(임인) 5월 5일에 **고주몽**高朱蒙이 **차릉**에서 태어났다.

재위 49년 단기 2274, 기원전 60년(신유)에 고두막단군께서 붕어하셨다. 유명遺命에 따라 졸본천卒本川에 장사를 지냈다. 태자 고무서高無胥께서 즉위하셨다.

인물 돋보기

주몽과 동명왕 | 흔히 고구려를 건국한 고주몽을 동명왕으로 잘못 알고 있다. 김부식이 『삼국사기』에 동명과 주몽을 같은 인물로 기록해 놓았기 때문이다. 그러나 '동명東明'은 졸본에서 동명국(졸본부여)을 세우고 즉위한 고두막한의 호이다. 그래서 고두막한을 '동명왕'이라고 한다. 김천령(연산군 때의 문관)은 자신이 지은 부賦에서 "동명이 창업하고 주몽이 계승하였다."라고 하여, 동명과 주몽이 전혀 다른 인물임을 전하였다. 이 동명왕과 고주몽에 관한 진실이 『환단고기』에서 확실하게 밝혀진 것이다.

차릉 | 가섭원. 지금의 만주 흑룡강성 통하현通河縣이다.

고주몽 | 세속에서 일반적으로 부르던 호칭. 보위에 오르기 전의 호칭으로 봐야 한다.

유명 | 임금이나 부모가 죽을 때에 남긴 명령.

6세 단군 고무서 재위 2년

덕을 갖추고 민심을 얻어 작은 해모수라 불림

고무서단군의 재위 원년은 단기 2275, 기원전 59년(임술)이다. 임금께서 졸본천에서 즉위하셨다. 부로父老들과 더불어 **백악산**에 모여 규약을 정하고 천제를 지내셨다.

여러 가지 사례를 반포하여 널리 행하게 하시니 안팎에서 모두 크게 기뻐하였다.

임금께서는 태어날 때 신령스러운 덕을 갖추시어 주문을 읽어 신령한 도술로써 능히 바람을 부르고 비를 내리게 하시며[호풍환우呼風喚雨], 자주 곡식을 풀어 백성을 구휼救恤하시니 민심을 크게 얻어 소해모수小解慕漱라는 칭호가 붙게 되었다. 이때에 한나라 도석이 요하遼河 동쪽에서 분란을 일으키므로 여러 번 싸워서 승리를 거두셨다.

재위 2년 단기 2276, 기원전 58년(계해)에 임금께서 순행하시다가 **영고탑**에 이르러 흰 노루를 얻으셨다.

겨울 10월에 고무서단군께서 붕어하셨다. **고주몽**高朱蒙이 유명遺命을 받들어 대통大統(제왕의 계통)을 이으셨다.

이에 앞서 고무서단군에게는 대를 이을 아들이 없었는데, 고주몽이 보통사람이 아님을 알아보시고 공주를 아내로 삼게 하셨다. 이에 이르러 즉위하니 주몽의 나이 23세였다.

고주몽이 북부여를 계승하기 전에 피난한 과정

당시 동부여 사람들이 주몽을 죽이려 하므로, 주몽이 어머니의 명을 받들어 오이烏伊, 마리摩離, 협보陜父 세 사람과 친구의 의를 맺고 함께 길을 떠났다. **차릉수**에 이르러 강을 건너려 하였으나 다리가 없었다. 뒤쫓아 오는 군사들에게 붙잡힐까 두려워하여 강에 고하기를, "나는 **천제**(천상 상제님)**의 아들**이요, **하백의**

외손으로 오늘 달아나는 길인데 쫓는 자가 다가오고 있으니 어찌하리까?”하니, 물속에서 물고기와 자라가 수없이 떠올라 다리가 되었다. 주몽이 물을 건너자 물고기와 자라가 곧 흩어졌다.

✿ **천제의 아들**[天帝子] | 고구려 시조 고주몽이 “나는 천제의 아들이다[我是天帝之子].”라고 말한 것은, 광개토대왕비문에도 적혀 있다. 동한東漢의 채옹蔡邕(132~192)이 지은 『독단獨斷』 상권에 “천자는 동이족이 부르던 호칭이다. 하늘을 아버지로 땅을 어머니로 하는 까닭에 천자라 부른다.”라고 하여, 본래 우리나라가 ‘천자 나라’임을 밝혀 주었다. 역사를 소급하여 살펴보면, 황제라 칭하며 천자로서 연호를 쓴 것[건원칭제]은 환국 시대의 ‘삼신 사상’에 근원을 둔다. 천자란 본래 삼신상제님의 정신을 체득하고 삼신상제님을 대행하여 그 진리(신교)로써 세상을 교화하고 다스리신 환웅·단군을 천제자[天帝子=天子]라고 한 데서 나온 말인 것이다.

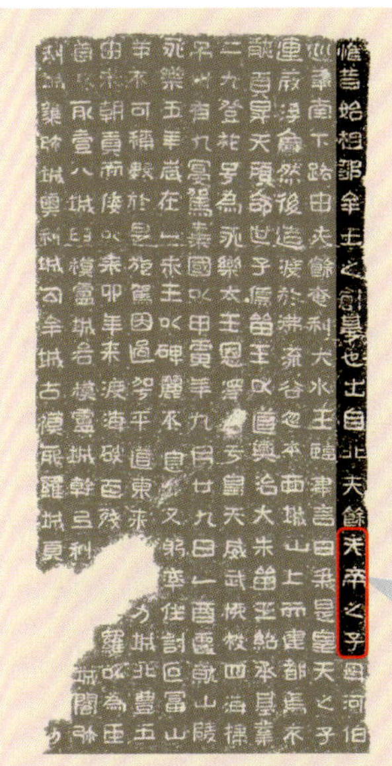
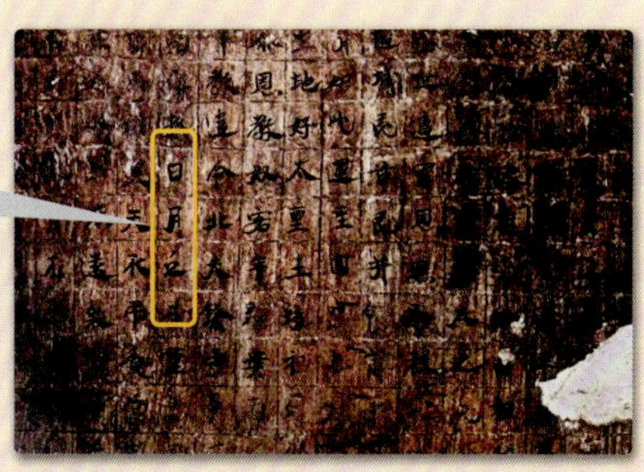

광개토태왕비에서는 고구려 추모왕이 천제의 아들[天帝之子]임을 천하에 공표하였다. 그리고 1935년 길림성 집안현에서 발견된 고구려 광개토태왕 때 북부여 수사守事인 모두루의 무덤 안쪽 벽에 묵서墨書된 묘지명墓誌銘에서는 ‘일월지자日月之子’라는 말을 사용하였다. 일월지자라는 말은 천제지자天帝之子와 같은 의미로, 고구려가 환국 이래로 내려온 신교의 광명사상에 입각한 천손天孫 의식을 강하게 갖고 있었음을 말해 준다.

시조 해부루 재위 39년

동부여 수도 가섭원은 차릉

시조 해부루왕의 재위 원년은 환기 7112, 신시개천 3812, 단기 2248, 기원전 86년(을미)이다. 왕께서 북부여의 제재를 받아 **가섭원**迦葉原*으로 옮겨 살게 되었다. 가섭원을 **차릉**이라고도 부른다.

이곳은 토지가 기름져서 오곡이 자라기에 적합하였는데, 특히 보리가 많이 났다. 또 호랑이, 표범, 곰, 이리가 많아 사냥하기에 좋았다.

재위 3년 단기 2250, 기원전 84년(정유)에 국상 아란불阿蘭弗에게 명하여 구휼을 베풀고 원근의 유민을 불러 위로하며, 굶주리거나 추위에 떨지 않게 하셨다. 또 밭을 나누어 주어 농사를 짓게 하시니, 몇 해 지나지 않아 나라가 부유해지고 백성이 번성하였다. 당시에 때 맞추어 비가 내려 차릉을 축축이 적시므로 백성이 「왕정춘王正春」이라는 노래를 불러 임금을 찬양하였다.

고주몽의 혈통과 '주몽'이란 말의 어원

재위 8년 단기 2255, 기원전 79년(임인)의 일이다.

이보다 앞서 **하백의 딸 유화**柳花가 밖에 나가 놀다가 부여의 황손 **고모수**高慕漱의 꾐에 빠졌다. 고모수는 강제로 유화를 압록강변에 있는 궁실로 데려가 은밀히 정을 통하고 하늘로 올라가서 돌아오지 않았다[승천불귀昇天不歸]*. 유화의 부모는 중매도 없이 고모수를 따라간 것을 꾸짖고 유화를 먼 곳으로 쫓아 보냈다.

고모수의 본명은 **불리지**弗離支인데 혹자는 **고진**高辰(북부여 2세 모수리단군의 아우)**의 손자**라 한다.

해부루왕이 유화를 보고 이상하게 여겨 수레에 태워 환궁하여 궁에서 나가지 못하게 하였다.

이 해 5월 5일, 유화 부인이 알 하나를 낳았는데 한 사내아이가 껍질을 깨고 나왔다. 이 아이가 바로 **고주몽**高朱蒙이니 골격이 뚜렷하고 늠름하며 위엄이 있었다. 나이 겨우 7세에 스스로 활과 화살을 만들어 백 번을 쏘면 백 번을 다 맞추었다. 부여 말에 **'활 잘 쏘는 사람을 주몽'**이라 하므로 이름을 '주몽'이라 불렀다.

왕자 금와의 탄생

재위 10년 단기 2257, 기원전 77년(갑진)의 일이다.

해부루왕이 늙도록 대를 이을 아들이 없어서, 하루는 산천에 후사後嗣(대를 이을 아들)를 기원하는 제사를 지냈다. 곤연鯤淵이라는 곳에 이르렀는데, 왕이 탄 말이 큰 돌을 보더니 그 앞에 마주서서 눈물을 흘렸다.

왕이 괴이하게 여겨 사람을 시켜 그 돌을 굴려 보게 하였더니, 거기에 한 아이가 있는데 금색의 개구리 모양이었다. 왕이 기뻐하며 "이것은 하늘이 과인에게 대를 이을 아들을 내려 주신 것이로다" 하고, 아이를 거두어 길렀다. 이름을 금와金蛙라 하고 장성하자 태자로 삼았다.

고주몽의 고구려 건국

재위 28년 단기 2275, 기원전 59년(임술)에, 사람들이 고주몽을 나라에 이롭지 않다고 여겨 죽이려 하였다.

이에 고주몽이 어머니 유화 부인의 명을 받들어 동남쪽으로 달아나 엄리대수淹利大水를 건너 졸본천卒本川에 도착했다. 이듬해 새 나라를 여시니, 이분이 곧 고구려의 시조이시다.

재위 39년 단기 2286, 기원전 48년(계유)에 해부루왕이 훙서하였다. 태자 금와가 즉위하였다.

곤연 | 경박호鏡泊湖로 추정. 고사故史에는 홀한해忽汗海라 하였다. 지금의 흑룡강성 영안현寧安縣 서남쪽에 있다. 이유립은 박노철의 설을 인용하여 흑룡강성 가목사佳木斯시와 학강鶴岡시 사이의 학립鶴立에 있다고 하였다.

엄리대수 | 광개토대왕 비문에서는 '부여夫餘 엄리대수'라고 분명히 기록했다. 그러므로 부여의 강역인 송화강 유역에서 찾아야 한다. 여기서 부여는 북부여가 아니라 흑룡강성 통하현 지역에 위치한 동부여이므로, 엄리대수는 곧 만주 흑룡강성을 횡단하여 흐르는 송화강으로 추정된다.

2세 금와 재위 41년

고구려와의 대외관계와 유화 부인의 죽음

금와왕의 재위 원년은 단기 2287, 기원전 47년(갑술)이다.

왕이 고구려에 사신을 보내 방물을 바쳤다.

재위 24년 단기 2310, 기원전 24년(정유)에 유화 부인이 세상을 떠났다. 고구려에서는 위병衛兵 수만 명으로 호위하게 하여 영구靈柩를 졸본으로 모셔 와서 장사를 지냈다. 주몽 성제께서 황태후皇太后의 예로써 모후의 영구를 모셔 와 능陵(큰 무덤)을 조성하고 그 곁에 묘사廟祠(사당)을 지으라 명하셨다.

재위 41년 단기 2327, 기원전 7년(갑인)에 금와왕이 훙서하였다. 태자 대소帶素가 즉위하였다.

3세 대소 재위 28년

대소왕의 고구려 침략

대소왕의 재위 원년은 단기 2328, 기원전 6년(을묘), 고구려 2세 유리명열제 14년이다. 봄 정월에 왕이 고구려에 사신을 보내 왕자를 볼모로 교환하자고 청하였다. 고구려 열제烈帝(2세 유리명열제)께서 태자 도절都切을 볼모로 삼으셨는데, 도절이 가지 않으므로 왕이 노하였다.

겨울 10월에, 왕이 군사 5만 명을 거느리고 졸본성을 쳐들어 갔으나 큰 눈이 와서 얼어 죽는 군사가 많아 물러났다.

재위 19년 단기 2346, 13년(계유)에 왕이 고구려를 침공하였지만, 학반령鶴盤嶺 밑에 이르러 복병을 만나 크게 패하였다.

대소왕의 죽음

재위 28년, 단기 2355, 22년(임오), 고구려 대무신열제 5년 2월에 고구려가 국력을 다하여 쳐들어왔다. 왕이 몸소 군사를 이끌고 나가 싸우다가 왕이 탄 말이 진구렁에 빠져서 나올 수가 없었다. 이때 고구려 상장 괴유怪由가 곧장 나아가 왕을 죽였다.

부여군은 오히려 굴복하지 않고 고구려군을 여러 겹으로 에워쌌다. 마침 짙은 안개가 7일 동안 계속되자 고구려 열제가 밤을 틈타 군사를 비밀리에 움직여 포위망을 벗어나 샛길로 달아났다.

대소왕 아우의 갈사국 건설

여름 4월, 왕의 **아우**가 추종자 수백 명과 더불어 길을 떠나 압록곡鴨綠谷에 이르렀다. 마침 사냥을 나온 해두국海頭國 왕을 보자 그를 죽이고, 그 백성을 취하여 갈사수葛思水 가로 달아나 나라를 세우고 스스로 왕이라 일컬었다. 이 나라가 바로 갈사국(갈사부여)이다.

고구려 6세 태조무열제太祖武烈帝 융무隆武 16년(단기 2401, 68) 8월에 이르러 도두都頭왕(갈사국 3세 왕)이 고구려가 날로 강성해지는 것을 보고 마침내 나라를 바치고 항복하니, 시조로부터 3세, 역년 47년 만에 나라가 없어지고 말았다.

이때 고구려 열제께서 도두를 우태于台로 삼아 살 집을 주고, 혼춘琿春을 식읍食邑으로 주고 동부여 제후로 봉하였다.

대소왕 종제가 고구려에 투항하여
연나부 왕에 임명됨

이 해 가을 7월에 대소왕의 **종제**從弟(사촌아우)가 백성에게 일러 말하기를 "우리 선왕先王께서 시해弑害를 당하시고 나라는 망하

괴유 | 고구려 3세 대무신열제 때 상장군으로, 『삼국사기』를 보면 키가 9척이나 되며 칼을 잘 쓴다고 하였다.

갈사수 | 동만주 지방의 강으로 생각되나 어느 강인지 확실하지 않다. 이유립은 우수리강烏蘇里江으로 추정하였다.

우태 | 고구려의 관직명. 학계에서는 우태優台(于台)가 원래 부족의 우두머리, 족장을 의미하는 말로 환나부, 비류나부와 같이 고구려의 5부를 각각 통할하는 직책이라 추정한다.

혼춘 | 만주 길림성 연길시延吉市 동쪽에 있다. 만주 말로 '변두리 땅'이란 뜻이다.

식읍 | 왕족, 공신, 대신들에게 공로에 대한 특별 보상으로 주는 영지.

여 백성이 의지할 곳이 없고, 갈사국은 한쪽에 치우쳐 있어 안락하기는 하나 스스로 나라를 이루기 어렵도다. 나 또한 재주와 지혜가 부족하여 나라를 다시 일으킬 가망이 없으니 차라리 항복하여 살기를 도모하자."라고 하였다.

그리고 드디어 옛 도읍의 백성 1만여 명과 함께 고구려에 투항하니, 고구려에서는 그를 왕으로 봉하여 연나부椽那部에 살게 하였다. 또 그의 등에 띠 같은 무늬가 있으므로 낙씨絡氏 성을 내려주었다.

그 후에 차츰 자립하여 개원開原 서북에서 백랑산白狼山* 계곡으로 옮겨갔는데 연燕나라와 가까운 곳이었다. 고구려 21세 문자열제文咨烈帝 명치明治(단기 2827, 494, 갑술)에 이르러 나라가 고구려에 굴복하여 들어가니 연나부의 낙씨는 마침내 망했다.

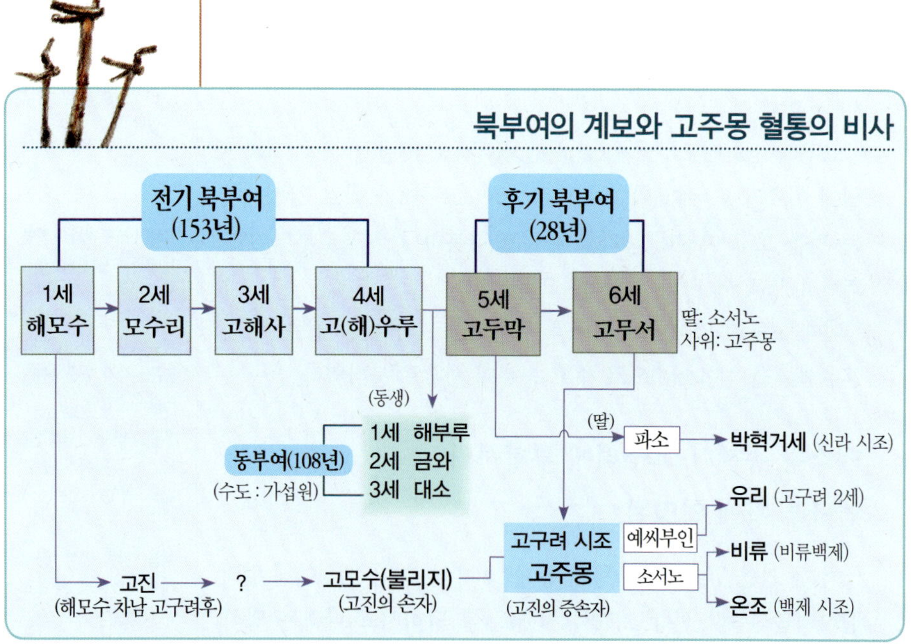

사라진 북부여 역사

2006년 5월~2007년 3월 사이에 방영된 MBC 드라마 〈주몽朱蒙〉은 많은 인기를 얻었다. 그러나 그 내용은 북부여와 동부여, 고구려 역사에 대한 잘못된 시각을 심어 주었다. 북부여를 세운 해모수가 동부여를 세운 해부루의 아들 금와(해모수의 5세 손)의 친구로 등장하는가 하면, 고구려를 세운 주몽(해모수의 5세 손)이 해모수의 아들로 묘사되었다. 북부여에서 고구려로 이어지는 200여 년간 실존했던 역사 인물들이 한 세대 안에 배치되어 또 다른 역사 왜곡이 빚어진 것이다. 이같이 잘못된 역사물이 나오게 된 것은 단군조선 이후 우리 역사에서 중요한 부분을 담당했던 북부여 역사가 사라졌기 때문이다.『환단고기』「북부여기」를 통해 그 진실을 알아본다.

부여의 기원

기원전 426년, 고조선 43세 물리 단군 때였다. 근 2천 년 동안 광활한 대륙을 다스리며 한민족 역사에서 최전성기를 누리던 고조선의 국력이 크게 쇠약해진 사건이 일어났다. 융안의 사냥꾼인 우화충이 스스로 장군이라 칭하고 수만 명을 모아서 반란을 일으킨 것이다. 단군께서 군사를 보냈으나 이기지 못하였다. 겨울이 되자 우화충은 도성을 포위하고 공격해 왔다. 단군께서는 피난길에 올랐다가 도중에 세상을 떠나고 말았다.

이에 백민성 욕살(지방장관) 구물이 천명을 받들고 병사를 일으켜, 이듬해(기원전 425) 마침내 우화충의 반란을 진압하였다. 그리고 백성의 추대를 받아 44세 단군으로 즉위하였다. 구물 단군은 국력 회복을 위해 국호를 '조선'에서 '대부여大夫餘'로 바꾸었다. '부여'는 '아침에 어둠이 걷히면서 먼동이 부옇게 밝아온다'는 뜻으로, 한민족의 광명 사상을 담고 있다. 본래 '부여'라는 이름은 초대 단군 왕검이 넷째 아들인 부여를 서쪽 땅의 부여후로 봉하고 그곳을 부여라 부른 것에서 유래하였다.

구물 단군이 초대 단군 시절의 부여를 취하여 국호를 정한 것은, '고조선 초기의 국력을 다시 회복하겠다'는 국가 재건과 쇄신에 대한 강력한 의지를 나타낸 것이다

간추린 북부여 건국 역사

고조선(대부여)의 마지막 단군인 47세 고열가 단군 시절, 나라가 기울어 가던 때에 고리국 출신의 종실宗室 대해모수가 고조선의 북녘 땅(만주)에 북부여를 건국하였다(기원전 239). 북부여란 '대부여의 북쪽에 세운 부여'라는 뜻이다

이듬해에 고열가 단군은 나라를 다스릴 힘이 없음을 알고, 오가五加에게 새 단군을 천거할 것을 부탁하고 산으로 들어갔다. 이후 오가가 함께 나라를 다스리는 공화정이 실시되었다. 그로부터 6년 뒤, 해모수는 마침내 백악산 아사달을 점거하고 오가의 공화정을 철폐하였다. 그리고 백성의 추대를 받아 단군으로 즉위하였다. 이로써 북부여 중심의 새 역사가 시작되었다(기원전 232).

북부여는 초대 해모수 단군부터 6세 고무서 단군까지 182년(기원전 239~기원전 58)의 짧은 역사를 끝내고 고구려로 이어진다.

왜 북부여 역사가 사라진 것일까?

기원전 108년, 중국의 가장 강력한 군주 가운데 한 사람인 한나라 무제가 군사를 크게 일으켜 우거정권을 정복하고, 4군을 설치하고자 북부여를 침략하였다. 이에 고열가 단군의 후손인 동명왕 고두막한이 분연히 의병을 일으켜, 가는 곳마다 적들을 격파하였다. 그리하여 마침내 '고조선의 전 영역을 수중에 넣고 군현을 설치하고자 한' 한 무제의 꿈을 무산시켰

다.(이후 동명왕은 북부여 5세 단군으로 즉위한다)

그런데 한 무제의 사관으로서 이 전쟁 과정을 직접 지켜 본 사마천은『사기』에 이 사실을 한 구절도 기록하지 않았다. 나아가 한 무제가 우거정권을 멸한 것을 마치 고조선 전체를 정복한 것처럼 보이게 서술하였다. 한 무제가 동명왕 고두막한에게 대패한 치욕을 숨기고자 의도적으로 북부여사를 누락시킨 것이다. 이로써 이후 거의 모든 역사책에서 북부여 역사가 사라져 버렸다.

그런데 고려와 조선 시대에 우리 사대주의 역사가들이 이것을 그대로 받아들였다. 일제 식민사학자들은 물론 우리나라 각 학교에서 역사를 연구하고 가르치는 사학자들도 그것을 아무런 비판 없이 받아들였다. 그 결과 180여 년에 걸친 북부여 6대 단군의 역사가 완전히 허공으로 증발되어 버렸다.

이 때문에 우리는 '위만정권이 망한 기원전 108년부터 대제국 고구려가 등장하는 기원전 58년까지 약 50년 동안' 동방 한민족에게 구체적으로 무슨 일이 벌어졌는지 알 수 없었던 것이다.

부여사의 흐름과 위치

▶대소왕 아우의 갈사국 건설. 도두왕이 항복하여 동부여후에 봉해짐
▶대소왕 종제의 고구려 투항과 연나부부여의 독립
▶망명 부여(연나부부여)의 왕 의려依慮(혹은 의라)가 왜倭를 정복(286년경)하여 일본 최초 통일왕조인 '야마토大和 왜' 건설

환단고기

대흥안령산맥

두막루

흑룡강

우수리강

눈수

④동부여(가섭원부여)
(BCE 86~CE 22)

⑤갈사부여(갈사국)
(CE 22~CE 68)

아사달(하얼빈)

가섭원(통하)

목단강

영고탑(해림)

송화강

②북부여
(BCE 239~BCE 58)

수분하

⑥동부여후
(CE 68)

백악산(장춘.농안)

웅심산(서란)

훈춘

서압록

①대부여(고조선 44세 단군)
(BCE 425~BCE 238)

⑤연나부부여(서부여)
(CE 22~CE 285)

장당경(개원)

백두산

심양

③졸본부여(후기북부여)
(BCE 108~BCE 58)

적봉

해성

졸본卒本(환인)

연나부부여(서부여)
(CE 285~CE 494)

난하(요수)
패수(조하)

백랑산

평양

북경

연나부부여(서부여)의 의려(의라)가 모용씨에게 패해 바다를 건너가 오진應神 왕이 됨

⑦백제(남부여)
(CE 538 남부여로 국호변경)

부여

태산

286

← 동부여의 이동 경로

부여夫餘의 기원과 부여사

세대	이름	재위	내용
단군조선 BCE 2333~BCE 238 (BCE 425년에 대부여라 칭함)			
1세	단군왕검王儉	BCE 2333 ~BCE 2241	구환九桓을 통일하고 신시의 옛 법도를 회복하여 아사달에 도읍, 조선 건국. 삼한관경제로 분조分朝를 두어 통치. 막내아들 부여夫餘를 **부여후**侯로 임명.
44세	구물丘勿	BCE 425 ~BCE 397	BCE 425 나라의 위기를 극복하고자 **대부여**大夫餘**로 국호를 변경**. 삼한을 삼조선 체제로 변경하고 분조의 병권을 인정.
47세	고열가高列加	BCE 295 ~BCE 238	단군께서 제위를 버리고 입산. 오가五加가 과도기 공화정을 시작.
북부여 BCE 239~BCE 86			
1세	해모수解慕漱	BCE 239 ~BCE 195	BCE 239 웅심산에서 일어남. BCE 232 오가의 공화정을 철폐하고 단군으로 추대됨. 해모수의 고향 이름을 따 **고구려**라고도 불림(원 고구려).
4세	고우루高于婁	BCE 120 ~BCE 87	위만정권 우거왕의 침입을 막은 해모수의 둘째 아들 고진高辰을 고구려후高句麗侯로 삼음.
졸본卒本 **부여** (후後 북부여) BCE 86~BCE 58			
5세	고두막한 高豆莫汗 (동명東明왕)	동명 왕 BCE 108 ~BCE 86	고조선의 47세 고열가단군의 후손. 한무제 유철이 위만 정권을 무너뜨리고 북부여를 침략함. 졸본에서 동명국(일명 졸본부여: BCE 108~BCE 86)을 세움.
	고두막高豆莫	북부여 단군 BCE 86 ~BCE 60	군대를 이끌고 한나라 군대를 격퇴. 북부여 4세 고(해)우루단군을 이은 해부루단군을 압박하여 제위를 양위 받아 5세 단군으로 즉위(BCE 86). 국호 북부여를 그대로 사용, 해부루는 가섭원으로 이주.

세대	이름	재위	내용
7세	고주몽高朱蒙	BCE 58 ~BCE 19	BCE 79년 해모수의 둘째 아들 고진의 손자 고모수高慕漱(혹은 불리지弗離支)와 하백녀 유화의 아들로 태어남(고구려후 고진의 증손자이며 북부여 시조 해모수의 현손). 6세 고무서단군의 사위로서 북부여를 계승.

가섭원迦葉原 부여 (동東부여) BCE 86~22

세대	이름	재위	내용
1세	해부루解夫婁	BCE 86 ~BCE 48	북부여 4세 고우루단군의 아우. 고두막한에 양위하고 가섭원迦葉原(차릉岔陵)으로 이주, **가섭원 부여**를 세움. 동쪽에 있으므로 동부여라고도 함.
3세	대소帶素	BCE 6 ~CE 22	고구려 대무신열제와의 싸움에서 전사. 유민들이 갈사부여와 연나부부여로 나뉨.

갈사曷思 부여 22~68

세대	이름	재위	내용
1세	대소의 동생	CE 22~?	동부여 대소왕의 아우. 대소왕이 죽자 추종자들과 더불어 압록곡으로 달아나 갈사국曷思國 왕이 됨.
3세	도두都頭	CE ?~68	고구려 6세 태조무열제에게 나라를 바침. 동부여후東夫餘侯로 책봉됨.

연나부椽那部 부여 (서西부여) 22~494

세대	이름	재위	내용
1세	대소의 종제從弟	CE 22~?	백성들과 고구려에 투항. 고구려는 왕으로 삼아 연나부에 살게 함. 낙絡씨 성을 하사받음.
6세	의려依慮	?	개원에서 연나라와 가까운 백랑산으로 옮김. 선비 모용씨에게 패한 뒤 아들 의라(부라扶羅)에게 양위하고, 바다를 건너가 왜를 평정하고 나라를 세움(일본 최초의 통일 왕조 **야마토 왜를 세운 오진應神 왕**). (오진 왕은 의려 혹은 의라 두 가지 설이 있음)

세대	이름	재위	내용
7세	의라依羅	?	모용씨가 재차 침략하자 무리를 거느리고 바다를 건너가 왜를 평정하고 왕이 됨.
		CE 494	잔존 세력은 고구려 21세 문자열제文咨烈帝에게 나라를 바침. 그 일부가 부여 북쪽으로 옮겨가 두막루豆莫婁를 세움.
백제百濟 (남부여) BCE 18~660			
1세	온조溫祚	BCE 18 ~CE 27	하남 위례성河南 慰禮城에 백제百濟 건국.
26세	성왕聖王	CE 523 ~554	CE 538 웅진(공주)에서 사비성(부여)으로 천도, 국호를 **남부여**南夫餘로 고침.

한민족 신교문화의 집대성자

이 맥 李陌 (1455~1528)

| 본관 고성固城
| 자　정부井夫
| 호　일십당一十堂
| 행촌 이암의 현손玄孫

한민족과 동북아 민족 전체의 영산靈山인 백두산

太白逸史

태백일사

일십당 주인一十堂主人 **이맥**李陌 **찬**撰

* 조선 연산군 때 문과에 급제하고(1498), 연산군이 총애하는 장숙용張淑容(장녹수)이 개인 집을 너무 크게 짓자 직간直諫하다가 연산군의 미움을 사서 괴산으로 귀양갔다(1504). 2년 후인 중종 원년(1506)에 소환되었고, 중종 14년(1519)에 찬수관撰修官이 되어 내각內閣의 비장 서적을 열람하고 귀양살이 시절에 고로古老들에게 들은 내용을 바탕으로 66세 때인 1520년에 『태백일사』를 지었다.

* 9천 년 동방 한민족사의 불멸의 혈맥을 펼친 8권의 보서를 『태백일사』로 구성한 것이다. 처음에는 세상에 내놓을 수 없어 비장서秘藏書로 집 안에 깊숙이 감추었다.

* 74세를 일기로 세상을 떠났다. 묘소는 1990년에 충남 연기군 서면 용암리로 이장되었다.

태백일사 목록

태백일사 1

삼　신　오　제　본　기

三神五帝本紀

■ 「삼신오제본기」는 9천 년 전 환국 이래 한민족의 정신사를 이끌어 온 신교문화의 주제 내용과 그 핵심 기틀을 우주관, 신관, 인성론, 수행론, 인류의 기원 등 다방면에 걸쳐 전해 주는 사서이다.

■ 삼신일체의 도[三神一體之道]와 천지의 오제五帝와 오령五靈 사상은 음양오행이 중국에서 이뤄진 것이 아니라 한민족 신교 철학의 우주관, 자연관임을 결정적으로 드러낸다.

■ 특히 삼신이 낳은 천지인天地人 삼재 각각의 가치와 덕성에서 진眞·선善·미美가 나왔음을 밝힌 대목은, 이 편이 주는 놀라움 가운데 하나이다.

■ 「삼신오제본기」를 「환국본기」 앞에 놓은 것은 단순히 삼신오제라는 일개 학설을 전하려는 것이 아니라 **환국과 배달과 조선의 상고 시원 문명 세계를 설명하려는 의도로 보인다. 이** 「삼신오제본기」는 인류사의 삼성조 시대의 우주관과 신관과 역사관을 신교 원형 문화의 통합적 시각에서 정리한 총론 장이다.

'우주의 주재자' 삼신상제님의 조화 권능

『표훈천사表訓天詞』에 이렇게 기록되어 있다.

우주가 처음 열릴 때 상하와 동서남북 사방에는 일찍이 암흑이 보이지 않았고, 언제나 **오직 한 광명**뿐이었다. 천상 세계에 '문득' **삼신**三神이 계셨으니 곧 **한 분 상제님**[三神卽一上帝]이시다. **주체**는 일신이시니, 각기 따로 신이 있는 것이 아니라, 작용하심으로 보면 삼신이시다.

삼신은 조화로 만물을 빚어 내고, 헤아릴 수 없는 지혜와 능력으로 온 세상을 다스리지만 그 형체를 나타내지 않으신다. 가장 높고 높은 하늘에 앉아계시니, 그곳은 멀고 멀어 알 수 없는 곳이다. 삼신은 항상 광명을 크게 방출하고 신묘한 기운을 크게 발하며 상서로운 기운을 크게 내리신다. 기를 불어넣어 만유를 감싸고, 열을 내뿜어 만물의 종자를 자라게 하며, 신명神明들로 하여금 **삼신상제님의 명령**(천명天命)을 집행하게 하여 세상일을 다스리신다.

오령과 방위의 주재자

태초에 기氣가 있기 전에 처음으로 수기水氣를 생生[태수太水]하여, 이 **태수**로 하여금 **북방**에 자리잡고 천명을 맡아 **흑**黑색을 주관하게 하셨다.

생명의 기틀[機]이 있기 전에 처음으로 화기火氣를 생[태화太火]하여 이 **태화**로 하여금 **남방**에 자리잡고 천명을 맡아 **적**赤색을 주관하게 하셨다.

생명의 바탕[質]이 있기 전에 처음으로 목기木氣를 생[태목太木]하여 이 **태목**으로 하여금 **동방**에 자리잡고 천명을 맡아 **청**靑색을 주관하게 하셨다.

생명의 형상[形]이 있기 전에 처음으로 금기金氣를 생[태금太金]하여, 이 **태금**으로 하여금 **서방**에 자리잡고 천명을 맡아 **백**白색을 주관하게 하셨다.

이 네 기운을 조화시킬 주체[體]가 있기 전에 처음으로 (중성의 조화 기운인) 토기土氣를 생[태토太土]하여 이 **태토**로 하여금 **중앙**의 방위에 자리잡고 천명을 맡아 **황**黃색을 주관하게 하셨다.

이때에 천하에 두루 계시며 **다섯 임금**[五帝]**이 맡은 사명을 주관**하는 분은 **천하대장군**天下大將軍이시며, 지하에 두루 계시며 **다섯 성령**聖靈**이 이루는 공덕을 주관**하는 분은 **지하여장군**地下女將軍이시다.

🌸 **오행**五行 | 우주, 즉 천지인天地人의 창조 변화를 전개하는 오행(金木水火土) 원리는 본래 배달민족의 신교 철학이며 우주 자연관이다. 이 오행 개념은 일반적으로 알고 있는 수화금목토의 개념이 아니므로, 클 태太 자를 붙여서 말한다. 즉 음양(음-金水, 양-木火) 운동의 모체인 태극을 따라 변화하므로 태수太水, 태화太火, 태금太金, 태목太木, 태토太土라 한 것이다.

삼신과 오제와 오령

곰곰이 생각해 보건대,

삼신三神은 천일天一과 지일地一과 태일太一이시다.

천일은 만물을 낳는 **조화**造化를 주관하시고,

지일은 만물을 기르는 **교화**敎化를 주관하시고,

태일은 세계를 다스리는 **치화**治化를 주관하신다.

곰곰이 생각해 보건대,

오제五帝는 흑제黑帝와 적제赤帝와 청제靑帝와 백제白帝와 황제黃帝이시다.

천하대장군·지하여장군 | 천상 신명계 신병神兵의 총책임자이다. 한민족은 예로부터 마을 어귀에 악귀와 재앙을 쫓는 수호신으로서 장승을 세웠다. 이 신교 문화의 풍속은 인디언과 중남미 문화에서도 발견된다.

흑제는 겨울의 엄숙한 죽음을 주관하시고,

적제는 여름의 빛과 열기를 주관하시고,

청제는 봄의 낳고 기름을 주관하시고,

백제는 가을의 완성과 성숙을 주관하시고,

황제는 하·추 교역기에 균형과 화합을 주관하신다.

곰곰이 생각해 보건대,

다섯 성령[오령五靈]은 태수太水와 태화太火와 태목太木과 태금太金과 태토太土이시다.

태수는 영윤榮潤(번영과 윤택함)을 주관하시고,

태화는 용전鎔煎(주조)을 주관하시고,

태목은 영축營築(건축)을 주관하시고,

태금은 재단裁斷(마름질)을 주관하시고,

태토는 가종稼種(농사와 곡식)을 주관하신다.

이에 **삼신**께서 다섯 방위의 주재자인 **오제**五帝를 통솔하여 저마다 그 **맡은 바 사명을 두루 펴도록 명령**하시고, **오령**五靈에게 **만물 화육의 조화 작용**을 열어서 공덕을 이루게 하셨다.

이에 태양이 운행하는 것으로 낮을 삼고, 달이 운행하는 것으로 밤을 삼았다. 별의 움직임을 측정하고 추위와 더위(한서寒暑)를 기준으로 하여 1년을 삼았다.

(어장에서는 배를 띄워 바다를 지키고, 농장에서는 수레를 타고 나가 땅을 지켰다.)

만물의 창조 원리 : 삼신일체의 도

위대하도다! 삼신일체三神一體가 **만물의 창조 원리**가 되고, 만물의 원리가 덕[德]과 지혜[慧]와 창조력[力]이 됨이여!

높고 크도다. 삼신일체의 원리가 세상에 충만함이여!

현묘하도다, 삼신일체 원리의 불가사의한 운행이여!

만물이 각기 **수**數 를 머금고 있으나 반드시 그 수만으로 만물의 무궁한 신비를 완전히 밝힐 수 없고, 만물이 각기 변화의 원리[理]를 머금고 있으나 그 원리만으로 만물의 신비를 다 밝혀 낼 수 없으며, 만물은 제각기 창조력을 머금고 있으나 그 조화의 창조력만으로 그 속에 깃든 오묘함을 다 드러낼 수 없도다.

만물은 제각기 끊임없이 생성되고 있으나 무궁한 생성만으로 만물의 조화를 다 헤아릴 수 없도다.

☸ **삼신일체** | 우주가 상대적인 창조와 변화 운동을 시작하면, 일신은 세 가지 신묘한 작용[三神]으로 드러나지만 우주 생명의 바탕자리는 근원적인 하나의 창조 정신[一神]으로 이루어져 있다는 뜻. 달리 말하면 삼신의 작용은 근원으로 보면 하나이다. 즉 본연의 바탕자리와 현실적인 변화 원리가 서로 다른 것이 아니라 일체라는 말이다. 그리하여 현실적으로 모든 생명의 변화는 3수 원리로 이루어진다. 우주는 천지인 삼재이며, 만물은 탄생·성장·완성[生長成]이라는 3수 법칙으로 발전해 간다.

만물의 존재 원리 – 개벽·진화·순환

세상에 머무름이 생명이요, 하늘로 돌아감이 죽음 이다[귀천위사歸天爲死]. 죽음이란 영원한 생명의 근본이다.

그러므로 죽음이 있으면 반드시 생명이 있고, 생명이 있으면 반드시 이름이 있고, 이름이 있으면 반드시 말이 있고, 말에는 반드시 행동이 뒤따른다.

살아 있는 나무에 비유한다면, 뿌리가 있으면 반드시 싹이 트고, 싹이 트면 반드시 꽃이 피고, 꽃이 피면 반드시 열매를 맺고, 열매를 맺으면 반드시 쓰임이 있는 것과 같다.

태양의 운행에 비유해 보면, 밤의 어둠이 있으면 반드시 낮의 밝음이 뒤따르고, 대낮의 광명이 비치면 반드시 만물을 볼 수 있고, 만물을 볼 수 있으면 반드시 어떤 일을 하게 되고, 일을 하게 되면 반드시 공功을 이루게 되는 것과 같다.

즉 무릇 천하의 만물이 개벽을 따라서 생존하고, 진화를 따라서 존재하며, 순환을 따라서 살아 있게 되는 것과 같은 것이다.

오직 **생명의 으뜸 되는 '기氣'**와 **'지극히 오묘한 신神'**은 스스로 하나[一氣]를 잡아 셋[三神]을 품고 있는[執一숨三] **충만한 대광명을 가지신 분**이라서, 이 광명의 삼신이 머무르면 만물이 존재하고, 그분을 느끼면 응하신다. 삼신이 오실 때는 홀언하여 비롯함이 없고, 가실 때는 아무런 자취가 없으니, 하나[一氣]로 관통하였으나 형체가 없고, 만물을 이루되 소유하지 않으신다.

아하! 그렇구나

우주의 순환 운동 | 우주의 시·공간은 직선적으로 무한히 변화하는 것이 아니라 일정한 마디(우주의 1년은 129,600년)를 따라 순환하며 발전한다. 전반기인 봄·여름 선천 시대에는 인류가 화생(창조)되고, 일정한 시간 마디 - 우주의 한 달(10,800년) - 마다 중개벽을 통해 발전·진화하며, 우주의 여름에서 가을로 바뀌는 후천 개벽을 거쳐야 인류 역사가 통일되어 완성된다. 이처럼 순환과 진화와 개벽이라는 세 운동이 일체가 되어 인류 문명사가 전개되고 큰 변화가 이루어지는 것이다.

생명의 3관과 3방과 3문

삼진·삼망·삼도의 관계

『대변경大辯經』에 이렇게 기록되어 있다.

오직 **하늘의 한 분 주재신**[天一神=上帝]이 깊고 깊은 하늘에 계시어

『대변경』 | 우주의 진리(삼신의 우주 정신과 역사 정신)의 대의를 대변한 경전이다. 고려 때 서운관書雲觀에 보관되어 있었다.

하늘·땅·인간의 웅대함[三大]과 원만함[三圓]과 하나됨[三一]을 **삼신의 신령한 근본 법도[靈符]**로 삼으시고, 이를 영원무궁토록 세계의 모든 백성에게 크게 내리시니, **만유는 오직 삼신께서 지으신 것**이다.

'마음과 기운과 몸[心氣身]'은 반드시 서로 의지해 있으나 영원토록 서로 지켜주는 것은 아니다.

'영식(영혼의 앎)과 지식(이성의 앎)과 의식(대상을 인식하여 앎)[영지의靈智意]'의 세 가지 앎의 작용[三識]은 **영혼과 각혼(감각의 혼)과 생혼(생활하는 힘)의 삼혼**三魂을 생성하지만, 이 또한 그것의 바탕에 뿌리를 두고 뻗어 나간다.

생명의 집인 육신과 목숨과 혼이 주위 환경과 부딪히면 사물과 접촉하는 경계를 따라 '**느낌과 호흡과 촉감**[감식촉感息觸]' 작용이 일어나고, **삼진**三眞(세가지 참됨)[성명정性命精]과 **삼망**三妄(세 가지 허망함)[심기신心氣身]이 서로 이끌어 **삼도**三途(세 가지 길)[감식촉感息觸]가 갈라진다. 그러므로 **삼진**三眞의 작용으로 영원한 생명이 열리고, 삼망三妄으로 소멸이 이루어진다. 그래서 **인간과 만물의 생명은 모두 진리의 한 본원 자리에 뿌리를 내리고 있는 것**이다.

도통의 관문

'**성품**[性]'과 **목숨**[命]과 **정기**[精]'는 신과 합일되기 위해 반드시 굳게 지켜야 할 '**세 관문**[三關]'이니, 관문이란 신神을 지켜 내는 가장 중요한 길을 말한다.

성품은 타고난 목숨과 분리될 수 없고, 목숨은 타고난 성품과 분리될 수 없으니, 성과 명의 중심에 정기가 있다.

'**마음**[心]'과 **기운**[氣]'과 **몸**[身]'은 신이 머무는 '**현묘한 세 방**[房]'이니, 방房이란 변화를 지어내는 근원을 말한다. 기는 마음을 떠나 존재할 수 없고, 마음은 기를 떠나 있을 수 없으니, 그 중심에 우리의 몸이 있다.

'느낌[感]과 호흡[息]과 촉감[觸]'은 신의 조화 세계에 들어갈 수 있는 '세 문호[三門]'이니, 문[門]이란 삼신의 도를 실행하는 영원불변의 법도이다. 감각은 호흡 작용과 분리되지 않으며, 호흡 작용은 감각의 작용과 분리되지 않나니, 촉감이 그 가운데에 있는 것이다.

성품[性]은 진리를 체험하는 으뜸 관문[元關]이요,

마음[心]은 참신[眞神]이 머무시는 현묘한 안식처[玄房]요,

느낌[感]은 삼신상제님의 성령이 감응하는 오묘한 문이다.

그러므로 이치를 탐구할 때 너의 성품[性]에서 구하면 삼신의 참 기틀이 크게 발현되고,

삼신의 보존을 마음[心]에서 구하면 참(진리의) 몸[법신法身]인 너의 참모습이 크게 드러나고,

느낌 | 인간은 천지의 목적과 이상을 실현하는 진리의 주체이다. 느낌이란 단순한 감정이 아니라, 우주의 조화신인 상제님으로부터 삼신의 조화 기운을 받아 영靈이 되는 체험을 하는 것을 말한다. 태호복희씨도, 유불선의 3대 성자도 이러한 체험을 한 것이다.

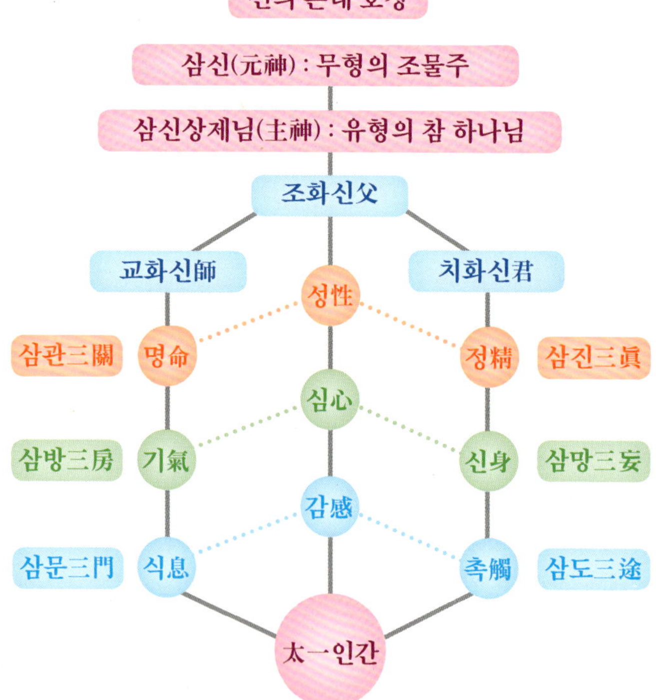

삼신 성령에 응하여 서로 느끼게 되면 천지 대업을 크게 이루리라.

(삼신의 깨달음을) 체험하는 데는 깨달음의 특정한 그 때가 있고, (삼신에 대한 깨달음의) 경지가 펼쳐지는 데는 특정한 신교 문화의 공간이 있으니, 인간은 그 가운데 있다.

만물 속에 정신(무형)과 물질(유형)이 일체로 깃들어 있는 것은 **오직 일기**[一氣]일 따름이요, **오직 삼신**일 따름이다.

여기에는 **다함이 없는 수數의 법칙과 피할 수 없는 변화 이치**[理]**와 감히 막을 수 없는 창조력**[힘]이 깃들어 있다. 그리하여 선악을 막론하고 그 응보가 영원토록 작용하게 되고, 그 보답을 저절로 받게 되며, 그 응보가 자손에게까지 미치느니라.

군사부의 도

『경經』[*]에 이렇게 기록되어 있다.

인간과 만물이 다 함께 **삼진**三眞[性命精]을 받았으나, 오직 창생은 지상에서의 삶에 미혹되어 **삼망**三妄[心氣身]이 뿌리를 내리고, 삼진과 삼망이 짝하여 **삼도**三途[感息觸]라는 세 가지 작용을 낳는다.

아버지의 도[父道]는 하늘의 도道를 본받아 참됨으로 하나가 되니 거짓이 없으며,

스승의 도[師道]는 땅의 덕德을 본받아 부지런함으로 하나가 되니 태만함이 없으며,

임금의 도[君道]는 사람의 도덕을 근본에 두고 화합하여 하나가 되니 어긋남이 없다.

진·선·미는 삼신의 창조 덕성

『고려팔관기高麗八觀記』의 「삼신설三神說」에 이렇게 기록되어 있다.

경 | 교화경敎化經『삼일신고』를 가리킨다. 이 구절은 『삼일신고』 제5장 인물人物 편에 나온다.

상계 주신上界主神(하늘 위 으뜸신)은 **천일**天一로 불리시니, **조화**造化(창조와 변화)를 주관하시고 절대지고의 권능을 갖고 계신다. 일정한 형체는 없으나 뜻대로 형상을 나타내시고 만물로 하여금 제각기 그 성품[性]을 통하게 하시니, 이분은 **청정함**[淸]과 **참됨**[眞]의 **대본체**[淸眞大之體]이시다.

하계 주신下界主神(하늘 아래 으뜸 신)은 **지일**地一로 불리시니, **교화**敎化(가르침)를 주관하시고 지선유일至善惟一의(가장 높은 선의 경지에 있는 유일한) 법력이 있으시다. 함이 없으시되 만물을 짓고 만물로 하여금 각각 그 **목숨**[命]을 알게 하시니, 이분은 **선함**[善]과 **거룩함**의 **대본체**[善聖大之體]이시다.

중계 주신中界主神(인간 하느님)은 **태일**太一로 불리시니, **치화**治化(다스림)를 주관하시고 최고 무상의 덕德을 간직하고 말없이 만물을 교화하신다. 만물로 하여금 각기 그 **정기**[精]를 잘 보존케 하시니, 이분은 **아름다움**[美]과 **능함**[能 지혜]의 **대본체**[美能大之體]이시다. 그러나 주체는 한 분 상제님이시니, 신이 각기 따로 있는 것이 아니라 작용으로 보면 삼신이시다.

삼신의 창조 정신을 각기 계승한 환인·환웅·단군

그러므로 **환인**께서는 1수水가 7화火로 변하고, 2화火가 6수水로 변하는 물과 불의 순환의 운運을 계승하여, 오직 **아버지의 도**[父道]를 집행하여 천하 사람들의 뜻을 하나로 모으시니 온 천하가 그 덕에 감화되었다.

신시 환웅[神市氏]께서는 하늘이 물을 창조[천일생수天一生水]하고, 땅이 불을 화생[지이생화地二生火]하는 천지의 물과 불의 근원적 생성원리를 계승하여, 오직 스승의 도[師道]를 집행하여 천하를 거느리시니 온 천하가 그를 본받았다.

단군왕검께서는 둥근 하늘과 방정한 땅의 창조 덕성[천원지방天圓地方]을 계승하여, 오로지 왕도王道를 집행하여 천하를 다스리시니 온 천하가 순종하였다.

환인·환웅·복희, 치우, 왕검이 계신 천상 세계

『고려팔관기』의 「오제설五帝說」에 이렇게 기록되어 있다.

북방사명司命 은 태수太水요, 이를 다스리는 임금은 흑제黑帝시요, 그 호號는 현묘진원玄妙眞元 이시다. 그 보좌는 환인으로 소류천蘇留天에 계시니, 이분은 대길상大吉祥(큰 상서러움)이시다.

동방사명은 태목太木이요, 이를 다스리는 임금은 청제靑帝시요. 그 호는 동인호생同仁好生 이시다. 그 보좌는 환웅으로 태평천太平天에 계시니, 이분은 대광명大光明(큰 밝음)이시다.

남방사명은 태화太火요, 이를 다스리는 임금은 적제赤帝이시요. 그 호는 성광보명盛光普明 이시다. 그 보좌는 포희庖犧(태호복희)로 원정천元精天에 계시니, 이분은 대안정大安定(큰 안정)이시다.

서방사명은 태금太金이요, 이를 다스리는 임금은 백제白帝이시요. 그 호는 청정견허淸淨堅虛 이시다. 그 보좌는 치우治尤로 균화천鈞和天에 계시니, 이분은 대가리大嘉利(크게 아름답고 이로움)이시다.

중방사명은 태토太土요, 이를 다스리는 임금은 황제黃帝이시요. 그 호는 중상유구中常悠久 이시다. 그 보좌는 왕검으로 안덕천安德天에 계시니 이분은 대예락大豫樂(크게 기쁘고 즐거움)이시다.

천지 5방위 조화기운을 표상하는 영물

『오제주五帝注』에 이렇게 기록되어 있다.

오방五方에 저마다 사명이 있으니,
하늘에서는 제帝이시요, 땅에서는 대장군大將軍이시다.
오방을 감찰하는 이는 천하대장군天下大將軍이시고,
지하를 감찰하는 이는 지하여장군地下女將軍이시다.

용왕龍王 현귀玄龜는 선악을 주관하시고,
주작朱鵲 적표赤熛는 왕명을 주관하시며,
청룡靑龍 영산靈山은 곡식을 주관하시고,
백호白虎 병신兵神은 형벌을 주관하시며,
황웅黃熊 여신女神은 질병을 주관하신다.

삼신산과 그 이름의 유래

만물을 생성하는 대우주의 순환 구조

삼신산三神山은 온 천히의 근원이 되는 산이다. 산에 삼신을 붙여 이름 지은 까닭은, 삼신께서 이 산에 내려와 노니시며 조화의 권능과 성덕으로 천지인 **삼계의 360만 대우주에 조화를 널리 베푸신다**고 태고 이래 모든 사람이 믿어 왔기 때문이다.

삼신의 본체는 생겨나지도 소멸하지도 않으시며, 그 작용은 무궁하며 무한하시다. 만물을 살펴 다스리시는 창조원리는 시공의 흐름 속에 오묘히 잠겨 있어, 삼신의 지극한 미묘함과 지극한 나타나심과 뜻대로 자재自在하심을 끝끝내 쉽게 체험하여 알 수 없다.

삼신을 영접하면 어렴풋이 그 모습이 보이는 듯하며,
삼신께 정성을 들이면 삼신의 숨결이 아련히 들리는 듯하며,
삼신을 찬미하면 기뻐하시어 은총을 내리시는 듯하고,
삼신께 맹세하면 숙연하여 삼신께서 그 뜻을 받아들이시는 듯하며,
삼신이 떠나실 땐 아쉬움으로 허전한 듯하니,
이것이 그 오랜 세월 동안 백성들이 삼신산을 '순종과 화합과 믿음과 기쁨의 성지'로 인식하고 추앙해 온 까닭이다.

백두산의 어원

삼신三神에 대해 어떤 사람은, "삼三은 새롭다[新]는 뜻이고, 새

아쉬움 | 제사 지낼 때 제단에 강림한 신명과 작별하는 것을 사신辭神이라 한다. 그때의 심정을 이른 말이다.

롭다는 말은 희다[白]는 뜻이며(三 → 新 → 白), 신神은 높다[高]는 뜻이요, 높다는 말은 머리[頭]라는 뜻이다(神 → 高 → 頭). 그러므로 또한 백두산白頭山이라 칭한 것이다.”라고 하였다.

또 말하기를, “개마蓋馬는 ‘해마리’의 음이 바뀐 것이다. 고어에 흰[白] 것은 해奚요, 머리[頭]는 마리摩離라 하였으니, 백두산의 이름이 또한 여기에서 비롯되었다.”라고 하였다.

인류 시원 조상의 혼례

인류의 조상은 나반那般이시다. 나반께서 아만阿曼과 처음 만나신 곳을 아이사비阿耳斯庀라 부르고 또 사비려아斯庀麗阿라 부르기도 한다.

하루는 꿈에 천신의 계시를 받아 스스로 혼례를 올리시고, 청수淸水를 떠놓고 하늘에 고하신 다음 돌려가며 드셨다.

이때, 산의 남쪽에 주작朱鵲이 날아와 기뻐하고, 강의 북쪽에는 신귀神龜가 와서 서기瑞氣를 나타내었다. 골짜기의 서쪽에는 백호白虎가 산모퉁이를 지키고, 시내의 동쪽에서 창룡蒼龍이 하늘에 올랐다. 중앙에는 황웅黃熊이 거하였다.

환국의 3대 성산과 초대 환인 안파견

천해天海와 금악산과 삼위산, 태백산은 본래 **구환**九桓(아홉 환족)의 땅에 속하니, **구황**九皇 **육십사민**六十四民은 모두 나반과 아만의 후손이다.

그러나 산과 강을 끼고 제각기 한 나라를 형성하여 남녀 무리가 땅의 경계를 나누고, 그 경계를 따라 서로 다른 나라가 형성되어 오랜 세월이 흐르면서, 처음 나라가 세워진 구체적인 역사는 훗날 알 수 없게 되었다.

오랜 세월이 지난 후에 환인이 나타나 백성의 사랑을 받아 추

아만 | 아만의 고향은 바이칼 호 서북쪽의 근해지近海地인 사납아斯納阿로 샤안[斯阿蘭]이라고도 한다(이유립총서, 『仁』, 248쪽).

아이사비 | 사비려아斯庀麗阿라고도 한다. 『태백일사』「삼신오제본기」에서는 이곳을 송화강 또는 천하(바이칼호)로 보고 있다. 이유립은 아이숲(원시림, 수릿벌)이라 해석하였다.

금악산 | 천해天海, 즉 바이칼호 서쪽에 위치한 지금의 알타이산이고, 삼위산은 감숙성 돈황현에 있으며, 태백산은 백두산이다. 이 세 곳은 모두 환인천제의 환국에 속해 있던 지역이다.

구황 육십사민 | 환인의 형제 아홉명이 있었다고 하며 그들을 구황이라 부르고, 그때 백성은 64종족이 있었다고 한다.

대되셨다. 이분을 일러 **안파견**安巴堅*이라 하고, 또 **거발환**居發桓*이라고도 불렀다.

안파견이란 곧 '**하늘을 받들어 아버지의 도를 확립시킨다**'는 뜻의 이름이고, 거발환이란 '**천·지·인을 일체로 정한다**'는 뜻의 호칭이다.

이로부터 환인의 형제 아홉 분이 나라를 나누어 다스리셨다.

이로써 구황九皇 육십사민六十四民이 되었다.

인류의 창세기는 환국의 구환족에서 시작되었다

환국보다 먼저 계신 우주 생성의 창조주 삼신

곰곰이 생각해 보건대, 삼신이 하늘을 생겨나게 하고 만물을 지으셨으며, 환인이 정의의 푯대를 세우도록 사람들을 가르치셨다.

이로부터 자손이 그 정신을 서로 전하여 삼신(상제님)의 현묘한 도를 깨달아 광명 사상으로 세상을 다스렸다[광명이세光明理世].

이미 하늘과 땅과 사람[**삼극**三極(세가지 지극함)]과 **대원일**大圓一(크게 하나됨)이라는 만물의 원뜻을 갖추고 있으니, 천하 구환족의 예절과 풍속이 어찌 삼신께 천제를 드리는 옛 풍속에 있지 않았겠는가?

『전傳』에, "삼신의 후예를 환국이라 부르고, **환국은 천제께서 거주하시는 나라다.**"라고 하였고, 또 말하기를 "삼신은 환국보다 먼저 계셨으며, **나반**이 죽어서 삼신이 되셨다."라고 하였으니, 무릇 삼신이란 영원한 생명의 근본이다.

그러므로 "사람과 만물이 함께 삼신에서 생겨나니, 삼신이 바로 모든 생명의 한 뿌리 조상이다."라고 하였다. 환인은 삼신을 대행하여 환국의 천제가 되셨다.

후세에 **나반**을 **대선천**大先天이라 부르고, **환인**을 **대중천**大中天이라 불렀다. **환인**은 **환웅·치우**와 더불어 **삼황**三皇이 되고, **환웅**을 **대웅천**大雄天이라 부르고 **치우**를 **지위천**智偉天이라 불렀으니 이것이 『황제중경黃帝中經』이 만들어진 유래이다.

삼광오기三光五氣가 모두 보고 듣고 느끼고 깨치는 데 작용하면서 세상이 날로 진보하여, 불을 만들고, 말을 하고, 문자를 만들어 내니 우승열패優勝劣敗의 상호 경쟁이 일어나기 시작하였다.

단군왕검의 동방 문명권 대통일과 단군 숭배의 전통

웅족熊族 가운데 **단국**檀國이 가장 번성하였다. 왕검께서 하늘에서 내려와 불함산不咸山에 오시니, 나라 사람이 모두 추대하여 단군으로 모셨다. 이분이 단군왕검이시다.

왕검께서는 날 때부터 지극히 신령하고 성덕을 겸비하여 원만하셨다. 구환족을 통합하여 **삼한**三韓으로 나누어 다스리고, 배달 신시의 옛 법도를 회복하시니 천하가 크게 다스려졌다.

온 세상이 천신처럼 받드니, 이로부터 단군성조의 은혜에 보답하여 숭배하는 예법이 영세토록 변하지 않았다.

구환족 5대 종족의 특징

구환족은 다섯 종족

구환족을 분류하면 다섯 종족인데 이는 피부색과 용모로 구별된다.

이들의 풍속은 현실의 실상을 좇아 이치를 궁구[취실구리就實究理]하여, 일을 헤아려서 그 옳은 방도를 찾고자 하는 것이 같았다. 부여의 풍속에 홍수·가뭄·전쟁·질병이 생기면 국왕이 그 책임을 지고, 나라에 충성하면 살고 거역하면 죽는 책임이 필부匹夫*에게까지 돌아갔으니 이것이 그 하나의 증거가 될 것이다.

다섯 종족의 피부색과 용모

황색黃色인은, 피부가 조금 누렇고 코가 높지 않으며 광대뼈가 나오고 머리털이 검다. 눈과 눈 주위는 평평하고 눈동자의 색은 흑색이다. 백색白色인은, 피부가 밝은 백색이고 광대뼈가 나오고 코가 높다. 머리털은 잿빛과 같다. 적색赤色인은, 피부가 녹슨 구릿빛(검붉은 색)이고 코가 낮고 코끝이 넓다. 이마는 뒤로 기울고 머리털은 곱슬이며 용모가 황색인과 비슷하다. 남색藍色인은, 일명 풍족風族 또는 종색棕色(갈색) 종이라고도 한다. 피부는 암갈색이고 용모는 황색인과 같다.

삼한三韓의 고유한 풍속(국풍) - 소도제천

삼한의 옛 풍속에, 10월 상일上日에는 모두가 나라의 큰 축제에 참여하였다.

이때 둥근 단*을 쌓아 하늘에 제사 지내고, 땅에 대한 제사는 네모진 언덕*에서 지내며, 조상에 대한 제사는 각목角木*에서 지냈다. 산상山像과 웅상雄常*은 모두 이러한 풍속으로 전해 오는 전통이다. 제천할 때는 임금[韓]께서 반드시 몸소 제사 지내시니, 그 예가 매우 성대하였음을 가히 짐작할 수 있다. 이 날에는 먼 곳과 가까운 곳에 사는 남녀가 모두 생산물을 올리고, 북치고 악기를 불며 온갖 놀이를 즐겼다.

주변의 많은 소국이 일제히 와서 지방의 특산물과 진귀한 보물을 바치니 언덕과 산처럼 둥글게 쌓였다. 백성을 위해 빌어서 재앙을 물리치는 일이 곧 관경管境(다스리는 지역)을 번영케 하는 것이다. 그리하여 **소도**에서 올리는 **제천 행사**는 바로 **구려**九黎를 교화하는 근원이 되었다.

이로부터 책화責禍 제도로 이웃나라와 선린善隣하고, 있고 없는 것을 서로 바꾸어 도와주었으며, 밝게 다스리고 평등하게 교화하였다. 이에 온 나라에서 이 **소도제천 예식**을 숭상하지 않는 곳이 없었다.

신교의 민간신앙 – 터줏대감과 성조대군

아이를 낳게 해 달라고 빌 때는 삼신을 찾고, 벼가 잘 익기를 기원 할 때는 **업신**業神을 찾았다.

산은 뭇 생명이 삶을 영위하는 곳이요, **업**은 **생계와 노동을 주관하는 신**으로 **업주가리**業主嘉利라 일컫기도 한다. 집터에 대해 소원을 빌 때 **터줏대감**土主大監을 찾고, 집에 대해 소원을 빌 때는 **성조대군**成造大君을 찾았으니, 이분들 또한 **해마다 좋은 복을 이루게 하는 신**이시다.

묘소에 가거나 고기잡이, 사냥, 전쟁에 나갈 때, 진을 칠 때, 길을 떠날 때 모두 제사를 지냈다. 제사 지낼 때는 반드시 좋은 날을 택하고, 목욕재계를 하여야 원하는 바를 이룰 수 있었다.

단군 삼한 시대의 자치제도와 조직

소도가 건립된 곳에는 모두 계율을 두었는데, 충·효·신·용·인忠孝信勇仁이라는 **오상의 도**[五常之道]가 그것이다.

소도 곁에는 반드시 **경당**鱗堂을 세워 미혼 자제로 하여금 사물事物을 익히게 하였다. 대개 독서·활쏘기·말달리기·예절·가악·권박(검술을 겸함)으로 **육예**六藝의 종류였다.

모든 읍락이 자체적으로 **삼로**三老를 두었으며, 삼로를 **삼사**三師

라고도 하였다. 어진 덕이 있는 자와 재물을 베푸는 자, 사리를 잘 아는 자를 모든 사람이 스승처럼 섬기는 것이 그것이다.

또 **육정**六正이 있었는데, 어진 보필자와 충신과 뛰어난 장수와 용감한 병사와 훌륭한 스승과 덕 있는 친구가 그것이다.

또 살생에 법도가 있어, 위로 국왕에서 아래로 서민에 이르기까지 반드시 때와 사물을 택해서, 이를 실행하여 살아있는 것은 하나도 함부로 죽이지 않았다. 예로부터 부여에서는 말이 있어도 타지 않았고, 살생을 금하여 방생하였으니 이 또한 그러한 뜻이다.

그러므로 잠자는 짐승을 죽이지 않고 알을 깨뜨리지 않음은 때를 선택한 것이요, 어린 것을 죽이지 않고 사람에게 유익한 것을 죽이지 않음은 사물을 선택한 것이니, 만물의 생명을 귀하게 여기는 뜻이 지극하였다고 말할 수 있다.

신라 화랑의 원형*, 배달 시대의 천왕랑

원화源花는 **여랑**女郎을 말하고, 남자는 **화랑**花郎이라 하는데 **천왕랑**天王郎이라고도 하였다.

임금으로부터 오우관烏羽冠*을 하사 받아 썼는데 관을 쓸 때 예식을 거행하였다. 이때 큰 나무를 봉하여 환웅신상桓雄神像으로 삼아 여기에 배례를 올렸다.

이러한 신령스러운 나무를 세속에서 **웅상**雄常이라 불렀는데, 상常이란 '항상 임하여 계신다[상재常在]'는 뜻이다.

인간이 처음 탄생한 곳, 천하

하백은 천하天河사람으로, 나반의 후손이다.

7월 7일은 곧 **나반께서 천하**天河**를 건너신 날**이다. 이날 천신께서 용왕에게 명하여 하백을 용궁으로 불러 사해四海의 모든 신을 주재하게 하셨다.

　천하를 일설에 천해天海라고도 하는데, 지금의 **북해**北海이다. 『천하주天河注』에 이런 설명이 있다.

　하늘의 운행 법도는 북극에서 변화 운동을 시작하는 까닭으로, 하늘의 통일 운동이 물을 화생하는데[天一生水] 이를 북수北水라 부른다. 이 **북극수**北極水 *는 (선천 개벽기에 인간을 처음 화생化生하는) **생명**[精]**의 씨**[子]**가 머무는 성소**聖所이다.

북경 원구단

7월 7일과 칠성七星 문화

음력 7월 7일 칠석날에 대한 중국 기록은 양梁나라 때의 『형초세시기荊楚歲時記』에 실려 있는 '견우와 직녀' 설화에서 살펴볼 수 있다. 견우와 직녀는 옥황상제[하나님]의 명에 따라 일 년에 한 번, 7월 7일 칠석날 밤에 까마귀와 까치가 놓아 주는 오작교를 건너서 서로 만난다. 고구려 고분 벽화에도 견우와 직녀에 대한 이야기가 그려져 있다.

칠성七星은 북두칠성北斗七星으로 하나님이 계신 별이다. 또 하나님을 부르는 본래 호칭이 칠성이다. 하나님이 내려 주시는 생명, 깨달음의 도통 기운이 모두 칠성에서 온다. 하나님이 칠성에 계시기 때문에 우주의 성령도 칠성에서 내려오는 것이다. 우리 조상들이 청수를 떠 놓고 '칠성님이시여!' 하고 기도한 것은 하나님께 기도한 것이다.

그러니까 하나님 문화의 본적지도 칠성이고, 하나님의 아들도 하나님이 계신 칠성의 궁전에서 천명을 받아서 내려오는 것이다.

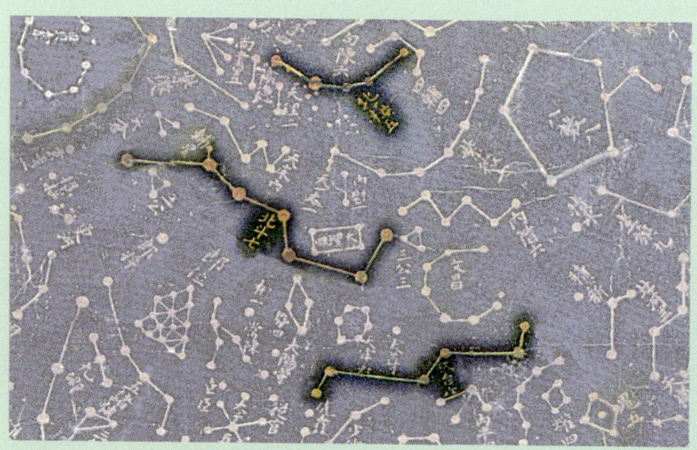

태백일사 2

환　　국　　본　　기

桓國本紀

■ 「환국본기」는 인류문화의 모태이며 한민족의 뿌리 나라인 환국의 역사를 담고 있다. 환국의 위치를 파내류산으로 소개한 이 책은 환국의 역년이 초대 안파견 환인에서 지위리 환인까지 7세에 걸쳐 3, 301년에 이른다고 밝힌다.

■ 이 책은 환국의 통치자를 지칭하는 '환인'의 의미와 선출 방법 그리고 환국을 구성하는 열두 나라의 이름과 그 위치를 밝혀준다

■ 말미에 다른 사서를 인용하여 환桓의 뜻을 '온전한 하나됨이며 광명'이라 밝히면서 신교의 우주 일월광명 사상을 전한다.

환국 | 영역과 12분국
BCE 7197~BCE 3897
※지도에 표시된 환국의 각 나라별 위치는 「환국본기」를 기준으로
하였으나 일부 몇 나라는 추정한 위치이므로 연구가 더 필요하다.
시 베 리 아
샤
안
산
맥
바이칼호
사납아
환
알
타
이
산
맥
우루국
(비나국)
▲금악산金岳山
구다천국에 파
매구여국
(직구다국)
▲천산天山
고 비 사 막
수밀이국
황하
천
산
산
맥
▲삼위산三危山
타클라마칸 사막
(타림분지)
기
련
산
맥
오
파미르고원
산
맥
륜
곤
위수
티 베 트 고 원
진사강
산
맥
히
말
라
야
산
맥
314
인 도

월지국
양운국
개마국
(웅심국)
구막한국
매구여국
(직구다국)
일군국
비리국
구다천국
(독로국)
국
케를렌강
오난해오논강
대흥안령산맥
눈수
후룡강흑수
우수리강
송화강
시라무렌강
송화강
홍산
구려하
심양
백산(백두산)
맥
난하
대릉하
압록강
영정하
북경
발해
동해
황하
태산泰山
서울
회수
양자강
한수
상해
315

인류 창세 문명의 아버지, 환인천제

환인의 다스림

『조대기朝代記』에 이렇게 기록되어 있다.

옛날에 환인이 계셨다. 천산天山에 내려와 거처하시며, 천신께 지내는 제사를 주관하셨다. 백성의 목숨을 안정되게 보살피고, 세상의 뭇 일을 겸하여 다스리셨다. 사람들이 비록 들에 거처하나 벌레와 짐승의 해가 없었고, 무리지어 행동해도 원망하거나 반역하는 근심이 없었다. 사람들이 사귐에 친하고 멀리하는 구별이 없고, 높고 낮음의 차별이 없고, 남자와 여자의 권리가 평등하고, 노인과 젊은이가 소임을 나누었다.

환인의 뜻과 환인 선출 방법

당시 비록 법규와 명령이 없었으나 백성들 스스로가 화평하고 즐거워하며 도리에 순종하였고, 병을 제거하고 원한을 풀어 주며, 다친 자를 돕고 약한 자를 구제하였다. 그리하여 원한을 품거나 도리에 어긋나는 일을 저지르는 자가 한 사람도 없었다.

그때 **사람들은 모두 스스로 환桓이라 부르고**, 무리를 다스리는 사람을 인仁이라 하였다. **인仁이란** '임무를 맡는다'는 뜻이다. 환인이라 부른 이유는 널리 이로움을 베풀어 사람을 구제하고, 큰 광명으로 세상을 다스려서, 맡은 바 임무를 수행함에 반드시 어진 마음으로 하였기 때문이다.

그리하여 오가五加와 무리가 서로 번갈아 백성에게서 환인을 선출할 때, 반드시 그 사람의 업적을 살펴서 좋아함과 싫어함을 구별하고, 각자 마음으로 판별하여 스스로 선택하였다.

이렇게 환인을 선출하는 궁극 목적은 오직 공公을 위해 구환족[九桓]이 대동단결하여 한마음이 되는 데 있었다. 또한 마땅히 대상자의 잘잘못을 비교하여 반대하는 자가 한 사람도 없어진

『조대기』 | 발해 유민의 사서史書 가운데 하나로 보인다. 『조대기』는 고려 말에 이명李茗이 지은 『진역유기』(3권)의 저본이 되었다. 현재 전하지 않는다.

연후에야 선출하였고, 다른 모든 무리들도 감히 성급하게 독단적인 방법으로 처리하지 않았다.

환인이 백성을 다스리는 법

대개 백성을 다스리는 방법은 준비가 없으면 우환이 뒤따르고 [무비유환無備有患] 준비를 잘 하면 우환이 없으리니[유비무환有備無患] 반드시 준비하여 미리 스스로 충당하고 무리를 잘 다스렸다. 그리하여 만 리나 떨어져 있는 사람도 한마음 한뜻이 되어 말하지 않아도 교화가 행해졌다.

이때 만방의 백성이 기약하지 않았는데도 와서 모인 자가 수만 명이 되었고, 서로 둥글게 모여 춤을 추며 환인을 추대하였다. 환인께서 환화桓花 아래에 돌을 쌓고 그 위에 앉으시니, 모두 늘어서서 절을 하였다.

기뻐하는 소리가 산에 가득하고, 귀화해 오는 자가 시장에 모여 든 사람처럼 많았다. 이분이 바로 **인류 최초의 우두머리** 조상이시다.

12환국과 그 위치

『삼성밀기三聖密記』에 이렇게 기록되어 있다.

파내류산波奈留山 아래에 '환인씨의 나라'가 있다.
천해天海 동쪽 땅을 또한 파내류국波奈留國이라 부르는데, 그 땅의 넓이가 남북으로 5만 리요 동서로 2만여 리이다.
이 땅을 모두 합하여 말하면 환국桓國이요, 나누어 말하면 비리국, 양운국, 구막한국, 구다천국, 일군국, 우루국(일명 비나국卑那國), 객현한국, 구모액국, 매구여국(일명 직구다국), 사납아국, 선비이국鮮卑爾國(일명 시위국 또는 통고사국), 수밀이국이니 합하면 열두 나라이다.
천해는 오늘날 말하는 북해北海이다.

환
단
고
기

『삼성밀기三聖密記』의 주注에 이렇게 기록되어 있다.

개마국蓋馬國은 일명 웅심국熊心國으로 북개마대령의 북쪽에 있으며, 구다국勾茶國과 2백 리 떨어져 있다.

구다국의 옛 명칭은 독로국瀆盧國으로 북개마대령의 서쪽에 있다.

월지국月瀆國은 구다국 북쪽 5백 리에 있다.

직구다국稷臼多國은 매구여국賣勾餘國이라고도 부르는데 옛날에는 오난하五難河에 있었으나, 후에 독로국에게 패하여 마침내 금산金山으로 옮겼다.

구다국은 본래 쑥과 마늘이 나는 곳이다. 쑥은 달여 먹어 냉증을 치료하고, 마늘은 구워 먹어 마魔를 다스린다.

환국을 다스리신 일곱 환인

『조대기朝代記』에 이렇게 기록되어 있다.

옛날에 환국이 있었는데[석유환국昔有桓國], 백성이 많고 살림은 넉넉하였다. 처음에 환인께서 **천산에 머물며 득도**得道하여 **장생하**시고, **몸을 잘 다스려 병이 없으셨다.**

하늘을 대행하여 교화를 일으켜 사람들로 하여금 싸움이 없게 하시니, 모두 부지런히 힘써 생산하여 굶주리고 추위에 떠는 일이 저절로 없어졌다.

초대 안파견환인에서 혁서赫胥환인, 고시리古是利환인, 주우양朱于襄환인, 석제임釋提壬환인, 구을리邱乙利환인을 이어 지위리智爲利환인 혹은 단인檀因에 이르렀다. 일곱 분이 나라를 다스리셨고, 역년은 **3,301년** 혹은 **63,182년**이다.

환국의 오훈과 배달의 오사

환국에 오훈五訓이 있고 **배달**에 **오사**五事가 있었다.

이른바 **오훈**이란,

첫째, 매사에 정성과 믿음으로 행하여 거짓이 없게 하고,

둘째, 공경하고 근면하여 게으름이 없게 하고,

셋째, 효도하고 순종하여 거역하지 말고,

넷째, 청렴하고 의를 지켜 음란하지 말고,

다섯째, 겸양하고 화평하게 지내어 싸움을 하지 말라는 것이다.

이른바 **배달**의 **오사**란,

우가牛加 는 곡식을 주관하고[主穀],

마가馬加는 왕명을 주관하고[主命],

구가狗加는 형벌을 주관하고[主刑],

저가猪加는 질병을 주관하고[主病],

양가羊加(혹은 계가鷄加)는 선악을 주관하는[主善惡] 것을 말한다.

환의 뜻과 광명 신앙

'환'에 담긴 뜻

『환국주桓國注』에 이렇게 기록되어 있다.

> **환桓**은 **온전한 하나 됨**[全一]이며 **광명**光明 이다.
> 온전한 하나 됨이란 **삼신의 지혜와** 권능이고,
> **광명**은 **삼신이 지닌 참된 덕성**이니, 곧 우주 만물보다 앞선다.

광명을 숭상하고 일월을 경배한 신교 신앙

『조대기朝代記』에 이렇게 기록되어 있다.

> 옛 풍속에 광명을 숭상하여 태양을 신으로 삼고, 하늘을 조상으로 삼았다. 만방의 백성이 이를 믿어 서로 의심하지 않았으며, 아침저녁으로 경배함을 일정한 의식으로 삼았다.
> **태양은 광명이 모인 곳으로 삼신께서 머무시는 곳이다.** 그 광명을 얻어 세상 일을 하면 함이 없이 저절로 이루어진다 하여, 사람들은 아침이 되면 모두 함께 동산東山 에 올라 갓 떠오르는 해를 향해

절하고, 저녁에는 모두 함께 **서천**西川*으로 달려가 갓 떠오르는 달을 향해 절하였다.

삼신의 대광명을 연 환국

이에 앞서 환인께서는 태어나면서 스스로 깨달은 분이시다. **오물**五物*을 기르고, **오훈**을 널리 펴고, **오사**를 주관하여 다스리셨다. **오가**와 무리가 모두 부지런히 애쓰거늘, 수행을 통해 지극한 선에 이르게 하시고, 광명으로 지혜를 열게 하시고, 하는 일마다 상서롭게 하시며, 세상에서 유쾌하고 즐거이 살게 하셨다.

천자 의식의 기원

환인께서는 높고 높은 하늘[上上天] 나라에 임어해 계시며 오직 온 천하가 모두 저절로 화평해지기를 간절히 생각하시니, 이때에 백성이 환인을 **천제(천상 상제님)의 화신**이라 부르며 감히 거역하는 자가 없었고, 구환의 백성이 모두 하나가 되었다.

오물 | 행行(걸어다니는 동물), 저翥(나는 조류), 화化(화생化生-알에서 나오는 생물), 유游(바닷속 어류), 재裁(식물).

태백일사 ③

<ruby>神<rt>신</rt></ruby><ruby>市<rt>시</rt></ruby><ruby>本<rt>본</rt></ruby><ruby>紀<rt>기</rt></ruby>

■ 「신시본기」는 환웅이 다스린 배달국의 역사이다. 배달은, 환웅이 환국으로부터 종통의 상징인 천부天符, 인印을 받고 동방을 개척하여 백두산에 도읍한 나라이다. 우리 민족을 '배달민족'이라 하듯, 배달은 한민족의 정체성을 말하는 대명사이다.

■ 초대 거발환 환웅의 동방 문명 개척과 14세 치우천황의 서토 정벌의 역사가 신화의 윤색을 벗고 사실적으로 기술되어 있다.

■ 「환국본기桓國本紀」가 인류 창세 역사와 조화문명의 황금시절에 대한 기록이라면 「신시본기」는 인간의 정신과 문명을 열어나간 교화문명 시대에 대한 기록이다.

신시 배달 | 동방 문화 개창과 치우천황의 서방 개척

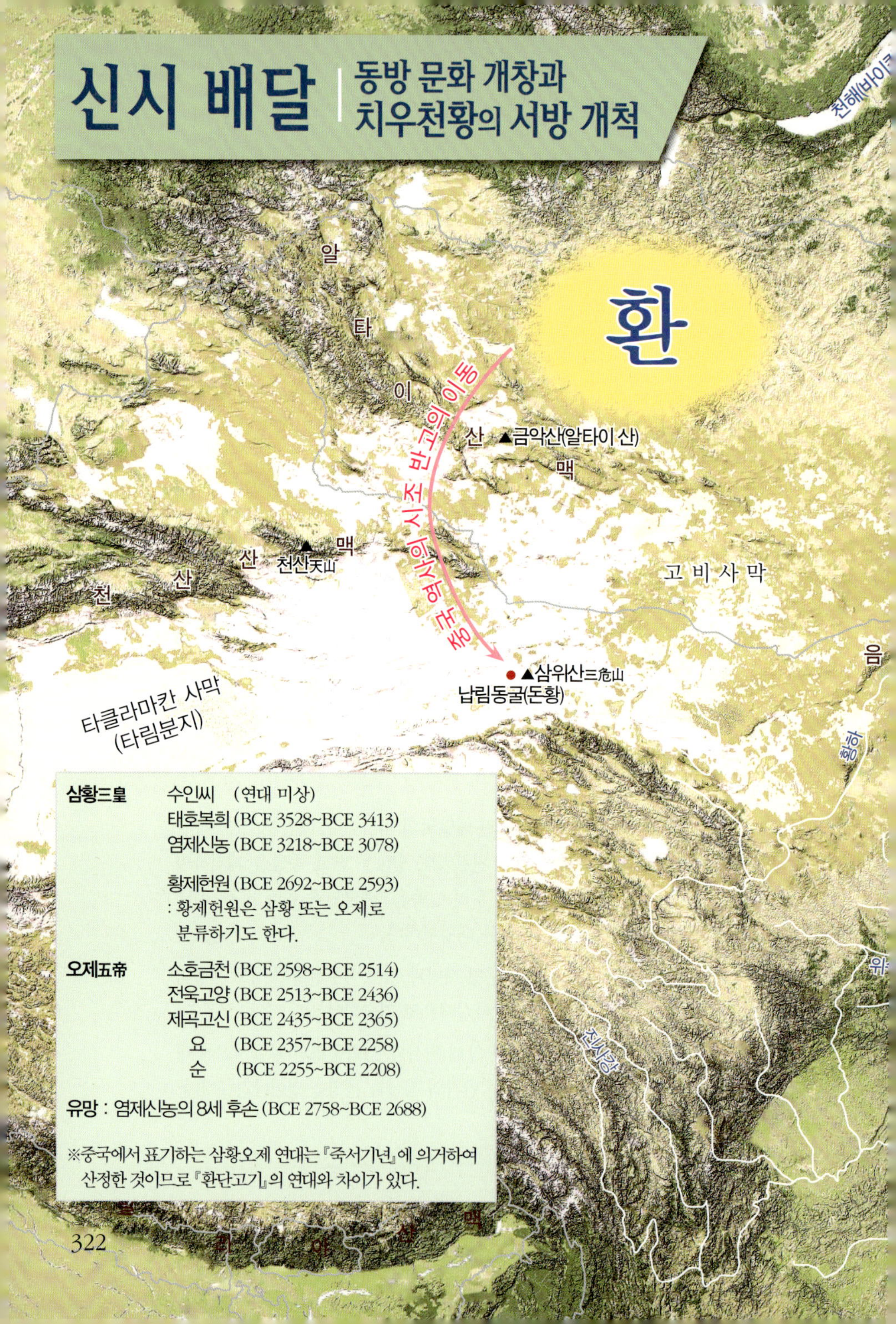

삼황三皇
수인씨 (연대 미상)
태호복희 (BCE 3528~BCE 3413)
염제신농 (BCE 3218~BCE 3078)

황제헌원 (BCE 2692~BCE 2593)
: 황제헌원은 삼황 또는 오제로 분류하기도 한다.

오제五帝
소호금천 (BCE 2598~BCE 2514)
전욱고양 (BCE 2513~BCE 2436)
제곡고신 (BCE 2435~BCE 2365)
요 (BCE 2357~BCE 2258)
순 (BCE 2255~BCE 2208)

유망 : 염제신농의 8세 후손 (BCE 2758~BCE 2688)

※중국에서 표기하는 삼황오제 연대는 『죽서기년』에 의거하여 산정한 것이므로 『환단고기』의 연대와 차이가 있다.

오논 강(오난하)
케룰렌 강
대
흥
안
령
산
배
국
흑룡강
눈
수
송화강
신지씨
달
우수리강
하얼빈 ◎
환웅천황의 이동
맥
구려하
송화강
치우천황의
청구국①
14세 치우천황의 청구 천도
신시
▲태백산(백산)
▲홍산
대극성
◎심양
낙랑
고시씨
환웅천황의 태백산
신시 개천
(BCE 3897)
맥
대요
영정하
태릉하
평양 ◎
탁록
난하
황제헌원
창힐
북경
발해
서울 ◎
동해
◎태원
전욱고양
삭도
치우천황의
청구국②
황하
▲태산
대岱
제구帝丘
판천阪泉
태호복희
소호금천
회淮
유망
진류(공상)
제곡고신
회수
▲열산列山
상해 ◎
양자강
삼묘三苗
▲도산塗山(회계산)
치우천황의 서토경략 경로

환웅천황의 동방 문명 개창

불 얻는 법을 찾아 낸 고시례

『진역유기震域留記』「신시기神市紀」에 이렇게 기록되어 있다.

환웅천황께서 사람의 거처가 이미 완비되고, 만물이 각기 제자리를 얻은 것을 보시고 **고시례**高矢禮로 하여금 음식과 양육의 일을 전담하게 하셨다. 이분이 **주곡**主穀 벼슬을 맡았으나, 당시 씨 뿌리고 거두는 법이 갖추어지지 못한 것과, 또 불씨[火種]가 없는 것이 걱정이 되었다.

어느 날 우연히 깊은 산에 들어갔다가 키 큰 나무가 말라서 황량하게 줄기를 드러내고, 오래된 나무줄기와 말라버린 가지가 서로 얽혀 어지러이 흩어져 있는 것을 보았다.

오랫동안 말없이 우두커니 서서 깊이 생각하는데 홀연 거센 바람이 숲 속에 불어 닥쳤다. 그러자 땅 위의 크고 작은 구멍이 성내어 부르짖고 오래된 나무줄기가 서로 부딪쳐 불꽃을 일으켰다. 불꽃은 번쩍번쩍 빛나며 잠깐 일더니 곧 꺼졌다. 이에 문득 깨닫고 말하기를, "이것이다! 이것이야! 이것이 바로 불을 얻는 방법이야." 하고, 오래 된 홰나무 가지를 가지고 집에 돌아와 나뭇가지를 비벼대어 불을 만들었다. 그러나 불을 일으키는 방법이 여전히 불편하였다.

다음날 다시 키 큰 나무가 우거진 곳에 이르러 이리저리 서성이며 깊이 생각하는데, 홀연 줄무늬 호랑이 한 마리가 소리치며 달려들었다. 고시씨高矢氏는 크게 한 번 소리를 지르고 돌을 집어 힘껏 던졌다. 그러나 돌은 빗나가서 바위 귀퉁이에 맞았다. 그런데 그 순간 불이 번쩍 일어났다.

이에 몹시 기뻐하며 돌아와 다시금 돌을 부딪쳐서 불을 얻었다.

이로부터 백성이 음식을 불에 익혀 먹게 되었다. 쇠를 녹이고 단련하는 기술이 비로소 일어나기 시작하여 물건을 만드는 기술도 점차 나아지게 되었다.

태고 문자를 창시한 신지 혁덕

　천황께서 **신지**神誌* **혁덕**赫德에게 명하여 문자(서계書契)를 만들게 하셨다. 신지씨神誌氏는 대대로 **주명**主命 직책을 관장하여 왕명을 출납하고 천황을 보좌하는 일을 전담하였으나, 다만 말에만 의지할 뿐 문자로 기록하여 보존하는 방법이 없었다.

　어느 날 무리를 떠나 홀로 사냥할 때, 별안간 놀라서 달아나는 암사슴 한 마리를 보고 활을 당겨 맞추려다가 그만 그 자취를 잃어버렸다. 곧 사방을 수색하며 여기저기 산야를 다니다가 평평하게 모래가 펼쳐져 있는 곳에 이르러 발자국이 흩어져 있는 것을 보고 사슴이 간 곳을 분명히 알 수 있었다.

　이에 고개를 숙이고 골똘히 생각하다가 문득 깨닫고 말하기를, "기록하여 보존하는 방법은 오직 이와 같을 뿐이로다. 이와 같을 뿐이로다."라고 하였다.

　이 날 사냥을 마치고 돌아와 골똘히 생각하며 온갖 사물의 형상을 널리 관찰하였다. 며칠이 지나지 않아 깨달음을 얻어 문자를 창제하니, 이것이 태고 문자의 시작이다.

　다만 그 후로 너무 오랜 세월이 흘러 태고 문자가 사라져 남아 있지 않다. 아마도 그 구조가 쓰기에 불편한 점이 있어서 그렇게 된 듯하다.

　일찍이 남해도 낭하리郎河里*의 계곡과 경박호鏡珀湖*·선춘령先春嶺과 저 오소리烏蘇里* 등과 그 외 지역의 암석에 문자가 조각된 것이 간혹 발견되었다는 말을 들은 적이 있다. 그 문자는 범어梵語(산스크리트)도 아니고, 전서篆書*도 아니어서 사람들이 쉽게 알아보지 못하였다. 아마 이것이 신지씨가 만든 옛 문자가 아니겠는가.

　그럼에도 우리나라가 위세를 떨치지 못하고 우리 민족이 강성하지 못한 것이 더욱 한스럽다.

신지 | 왕명을 주관主命하는 벼슬 이름. 대대로 사관史官의 직책을 맡았다. 신지 혁덕은 초대 환웅천황의 명에 따라 문자(녹도문)를 처음 만들었으며, 이 문자로 『천부경』과 『삼일신고』 두 경전을 기록하였다. 문자는 사물을 표시하는 부호 즉 서계로부터 시작되었다. 환웅천황의 명을 받아 신지 혁덕이 만든 녹도문鹿圖文이 문자의 기원이다. 이것을 복희씨, 창힐 등이 서토西土에 보급시켜 훗날 상商나라 갑골문의 뿌리가 되었다. 녹도문의 원형은 고조선에 그대로 계승되었다.

낭하리 | 지금의 행정 구역 명은 경상남도 남해군 상주면 양아리良阿里이다.

경박호 | 지금의 흑룡강성 영안현寧安縣 서남쪽에 있다.

오소리 | 만주 우수리강을 말한다.

전서 | 한자 서체(전서篆書, 예서隸書, 해서楷西, 행서行書, 초서草書)의 하나로 대전大篆과 소전小篆이 있다.

배달족의 문명화 과정과 동이 명칭의 유래

초대 풍백, 우사, 운사*의 사명과 공력

환웅천황께서 **풍백**風伯 석제라釋提羅를 시켜 비록 새, 짐승, 벌레, 물고기의 해는 없애게 하셨으나, 그래도 사람들은 아직 동굴과 움막 속에서 거처하였다. 땅의 습기와 바깥바람의 기운이 사람에게 침범하여 질병을 일으키고, 또 금수와 벌레와 물고기의 무리가 한 번 쫓겨난 뒤로 점차 인간을 피해 숨어버려 잡아먹기가 쉽지 않았다.

그리하여 **우사**雨師 왕금王錦을 시켜 사람이 살 집을 짓고, 소와 말, 개, 돼지, 독수리, 호랑이 같은 짐승을 잡아 길러서 이용하게 하셨다.

운사雲師 육약비陸若飛를 시켜 '남녀가 혼인하는 법'을 정하게 하시고, 치우治尤로 하여금 대대로 '병마와 도적을 잡는 직책'을 관장하게 하셨다.

치우천황의 위엄와 '동이'의 유래

이때부터 **치우, 고시, 신지**의 후손이 가장 번성하였다.

치우(14세 환웅)천황이 등극하여 구치九治(채광 기계)를 만들어서 구리와 철을 캐시고, 철을 단련하여 칼과 창과 큰 **쇠뇌**[大弩]*를 만들게 하셨다. 사냥을 가거나 전쟁을 할 때 이것에 신처럼 의지하니, 주위의 모든 부족이 대궁大弓의 위력을 몹시 두려워하여 소문만 듣고도 간담이 서늘해진 지 오래였다.

그리하여 저들이 우리 민족을 '이夷'라 불렀다. 『**설문해자**說文解字』*에서 말한 바 "이夷는 '큰 대大' 자와 '활 궁弓' 자를 합한 글자(夷=大+弓)로 **동방 사람**[東方人]'을 뜻한다."라 함이 이것이다. 그러나 공자가 『**춘추**春秋』*를 지을 때 '夷'라는 명칭을 '융적戎狄'과 함께 오랑캐의 칭호로 썼으니 참으로 애석한 일이다.

첫째, '활을 사용하는 동쪽 사람'이라는 뜻이다. 본문에 인용된 『설문해자』는 "이夷는 동방지인야東方之人也, 종대종궁從大從弓."이라고 풀이하였다. 즉 '이는 동방사람이라, 대大(사람이라는 뜻)를 따르고 궁弓을 따른다' 하였다.

둘째, '이'는 '신을 대신하는 사람'이란 의미이다. 상나라 때 갑골문甲骨文에서 '이'는 똑바로 서 있는 사람 형상으로 그려져 있다. 특히 상대에 '동이'는 '인방人方', '시방尸方'이라 불리기도 했다. 이때 '시尸'는 주검을 말하는 것이 아니라, 제사 때 신을 대신하는 시동으로 '신을 대신하는 사람, 신의 대리인'을 뜻한다.

셋째, '이'는 '인仁'이라는 의미이다. '이夷'라는 글자 자체에 어질다는 뜻이 있다.

『후한서』 「동이열전」의 주에 인용된 『죽서기년竹書紀年』에 의하면 황하 유역 하류와 강회 유역에서 활약한 동이는 모두 9종으로, 견이畎夷, 우이于夷, 방이方夷, 황이黃夷, 백이白夷, 적이赤夷, 현이玄夷, 풍이風夷, 양이陽夷라 하였다. 동이라는 호칭을 쓰기 전에 동방민족을 그냥 이夷라고 하였고, 이夷 자 앞에 지역 등의 특징을 덧붙여 불렀던 것으로 보인다.

그러나 한나라 이후의 사서에 쓰인 '동이'는 이런 의미가 아니다. 진나라 이후 만주와 한반도에 살던 조선족과 숙신과 동호의 후신은 물론 일본 등지에 살던 족속을 비하하여 '동쪽 오랑캐'란 뜻으로 사용한 말이다. 화하족 우위의 중화사상中華思想에 따라 서융西戎, 남만南蠻, 북적北狄과 같은 맥락으로 쓴 것이다.

이주해 온 웅족이 환족으로 귀화하였다

환웅께서 다스리기 어려운 강족을 없애려 하심

『삼성밀기三聖密記』에 이렇게 기록되어 있다.

환국 말기에 다스리기 어려운 강한 족속이 있어 이를 근심하던 차에, 환웅께서 나라를 다스림에 삼신의 도로써 가르침을 베푸시고, 백성을 모아 맹세하게 하여 권선징악의 법을 두셨다. 그리고 이때부터 은밀히 그 강족을 없애려는 뜻을 두셨다.

환족으로 귀화한 웅족과 추방당한 호족

당시 부족의 호칭이 통일되지 않고 풍속은 점점 갈라졌다. 원주민은 호족虎族이고, 새로 이주해 온 백성은 웅족熊族이었다. 호족은 성품이 탐욕스럽고 잔인하여 오직 약탈을 일삼았고, 웅족은 성품이 고집스럽고 우둔하여 서로 잘 어울리지 못하였다. 두 부족이 비록 한 고을에 살았으나 시간이 지날수록 더욱 소원해져서 서로 물건을 빌리거나 빌려 주지 않았고 혼인도 하지 않았으며, 매사에 서로 승복하지 않아, 한 길을 같이 간 적이 없었다.

아하! 그렇구나

웅족熊族 | 곰[熊]을 수호신(토템)으로 삼는 부족. 한반도에 웅熊이 들어 있는 지명이 많은데, 이것은 우리 민족이 검(곰)을 토템으로 했음을 보여 준다. 또한 일본 큐슈九州는 본래 곰이 서식하지 않는 아열대 지방인데도 그곳에 웅熊 자 명칭이 많다. '구마모토熊本·구마시로熊城·구마노熊野·구마타熊田·구마가와熊川·구마久萬·구마畏·구마苦磨·구마球磨·구마노쇼畏庄·구마아가타熊縣·구마가야熊谷·구마마치熊町·구마노타이熊之平' 등은 모두 '곰, 검'과 비슷한 음인 '구마'로 일관되어 있다(『한민족의 뿌리사상』). 이것은 이 지역이 배달 황웅 시대의 웅녀족 또는 검족과 관련이 많음을 입증하는 것이다.

이러한 지경에 이르자 웅족 여왕이, 환웅천황께서 신령한 덕이 있으시다는 소문을 듣고 무리를 거느리고 찾아와 천황을 뵙고 "원컨대 살 터전을 내려 주시어 저희도 한결같이 삼신의 계율을 지키는 **신시의 백성**이 되게 해 주옵소서."라고 간청하였다. 환웅천황께서 이를 허락하시고 살 곳을 정해 주어 자식을 낳고 살게 하셨다. 호족은 끝내 성질을 고치지 못하여 나라 밖으로 쫓겨나게 되니, **환족의 흥성**이 이때부터 시작되었다.

초대 거발환(배달) 환웅의 동방 문명 개척

환웅의 신시 배달 건국

『조대기朝代記』에 이렇게 기록되어 있다.

당시 사람은 많고 물자는 적어 살아갈 방법이 없음을 걱정하였더니, 서자부[庶子之部]의 대인 환웅이 백성의 생활을 두루 살펴 듣고 하늘에서 내려와 지상에 광명 세상을 열고자 하셨다.

이때 **안파견** 환인께서 금악산金岳山과 삼위산三危山과 태백산太白山을 두루 살펴보고, "태백산은 가히 널리 인간을 이롭게 할 수 있는 곳이로다."라고 하셨다. 이에 환웅에게 명하여 말씀하시기를, "이제 인간과 만물이 제자리를 잡았으니, 그대는 노고를 아끼지 말고 무리를 거느리고 몸소 인간 세상에 내려가 새 시대를 열어[개천開天] 가르침을 베풀고, **삼신상제님에게 제사를 지내 부권**父權[아버지(통치자)로서의 권한]**을 세우라.** 노인은 부축하고 어린이는 이끌어 평화롭게 하나 되게 하여 스승의 법도를 세우고 세상을 삼신 상제님의 진리로 다스려 깨우쳐서[재세이화在世理化] 자손만대에 올바른 규범으로 삼을지어다."라고 하셨다.

그리고 환웅에게 **천부**天符와 **인**印 **세 개**를 주시고 세상에 보내어 다스리게 하셨다. 환웅께서 **무리 3천 명**을 거느리고 처음으로 태백산 신단수 아래에 내려오시니, 이곳을 **신시**神市라 한다.

또한 **풍백·우사·운사**를 거느리시고, 오가五加에게 농사·왕명·형벌·질병·선악을 주장하게 하시고, 인간의 360여 가지 일을 주관하여 신교神敎의 진리로써 정치와 교화를 베풀어 인간을 널리 이롭게 하시니, 이분이 바로 환웅천황이시다.

웅족이 신교 문화의 광명 정신으로 교화되었다

이때 **웅족과 호족**[一熊一虎]이 이웃하여 살았다. 항상 신단수에 와서 기도하며 환웅께 "하늘의 계율을 지키는 신시의 백성이 되기를 원하옵니다." 하고 간청하였다.

환웅께서 **신령한 주문**[神呪]으로 체질을 개선시켜 신명을 통하게 하셨다. 또 삼신이 내려 주신 물건으로 신령한 구원의 삶을 얻게 하시니, 바로 쑥 한 단과 마늘 스무 개였다.

그리고 경계하여 말씀하시기를 "너희는 이것을 먹고 백 일 동안 햇빛을 보지 말라. 그리하여야 스스로 참을 이루고 만물을 고르게 구제하며, 진정한 사람다운 인격을 갖춘 대인이 되리라." 하셨다.

웅족과 호족 양가는 이것을 먹고 **삼칠일**(21일) 동안 삼가며 스스로 수련에 힘썼다. 웅족은 굶주림과 추위와 고통을 참으며 **하늘의 계율**을 준수하고, 환웅과 한 언약을 지켜서 건강한 '여자의 모습'을 얻었으나, 호족은 거짓과 태만으로 하늘의 계율을 어겨 끝내 하늘이 내린 사명을 함께 이루지 못하였다. 이것은 두 부족의 천성이 서로 다르기 때문이었다.

웅씨족 여성들은 고집이 세고 어리석음이 지나쳐서, 이들과 혼인하려는 사람이 아무도 없었다. 그래서 매양 신단수 아래에 함께 모여 주문을 읽으며 아기를 가져 환웅의 백성이 되기를 기원하였다. 환웅께서 임시로 이들을 환족 백성으로 귀화시켜 살 곳을 주고 환족 남자와 혼인하게 하여 자녀를 낳게 하시니, 이로부터 모든 남녀가 점차 인륜의 도를 얻게 되었다.

고조선 시대의 통치 영역

그 후 단군왕검이라 불리는 분이 아사달에 도읍을 세우시니 지금의 송화강이다. 이때 비로소 나라 이름을 조선이라 칭하시니 삼한三韓, 고리高離, 시라尸羅, 고례高禮, 남·북옥저, 동·북부여, 예濊와 맥貊이 모두 그 관할 영토였다.

신교의 제사 문화와 책력의 기원

칠회제신력

신시 시대에 칠회제신력七回祭神曆(일곱 분의 신에게 제를 지내는 주기표)이 있었다. 이에 첫째 날에 천신(삼신 상제님)께, 둘째 날에 월신月神께, 셋째 날에 수신水神께, 넷째 날에 화신火神께, 다섯째 날에 목신木神께, 여섯째 날에 금신金神께, 일곱째 날에 토신土神께 제사를 지냈다. **책력**을 짓는 방법이 여기에서 비롯하였다.

그러나 예전에는 계해를 쓰다가, 5세 구을단군께서 처음으로 갑자를 쓰시고 10월을 상달[上月]로 삼으시니 이것이 한 해의 처음이 되었다.

상달上月 | 배달 신시 시대 때부터 음력 10월을 한해의 첫머리[세수歲首]로 삼아 상달이라 하였다. 천지 기운의 변화에 따라 음력 4월에 음陰 기운이 처음으로 태동하기 시작하고, 음력 10월에 양陽 기운이 최초로 태동하기 시작하기에 10월을 첫머리로 한 것이다. 그리하여 매년 10월이 되면 항상 국가적인 대축제[국중대회國中大會]를 열어 삼신상제님께 천제를 지냈다.

부여의 영고迎鼓, 고구려의 동맹東盟, 예의 무천舞天, 삼한(중삼한)의 5월·10월 소도제와 요遼(거란)의 요천繞天 등이 모두 배달, 단군조선 시대의 신교 제천 풍속國風을 계승한 것이다. 뿐만 아니라 중국의 진시황, 한고조 등도 종주국인 조선을 본받아 10월을 한해의 첫머리로 삼았다.

예와 맥 | 예맥족濊貊族을 웅족과 호족으로 보기도 하는데 예맥족은 넓은 의미에서 동이족이다.

책력 | 중국학자 쉬량즈徐亮之는 『중국사전사화中國史前史話』에서 "중국의 역법은 동이로부터 시작되었다[中國曆法始於東夷]."라고 하였다.

6계六癸는 신시(배달) 환웅[神市氏]께서 신지神誌에게 명하여 지은 것으로 그때부터 계癸로써 첫머리를 삼았다. 계癸는 계啓의 뜻이며, 해亥는 핵核(씨, 종자)의 뜻이니 '해가 뜨는 뿌리[일출지근日出之根]'라는 말이다.

10천간十天干과 12지지十二地支의 본래 뜻

그러므로 계癸는 소라蘇羅요, 갑甲은 청차이清且伊, 을乙은 적강赤剛, 병丙은 중림仲林, 정丁은 해익海撒, 무戊는 중황中黃, 기己는 열호수烈好遂, 경庚은 임수林樹, 신辛은 강진强振, 임壬은 유불지流不地이다.

또 해亥는 지우리支于離요, 자子는 효양曉陽, 축丑은 가다加多, 인寅은 만량萬良, 묘卯는 신특백新特白, 진辰은 밀다密多, 사巳는 비돈飛頓, 오午는 융비隆飛, 미未는 순방順方, 신申은 명조鳴條, 유酉는 운두雲頭, 술戌은 개복皆福이다.

인류 전쟁의 효시

배달 초기의 생활 모습

신시 환웅께서 처음 세상에 내려오셨을 때, 산에는 길이 없고 못에는 배와 다리가 없었으며, 금수는 무리를 이루고 초목이 무성하였다. 사람이 금수와 어울려 함께 살았고, 만물과 무리지어 같이 살았다. 짐승 떼에 굴레를 씌워 놀고, 나무를 기어 올라가 까마귀와 까치의 둥지를 엿보기도 하였다. 배고프면 먹고 목마르면 마셨는데, 때로 짐승의 피와 고기를 이용하였다. 옷을 짓고 농사지어 먹으며 편한 대로 자유롭게 사니 이때를 '지극한 덕이 베풀어지는 세상'이라 일렀다.

백성들이 살면서도 할 일을 모르고, 다니면서도 갈 곳을 몰라서 행동은 느리며 만족하며, 보는 것은 소박하고 무심하였다. 오직 배불리 먹고 기뻐하며, 배를 두드리며 놀았다. 해 뜨면 일어나 일하고 해 지면 쉬니, 하늘의 은택이 넘쳐흘러 궁핍이라는 것을 알지 못하였다.

후세로 내려오면서 만물과 백성이 더욱 번성하자 소박한 기풍은 점점 사라지고, 열심히 노력하며 수고로이 일하지 않으면 살기가 어렵게 되어 비로소 생계를 걱정하게 되었다.

그리하여 농사짓는 자는 이랑을 두고 다투고, 고기 잡는 자는 구역을 두고 다투어, 싸워서 얻지 않으면 궁핍을 면하지 못하게 되었다.

전쟁은 하늘의 뜻인가?

그 후에 활과 쇠뇌가 만들어지자 새와 짐승이 숨고, 그물이 펼쳐지자 물고기가 숨어 버렸다. 심지어 창칼과 갑옷으로 무장하고 서로 공격하여 이를 갈며 피를 뿌리고, 간과 뇌가 땅에 쏟아졌다.

이것은 또 하늘의 뜻도 진실로 그러했기 때문 이다. 이에 전쟁을 면할 수 없음을 알게 되었다.

환족의 서방 영토 개척

지금 인류의 근원을 상고해 보면, 모두 하나의 뿌리인 첫 조상에서 나온 자손 이다. 그러나 땅덩어리가 동서로 나뉘면서 각기 구역을 정해 살아가고, 지역의 경계가 아주 단절되어 사람이 서로 왕래하지 않았다. 그리하여 사람들은 자신이 있는 것만 알고 다른 사람이 있는 것은 알지 못하였다. 그리하여 수렵하고 나무를 베어 쓰는 일 외에 다른 험난한 일이 없었다.

수천 년이 지나고, 세상의 판도가 이미 변하자 중국[仲國]은 서쪽 땅의 보고寶庫였다. 기름진 땅이 천 리요, 기후가 좋았다. 우리 환족이 그 땅에 이주할 때 앞을 다투어 나아갔으며, 토착민 또한 몰려들어 그곳에 모여 살았다.

뜻이 같으면 한 편이 되고, 뜻이 다르면 원수가 되어 싸움이 일어났으니, 이것이 바로 만고 전쟁의 시초이다.

5세 태우의환웅의 막내아들, 태호복희와 신농

장생법을 가르치심

환웅천황으로부터 5세를 내려와 태우의太虞儀환웅이 계셨다. 사람들을 가르치실 때, 반드시 생각을 고요히 가라앉혀 마음을 깨끗하게 하고, 호흡을 고르게 하여 정기를 잘 기르게 하셨으니, 이것이 바로 늙지 않고 건강하게 사는 도술이다.

삼신의 성령을 받고 우주 이치를 환히 깨달은 태호복희

태우의환웅의 아들은 열둘이었는데 맏이는 다의발多儀發환웅이시요, 막내는 태호太皞이시니 복희伏羲라고도 불렀다.

태호복희씨가 어느 날 삼신께서 성령을 내려 주시는 꿈을 꾸고 천지만물의 근본 이치를 환히 꿰뚫어 보시게 되었다. 이에 **삼신산**三神山*에 가시어 하늘에 제사 지내고 **천하**天河에서 괘도卦圖를 얻으셨다. 그 획은 세 개는 끊어지고[三絶] 세 개는 이어지는[三連] 음양 원리로 이루어졌다. 그 위치를 바꾸어* 추리함에 오묘하게 **삼극**三極(무극, 태극, 황극)을 포함하여 변화가 무궁하였다.

『밀기密記』에 이렇게 기록되어 있다.

복희는 신시에서 출생하여 우사雨師 직책을 대물림하셨다. 후에 청구, 낙랑을 지나 진陳 땅에 이주하여 수인燧人, 유소有巢와 함께 서쪽 땅[西土]에서 나라를 세우셨다.

그 후예가 풍산에 나뉘어 살면서 역시 **풍**風으로 성을 삼았다. 후에 패佩·관觀·임任·기己·포庖·리理·사姒·팽彭 여덟 씨족으로 나뉘어졌다. 지금의 산서 제수濟水*에 희족羲族(복희씨 가족)의 옛 거주지

삼신산 | 신교 도맥道脈의 주산主山으로 곧 백두산을 말한다.

위치를 바꾸다 | 팔괘八卦의 상상象이 바뀌는 것을 말함.

제수 | 산서성에서 발원하여 황하를 땅속으로 가로질러 산동성에서 다시 솟아나서 흐른다.

가 아직 남아 있는데, 임任·숙宿·수구須句·수유須臾 등의 나라가 모두 에워싸고 있다.

『대변경大辯經』에 이렇게 기록되어 있다.

　복희는 신시에서 출생하여 우사 관직을 맡으셨다. 신룡神龍의 변화를 관찰하여 괘도卦圖를 만들고, 신시 시대의 계해를 고쳐 갑자로 첫머리를 삼으셨다. 여와女媧(복희의 여동생)는 복희의 제도를 계승하고, 주양朱襄은 옛 문자를 기본으로 하여 처음으로 육서六書를 세상에 전하였다.
　복희씨의 능은 지금의 산동성山東省 어대현魚臺縣 부산鳧山 남쪽에 있다.

동양 의학과 농사의 시조인 신농씨

　신농神農은 **열산**列山에서 창업을 하셨는데, 열산은 열수列水가 흘러나오는 곳이다. 신농은 **소전**少典의 아들이시고, 소전은 소호少皞와 함께 모두 **고시씨**高矢氏(고시례)의 방계 자손이시다.
　당시 백성이 정착하여 각기 생업에 종사하여 점차 인구가 증가하였다. 곡식과 삼을 많이 생산하고, 각종 의약과 치료법도 점점 갖추어지자, 한낮에 저자(시장)를 열어 교역을 하고 돌아갔다.

14세 치우천황의 서쪽 영토 대정벌

치우천황의 서토 정벌 배경

　유망榆罔에 이르러 정치의 속박이 가혹해지자 여러 읍락이 사이가 나빠져 백성이 많이 흩어지고, 세상살이가 심히 어렵게 되었다.
　우리 치우천황께서 배달 신시의 웅렬한 기상을 계승하여 백성과 함께 이를 새롭게 펼치실 때, **하늘의 뜻을 밝혀 생명의 의미를 알게 하시고, 땅을 개간하여 뭇 생명을 다스리게 하시고, 사람의 마**

태호복희太皞伏羲

태호는 복희(기원전 3528~기원전 3413)의 호로 '크게 밝다[大光明]'는 뜻이다. 인류역사상 처음으로 신교의 우주관을 체계적이고 조직적으로 밝혀낸 인류 정신문화의 조종祖宗이다. 풍산風山에서 살아 풍風을 성으로 삼았고, 후에 수인씨를 이어 하남성의 진陳에 도읍하여 왕이 되었다.

태호太皞(太昊)라는 호에서도 알 수 있듯이 환桓 정신을 밝힌 분이다. 처음으로 정음정양正陰正陽의 윤리관에 따라 남녀의 혼인 제도를 정하고, 역도易道(변화의 도)의 효시인 복희 팔괘를 그어 '역철학과 태극기의 시조'가 되었다. 또한 한자 만드는 방법인 육서六書의 원칙을 발명하여 '문자의 비조'가 되는 동시에 풍風씨 성을 가져 인류 성씨의 원조가 되었다.

한마디로 태호복희는 인류역사상 최초로 인륜도덕의 기준을 세우고, 우주 삼신이 삼계三界 우주를 창조하신 원리(신교의 삼신 사상의 우주관)를 밝혀내어 인도 문명人道文明을 개창한, 한민족의 대성인이다.

"

염제신농炎帝神農(기원전 3218~기원전 3078)은 사람들에게 처음으로 농사법을 가르쳐 주었기에 신농神農이라 하고, 화덕火德에 의해 임금이 되었으므로 염제炎帝라 한다. 8세 안부련환웅(기원전 3240~기원전 3167) 때 소전少典이 천황의 명을 받아 섬서성 강수姜水에 가서 군사를 감독하는 직책을 맡았는데, 그곳(지금의 섬서성 보계시寶鷄市 상양산尙羊山)에서 낳은 아들 중에 맏이가 석년石年(염제신농)이고 둘째가 욱勖(공손公孫씨의 조상)이다. 욱의 10세 손이 바로 중국 한족의 태조인 황제헌원이다.

신농사당_호북성湖北省 수주시隨州市 여산진厲山鎭에는 신농씨의 고향 신농고리神農古里가 있다. 이곳에는 신농묘神農廟와 신농씨가 태어났다고 하는 신농동神農洞이라는 동굴이 있다(사진 왼쪽 덩굴 속).

음을 열어 생명을 존중하게 하시니, 백성이 만물의 원리를 모두 스스로 살필 수 있게 되었다.

이렇듯 그분의 덕이 미치지 않은 곳이 없고, 지혜가 적합하지 않음이 없으며, 역량이 온전히 갖추어지지 않음이 없었다. 이에 백성과 더불어 나라를 나누어 다스리시고, 호랑이처럼 늠름하게 **황하 북쪽**에 웅거하여 안으로 군사를 용맹하게 조련하고 밖으로 여러 나라의 관계 변화를 지켜보셨다.

탁록 대정벌과 12제후국 병합

유망의 정치력이 쇠약해지자 치우천황께서 군사를 일으켜 출정하셨다. 형제와 부계 일족 중에서 장수가 될 만한 인물 81명을 뽑아 모든 군사를 거느리게 하시고, 갈로산葛盧山의 쇠를 캐어 칼과 갑옷과 창과 큰 활과 호시(싸리나무로 만든 화살)를 많이 제작하셨다.

그리고 전군을 모아 대오를 정비하여 탁록涿鹿을 함락시키고, 구혼九渾에 올라 싸울 때마다 승리를 거두셨다. 그 형세가 자못 질풍과 같아 만군을 복종시키고 천하에 위엄을 떨치셨다.

1년 사이에 아홉 제후의 땅을 함락하고, 다시 옹호산雍狐山에 나아가 구치九冶로써 수금水金과 석금石金을 캐어 쌍날창(예과芮戈)과 옹호의 갈래창(극戟)을 만드셨다. 다시 군사를 정비하여 몸소 거느리고 양수洋水로 출진하여 빠르게 **공상**空桑까지 진격하셨다. 당시 공상은 지금의 진류陳留로, 유망의 도읍지였다.

한족을 정벌하신 치우천황

이 해에 치우천황이 12제후의 나라를 모두 병합하실 때 죽은 시체가 산야에 가득하니, 서토西土(지금의 중국땅)의 백성들이 간담이 서늘하여 도망하지 않는 자가 없었다. 이때 유망은 소호少昊로 하여금 막아 싸우게 하였다. 이에 천황께서 예과와 옹호창을

공상 | 일반적으로 산동성 지방을 말하지만 여기서는 하남성 진류현을 가리킨다.

휘두르며 소호와 크게 싸우실 때, 큰 안개를 일으켜 적의 장수와 병졸로 하여금 혼미하여 자기들끼리 싸우게 하시니, 소호가 크게 패하여 황급히 공상으로 들어가 유망과 함께 달아났다. 치우천황이 즉시 하늘에 제사 지내어 천하를 태평하게 할 것을 맹세하여 고하셨다.

그리고 다시 진군하여 탁록을 포위 압박하여 한번에 멸망시키셨다.

『관자管子』에 "천하의 임금 곧 치우천황이 급작스럽게 싸우며 한 번 노하심에 죽어 넘어진 시체가 산야에 가득하였다."라고 한 것은 바로 이것을 말한 것이다.

치우천황과 헌원의 10년 탁록대전쟁

천자의 뜻을 품고 병마를 일으킨 제후 헌원

이때 공손公孫 헌원軒轅이라는 자가 있었는데 토착민의 우두머리였다. '치우천황께서 공상에 입성하여 새로운 정치를 크게 펴신다'는 소식을 듣고도 감히 스스로 천자가 되려는 뜻을 품고 병마를 크게 일으켜 치우천황과 승부를 겨루려 하였다. 천황께서 항복한 장수 소호少昊를 먼저 보내 탁록을 포위하여 멸하려 하실 때, 헌원이 오히려 항복하지 않고 감히 수많은 전쟁에 나섰다.

갑옷을 입고 큰 안개를 일으키신 치우천황의 법력

천황께서 9군九軍에 명하여 네 길로 나누어 진군하게 하시고, 몸소 보병과 기병 3천을 거느리고 곧장 탁록의 유웅有熊 들판에서 여러 번 헌원과 맞붙어 싸우실 때, 군사를 풀어 사방에서 조이며 참살하시니 그 수를 헤아릴 수 없었다.

또 큰 안개를 일으켜 지척을 분간하지 못하게 하고 전투를 독려하시니, 적군은 마음이 두렵고 손이 떨려 도망치기에 바빴다.

『관자』 | 중국 고대사상사를 종합한 문헌이다.

헌원軒轅(기원전 2692~기원전 2593) | 중국의 시조. 성은 공손公孫, 이름은 헌원. 중국에서는 지금까지 태호복희·염제신농과 함께 삼황三皇의 한 인물로 불러왔다.

유웅有熊 | 황제헌원의 호이자, 그의 도읍지 이름.

백 리 안에 병사와 말이 보이지 않았다.

이에 기주冀州·연주兗州·회수淮水·태산泰山 땅을 모두 차지하고, 탁록에 성을 쌓으시고 회대淮岱(회수와 태산)에 집을 지으시니 헌원의 무리가 모두 신하를 칭하며 조공을 바쳤다.

대체로 당시 서쪽 땅의 사람들은 한갓 화살과 돌팔매[矢石]만 믿고 갑옷의 사용을 알지 못하였다. 또한 치우천황의 뛰어나고 강력한 신비스러운 힘에 부딪혀서, 두려운 마음이 들고 간담이 서늘하여 싸울 때마다 번번이 패하였다.

치우천황께서 헌원의 군사를 휩쓸어 버리셨다

『운급雲笈』「헌원기軒轅記」에 "치우가 처음으로 갑옷과 투구를 만들었는데, 당시 사람들이 이를 알지 못해 **동두철액**銅頭鐵額(구리 머리에 무쇠 이마)이라 여겼다."라고 하였으니, 적의 낭패가 얼마나 심하였겠는지 가히 상상할 수 있다.

치우천황은 더욱 군용을 정비하여 사방으로 진격하셨다. 10년 동안 헌원과 73회를 싸웠으나 장수는 피로한 기색이 없었고, 군사는 물러날 줄 몰랐다.

헌원은 여러 번 싸워 천황에게 패하고도 군사를 더욱 크게 일으켰다. 우리 배달을 본받아 무기와 갑옷을 많이 만들고, 또 **지남거**指南車를 만들어 감히 싸움마다 출전하였다.

이에 천황께서 불같이 진노하시어 형제 종족으로 하여금 대격전에 힘써 싸우게 하여 위엄을 확고히 세우셨다. 그리하여 헌원의 군사로 하여금 감히 추격하거나 습격할 엄두를 내지 못하게 하시고, 더불어 대전을 치뤄 한바탕 몰아쳐서 휩쓸어 버리신 뒤에야 비로소 싸움을 그치셨다.

사마천 『사기』의 왜곡

이 싸움에서 우리 장수 치우비蚩尤飛라는 자가 급히 공을 세우려다가 불행히도 전쟁터에서 죽었다. 『사기史記』에 이른바 "치우를 사로잡아 죽였다[금살치우擒殺蚩尤]"라고 한 구절은 바로 이것을 두고 한 말이다.

천황께서 진노하여 군사를 일으키고, 새로 비석박격기飛石迫擊機를 만들어 진을 치고 나란히 진격하시니, 적진이 마침내 대항하지 못하였다.

이에 정예병을 나누어 파견하여 서쪽으로 예芮와 탁涿을 지키게 하시고, 동쪽으로 회대淮岱(회수와 태산)를 취하여 성읍을 만들어 헌원이 동쪽으로 침투할 길을 막으셨다.

천황께서 붕어하신 지 수천 년이 지났지만, 진실로 길이 남을 찬란한 그 위업이 후세인의 가슴 속에 감동을 불러일으킨다.

온 천하를 진동시킨 치우천황의 웅렬하심

한족은 헌원 이래로 편안한 잠을 잔 적이 없었다

『한서漢書』「지리지地理志」에 따르면 지금 치우천황의 능은 산동성 동평군東平郡 수장현壽張縣 궐향성闕鄕城에 있으며, 높이는 7장丈이라 한다. 진한秦漢 시대에 주민들이 항상 10월에 제사를 지냈는데, 반드시 붉은 기운이 진홍색 비단처럼 뻗치므로 이를 치우기蚩尤旗라 불렀다.

아마도 그분의 영웅적인 기백은 보통 사람과 아주 달라 수천 년이 지나도 없어지지 않았던 것이리라. 헌원은 이 뒤로 쇠미해졌고, 유망도 따라서 영구히 몰락하였다.

치우천황의 웅렬하심은 대대로 온 천하를 진동시켰다. 특히 유주幽州, 청주靑州 지방에서 그 명성과 위엄이 지속되니 헌원 이래로 대대로 스스로 불안하여 그 치세가 끝날 때까지 베개 베고 편안히 잠을 잔 적이 없었다.

동북아에 신교 문화를 개창하신 치우천황

"대~한민국!"

올림픽이나 월드컵 경기가 있을 때 경기장이 떠나갈 듯 "대~한민국!"을 외치는 대한민국 응원단! 우리는 그들을 붉은악마라 부른다. 그 붉은악마를 상징하는 깃발이 바로 치우천황기蚩尤天皇旗이다. 치우천황은 누구일까?

헌원을 굴복시킨 치우 천황

치우(자오지)천황은 배달의 14세 천황이다. 『환단고기』 「신시본기」를 보면, 치우천황은 쇠약해진 제후국인 염제신농씨의 신농국을 배달의 영토로 흡수하고 서쪽 땅으로 나아가 제후들의 나라를 병합하였다. 그런데 그 틈을

치우천황 석상石像_산동성 거야현巨野縣 고퇴묘촌固堆廟村 치우건비총蚩尤肩髀塚. 배달의 14세 자오지환웅, 일명 치우천황은 배달의 영토를 가장 넓게 개척하시고 서방 한족을 동방 신교로 다스려 천자문화를 전해 준 대제왕이시며, 병법의 비조이시다. 황제헌원과 벌인 10년 대전쟁 동안 연전연승하고 마지막 탁록대전에서 대승을 거둬 수천 년 동안 동방 한민족은 물론 서방 한족에게까지 숭배와 추앙의 대상이 되었다. 치우천황은 중국과 일본에 의해 뿌리부터 훼손된 한민족사의 격류 속에서 뒤안길로 묻혀버린 위대한 성황, 불패의 무신이다.

타서 서쪽 땅의 제후에 불과한 헌원이 천황을 밀어내고 자신이 천자가 되고자 군대를 일으켰다.

이에 치우천황은 탁록에서 헌원과 10년 동안 73회에 걸쳐 전쟁을 벌였다. 서쪽 땅의 사람들이 한갓 화살과 돌팔매로 싸울 때 치우천황은 갈로산에서 캐낸 광석으로 칼, 창, 큰 활 등의 선진적인 무기를 만들고 투구와 갑옷을 만들어 입었다. 당시 투구와 갑옷을 보지 못했던 서방족은 치우천황의 모습을 동두철액銅頭鐵額(구리로 된 머리와 쇠로 된 이마)이라 하였다.

동두철액_내몽고 적봉시 미려하에서 출토된 고조선 시대의 청동 투구. 배달의 청동 투구도 이런 모습이었을 것이다.

또 치우천황은 법력이 높아서 안개를 일으켜 싸우므로 적들은 번번이 참패를 당하였다. 이에 헌원은 지남거指南車(안개 때문에 앞이 보이지 않자 병사들에게 방향을 알려 주기 위해 만든 수레)를 만들어 대항하였다. 그러나 천황은 다시 비석박격기飛石搏擊機(돌을 날려 공격하는 기계)를 만들어 헌원군을 초토화시키고, 마침내 헌원을 사로잡아 신하로 삼았다. 이 뒤로 헌원의 기세는 약해졌으나 치우천황의 영웅적인 기백은 수천 년이 지나도 사라지지 않았다. 천황의 법력이 얼마나 두려웠는지 서방족은 "헌원 이래 스스로 불안하여 그 치세治世가 끝날 때까지 베개 베고 편안히 잠을 잔 적이 없었다."라고 하였다.

중국 한족도 치우천황을 숭배하였다

치우천황은 탁록에 성을 쌓고, 영토가 넓어지자 도읍을 백두산 신시에서 대륙의 청구靑邱로 옮겼다. 그리고 환국 시대부터 전수된 신교 진리로 백성을 다스려, 광활한 동북아 땅에 신교문화를 뿌리내렸다. 이에 동방 한민족뿐 아니라 중국의 한족도 치우천황을 숭배하고 추앙하였다. 중국의 진·한 시대에는 백성들이 해마다 10월이면 천황께 제사를 지냈다. 그런데 그 때마다 '붉은 기운'이 진홍색 비단처럼 천황의 능에서 하늘로 뻗쳤다.

이 붉은 기운을 '치우기蚩尤旗'라 불렀다.

중국의 황제들도 천황을 숭배하였다. 2,100여 년 전, 한 무제 때의 역사가 사마천의 『사기』를 보면 '진시황이 팔신제를 지낼 때 치우천황을 병주兵主 (전쟁을 주관하는 신)로 모시고 제를 지냈다. 또 한 고조 유방은 풍패에서 군사를 일으킬 때, 전각을 지어 치우천황께 제사를 지낸 후 북과 깃발을 피로 붉게 칠했다. 유방이 진의 수도 함양을 평정할 때도 천황께 제사를 지냈고, 천하를 얻어 제위에 오른 뒤에도 장안에 사당을 짓고 치우천황을 더욱 공경하였다'고 했다. 이러한 풍습은 후대로 이어져 『송사宋史』 등에 '장수들이 출정을 앞두고 치우에게 제를 지내는 풍습이 있었다'고 전한다.

우리 한민족이 치우천황을 병주로 모신 기록도 있다. 『난중일기』를 보면 이순신 장군이 전장에 나가기에 앞서 치우사당에서 승리를 기원하는 제사를 지냈다는 기록이 있다.

치우를 사로잡아 죽였다고 뒤집어서 기록한 사마천

그런데 사마천은 『사기』 서두에서 '치우작란蚩尤作亂 금살치우禽殺蚩尤, 치우가 난을 일으켰기 때문에 사로잡아 죽였다'고 적어 놓았다. 사실을 거꾸로 뒤집어 놓은 것이다. 왜 그랬을까?

그것은 중국 역사의 시조인 헌원을 천자天子로 만들고 동북아 역사와 문명의 뿌리를 헌원 중심으로 만들기 위해서였다. 헌원이 천자가 되면 중국은 그 출발부터 천자의 나라가 된다. 그래서 '금살치우'라 한 것이다. 또 여기에는 『사기』를 편찬할 당시 한 무제가 북부여를 쳐들어왔다가 고두막한에게 크게 패한 치욕에 대한 분풀이도 엿보인다.

그때 북방 흉노족을 정벌한 한 무제는 동북아 전역에 중국 중심의 대제국을 건설하려 하였다. 위만정권을 멸망시킨 한 무제는 한사군을 설치하기 위해 북부여의 영토를 침략하였다. 하지만 구국의 영웅 고두막한에게 크게 패하여 그의 꿈은 이루어지지 않았다.

이 상황을 직접 눈으로 본 한 무제의 사관인 사마천은 『사기』를 편찬하면서, 역사를 거슬러 올라가 그들에게 신교를 전수해 준 치우천황의 역사를 날조한 것이다. 그렇게 해서 동방 한민족을 중국의 제후국 민족으로 깎아 내리고 중국을 종주국으로 만들었다. 참으로 용서할 수 없는 배은망덕한 행위이다.

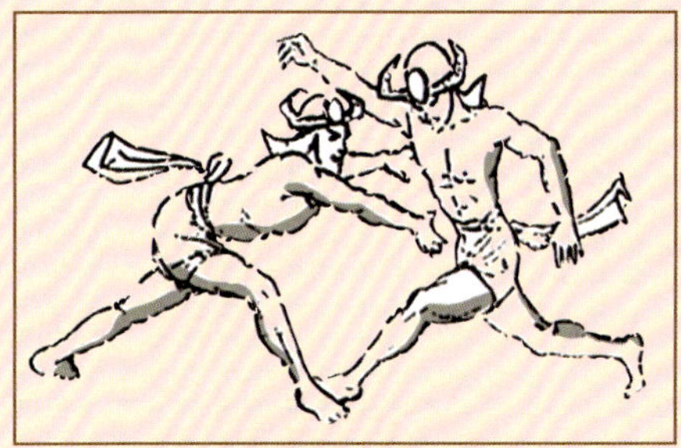

❶ 『중국무도사』에 나오는 치우희

❷ 찌우Ziu(티우Tiw)신_북 유럽의 신화에서 전쟁신이자 가장 높은 천신天神으로 나타난다.

❸ 안압지 출토 신라 녹유귀면와綠釉鬼面瓦_도깨비는 치우를 형상화한 것으로 알려져 있다. 일부에서는 용면와龍面瓦라고도 한다.

『사기史記』에 이른바, "산을 헤쳐 길을 내어도 편안히 안주하지 못하고, 탁록의 강가에 도읍하고 이리저리 옮겨다니며 일정한 곳에 살지 못하며, 항상 군사로 보호하여야 했다." 하였으니, 헌원이 얼마나 전전긍긍하였는지 역력히 엿볼 수 있다.

『상서尚書』* 「여형呂刑」에 또한 이르기를, "옛 가르침에 다만 치우가 난을 일으켰다."라고 했으니, 저들이 치우천황의 위엄을 두려워하여 기운을 잃고 대대로 이 교훈을 전하여 후인을 크게 경계하였음을 엿볼 수 있다. 그후 300년 동안은 전쟁이 없었고, 다만 **전욱顓頊***과 한 번 싸워 이를 격파하셨을 뿐이다.

후에 단군왕검께서 배달을 대신하여 나라를 다스리셨다

초대 환웅천황께서 신시를 개척하여 새 시대를 여시고 18세를 전하니, 역년이 1,565년이다. 바야흐로 단군왕검께서 웅씨 비왕裨王으로 신시 배달을 대신하여 구환족이 사는 모든 지역을 통일하시고 강역을 **삼한으로 나누어 다스리시니**[삼한관경三韓管境] 이를 일러 단군조선이라 한다.

서쪽 땅을 다스렸던 동방의 성황

『삼한비기三韓秘記』에 다음과 같이 기록되어 있다.

복희께서 서쪽 변방의 제후로 봉해져서 직책에 정성을 다하시니, 무기를 쓰지 않고도 그 지역 백성이 감화되어 따랐다. **수인씨燧人氏***를 대신하여 영토 밖까지 호령하셨다. 후에 갈고葛古환웅(10세)께서 신농의 나라와 국경을 정하시니 **공상空桑의 동쪽***이 우리나라 땅으로 귀속되었다.

세속에 전해 오는 '치우'의 뜻

또 몇 세를 지나 자오지慈烏支(치우)환웅(14세)에 이르렀다. 이분은 신령한 용맹이 더없이 뛰어나시고, 머리와 이마를 구리와 철로 투구를 만들어 보호하셨다. 능히 안개를 일으키고 구치九治(채광 기계)를 만들어 채광하여 철을 녹여 무기를 만드시고 또 비석박격기를 만드셨다. 천하가 크게 두려워하여 모두 이분을 받들어 천제의 아들 치우[天帝子蚩尤]라 하였다. 대저 치우라는 말은 세상에 전하는 말로 '우뢰와 비가 크게 일어나 산하가 뒤바뀐다'는 뜻이다.

치우천황께서 신농神農의 나라가 쇠약해짐을 보시고 드디어 웅대한 뜻을 품고, 서방에서 자주 천자의 군대를 일으켜 진격하여 회수와 태산 사이를 점령하셨다. 헌원이 등극하자 곧바로 탁록의 광야에 나아가 헌원을 사로잡아 신하로 삼으셨다. 후에 오吳장군을 보내어 서쪽으로 **고신**高辛* 땅을 쳐서 전공을 세우게 하셨다.

배달과 단군조선의 통치 정신

신교의 3도 정신과 성·명·정과 진·선·미의 실현 문제

『대변경大辯經』에 다음과 같이 기록되어 있다.

신시씨神市氏(배달 초대 환웅)는 **전佺의 도*** 로써 계율을 닦아 사람들에게 **제천**祭天을 가르치셨다. 이른바 전佺이란 사람의 본래 온전한 바탕을 따라 능히 본성에 통해[通性] **참됨**[眞]을 이루는 것이다.

청구씨靑邱氏(14세 치우천황)는 **선仙의 도*** 로써 법을 세워 사람들에게 **천하를 나누어 다스리는 법도**[관경管境]를 가르치셨다. 선仙이란 사람이 본래 저마다 타고난 바를 따라서 자신의 참된 **영원한 생명력**을 깨달아[知命] 널리 **선**善을 베푸는 것이다.

조선씨朝鮮氏(단군왕검)는 **종倧의 도*** 로써 왕을 세워 사람들에게 **책화**責禍를 가르치셨다. 종倧이란, 사람이 우주 안에서 스스로 으뜸 되는 바에 따라 정기를 잘 보존[保精] 하여 대인이 되어 **아름다움**[美]을 실현하는 것이다.

삼신과 삼재[天·地·人]와 우주 본체인 삼극의 관계

고신 | 여기서는 고신을 땅으로 보는 것이 옳을 듯하다. 제곡고신은 치우천황보다 250년 이후 사람이다.

전佺의 도 | 천인합일(하늘과 사람이 하나 되는 것)로 신인神人이 되는 도를 세웠다.

선仙의 도 | 선인仙人의 길을 이상으로 삼는다.

종倧의 도 | 천지의 이상을 실현하는 대인大人의 도를 세웠다.

그러므로 이러한 전佺과 선仙과 종倧의 도道 가운데

전佺은 텅 빈 자리로 **천도**天道에 근본을 두고,

선仙은 광명 자리로 **지도**地道에 근본을 두며,

종倧은 천지 도덕의 삶을 실현하는 강건한 자리로 **인도**人道에 근본을 둔다.

'환인, 환웅, 단군, 왕검'의 명칭과 제도에 담긴 뜻

'환인, 환웅, 단군, 왕검'의 뜻

『대변경』의 「주注」에 이렇게 기록되어 있다.

환인桓仁은 천신天神이라고도 하니

천天은 큼[大], 하나[一]라는 뜻이다.

환웅桓雄은 천왕天王이라고도 하니

왕王은 곧 황皇이며, 제帝이다.

단군檀君은 천군天君이라고도 하니

제사를 주관하는 제사장이시다.

왕검王儉은 감군監群이라고도 하는데,

나라를 다스리는 군주이시다.

환, 단, 한의 의미

그러므로 **하늘에서 내려오는 광명**을 **환**桓이라 하고, **땅의 광명**을 **단**檀이라 한다. 이른바 환桓은 곧 구황九皇을 말하는 것이다.

한韓은 또 크다[大]는 뜻이다. 삼한三韓은 풍백·우사·운사를 말 하기도 한다. 가加는 가家라는 뜻이다. 오가五加는 곧 곡식을 주관[主 穀]하는 우가牛加, 어명을 주관[主命]하는 마가馬加, 형벌을 주관[主刑] 하는 구가狗加, 질병을 주관[主病]하는 저가猪加, 선악을 주관[主善惡] 하는 계가鷄加를 말한다. 백성은 64겨레요, 무리는 3천이었다.

개천 · 개인 · 개지의 뜻

성인을 보내어 세상을 다스리는 것을 일러 **개천**開天이라 하니, 하늘을 열었기 때문에 만물을 창조할 수 있다. 이것이 곧 이 세상이 하늘의 이법(천리)과 부합되어 하나로 조화[허조동체虛粗同體]되는 것이다.

인간의 본성(인간 속에 있는 삼신의 마음)을 여는 것을 **개인**開人이라 하니, 사람들의 마음자리를 열어 주기 때문에 세상일이 잘 순환하게 된다. 이로써 형체와 함께 영혼이 성숙해[형혼구연形魂俱衍] 가는 것이다.

산을 다스려 길을 내는 것을 일러 **개지**開地라 하니, 땅을 개척하기 때문에 능히 때에 알맞은 일을 지어서 세상일이 변화할 수 있게 한다. 이러한 개척의 삶을 통해 지혜를 함께 닦게[지생쌍수智生雙修] 된다.

한민족 역사 속 백두산의 의미

묘향산은 백두산이 아니다

『삼한비기三韓秘記』에 이렇게 기록되어 있다.

백두산이라는 거대한 산악이 광활한 대지 가운데 장중하게 자리잡아 가로로 천 리를 뻗고, 높이는 2백 리를 우뚝 솟았다. 웅장한 높고 험준한 산맥이 꿈틀거리며 널리 덮어 배달 천국의 주산이 되었다.

신인神人이 오르내린 곳이 실로 여기에서 비롯하거늘, 어찌 구구하게 묘향산이 단지 낭림산맥이 서쪽으로 뻗은 맥에 매여 있다는 사실 하나로 환웅천황께서 강림하신 일과 관련이 있다고 할 수 있겠는가?

세속에서 묘향산을 태백산이라 한다면, 그 소견은 동압록강 이남의 한 모퉁이 땅에 국한시키는 것이 된다. 또한 산의 조종은 곤륜산崑崙山이라 하여, 우리가 소중화(중국을 대중화라 하는 데 비해 상대적으로 우리를 낮추어 일컫는 것)를 기꺼이 감수하고 중국에 조공을 바친 것이 수백 년이 지났으되 오히려 부끄러워할 줄 모르니, 이는 글을 폐하고 크게 통탄할 일이로다.

그러나 지금 동방의 여러 산 가운데 태백산으로 불리는 곳이 자못 많다. 세속에서는 대개 영변의 묘향산으로 말하기도 하나, 이것은 실로 일연이 쓴 『삼국유사』에서 비롯된 것이다. 저들의 눈알이 마치 콩알 같고 팥알 같으니 어찌 더불어 의논할 수 있겠는가.

지금 백두산 꼭대기에는 큰 못이 있어 둘레가 80리요, 압록강·송화강·두만강이 모두 여기에서 발원한다. 그 못을 천지天池라 부르는데, 바로 환웅 신시씨께서 구름을 타고 하늘에서 내려온 곳이다. 묘향산은 조그마한 웅덩이 하나 없고, 또 환웅천황이 내려오신 **태백산**도 아니니 더 말할 것도 없다.

백두산은 신령한 산

『위서魏書』「물길전勿吉傳」에 이렇게 기록되어 있다.

나라 남쪽에 도태산徒太山이 있는데, 위魏나라에서는 태황산太皇山이라 부른다. 호랑이, 표범, 곰, 이리가 있지만 사람을 해치지 않는다. 사람들이 산에 올라 오줌을 누지 아니하고, 산길을 가는 사람은 모두 가져간 물건을 되담아 갔다.

환웅천황이 처음 내려오신 곳이 이 산이다. 또 이곳은 신주神州(배달)의 왕업이 흥한 신령한 땅이니, 소도蘇塗에서 제천하는 옛 풍속은 필시 이 산에서 시작된 것이리라.

그리고 예로부터 환족이 삼신상제님을 숭배하고 공경함이 또한 이 산에서 비롯하였으니 평범한 산이 아닐 뿐만 아니라, 금수조차 모두 신령한 감화에 젖어 이 산에서 편안히 살며 일찍이 사람을 해치지 아니하였다. 사람도 이 산에 올라 감히 오줌을 누어 신을 모독하지 않았으니, 만세에 걸쳐 항상 공경하고 수호하는 표상이 되었다.

삼신산三神山과 동북방의 광명 정신

환웅께서 강림하여 배달을 여신 성지, 삼신산

우리 환족은 모두 **신시 배달*** 환웅께서 거느린 무리 3천 명의 후손이다. 후세에 비록 여러 부족으로 나뉘었으나 실로 환단의 한 뿌리 조상의 후손에서 벗어나지 않는다.

신시 환웅께서 처음 강세하신 공덕을 반드시 후세에 전하고 입으로 외고 잊지 말아야 하니 선왕과 조상들이 옛날 삼신께 제사 지내던 이 성지를 가리켜 삼신산이라 한 것은 실로 당연한 일이다.

신시 환웅께서 강림하심으로써 신령한 다스림과 거룩한 교화의 은택이 세월의 흐름에 따라 더욱 깊어 갔다. 나라를 세워 세상을 다스리는 큰 근본이 다른 나라와 판이하게 달라 우리의 신이한 기풍과 거룩한 풍속이 멀리 온 천하에 전파되었다. 이에 천하만방의 백성 중에 신령한 다스림과 거룩한 교화를 흠모하는 자는 반드시 삼신을 숭배하였고, 동북방을 신명이 머무는 곳이라 일컬었다.

삼신산이 봉래, 방장, 영주산으로 불렸다

그러나 세월이 흐르면서 이러한 사실이 잊혀지고 폐단이 생겨나 점점 근거 없고 허황된 길로 빠져 들어갔다. 시간이 지날수록 더욱 괴이하고 허무맹랑한 이야기가 연燕나라·제齊나라 두 나라의 바닷가에 사는 괴짜 방사(술사)들에게서 번갈아 나왔다. 그 땅이 구환, 신시와 서로 인접하고, 사람과 물자의 교류가 특히 성한 곳이었기 때문이다. 그들은 풍문으로만 듣고도 기이함에 깜짝 놀랐는데 여기에 다시 미루어 이야기를 덧붙이고 억지로 끌어

다 붙여서 "삼신산은 봉래산, 방장산, 영주산으로 발해 가운데 있다." 운운하여 당시의 임금을 미혹하게 하였다.

삼신산은 세 산이 아니다

그러나 당시 사람들이 동쪽 바닷가에 이르러 바라보니 끝없이 아득하기만 하여 발해 가운데 다시 다른 바다가 있음을 몰랐다. 그래서 툭하면 "삼신산 역시 발해 가운데에 있다."고 운운하나, 사실 삼신산은 각각 세 섬[三島]에 있는 산을 일컫는 것이 아니다.

봉래蓬萊는 쑥대가 우뚝우뚝 자라고 묵은 풀이 길에 황량하게 우거진 곳이라는 뜻으로 곧 천황이 내려오신 장소요, 방장方丈은 사방이 일 장一丈씩 되는 누각이라는 뜻으로 곧 소도가 있는 곳이요, 영주瀛洲는 못이 바다가 섬에 둘러싸인 모습이니 곧 천지天池가 나오는 곳이다. 이를 총괄하여 **삼신산**이라 한다. **삼신은 곧 한 분 상제님**[삼신즉일상제三神卽一上帝]이시다.

그렇건만 더욱 황당하고 괴이한 것은 삼신의 본래 의미조차 알지 못하고 도리어 금강산을 봉래산이라 하고, 지리산을 방장산, 한라산을 영주산이라 부른다는 사실이다.

사마천의 『사기』「봉선서封禪書」에 이렇게 기록되어 있다.

전해 오는 말에 삼신산은 발해 가운데 있는데 일찍이 그곳에 가 본 자가 있고, 뭇 신선과 불사약이 그곳에 있으며, 그곳의 사물과 금수는 모두 희고, 황금과 백은으로 궁궐을 지었다 한다.

또 『선가서仙家書』에 이렇게 기록되어 있다.

삼신산에 환혼還魂 불로不老 같은 풀이 자라므로 일명 진단眞丹이라고도 한다.

지금의 백두산에는 예부터 흰 사슴, 흰 꿩, 흰 매 등이 있었다. 『괄지지括地志』에 "새와 짐승과 초목이 다 희다"라고 한 것은 이를 말함이다.

또 백두산 일대에 산삼이 많이 나서 세상 사람들은 그것을 불로초라 여겼다. 산사람이 산삼을 캐고자 할 때에는 반드시 먼저 목욕재계하고 산에 제사를 지낸 뒤에 산행을 떠나니, 환혼·불로라는 이름이 붙은 것은 생각컨대 여기서 비롯한 것이다.

『단군세기』에 이르되, "오사구단군(4세) 원년에 임금께서 북쪽을 순수하시다가 영초靈草를 얻었다."라고 했으니 이것이 또한 그 증거이다.

삼신산은 삼신께 천제를 올리던 태백산, 곧 백두산이다

10월에 천제를 지내는 풍속은 마침내 천하만세에 전해 내려오는 고유한 풍속이 되었다. 이것은 우리 **신주**神州에만 있는 독특하고도 성대한 의식으로 다른 나라와 가히 비교할 바가 아니다.

태백산이 홀로 곤륜산의 명성을 누르고도 남음이 있도다. 옛날의 삼신산은 곧 태백산이고, 지금의 **백두산**이다.

그 옛날 배달 때의 학문과 가르침이 근세에 와서 비록 널리 행해지지 못하고 있으나, 『천부경』과 『삼일신고』가 후세까지 전해져 온 나라의 남녀가 모두 은연 중에 믿고 받들며, "인간의 생사는 반드시 삼신께서 주관하신다" 하고, 열 살 안 된 어린아이의 신명의 안위와 슬기로움과 어리석음, 뛰어남과 용렬함을 모두 삼신께 맡겼다. 대저 **삼신은 우주 만물을 창조하신** 일신 하느님이시다.

중국 한족에게 전해진 동방 문명

중국 한족의 삼신 인식

옛적에 **사마상여**司馬相如가 한漢나라 왕 유철劉徹[武帝]에게 말하기를, "폐하께서는 겸양하시어 (봉선을 하기 위해) 출발하지 않으시니 이는 삼신의 환심을 끊으시는 것입니다."라고 하였다. 또 위소韋昭의 주注에, **"삼신은 상제님이시다."**라고 하였으니, 삼신설三神說이 일찍이 중국에 전파된 것이 분명하다.

동방 문명의 신교와 제나라의 팔신제

『진역유기震域留記』에 이렇게 기록되어 있다.

제齊나라 풍속에 **팔신제**八神祭가 있으니, 팔신은 **천주**天主·**지주**地主·**병주**兵主·**양주**陽主·**음주**陰主·**월주**月主·**일주**日主·**사시주**四時主이다.

하늘은 음陰을 좋아하므로 반드시 높은 산 아래와 작은 산 위에서 제사 지내는데, 곧 태백산 기슭에서 천제를 지내던 풍속이 전해진 것이다.

땅은 양陽을 귀하게 여기므로 반드시 못[澤] 가운데 모난 언덕에서 제사 지내는데, 또한 참성단에서 제천하던 풍속이 전해진 것이다.

천주는 삼신께 제사를 지내고, **병주는 치우천황께 제사**를 지내니, 삼신은 천지만물의 조상이시고, 치우는 만고의 용맹한 무장의 조상이시다.

큰 안개를 일으키고, 물과 불을 마음대로 부리시고 또 만세 도술의 우두머리가 되어 풍우風雨를 부르고, 만신萬神을 부르셨다. 이 때문에 상고 시대에 항상 천하의 전쟁을 맡은 주관자가[天下戎事之主] 되셨다.

해대海岱 지방에 엄奄·남藍·양陽·개介·우嵎·내萊·서徐·회淮 팔족이 살았는데, 팔신설八神說이 이 팔족에서 생겨 당시에 성행하였다.

한고조 유방이 숭경한 치우천황

유방劉邦은 동이 계통은 아니지만 **풍패**豊沛에서 병사를 일으켰다. 풍패에는 치우천황께 제사를 지내는 풍속이 있었기 때문에, 유방은 이 풍속에 따라 치우천황께 제사 지내고 북과 깃발에 희생犧牲의 피를 발랐다.

드디어 10월에 **패상**瀬上에 이르러 제후와 더불어 함양(秦의 수도)을 평정하고 한왕漢王이 되어 10월을 한 해의 첫머리로 삼았다. 이것은 비록 진秦나라의 달력을 답습한 것이지만, **동황태일**東皇太一을 숭상하고 경배하며 치우천황께 지극한 공경심으로 제사 지낸 것과 연관이 있다.

4년 후에 진나라 땅을 평정하고 축관祝官(제사를 담당한 관원)에게 치우 사당을 장안長安에 짓게 하였으니, 치우천황을 돈독히 공경함이 이와 같았다.

혜성의 주재자는 치우천황

『진서晉書』「천문지天文志」에, "치우기蚩尤旗는 혜성慧星(살별)과 비슷하나 뒤가 굽어 그 모습이 깃발과 같고, 이 별이 나타나는 지방에서는 전쟁이 일어난다."라고 하였으니, 치우천황이 천상에서 별의 주재자가 된 것이다.

『통지通志』「씨족략氏族略」에, "치씨蚩氏는 치우의 후손이다."라고 하였고, 어떤 사람은 "창힐蒼頡과 고신高辛이 다 치우의 후손으로 대극성大棘城에서 태어나 산동, 회수 북쪽에 옮겨 살았다."라고 하였다. 이로 미루어 치우천황의 영웅적인 풍채와 굳세고 맹렬한 기상이 아주 멀리까지 전파되었음을 알 수 있다.

연燕나라, 제齊나라의 방사들이 신비하고 이상하게 꾸며낸 이야기에 현혹된 이후로 오랜 세월이 흘렀다. 제齊 위왕威王과 연燕 소왕昭王 때부터 사신을 보내 삼신산을 찾았는데, 진한秦漢 때에 송무기, 정백교, 극상, 선문자고와 최후 같은 무리는 연나라 사람이고, 문성, 오리, 공손경, 신공 같은 무리는 다 제나라 사람이다.

주나라 창건을 도운 강태공

중국 주 문화의 뿌리, 신교

옛날 **여상**呂尙(강태공) 역시 **치우의 후손**이다. 그래서 성이 강姜인데, 치우가 강수姜水에 살면서 낳은 아들이 모두 강씨姜氏가 되었다. 강태공이 제나라를 다스릴 때 먼저 도술을 닦고 천제지天齊池에서 천제를 올렸다. 또한 제齊에 다스릴 영토를 받으니 **팔신**八神**의 풍속**이 제나라에서 더욱 성행하였다. 후에 그 땅에 도술을 좋아하는 자가 많이 나와, 신선 황제와 노자 이야기를 뒤섞고 덧붙여서 풍속을 더욱 그럴듯하게 꾸며 놓았으니, 이것은 강태공이 그 풍속을 장려했기 때문이다.

중국 한족에게 전수된 신교의 도통 문화

일찍이 강태공이 『음부경주陰符經注』를 지어 자부紫府선생의 『삼황내문三皇內文』의 뜻을 풀이하였으니 연나라·제나라 선비가 어찌 괴이하고 허황한 이야기를 좋아하지 않았겠는가?

산동성 치박시 임치구에 있는 강태공 조어대와 사당에 모셔진 강태공 상

또 **오행치수법**과 『**황제중경**黃帝中經』이 부루태자(2세 단군)에게서 나와 우虞 사공司空에게 전해졌는데, 후에 기자箕子가 은나라 주왕紂王에게 전하여 가르친 **홍범구주**洪範九疇 또한 『황제중경』과 오행치수설이다. 대저 그 학문은 본래 배달 신시 시대의 구정법邱井法과 균전법均田法에서 전해 내려온 법이다.

삼신을 수호하는 벼슬, 삼랑

제석단의 유래

『밀기密記』에 이렇게 기록되어 있다.

옛날에 장사를 지낼 때는 마을을 떠나지 않고 한 곳에 같이 묻어 지석(고인돌)으로 표시를 하였다. 이것이 후에 변하여 단壇이 되었는데, 지석단支石壇 또는 제석단祭夕壇이라 불렀다.

산꼭대기에 땅을 파서 성단城壇을 만든 것을 천단天壇이라 하고, 산골짜기에 나무를 심어 세워 토단土壇을 쌓은 것을 신단神壇이라 한다. 지금의 승려들은 이를 혼동하여 제석帝釋을 단壇이라 칭하는데, 옛날 우리의 고유한 법이 아니다.

삼신을 수호하여 인명을 다스리는 자를 **삼시랑**三侍郎이라 하는데, 본래 삼신을 모시고 따르는 벼슬이다. **삼랑**三郎은 본래 배달倍達의 신하이며, **삼신을 수호하는 관직**을 세습하였다.

『고려팔관잡기高麗八觀雜記』에도 역시 "삼랑은 배달국의 신하이다."라고 기록되어 있다.

곡식 종자를 심어 가꾸고 재물을 다스리는 일을 주관하는 자를 **업**業이라 하고, 백성을 교화하고 형벌과 복을 주는 일을 맡은 자를 **낭**郎이라 하고, 백성을 모아 삼신께 공덕을 기원하는 일을 주관하는 자를 **백**伯이라 하니, 곧 옛날의 광명 **신도**神道이다. 모두 영靈을 받아 예언을 하였는데 신이한 이치가 자주 적중하였다.

은나라 주왕紂王**에게 전하다** | 여기에는 기자가 은나라 마지막 왕인 폭군 주왕紂王에게 홍범구주를 전하여 가르친 것으로 기록되어 있다. 그런데 실제로 기자는 은나라가 망한 뒤 주周나라 무왕에게 홍범구주를 전수하였다. '주紂'는 '주周'의 오기誤記인 듯하다.

삼랑 | 삼신을 수호하여 인명을 다스리는 관직인 삼랑은 환국, 배달, 단군조선으로 그 맥이 낭가사상으로 이어져 고구려, 신라, 조선까지 내려왔다. 이 낭가 사상을 계승한 것이 증산도의 초립동이다.

홍범구주洪範九疇

『서경』에 나오는 홍범구주는 낙서 원리와 밀접한 연관이 있으며, 낙서 원리 역시 문왕팔괘도와 깊은 연관이 있다. 『서경』 '홍범편'에 따르면, 옛날 우임금이 낙수洛水에서 올라온 거북이 등껍질에 새겨진 무늬를 보고 치수 사업에 성공했다고 하였다. 이러한 낙서는 하늘의 뜻을 읽을 수 있는 일종의 계시록啓示錄이다.

문명의 아버지 복희伏犧 이래로 요순堯舜을 거쳐 종교와 철학이 분리되기 시작한 하은주夏殷周 3대에 와서 국가의 각종 제도가 완비되었다. 홍범사상은 은의 종교 문화와 주周의 인문 문화가 결합된 고대인들의 사유가 담긴 귀중한 자산이다.

홍범 사상의 핵심은 아홉 개 범주[九疇] 가운데 가장 중앙에 있는 황극皇極이다. 이 황극에 대해 주자朱子(1130~1200)는 세상을 다스리는 실질적 권한을 가진 천자天子로 인식한 반면에, 육상산陸象山(1139~1192)은 우주의 마음과 도덕의 본질인 '중中'으로 해석하였다. 주자의 해석이 정치와 역사 현실에 초점을 맞추었다면, 육상산은 오로지 철학적인 풀이에 매달렸다고 할 수 있다.

이러한 홍범구주 사상의 연원은 단군왕검의 맏아들인 부루태자가 도산에서 사공司空 우禹에게 전해 준 치수治水 방법이 담긴 금간옥첩金簡玉牒에서 찾을 수 있다. 이에 대해 『오월춘추吳越春秋』는 "완위산宛委山(회계산)에 성인이 적은 『황제중경黃帝中經』이 있는데, 그 글은 문붕文繃으로 싸며 반석磐石으로 덮고, 금으로 간簡을 삼고 청옥으로 자字를 삼고 백은으로 옷을 삼고 문자文字는 다 조탁彫琢한 책이다."라고 하였다. 여기서 말하는 『황제중경』은 금간金簡과 옥첩玉牒으로 되어 있는 오행치수의 비결로, 훗날 기자가 설명한 홍범구주洪範九疇이다.

지금 강화도 혈구에 삼랑성三郎城이 있는데, 성城은 삼랑三郎이 머물면서 호위하는 곳이요, **낭**郎**은 삼신을 수호하는 관직이다.**

불상이 처음 들어왔을 때 절을 지어 대웅大雄이라 불렀다. 이것은 승려들이 옛 풍속을 따라 그대로 부른 것이요, 본래 승가僧家의 말이 아니다. 또 "승려와 유생이 모두 낭가郎家에 예속되었다."라고 하였으니 이로써도 잘 알 수 있다.

고구려 때의 능묘 법제는 천하의 으뜸

어떤 사람이 이렇게 말하였다.

옛날에는 백성이 계곡에 흩어져 살아 일정한 곳에 장사 지내지 않았다. 위로 국왕부터 모두 동굴에 옮겨 천신과 짝하여 제사를 지내다가 후에는 더러 평지에 장사 지내고, 박달나무·버드나무·소나무·잣나무를 빙둘러 심어 표시를 해 두기도 하였다. 이 때문에 신시 시대에는 무덤을 조성하는 제도가 없었다.

그 후 중고中古 시대에 이르러 국가와 부족이 강성하여 사는 것

삼랑성 남문. 지금은 정족산성으로 불린다. (강화도 전등산)

이 풍족해지자 장사 지내는 것도 사치스럽게 되었다. 예로써 제사를 지내고, 묘지도 성대하게 단장하여 둥글거나 혹은 모나게 하고 사치스럽게 장식을 덧붙였다. 높고 크고 넓고 좁은 것이 방정하여 일정한 법이 있었고, 내벽과 외분이 모두 잘 정비되고 꾸며졌다.

이후 고구려 시대에 이르러 무덤 만드는 법이 천하에 으뜸이 되었다.

알아봅니다!

❀ **대웅**大雄 │ '큰 스승' 이란 뜻으로 교화신敎化神이신 환웅천황을 말한다. 본래 원시 불교에는 대웅이란 말이 없었는데, 우리 나라에 토착화하여 신교神敎의 삼신 신앙과 결부되면서 이 명칭을 사용하게 된 것이다.

환웅桓雄의 환桓은 '크다', '밝다', 웅雄은 '수컷', '스승' 이라는 뜻으로, 환웅→한웅→대웅으로 음전되었다. 불교에서는 본전에 부처를 모셔 놓고 교화신敎化神인 환웅에서 그 명칭을 슬쩍 따다가 '큰 스승' 이란 뜻으로 대웅大雄을 사용한 것이다. 대웅전은 곧 환웅전으로 '진리의 큰 스승을 모신 성전' 이라는 뜻이다.

태백일사 **4**

삼　한　관　경　본　기
三韓管境本紀

■ 삼신의 우주관인 천지인 삼계의 '天一·地一·太一' 정신에 따라 고
　조선은 전 영역을 삼한三韓(진한眞韓·번한番韓·마한馬韓)으로 나누
　어 다스렸다. 이를 삼한관경제三韓管境制라 한다.

■ 「삼한관경본기」 는 삼한관경인 진한·번한·마한의 삼한 중 번한과
　마한에 대한 기록으로 단군세기의 보충 자료가 된다.

■ 마한과 번한의 역대 왕들의 치세를 기록하면서, 단군조선의 도읍 과
　정과 국제國制의 변화, 나라의 몰락 과정을 상세히 소개하고 있다.

■ 특히 하·은·주 등 중국과의 대외교섭사에 대해서도 알려져 있지 않
　은 새로운 사실들을 밝히고 있어 한국 고대사 및 고대 한중 관계에 대
　한 중요한 역사 자료가 되고 있다.

고조선
전삼한前三韓(BCE 2333~BCE 238) 시대의
통치 영역과 삼한관경

요堯 : BCE 2357~BCE 2258
순舜 : BCE 2255~BCE 2208
하夏 : BCE 2205~BCE 1766
은殷 : BCE 1766~BCE 1122
주周 : BCE 1122~BCE 256
춘추 시대 : BCE 770~BCE 403
전국 시대 : BCE 403~BCE 221

하상주 중심 영역
하夏
상商 (은殷)
주周

바이칼호天
케룰렌 강
고조선 핵심 강역
알
타
이
산
맥
천산天山
산　산　맥
천
고비사막
금악산金岳山
돈황
삼위산三危山
약수弱水
훈육(흉노)
상
귀방鬼方
고조선 최대 통치권 관할 강역
륜
곤
산
맥
당요唐堯
우순虞
여黎
빈邠
기岐
견이畎夷
호경
안읍
성주
주周
하夏
티베트고원
강羌
진사강
백이百夷
양자강
촉蜀
파巴
군산郡
히말라야산맥

일군국
오본행오난해
대흥
안령
진
비리국
송화강아사달
① 송화강아사달
하얼빈—소밀랑
남선비국
맥
산
② 백악산아사달
장춘—녹산
③ 잠당경아사달
개원
고리국
한
한
웅심산(서란)
영고탑(해림)
적봉
홍산
대릉하
심양
백두산 (불함산)
유
영지
낭산(백랑산)
해성
마
상·하 운장
갈석산
고죽국
험독(왕험성) ②
동해
북경
안덕향 ①
(탕지보)
백아강
(평양)
한
발해
조이烏夷
남국
창해
혈구 (강화도)
남삼한南三韓 :
BCE 194~CE 9
우이嵎夷
내이萊夷
임치
청구
영주
삭도
제濟
서해
박흘(은殷)
태산 (대代)
낭야
독홀(곡부)
엄이奄夷
삼도三島
서이徐夷
박흘
서화
회이淮夷
탐모라
웅습(구마소)
황夷
오행치수법(금간옥첩)을
전수한 곳
한武漢
도이島夷
양자강
오吳
상해
도산 塗山(회계산)
월越
묘三苗
고조선 핵심 강역
고조선 최대 강역

배달을 계승한 단군왕검,
송화강 아사달에 나라를 세우다

환웅천황의 제천 행사

태백산(백두산)이 북쪽으로 달려가 우뚝 솟은 장엄한 모습이 **비서갑**斐西岬* 경계에까지 이어졌고, 그곳에 물을 등지고 산을 안고서* 다시 꺾어져 감돈 곳이 있는데, 바로 **대일왕**大日王(환웅천황)께서 천제를 올리시던 곳이다.

세상에 이런 말이 전해 온다.

환웅천황이 이곳에 순행하여 머무시면서 사냥하여 제사 지내실 때, 풍백은 『**천부경**天符經』을 거울에 새겨 진상하고, 우사는 북에 맞추어 둥글게 춤을 추고, 운사는 백 명을 칼로 무장시켜 제단 밑에 늘어서서 지켰다.

상제님께 천제天祭를 올리러 산에 가실 때 **의장**儀仗*이 이처럼 성대하고 엄숙하였다. 이 산의 이름이 **불함**不咸이다. 지금은 완달完達이라 하는데, 그 음이 비슷하다.

비서갑의 초대 왕검이 된 웅족 여왕

후에 웅족 여왕이 천황께 신임을 받아 비서갑의 왕검을 세습하였다. 왕검王儉을 세속 말로 대감大監이라 한다. 왕검은 영토를 관장하고 지키며, 포악한 것을 물리치고 백성을 보살폈다.

일찍이 천황께서 백성에게 깨우쳐 가르친 뜻을 받들어 자기 백성에게 이렇게 가르쳤다.

"부모를 공경하고, 처자를 잘 보호하여라. 형제를 사랑하고 아끼며, 노인과 어른을 잘 받들어라. 어린아이와 약한 자에게 은혜를 베풀고, 뭇 백성은 서로 믿어야 하느니라."

또 의약과 물건 만드는 법, 짐승을 기르고 농사짓는 법, 기후

관측과 예절과 문자의 법을 만드니, 맡아 다스리는 땅이 교화되어 원근 백성이 모두 서로 의심치 않게 되었다.

한족 시조 헌원은 웅씨족 소전의 후손

웅씨족에서 갈려 나간 후손 중에 **소전**少典 이 있었다. 8세 안부련환웅 말기에 소전이 명을 받고 **강수**姜水 에서 군병을 감독했다. 소전의 아들 신농은 온갖 풀을 맛보아 약을 만들었다. 후에 **열산**列山 으로 이주하여 한낮에 시장을 열어 물건을 교역하게 하였는데, 백성이 이를 매우 편리하게 여겼다.

소전에서 갈라진 파로 공손公孫이란 인물이 있었다. 짐승을 잘 기르지 못해 **헌구**軒丘 에 귀양가서 살았는데, 헌원軒轅의 족속이 모두 그 후손이다.

구환족을 통일하신 신인神人 왕검 : 국조國祖 단군

사와라환웅(13세) 초기에 **웅족 여왕의 후예를 여**黎 라 하였는데, 처음으로 단허檀墟의 제후로 영토를 하사받고 **왕검**이 되었다.

왕검이 덕을 베풀고 백성을 사랑하므로 영토가 점점 넓어졌다. 여러 지역 왕검이 와서 방물을 바쳤고, 귀화하는 자가 천여 명이었다.

그 뒤 460년이 지나 **신인 왕검**이 출현하여 백성에게 신망을 크게 얻어 비왕神王(부왕)에 올라 24년간 섭정하였다.

웅씨 왕이 전쟁에서 죽자 왕검이 드디어 그 자리를 계승하여 구환九桓을 통일하였다. 이분이 **단군왕검**이시다.

이때에 나라 사람들을 불러 이렇게 만천하에 약속하셨다.

"오늘 이후로는 백성의 뜻을 들어 공공의 법으로 삼노니, 이를 천부天符(하늘의 법)라 이르노라. 무릇 천부는 만세불변의 기본 경전이요, 지극한 존엄성이 담겨 있으니 범해서는 아니 되느니라."

마침내 **삼한**三韓으로 영토를 나누어 다스릴 때 진한辰韓은 천왕께서 친히 맡아서 통치하셨다. 도읍을 아사달에 세우고 나라를 열어 조선이라 하니, 이분이 바로 **1세 단군**이시다. **아사달은** '삼신께 제사 지내는 곳'으로 후세 사람들이 **왕검성**王儉城이라 불렀는데, 그 까닭은 왕검의 옛 집이 그대로 남아 있었기 때문이다.

천지의 참마음으로 나라를 다스리신 환웅천황

웅족과 호족이 서로 다투던 때는 환웅천황께서 아직 나라를 다스리기 이전이다. 묘환苗桓은 환국 시절 구황九皇족의 하나로 그 땅은 옛적에 이미 우리 환족이 유목과 농경을 하던 곳이다. 배달 신시가 열리고 환웅천황께서 처음으로 토土[*]의 덕(어느 한쪽으로 치우치거나 모자람이 없이 곧고 올바른 덕)으로 다스렸다[이토위치以土爲治].

1(태극,水)이 만물을 낳아서 기르는[先天 生長] 운동이 쌓여 그 궁극에 결실하는 음(10) 기운(무극)이 성립하고[陰立], 이 10(무극)이 크게 열려서 만물이 다시 양(1태극)으로 통일된다(후천 결실 수렴 운동).

이러한 1과 10의 순환 운동 속에서 중도의 덕을 지닌 5토土 **천지의 참 마음**[衷]이 생겨나는 것이다.

삼신 상제님의 도로써 다스려 온 백성이 기뻐하다

환역을 풀어 내는 윷놀이와 염표문

봉황새가 백아강에 모여 깃들고 선인이 **법수교**法首橋를 왕래하였다. 법수는 신선 이름이다. 일찍이 인문이 발달하였고 오곡이 잘 익었다.

마침 이때 자부 선생이 칠회제신력七回祭神曆을 만들고 『삼황내문三皇內文』을 천황께 바쳤다. 천황께서 기뻐하시고 **삼청궁**三淸宮을 지어 기거하게 하셨다.

공공·헌원·창힐·대요의 무리가 찾아와서 모두 자부 선생에게 배웠다.

그때 자부 선생이 **윷놀이**를 만들어 「환역桓易」을 자세히 설명하였는데 대체로 초대 환웅 때 신지神誌 혁덕赫德이 기록한 『천부경』이 전하는 취지이다.

삼신상제님께서 내려 주신 법도로 나라를 다스리신 환웅천황

옛적에 환웅천황께서 천하가 광대하여 한 사람이 능히 다스릴 수 없다고 생각하셨다. 이에 풍백과 우사와 운사를 거느리시고, (오가五加에게) 농사·왕명·형벌·질병·선악을 주관하게 하시고, 인간세상의 360여 가지 일을 주관하시며, 책력을 지어 365일 5시간 48분 46초를 1년으로 삼으셨다. 이것이 바로 **삼신과 일체로 계시는 천상의 상제님**[삼신일체상존三神一體上尊]께서 남겨 주신 법도이다.

그러므로 천황께서 삼신(상제님)의 도로써 가르침을 세우고[三神立教], 그 품고 계신 뜻을 전하는 글[염표문]을 지으시니 그 「염표문念標文」에 이렇게 기록되어 있다.

삼신상제님께서 참마음을 내려 주시어[[일신강충一神降衷]
사람의 성품은 본래 삼신의 광명에 통해 있으니[성통광명性通光明]
삼신의 가르침으로 세상을 다스리고 깨우쳐서[재세이화在世理化]
인간을 널리 이롭게 하라[홍익인간弘益人間].

이때부터 소도가 건립되어 도처에서 볼 수 있었고, 산상山像과 웅상雄常이 산꼭대기마다 세워졌다. 사방에서 모여든 백성이 둥글게 마을을 이루고 네 집이 정전井田의 단위를 이루어 농사를 짓고, 조세는 20분의 1을 바쳤다. 사시가 고르고 풍년이 들어 집 밖에 곡식을 산더미처럼 쌓아 놓으니 온 백성이 기뻐하여 「태백환무太白環舞」라는 노래를 지어 후세에 전하였다.

치우천황이 헌원을 굴복시킨 탁록 대전쟁

이어서 치우천황이 계셨는데 구치九治를 만들어 광석을 캐고 철을 주조하여 병기를 만드셨다. 또 비석박격기를 만드시니 천하에서 감히 대항하는 자가 없었다. 이때 헌구(황제원원, 중화한족의 시조)가 불복하므로 치우천황께서 친히 군사를 거느리고 탁록에서 대전쟁을 벌이셨다. 탁록은 지금의 산서성 대동부大同府이다.

전투를 시작하려 할 때 「탁록격문涿鹿檄文」을 짓고, 종당대인宗黨大人 81명을 소집하여 먼저 치우천황의 형상을 그려 나누어 주고, 아울러 신하들에게 경계의 글을 내려 알리셨다.

치우천황께서 말씀하셨다.

"너, 헌구는 짐의 말을 똑똑히 들으렸다! 태양(하늘)의 아들은 오직 짐 한 사람이니라. 짐이 천자로서 이 세상을 만세토록 공평하고 정의롭게 하기 위하여 인간의 마음을 닦는 경계의 글(훈계문)을 짓노라.

너, 헌구는 우리의 **삼신일체 원리**를 우습게 알고 태만하여 **삼륜구서**三倫九誓를 실행하지 않았느니라. 이에 삼신상제님께서 오랫동안 너의 더러운 행위를 싫어하여 짐 한 사람에게 명하시어 삼신의 토벌을 행하게 하셨노라. 네가 하루속히 불의한 마음을 씻고 행동거지를 뜯어고쳐 타고난 삼신의 본성에서 진리의 열매(씨)를 구하면, 상제님의 성령이 너의 머리에 내려 오시리라. 만일 네가 천명天命을 따르지 아니하면 하늘과 사람이 함께 노하여 네 목숨이 온전치 못하리니 너는 두렵지도 않으냐?"

이때에 헌구가 평정되어 복종함으로 천하가 우리 배달을 종주로 받들게 되었다.

선인 유위자가 전한 삼신 상제님의 가르침

도의 근원은 삼신상제님

이때 유위자有爲子가 묘향산에 은거하고 있었는데, 그의 학문은 자부 선생에게서 나온 것이다. 지나는 길에 웅씨 임금을 알현하니, 임금이 "나를 위해 도道를 설하여 주겠소?"라고 청하였다.

이에 이렇게 대답하였다.

"도의 큰 근원은 삼신에서 나옵니다. 도에는 이미 대립도 없고 이름도 없으니, 대립이 있으면 도가 아니요, 이름이 있어도 도가 아닙니다.

도에는 고정불변의 도가 없으니 **천지의 때를 따르는 것이** 도가 귀하게 여기는 바입니다.

도에는 일정한 이름이 없으나 백성을 평안하게 함이 도의 이름이 담고 있는 바입니다. 밖이 없는 극대 세계와 안이 없는 극미 세계에 이르기까지 도가 품지 않는 바가 없습니다.

하늘에 있는 기틀이 내 마음의 기틀에 나타나고, 땅에 있는 상象(변화의 움직임)이 내 몸의 상에 나타나며, 만물의 주재는 내 몸의 기氣의 주재에서 나타나니, 이것이 바로 하나에는 셋(삼신)이 깃들어 있고[집일함삼執一含三], 세 손길로 작용하는 삼신은 이 하나의 근원으로 돌아가는 원리[회삼귀일會三歸一]입니다.

삼신상제님이 내려 주신 천지인의 도

일신이 내려 주신 바가 **만물의 이치[물리物理]이니 바로 천일天一이(또는 하늘이 1로서) 물[水]을 생生하는 도입니다. 인간의 본래 성품이 광명에 통해 있는 것이 **생명의 이치**[생리生理]이니 바로 지이地二가(또는 땅이 2로서) 불[火]을 생生하는 도입니다. 세상을 삼신상제님의 가르침으로 다스려 깨우치는 것이 **마음의 이치**이니, 바로 인삼人三(또는 사람이 3으로서)이 나무[木]를 생生하는 도입니다.

대개 대시에 삼신상제님께서 천지인 삼계를 만드실 때, 물[水]로써 하늘[天]을 상징하고, 불[火]로써 땅[地]을 상징하고, 나무[木]로써 사람[人]을 상징하였습니다. 무릇 나무란 땅에 뿌리를 내리고 하늘로 솟아나온 것인데, 사람이 땅에 우뚝 서서 하늘을 대신하는 것과 같습니다."

웅씨 임금이 말하였다. "참으로 좋은 말씀이오."

단군께서 부단군을 두어 다스리신 마한

단군왕검께서 임명하신 마한의 초대 왕(부단군) 웅백다

단군왕검께서 천하를 평정하고 삼한으로 나누어 다스리실 때, 웅백다熊伯多를 마한 왕으로 임명하셨다. 도읍을 달지국達支國에 정하였는데, 백아강白牙岡이라고도 불렀다. 마한산에 올라 천제를 지내실 때 천왕(단군왕검)께서 조칙*을 내려 이렇게 말씀하셨다.

"사람이 거울을 보면 잘나고 못난 모습이 저절로 드러나고, 백성이 임금을 보면 세상이 잘 다스려지고 어지러운 것이 정사에 나타나나니, 거울을 볼 때는 반드시 먼저 자신의 모습을 보고, 임금을 볼 때는 반드시 먼저 정사를 보아야 하느니라."

마한 왕(웅백다)이 상소문을 올려 이렇게 아뢰었다.

"거룩하신 말씀입니다. 성군은 뭇 사람의 의견을 잘 좇으므로 도가 높아지고, 어리석은 임금은 독선을 좋아하므로 도가 작아

아하! 그렇구나

삼한三韓 | 삼한三韓은 단군 조선의 삼한관경제인 진한·번한·마한을 말한다. 삼신三神의 우주관인 천지인 삼계三界의 '천일天一·지일地一·태일太一' 정신에 근거하여 천지(역사)의 주체자로서, 태일太一의 가장 존귀한 인간에 해당하는 정신을 집행하는 진한은 단군[天王]이 직접 통치하고, 보좌역인 번한·마한은 부단군 격인 왕王을 두어 다스렸다(이것이 전삼한前三韓이다).

지나니, 참으로 자신을 돌이켜 살펴서 게으르지 않도록 해야 할 것입니다."

삼랑성과 제천단을 쌓고 천제를 올리심

단군왕검 51년(단기 51, 기원전 2283)에 천왕(단군)께서 운사 배달신에게 명하여 혈구穴口에 삼랑성*을 축조하고 마리산에 제천단을 설치할 때 강남의 장정 8,000명을 동원하여 일을 돕게 하셨다.

(91세 되시던) 단기 54, 기원전 2280년(신유) 3월에 단군왕검께서 친히 마리산에 행차하여 천제를 올리셨다.

마한의 왕위 계승과 부루단군(2세)의 다스림

웅백다가 세상을 떠나니 단군왕검 재위 55년(단기 55, 기원전 2279)이었다. 아들 노덕리盧德利(2세 왕)가 계승하였다. 노덕리가 세상을 뜨자 아들 불여래弗如來(3세 왕)가 즉위하니 부루단군(2세) 12년 단기 105, 기원전 2229년(임자)이었다.

가을 10월에 단군의 명을 받들어 **칠회력**七回曆*을 백성에게 널리 반포하였다. 다음해 봄 3월에, 처음으로 백성으로 하여금 백아강에 버드나무를 심게 하고 관청을 지었다.

단기 109, 기원전 2225년(병진)에 **삼일신고비**三一神誥碑를 새겨서 남산에 세우고, 단기 113, 기원전 2221년(경신)에 논을 개간하였다. 단기 152, 기원전 2182년(기해)에 소도를 세워 **삼륜구서**三倫九誓**의 가르침**을 베푸니 나라를 다스리는 덕화가 널리 미쳤다.

마한 4세 왕(두라문) 때 가륵단군(3세)이 내려 주신 일심에 대한 성훈

가륵단군(3세) 3년(단기 154, 기원전 2180)에 불여래가 세상을 떠나고 아들 두라문杜羅門(4세 왕)이 즉위하였다.

단기 158, 기원전 2176년(을사) 9월에 천왕께서 조칙을 내려 말씀하셨다.

"천하의 큰 근본은 내 마음의 '중도 일심 자리'에 있느니라. 사람이 일심의 중심을 잃으면 어떤 일도 성취할 수 없고, 만물이 중도 일심을 잃으면 그 몸이 넘어지고 엎어지느니라.

임금의 마음은 위태롭고 백성의 마음은 은미하니, 모든 사람이 균일하게 갖고 나온 천부의 성품을 잘 닦고 간직하여 그 조화의 중심 자리를 확립해서 잃지 않은 연후에야 일심 자리에 확고히 안주할 수 있느니라.

중정과 일심[中一]의 도는 아비된 자 마땅히 자애롭고, 자식된 자 마땅히 효도하며, 임금된 자 마땅히 의롭고, 신하된 자 마땅히 충성하며, 부부된 자 마땅히 서로 공경하고, 형제된 자 마땅히 서로 우애하고, 노인과 젊은이가 마땅히 차례를 잘 지키고, 친구끼리 마땅히 서로 믿음을 가지는 것이니라.

몸을 삼가 공손하고 검소하며, 학문을 잘 닦고 맡은 소임을 연마하여 지혜와 능력을 계발하고, 널리 이롭도록 서로 권면하고, **자신을 완성하여 자유자재하며**[성기자유成己自由], **만물의 뜻을 열어 고르고 한결같이 하라**[개물평등開物平等]. 그리하여 천하의 일을 스스로 맡아하고, **국통**國統을 존중하고, 국법을 확실히 지켜 각자 자기 직분을 다하고, 부지런함을 권하여 힘쓰게 함으로써 생산을 보존하라. 국가에 일이 있을 때 몸을 던져 의義를 실천하고, 위험을 무릅쓰고 용맹히 전진하여 만세토록 무궁한 복을 마련할지니라.

이는 짐이 너희 백성과 함께 간절하게 마음에 새겨 소홀히 하지 않는 것이니라. 너희가 한 몸이 되어 완전하게 실천하기를 지극한 뜻으로 바라노니, 이를 잘 공경하여 받들지어다."

마한 6세 왕 때, 단군께서 살수에서 배를 만들게 하심

두라문(4세 왕)이 세상을 뜨자 아들 을불리乙弗利(5세 왕)가 즉위하였다. 을불리가 세상을 떠나 아들 근우지近于支(6세 왕)가 즉위하니, 오사구단군(4세) 단기 198, 기원전 2136년(을유)이었다.

단기 203, 기원전 2131년(경인)에 장정 30명을 보내어 살수薩水에서 배를 건조하게 하였는데, 그곳은 진한辰韓의 남해안이다.

단기 225, 기원전 2109년(임자)에 마한 왕이 오사구단군의 명을 받고 상춘常春에 들어가 구월산에서 삼신께 제사 드리는 일을 도왔다.

10월에 모란봉 산기슭에 별궁[이궁離宮]을 지어 천왕(오사구단군)께서 여러 곳을 살피고 다니실 때 머무르실 장소로 삼았다.

단군께서 마한에 명하시어 매년 3월에 친히 군대를 사열하시고 사냥을 하셨다. 16일에 **기린굴**麒麟窟에서 천제를 올릴 때 조의(검은 옷)를 하사하고 관을 씌우는 예식(관례)을 행하셨다. 이어서 가무와 온갖 놀이를 행하고 파하셨다.

마한의 왕위(7세~9세) 계승과 우서한단군의 다스림

단기 227, 기원전 2107년(갑인)에 근우지가 세상을 떠나고 아들 을우지乙于支(7세 왕)가 즉위하였다. 을우지가 세상을 떠나니 아우 궁호弓戶(8세 왕)가 즉위하였다. 궁호가 세상을 떠나니 자손이 없어 두라문(4세 왕)의 아우 두라시杜羅時의 증손 막연莫延(9세 왕)이 명을 받들어 마한의 왕위를 계승하였다.

단기 341, 기원전 1993년(무신)에 우서한단군(8세)께서 백아강을 두루 살피며 머무시어, 밭의 경계를 정해 땅을 나누어 주고 네 집을 한 구역으로 정하도록 명하셨다. 그리고 각 구역에서 수레(전차)를 한 대씩 거두어 마을을 나누어 지키도록 하셨다.

살수 | '물이 살살 흐르는 강'이라는 뜻으로 네 곳이 있다. ①요동반도의 개평현 주남하 ②요동반도의 대양하 ③청천강淸川江 ④청주 무심천無心川 등이다(최동, 『조선상고민족사』「살수고薩水考」참조).

상춘 | 눌견訥見, 장춘長春이라고도 하며 모두 '늘 봄'을 소리 또는 뜻으로 표기한 것이다. 고조선 시대에는 이곳에 있는 구월산에서 삼신상제님께 제사를 지냈다.

기린굴 | 『삼국지』「위지魏志」동이전에 "나라의 동쪽에 큰 굴(大穴=기린굴)이 있는데 수혈隧穴이라 한다."라고 하고, 고구려에서는 10월에 국중대회동맹를 열어 이 기린굴에서 삼신상제님께 천제를 올린다고 하였다.

환단고기

도해단군(11세)께서 신교 교육을 제도화하여
환도 문명이 번성함

노을단군(10세) 단기 395, 기원전 1939년(임인)에 막연이 세상을 떠나고 아우 아화阿火(10세 왕)가 마한 왕으로 즉위하였다.

도해단군(11세)께서 강력한 의지로 개화에 힘써 평등하게 다스리실 때, 단군의 명을 받들어 대성산大聖山 기슭에 대시전大始殿을 짓고 대동강에 큰 다리를 건설하였다.

세 고을마다 전倧을 두어 **경당**扃堂을 설립하고 칠회 제신 의례七回祭神之儀를 정하여 삼륜구서三倫九誓의 가르침을 강론하니, **환도 문명**桓道文明이 번성하여 국경 밖까지 소문이 나게 되었다. 하夏나라 왕 근厪이 사신을 보내 방물을 바쳤다.

단기 470, 기원전 1864년(정사)에 아화가 세상을 떠나고 아들 사리沙里(11세 왕)가 즉위하였다. 아한단군(12세) 단기 528, 기원전 1806년(을묘)에 사리가 세상을 떠나고, 아우 아리阿里(12세 왕)가 즉위하였다. 고불단군(14세) 단기 618, 기원전 1716년(을유)에 아리가 세상을 떠나고 아들 갈지曷智(13세 왕)가 즉위하였다. 갈지가 세상을 뜨니 대음단군(15세) 단기 701, 기원전 1633년(무신)에 아들 을아乙阿(14세 왕)가 즉위하였다.

알아봅니다! 삼륜구서

❀ **삼륜**三倫ㅣ아버지와 아들 사이는 사랑의 근본이고 임금과 백성 사이는 예의 근본이고, 스승과 제자 사이는 도가 근본이다.

❀ **구서**九誓ㅣ
① 가정에 효도할 것
② 형제와 우애가 있을 것
③ 스승과 벗에게 믿음이 있을 것
④ 나라에 충성할 것
⑤ 사람들에게 겸손할 것
⑥ 정사에 밝을 것
⑦ 전쟁터에서 용감할 것
⑧ 품행을 바르게 할 것
⑨ 맡은 일을 정의롭게 처리할 것
이러한 신교의 윤리규범은 곧 후세에 유교 윤리의 근간이 되었다.

대성산ㅣ영류산嬰留山이라고도 한다. 고구려 장수열제 때 이곳에 대성산성을 쌓았다고 전한다. 평양성 북쪽 10리에 있다.

대시전ㅣ환웅을 모신 환웅전. 초기에는 환웅상만 봉안했으나 후세에는 점차 충신, 열사도 함께 봉안하였다.

경당ㅣ소도의 곁에는 반드시 경당을 세워 미혼 자제로 하여금 글읽기, 활쏘기, 말타기, 예절, 가악, 권박拳搏, 검술 등 육예六藝를 익히고 연마하게 하였다.

칠회제신의례ㅣ일곱 분의 신께 제를 지내는 예법.

참성단의 제천 행사에 참여한 은나라 사신

단기 702, 기원전 1632년(기유)에 탐모라耽牟羅 사람이 말 30
필을 바쳤다. 을아가 세상을 뜨니, 여을단군(17세) 단기 784, 기
원전 1550년(신미)에 아들 두막해豆莫奚(15세 왕)가 즉위하였다.

단기 785, 기원전 1549년(임신) 3월 16일에 여을단군께서 친히
마리산에 행차하여 참성단에서 삼신께 천제를 지내실 때, 은나
라 왕 외임外壬이 사신을 보내 제사를 도왔다.

두막해가 세상을 뜨자 단기 851, 기원전 1483년(무인)에 아들
자오수慈烏漱(16세 왕)가 즉위하였다. 자오수가 세상을 뜨니 단기
922, 기원전 1412년(기축)에 아들 독로瀆盧(17세 왕)가 즉위하였다.
독로가 세상을 뜨니 고홀단군(20세) 단기 963, 기원전 1371년(경
오)에 아들 아루阿婁(18세 왕)가 즉위하였다. 아루가 세상을 뜨니
단기 1011, 기원전 1323년(무오)에 아우 아라사阿羅斯(19세 왕)가
즉위하였다.

고조선 전삼한 시대의 대 전기점, 고등의 반역 사건

이 해(단기 1011, 기원전 1323)에 고등高登이 개성開城에서 반역하
여 천왕(21세 소태단군)에게 항명하였다. 마한 왕이 바야흐로 군사

아하! 그렇구나

고조선의 좌우현왕左右賢王 | 좌우현왕 제도는 좌우에서 비왕
神王이 천자를 보필하는 통치제도이다. 이러한 분할통치 제도는
고조선에서는 삼한관경제로 나타났다. 고조선은 국초부터 단군
이 진한을 다스리고, 번한과 마한은 비왕(부단군)에게 맡겨 통치하
였다. 비왕 제도 자체는 배달국 때에 시작되었다. 단군왕검은 배
달국의 비왕 출신이다. 사마천의 『사기』「조선열전」에는 고조선
의 비왕 장長이라는 사람을 언급하였다. 고조선의 삼한에도 각기
비왕을 두었는데 이들을 좌현왕, 우현왕이라 불렀다.

를 일으켜 고등을 치려 하는데, 홍석령紅石嶺에 이르러 천왕께서 고등을 **우현왕**右賢王으로 삼기로 윤허하셨다는 소식을 듣고 중지하였다.

단기 1048, 기원전 1286년(을미)에 천왕(21세 소태단군)께서 해성 욕살 서우여徐于餘에게 왕위를 물려주려 하시자 마한 왕이 불가하다고 간언했으나 허락하지 않으셨다.

색불루가 22세 단군으로 즉위하자, 마한 왕이 군사를 정비하여 몸소 이끌고 가서 해성에서 일전을 겨뤘으나 싸움에서 패하여 돌아오지 못하였다.

홍석령 | 관전현寬甸縣 홍석납자紅石拉子에 있는 고개.

욕살 | 지방 장관.

색불루 | 고조선 시대에 처음으로 혁명을 일으켜 제위를 물려받았다.

삼한에서 삼조선 시대로 전환

우현왕 색불루, 22세 단군으로 등극하다

병권을 장악하고 왕위에 오름

색불루단군께서 조부(우현왕 고등)의 공덕을 계승하여 병권을 장악하니, 진한이 스스로 무너지고 마한·번한 역시 한 번도 이기지 못하고 패멸하였다. 이에 전제前帝(21세 소태단군)께서 사람을 보내어 옥책玉冊과 국보國寶를 전하고 왕위를 물려 주셨다.

새로 등극한 임금(색불루)께서 도읍터를 백악산으로 정하시자 모든 욕살이 불가하다고 하였다. 여원흥黎元興과 갑천령蓋天齡 등이 조칙을 받들어 설득하니 마침내 욕살들이 모두 복종했다.

백악산 아사달로 천도함

재위 원년 단기 1049, 기원전 1285년(병신) 정월에, 색불루단군께서 마침내 녹산鹿山에서 즉위하시니 이곳이 백악산 아사달이다.

3월에 조칙을 내려 이렇게 말씀하셨다.

"근자에 아사달(수도)에서 사람을 보내 옥책과 국보를 짐에게 전하여 제위를 선양하였느니라. 전제前帝(21세 소태단군)께서 아직 존호를 사용하고 계시지만 해내海內의 산천과 백성의 명부[名帳]가 이미 짐에게 돌아왔으니, 하늘에 제사 지내는 예법은 나라의 전례典禮에 합당하게 하여 너무 지나치게 하지 말지어다. 반드시 옛 전통을 잘 헤아려서 정성과 공경을 지극히 하라.

이제 천제일(대영절大迎節, 3월 16일)※을 맞이하여 먼저 가서 몸과 마음을 깨끗이 하며, 천제 지낼 장소[신역神域]를 살펴 잘 청소하

음력 3월 16일 │ 한맞이 또는 대영절大迎節이라 한다. 곧 '삼신일체三神一體 상제님을 크게 맞이하는 날'이다. 일찍이 이 땅의 영걸들이 이날에는 반드시 강화도 마리산에 올라 삼신상제님께 천제를 지냈다. 특히 고구려의 을지문덕 장군은 3월 16일 대영절에는 마리산에, 10월 3일 개천절에는 백두산에 올라 상제님께 천제를 올렸다(「고구려본기」 참조). 이 3월 16일 '대영제大迎祭'는 10월 3일 '개천절開天節', 5월 5일 '광개절廣開節'과 함께 옛부터 내려오는 민족적인 대행사[國典祝儀]로, 오늘날 우리가 반드시 회복하여 계승·발전시켜야 할 한민족의 위대한 문화유산이다.

고, 희생(제물로 바치는 산짐승)과 폐백을 깨끗하게 준비하여 삼신
께 보답토록 하라."

이때에 임금(색불루 단군)께서 7일을 택해 몸과 마음을 깨끗하게
하시고, 향과 축문을 여원흥에게 내려 주시며 16일 이른 아침에
여원흥이 삼한의 대백두산 천단天壇에서 제사를 봉행하게 하고,
임금께서는 몸소 백악산 아사달에서 제사를 지내셨다.

그 백두산 「서고문誓告文」에 이렇게 기록되어 있다.

삼신 상제님께 올린 서고문

소자 단군 색불루는 두 손 모아 머리를 조아려 절합니다.

천자가 행실을 바르게 닦아 수양함이 백성에게 미침은

반드시 공경스럽게 하늘에 제사 지냄에서 비롯하나,

황상皇上(시조 단군)께서 삼신의 밝으신 천명을 받아

보은대덕으로 이미 삼한의 5만 리 강토와 더불어

다 함께 '홍익인간'의 큰 뜻을 누려 왔습니다

그리하여 마한 여원흥을 보내

삼신일체 상제님의 제단에 제사를 올립니다

상제님의 성신은 밝고 밝으시어

만유에 그 은혜를 베푸심이 빠뜨림이 없으십니다

이에 심신을 깨끗이 재계하고 정성스럽게 제물을 바치오니

강림하여 흠향하시고 말없이 도우시어

반드시 새로 보위에 오른 임금이 나라의 법도 세우는 것을

아름답게 나타낼 수 있도록 보살펴 주소서!

세세토록 삼한의 왕업을 천만 년 무궁토록 보존케 하시고

매년 풍년이 들어 나라는 부강해지고 백성은 번영하게 하여

우리 성제聖帝(시조 단군)께서 품으셨던,

나를 비우고 만물을 살리는[공아존물空我存物] 지극한 생각을

밝혀 주소서.

나라의 제도를 삼한에서 삼조선으로 고치다

삼조선은 진조선, 막조선, 번조선

5월에 제도를 고쳐 삼한을 삼조선이라 하셨는데, 조선은 **관경**管境(영토 관할)을 말한다. 진조선은 천왕(22세 단군)께서 친히 다스리고, 통치 영역은 옛날의 진한의 땅 그대로이다. 정치는 천왕을 경유하여 삼한이 모두 하나로 통일되어 명령을 받았다.

여원흥을 마한 왕(20세)으로 삼아 막조선莫朝鮮을 다스리게 하고, 서우여를 번한 왕으로 삼아 번조선番朝鮮을 다스리게 하셨다. 이를 총칭하여 **단군 관경**檀君管境이라 하니 이것이 곧 **진국**辰國이다. 역사에서 일컫는 단군조선이란 바로 이것을 말한다.

단군의 명령으로 대동강 왕검성을 지킨 막조선의 여원흥

원흥이 임금의 명을 받고 대동강을 굳게 지키니, 이곳을 왕검성이라고도 불렀다. 천왕께서 매년 중춘仲春(음력 2월)에 반드시 마한을 두루 살피시어 머물며 백성을 위해 부지런히 정사에 힘쓰셨다. 이에 지나치게 많이 올리고, 많이 거둬들이는 폐단이 마침내 없어지게 되었다.

이보다 먼저 조칙을 내려 이렇게 말씀하셨다.

"오직 짐 한 사람을 봉양하기 위해 거두는 일로 백성을 번거롭게 한다면, 이는 바른 정사가 아니니라. 바른 정사가 이루어지지 않는다면 임금이 무슨 소용이 있으리오."

그러고는 엄명을 내려 이를 그만두게 하셨다.

단기 1101, 기원전 1233년(무자)에, 마한 왕이 명을 받들어 천자의 수도에 들어가 영고탑으로 수도를 옮기는 것은 불가하다고 간하니 이를 따르셨다. 원흥이 세상을 떠나고 단기 1102, 기원전 1232년(기축)에 아들 아실阿實(21세 왕)이 즉위하였다. 아실이 세상을 뜨자 아우 아도阿闍(22세 왕)가 즉위하였다.

은나라 멸망 후 기자가 은둔 생활을 하였다

단기 1212, 기원전 1122년(기묘)에 은나라가 멸망하였다. 3년이 지난 단기 1214, 기원전 1120년(신사)에 **자서여**子胥餘(기자)가 태항산太行山 서북 땅에 피하여 사는데, 막조선莫朝鮮 왕(아도)이 전해 듣고 모든 도읍을 순행하여 살피고 군대를 사열하고 돌아왔다.

아도가 세상을 뜨자 단기 1243, 기원전 1091년(경술)에 아들 아화지阿火只(23세 왕)가 즉위하였다. 아화지가 세상을 뜨고 단기 1279, 기원전 1055년(병술)에 아우 아사지阿斯智(24세 왕)가 즉위하였다. 아사지가 세상을 뜨니 마휴단군(29세) 단기 1400, 기원전 934년(정해)에 형의 아들 아리손阿里遜(25세 왕)이 즉위하였다.

아리손이 세상을 뜨자 아들 소이所伊(26세 왕)가 즉위하였다. 소이가 세상을 뜨고 단기 1580, 기원전 754년(정해)에 아들 사우斯虞(27세 왕)가 왕위에 올랐다.

인물 돋보기

자서여子胥餘 | 기자의 성은 자子, 이름은 서여胥餘이다. 기자의 기箕는 국명國名이며, 자子는 작위爵位의 명칭이다. 은殷나라 왕실의 혈족인 다자多子 출신의 제후로서 은나라 마지막 왕인 폭군 주왕紂王 때 세 사람의 현자(비간, 기자, 미자) 가운데 한 사람이었다. 종래에 중국 중화사관과 사대주의를 신봉한 자들은 사마천의 『사기』 이래 중국 측이 날조한 기자조선설을 답습하였다. 그 결과 '단군 천 년' 후에 '기자 천 년' 이라는 통설이 형성되기에 이르러, 고조선 2천 년사가 반쪽으로 줄어들게 되었다. 우리 대한민국을 처음부터 중국에 예속되었던 동방의 약소국으로 전락시켜 버렸다.

중국 주나라와 일본과의 관계

단기 1581, 기원전 753년(무자)에, 주周나라 임금 의구宜臼가 사신을 보내어 새해 축하 인사를 올렸다.

사우가 세상을 뜨자 단기 1657, 기원전 677년(갑진)에 아들 궁홀弓忽(28세 왕)이 즉위하였다.

단기 1667, 기원전 667년(갑인)에 협야후陜野侯에게 명하여 전선 500척을 거느리고 가서 **해도**海島를 쳐서 왜인의 반란을 평정하게 하셨다.

궁홀이 세상을 뜨고, 아들 동기東杞(29세 왕)가 즉위하였다. 동기가 세상을 뜨자 다물단군(38세) 계유년(단기 1746, 기원전 588)에 아들 다도多都(30세 왕)가 즉위하였다. 다도가 세상을 뜨니 단기 1825, 기원전 509년(임진)에 아들 사라斯羅(31세 왕)가 즉위하였다. 사라가 세상을 뜨고 아들 가섭라迦葉羅(32세 왕)가 즉위하였다. 가섭라가 세상을 뜨자 단기 1907, 기원전 427년(갑인)에 아들 가리加利(33세 왕)가 즉위하였다.

사냥꾼의 반란과 마한왕의 죽음

단기 1908, 기원전 426년(을묘)에 융안隆安 사냥꾼 수만 명이 반란을 일으켰는데, 관병이 이들과 싸울 때마다 이기지 못하였다. 드디어 반란군이 도성을 공격하여 상황이 매우 위급해지자, 가리가 출전하였다가 날아오는 화살을 맞고 세상을 떠났다.

고조선의 몰락 – 우화충의 대역모와 기후의 반란

단기 1909, 기원전 425년(병진)에 상장上將 구물丘勿(후에 44세 단군으로 즉위)이 마침내 사냥꾼 두목 우화충을 죽이고 도읍을 장당경으로 옮겼다. 먼저 가리의 손자 전내典柰로 하여금 막조선을

의구 | 주周나라 13세 평왕平王(BCE 771~BCE 720)의 이름이다.

협야후 | 협야후는 곧 배반명裵幋命이다. 『일본서기』에 나오는 사누노미코토狹野尊로서 일본 왕가의 뿌리인 진무神武왕이다. 3세 가륵단군 재위 10년(기원전 2173)에 두지주의 예읍이 반란을 일으키자 임금께서 여수기를 보내 추장 소시모리의 목을 베게 하셨는데, 이 소시모리의 후손에 협야노라는 인물이 있다고 하였다.

해도 | 곧 삼도三島로 오늘날의 일본 열도이다.

우화충의 역모 | 우화충의 역모는 단군조선을 무너뜨리는 직접적인 계기가 되었을 뿐 아니라, 삼신 사상에 따른 통치 체제가 처음으로 크게 쇠퇴하는 계기가 되었다. 이때 국정이 쇠미하게 된 실제적인 주요 원인은 바로 '병권 분립'에 있었다. 44세 구물단군 이전에는 진조선의 천왕(대단군) 한 분이 중앙집권적으로 삼한(삼조선)의 병권을 집행하였다. 그러나 이때부터 삼조선 체제로 바뀌어 삼조선이 각기 전쟁 수행 권한을 갖게 되었다. 바로 이러한 병권 분립이 단군조선 체제가 약화되어 붕괴의 길을 걷는 큰 원인이 된 것이다.

환단고기

계승(막조선 34세 왕)하게 하였는데, 이때부터 국정이 더욱 쇠잔해졌다.

전내가 세상을 떠나고, 아들 진을례進乙禮(35세 왕)가 즉위하였다. 진을례가 세상을 뜨자, 을묘년(기원전 366)에 아들 맹남孟男(36세 왕)이 즉위하였다.

단기 2011, 기원전 323년(무술)에 수유須臾 사람 기후箕詡가 군사를 이끌고 번한에 들어가 나라를 차지하고 스스로 번조선 왕이라 하였다. 연燕나라에서 사신을 보내 아군과 함께 이를 정벌하자고 하였으나 막조선이 응하지 않았다.

단기 2096, 기원전 238년(계해)에 고열가단군(47세)께서 마침내 제위를 버리고 아사달에 은둔하셨다. 진조선은 오가五加가 공동으로 집행하는 공화정共和政 체제(단기 2096~단기 2102, 기원전 238~기원전 232)를 6년 동안 유지하다가 끝내 국력을 회복하지 못하고 종말을 고했다.

일본왕가의 뿌리, 한국

고대 일본사는 한민족의 이민 개척사에 지나지 않는데, 이것은 몇 가지 사실로 입증된다. 우선 일본으로 건너간 신교의 삼신 신앙에서 확인할 수 있다.

『고사기古事記』에는 일본의 신화가 조화삼신으로 시작되었음을 기록하였다. 주지하다시피 삼신은 동방 한민족이 받든 신교의 주재신이다. 또한 『일본서기』 '신대기'를 보면, 조화삼신에 이어 신세 7대가 보인다. 환국의 7세 환인천제와 마찬가지로 일본 건국신화의 신들도 7세로 되어있음은 주목할 만하다. 이것은 당연히 7세 환인시대에 뿌리를 두고 기록한 것으로 일본의 건국신화가 한민족 역사를 모방한 사실을 강하게 드러내준다.

일본 왕가 혈통의 뿌리도 한국이다. 『단군세기』를 보면, 35세 사벌단군은 재위 50년(기원전 723)에 장군 언파불합彦波弗哈을 보내어 일본의 규슈九州 남부의 구마소熊襲를 평정하였고, 36세 매륵단군은 38년(기원전 667)에 협야후狹野侯 배반명裵幋命을 보내 삼도三島(일본열도)를 평정케 하였다. 이 배반명이 바로 일본 왕가의 뿌리인 초대 진무神武(狹野尊)왕이었다. 진무왕은 큐슈에서 동쪽으로 정벌[東征]을 계속하여 야마토로 들어가 일본 고대 국가의 기틀을 마련하였다. 일본 왕가의 뿌리가 백제계라는 것은 이제 우리 학계에서도 인정하고 있는 사실이다. 고대 한일관계사는 단순히 문화교류의 차원이 아니었다.

「대진국본기」에 의하면 의려국 왕자 의라가 일본으로 건너가 15세 오진應神왕이 되었고, 삼신의 부명[三神符命]에 응한다 하여 응신應神이라 하였다고 한다. 2001년 12월에는 일본의 아키히토왕(125세)이, "나의 조상인 간무桓武왕의 어머니가 백제 무령왕의 자손"이라 고백하여 자신도 백제계의 피를 이어받았음을 시인한 바 있다.

요·순임금은 단군조선의 제후
-요임금이 양위한 배경

치우천황께서 서쪽으로 **탁예**涿芮를 정벌하고, 남쪽으로 **회대**淮岱(회수와 태산)를 평정하여 산을 헤치고 길을 내시니 그 영토가 만 리였다.

단군왕검 때는 당요唐堯(당나라 요임금)와 같은 때인데, 요의 덕이 갈수록 쇠하여 영토 분쟁이 끊이지 않았다.

이에 천왕(단군왕검)께서 우순虞舜(우나라 순임금)에게 명령하여 영토를 나누어 다스리게 하고, 군사를 보내 주둔시키셨다. 우순과 함께 당요를 정벌할 것을 언약하시니, 요임금이 힘에 굴복하고 순에게 의탁하여 목숨을 보존하고자 나라를 넘겨주었다. 이때 순 부자와 형제가 다시 돌아가 한집안을 이루니, 무릇 나라를 다스리는 도는 부모에게 효도하고 형제간에 우애있게 함을 우선으로 하기 때문이다.

9년 홍수를 다스리기 위해 도산 회의를 소집하심

사공 우에게 치수법을 전수해 주심

9년 동안 홍수가 일어나 그 재앙이 만민에게 미치므로 단군왕검께서 태자 부루를 보내어 우나라 순임금과 약속하게 하시고, **도산**塗山 **회의**를 소집하셨다. 순임금이 사공司空 우禹를 보내어 우리의 **오행치수법**五行治水法을 받아 홍수 다스리는 일에 성공하게 되었다.

탁예 | 하북성 탁록과 산서성 예성현芮城縣을 말한다.

9년 홍수 | 지금부터 약 4,300년 전 초대 단군왕검 때 발생한 대홍수이다. 기독교 『구약전서』 「창세기」에 나오는 '노아의 방주'도 바로 이때 발생한 대홍수 이야기이다.

오행치수법 | 신교의 오행 사상을 원리로 하여 홍수를 다스리는 방법을 말한다.

낭야대 정상에 있는 진왕 (진시황)의 석상 | 진왕이 서복에게 불사약을 구해 오라고 명을 내리는 모습 이다. 진왕은 중국을 통일 한 후 이곳을 세 번 다녀갔 다.

감우소 | 우순의 정치를 감 독하던 곳.

낭야성 | 지금의 산동성 제 성현諸城縣 동남에 있다.

천자 단군왕검을 알현한 제후 순

이때 감우소監虞所를 **낭야성**琅耶城에 설치하여 **구려**九黎 분정에 서 논의된 일을 결정하였다. 『서경』에 이른바 "순임금이 **동쪽으로 순행하여 멀리 산천을 바라보며 제사 지내고, 동방 천자를 알현하 였다.**[동순망질 사근동후東巡望秩 肆覲東后]"라는 구절은 바로 이 내용 을 말한 것이다.

진국辰國(단군조선)은 **천제(상제님)의 아들**[天帝子=天子]이 다스리 므로 5년에 한 번 낭야를 순행하였으나, 순舜은 (조선의) 제후이 므로 진한에 조근朝覲(천자께 인사)한 것이 네 번이었다.

알아봅시다!

🌸 **동순망질 사근동후**東巡望秩 肆覲東后 | '동순망질 사근동후' 라는 말은 『서경』「우서 虞書」의 「순전舜典」에 나오는 구절이다. 그 뜻은 '순임금이 동쪽으로 순행하여 산천에 제 사 지내고 드디어 동방의 천자를 찾아뵈었다' 는 것이다. 여기서 '후后' 자는 『강희자전康 熙字典』에서 명확히 밝힌 것처럼 군주君主를 지칭하는 말이며 제후를 말한 것이 아니다. 또 '근覲' 자는 '하현상下見上', 즉 아랫사람이 윗사람에게 문안 드린다는 말이다. 『강희 자전』은 "천자가 즉위하면 제후들이 북면하여 천자께 알현하는 것을 일러 근覲이라 한 다."라고 하였으니, '제후인 순舜임금이 그 종주국의 천자인 단군왕검을 알현하였다' 라 는 것이 『서경』 '사근동후' 의 본뜻이다. 여기서 『서경』 본래의 뜻을 살려 원문을 해석하 면, "순임금이 요임금에게서 왕위를 물려받은 뒤에 차례로 천신과 산천에 제사를 지내고 동방의 천자이신 단군왕검을 찾아뵈었다." 가 된다.

초대 번한 왕은 치우천황의 후손 치두남

치우천황의 후손을 번한 왕으로 임명하심

이때 단군왕검께서 치우천황의 후손 중에서 지모와 용력이 뛰어난 자를 택하여 번한 왕으로 임명하고 **험독**險瀆에 수도를 세우시니, 지금은 **왕검성**이라 칭한다.

요수 일대에 쌓은 12성과, 후에 가한성을 개축한 낭야성

치두남蚩頭男은 치우천황의 후손이다. 용맹과 지혜로 세상에 소문이 자자하였다. 단군께서 불러 만나 보시고 기특하게 여겨 곧 번한 왕으로 임명하고 아울러 우순의 정치를 감독하게 하셨다.

단기 33, 기원전 2301년(경자)에, 요수遼水 주위에 12성을 쌓으니 험독險瀆, 영지令支, 탕지湯池, 용도桶道, 거용渠鄘, 한성汗城, 개평蓋平, 대방帶方, 백제百濟, 장령長嶺, 갈산碣山, 여성黎城이 그것이다.

치두남이 세상을 뜨자 아들 낭야琅邪(2세 왕)가 즉위하였다. 이 해 단기 83, 기원전 2251년(경인) 3월에 가한성可汗城을 개축하여 뜻밖의 사태에 대비하였다. 가한성은 일명 **낭야성**琅邪城인데, 번한 왕 낭야가 쌓았으므로 낭야성이라는 이름을 붙였다.

태산과 회수, 사수 지역에 삼신 신앙이 크게 일어남

단기 67, 기원전 2267년(갑술)에 부루태자가 명을 받고 특사로 도산에 갈 때, 도중에 낭야에 들러 반 달 동안 머무르며 백성의 사정을 묻고 들었다. 이때 우순이 사악四岳을 거느리고 치수에 대한 모든 일을 보고하였다. 번한 왕이 태자의 명으로 경내境內에 경당扃堂을 크게 일으키고, 아울러 **태산에서 삼신(상제님)께 천제를 올렸다.** 이로부터 삼신을 받드는 옛 풍속이 회수淮水와 사수泗水 지역 일대에서 크게 행하여졌다.

부루태자가 도산 회의를 주관하실 때

번한 왕을 통해 치수법을 전하심

태자가 도산에 도착하여 주장의 자격으로 회의를 주관하실 때 번한 왕을 통해 우虞 사공司空에게 **말씀하셨다.**

"나는 **북극수의 정기를 타고난 아들**이니라. 너희 임금(순임금)이 나에게 강과 농토를 다스려 백성을 구해 주기를 청원하니, 삼신 상제님께서 내가 가서 도와주는 것을 기뻐하시므로 왔노라."

천자국의 문자[왕토전문王土篆文(고조선 신지 전자)]로 된 **천부**天符와 **왕인**王印을 보여 주시며 이렇게 말씀하셨다.

"이것을 차면 험한 곳을 다녀도 위험하지 않고, 흉한 것을 만나도 피해가 없으리라. 또 신침神針 하나가 있으니 능히 물이 깊고 얕음을 측정할 수 있으며 그 쓰임이 무궁하니라. 또 황구종皇矩倧이란 보물은 모든 험한 물을 진압하여 오래도록 잔잔하게 할 것이니라. 이 세 가지 보물[三寶]을 너에게 주노니, **천제자**天帝子(단군왕검)의 거룩하신 말씀[대훈大訓]을 어기지 말아야 가히 큰 공덕을 이룰 수 있으리라."

우사공이 **삼육구배**三六九拜를 하고 나아가 아뢰었다.

"삼가 천제자(단군왕검)의 어명을 잘 받들어 행할 것이요, 또 저희 우순(순임금)께서 태평스런 정사를 펴시도록 잘 보필하여 삼신 상제님께서 진실로 기뻐하시도록 지극한 뜻에 보답하겠사옵니다."

부루태자로부터 『**금간옥첩**金簡玉牒』을 받으니, 곧 **오행치수의 요결**이었다. 태자께서 **구려**九黎를 도산에 모아 놓고 **우순에게 명하여 조공 바친**[虞貢] **사례를 보고**하게 하시니, 오늘날 이른바 우공禹貢이란 이러한 역사적 사실을 말한 것이다.

송양에서 붕어하신 구을단군의 초상을 치르고 엄히 경계하였다

　낭야가 세상을 떠나니 단기 96, 기원전 2238년(계묘)에 아들 물길勿吉(3세 왕)이 즉위하였다. 물길이 세상을 떠나자 단기 147, 기원전 2187년(갑오)에 아들 애친愛親(4세 왕)이 계승하였다. 애친이 세상을 떠나고 아들 도무道茂(5세 왕)가 즉위하였다. 도무가 세상을 떠나자 단기 236, 기원전 2098년(계해)에 아들 호갑虎甲(6세 왕)이 즉위하였다.

　단기 250, 기원전 2084년(정축)에 천왕(5세 구을단군)께서 순행하시다가 송양松壤*에서 병을 얻어 붕어하시자, 번한 왕이 사람을 보내 초상을 치르고 군사를 나누어 엄히 경계하였다. 호갑이 세상을 뜨자 달문단군(6세) 단기 262, 기원전 2072년(기축)에 아들 오라烏羅(7세 왕)가 즉위하였다.

　단기 267, 기원전 2067년(갑오)에 하나라 왕 소강少康*이 사신을 보내어 신년 하례를 올렸다. 오라가 세상을 뜨자 단기 319, 기원전 2015년(병술)에 아들 이조伊朝(8세 왕)가 계승하였다. 이조가 세상을 떠나고 아술단군(9세) 단기 359, 기원전 1975년(병인)에 아우 거세居世(9세 왕)가 즉위하였다.

　거세가 세상을 뜨자 단기 374, 기원전 1960년(신사)에 아들 자오사慈烏斯(10세 왕)가 즉위하였다. 자오사가 세상을 떠나고 단기 388, 기원전 1946년(을미)에 아들 산신散新(11세 왕)이 즉위하였다. 산신이 세상을 떠나니 단기 441, 기원전 1893년(무자)에 아들 계전季佺(12세 왕)이 계승하였다. 단기 443, 기원전 1891년(경인)에 명을 받아 **탕지산**湯池山에 삼신단을 세우고 관가를 옮겼다. 탕지는 옛날의 **안덕향**安德鄕이다.

은나라는 단군조선의 제후국

단군의 도움으로 걸을 정벌하고 은나라를 세운 탕임금

계전이 세상을 떠나고 단기 470, 기원전 1864년(정사)에 아들 백전伯佺(13세 왕)이 왕위에 올랐다. 백전이 세상을 떠나자, 단기 508, 기원전 1826년(을미)에 둘째 아우 중전仲佺(14세 왕)이 계승하였다. 중전이 세상을 떠나니 단기 564, 기원전 1770년(신묘)에 아들 소전少佺(15세 왕)이 계승하였다.

단기 567, 기원전 1767년(갑오)에 장수 치운출蚩雲出을 보내 탕湯을 도와 걸桀을 정벌하였다.

단기 568, 기원전 1766년(을미)에 묵태墨胎를 보내 은나라 시조 탕임금의 즉위를 축하하였다.

소전이 세상을 떠나고 단기 607, 기원전 1727년(갑술)에 아들 사엄沙奄(16세 왕)이 즉위하였다.

사엄이 세상을 떠나자 아우 서한棲韓(17세 왕)이 즉위하였다. 서한이 세상을 떠나고 단기 670, 기원전 1664년(정축)에 아들 물가勿駕(18세 왕)가 즉위하였다. 물가가 세상을 떠나니 단기 734, 기원전 1600년(신사)에 아들 막진莫眞(19세 왕)이 왕위에 올랐다. 막진이 세상을 뜨자 단기 780, 기원전 1554년(정묘)에 아들 진단震丹(20세 왕)이 즉위하였다.

단군조선과 은나라의 관계

이 해에 은나라 왕 태무太戊가 와서 방물을 바쳤다. 진단이 세상을 뜨자 단기 786, 기원전 1548년(계유)에 아들 감정甘丁(21세 왕)이 즉위하였다. 감정이 세상을 떠나고 아들 소밀蘇密(22세 왕)이 즉위하였다.

단기 866, 기원전 1468년(계사)에 은나라가 조공을 바치지 않으므로 은의 수도 북박北亳을 치니, 은나라 왕 하단갑河亶甲(12세 왕)이 사죄하였다.

소밀이 세상을 떠나니 아들 사두막沙豆莫(23세 왕)이 즉위하였다. 사두막이 세상을 떠나고 계부 갑비甲飛(24세 왕)가 즉위하였다. 갑비가 세상을 뜨자 단기 893, 기원전 1441년(경신)에 아들 오립루烏立婁(25세 왕)가 즉위하였다. 오립루가 세상을 떠나고 아들 서시徐市(26세 왕)가 즉위하였다. 서시가 세상을 뜨니 단기 941, 기원전 1393년(무신)에 아들 안시安市(27세 왕)가 즉위하였다. 안시가 세상을 떠나자 단기 982, 기원전 1352년(기축)에 아들 해모라奚牟羅(28세 왕)가 왕위에 오르고 그 해에 세상을 떠났다.

고등이 은나라 (22대 임금) 무정을 쳤다

소태단군(21세) 5년(단기 1001, 기원전 1333)에 우사雨師 소정小丁을 지방으로 내보내 (29세) 번한 왕으로 임명하셨다. 고등高登이 늘 소정의 지모가 출중함을 꺼려서 임금께 권하여 출보出補 시킨 것이다.

이때 은나라 왕 무정武丁이 전쟁을 일으키려 하였다. 고등이 이를 전해 듣고 상장上將 서여西余와 함께 격파하고, **삭도**索度 까지 추격하여 군사를 풀어 불지르고 약탈한 뒤에 돌아왔다. 서여가 북박을 습격해 격파하고 군사를 탕지산(번한 수도 안덕향)에 주둔시켰다. 자객을 보내 소정小丁을 죽이고 아울러 무기와 갑옷을 싣고 돌아갔다.

색불루단군

서우여를 번한 왕으로 임명하심

색불루단군(22세)께서 일찍이 삼한을 아우르고 나라의 제도[국제國制]를 크게 고치실 때, 은나라 왕 무정이 사신을 보내 와서 조공을 바칠 것을 약속하였다. 이에 앞서 서우여徐于餘를 폐하여 평민으로 만드셨다.

서우여가 몰래 좌원坐原*으로 돌아가 사냥꾼 수천 명과 함께 군대를 일으키려고 모의하였다. 갑천령이 그 소식을 전해 듣고 즉각 가서 쳤으나 패하여 진중에서 죽었다. 색불루단군께서 친히 3군을 거느리고 가서 치려하실 때, 먼저 사람을 보내 항복할 것을 권하고 비왕神王으로 봉할 것을 약속하셨다. 다시 설득하시자 말씀을 따랐다. 이때 서우여를 (30세) 번한 왕으로 임명하셨다.

고조선의 8조 금법

색불루단군 4년 단기 1052, 기원전 1282년(기해)에, **진조선**眞朝鮮이 천왕(색불루단군)의 칙문을 전하였다. 그 칙문에서 말하기를, "너희 삼한은 **위로 천신을 받들고**, 아래로 뭇 백성을 맞아 잘 교화하라."라고 하였다. 이로부터 백성에게 예절과 의리, 농사, 누에치기, 길쌈, 활쏘기, 글자를 가르쳤다. 또 백성을 위하여 **금팔조**禁八條*를 정하였는데, 그 내용은 다음과 같다.

◇제1조: 살인한 자는 즉시 사형에 처한다.

◇제2조: 상해를 입힌 자는 곡식으로 보상한다.

◇제3조: 도둑질 한 자 중에서 남자는 재산을 몰수하여 거두어들여

그 집의 노奴(남자 종)로 삼고 여자는 비婢(여자 종)로 삼는다.

좌원 | 남만주 관전현寬甸縣 성동산城東山과 통화현通化縣 홍석납자紅石拉子의 중간에 있는 긴 평원平原을 말한다(정인보, 『조선사연구』, 122쪽). 이유립은 대릉하 상류의 능원현凌源縣으로 보았다.

금팔조 | 지금의 국사 교과서에 나오는 고조선의 8조 금법八條禁法은 바로 이것을 말한다.

◇제4조: 소도를 훼손한 자는 금고禁錮 형에 처한다.

◇제5조: 예의를 잃은 자는 군에 복역시킨다.

◇제6조: 게으른 자는 부역에 동원시킨다.

◇제7조: 음란한 자는 태형笞刑으로 다스린다.

◇제8조: 남을 속인 자는 잘 타일러 방면한다.

자신의 잘못을 속죄한 자는 비록 죄를 면해서 사회의 일원이 될 수 있었지만, 당시 풍속이 이것을 수치스럽게 여겨 시집가고 장가들 수 없었다.

이리하여 백성이 마침내 도둑질하지 않았고, 문을 닫고 사는 일이 없으며, 부인은 정숙하여 음란하지 않았다. 전야田野와 도읍을 개간하고, 음식을 그릇에 담아 먹었으며, 어질고 겸양하는 교화가 이루어졌다.

단기 1054, 기원전 1280년(신축)에 은나라 왕 무정이 번한 왕을 통해 천왕에게 글을 올리고 방물을 바쳤다.

단기 1109, 기원전 1225년(병신)에 서우여가 세상을 떠났다. 단기 1110, 기원전 1224년(정유)에 아락阿洛(31세 왕)이 즉위하였다. 아락이 세상을 뜨니 단기 1150, 기원전 1184년(정축)에 솔귀率歸(32세 왕)가 계승하였다. 솔귀가 세상을 뜨자 단기 1197, 기원전 1137년(갑자)에 임나任那(33세 왕)가 즉위하였다.

삼신께 천제 지내고 천문대를 설치하였다

단기 1204, 기원전 1130년(신미)에 천왕(25세 솔나단군)의 조칙으로 동쪽 교외에 제천단을 쌓고 **삼신께 제사** 지낼 때, 많은 사람이 둥글게 모여 춤을 추고 북을 치며 노래를 불렀다.

정성으로 천단을 쌓고

삼신님께 장수를 축원하세.

황실의 운이 장수하기를 기원함이여! 만만세로다

관혼상제冠婚喪祭의 유래

관혼상제는 관례, 혼례, 상례, 제례를 말한다.

삼국시대에 불교가 들어온 이후 예법은 대체로 무속적·불교적 상례가 주로 행해졌을 것으로 추측된다. 그러다가 고려 말에 성리학과 함께 『주자가례朱子家禮』가 들어오고 조선 전기에 시행한 억불숭유抑佛崇儒 정책의 영향으로 불교의식은 사라졌다.

『주자가례』는 명明나라 구준丘濬(1420~1495)이 가례家禮에 관한 주희朱熹(1130~1200)의 학설을 수집하여 만든 책으로. 『주문공가례朱文公家禮』라고도 한다.

조선시대에는 관혼상제 의식을 이 『주자가례』에 따르도록 하였는데, 후에 영조英祖 때 이재李縡(1680~1746)가 이에 근거를 두고 여러 학설을 참작하여 당시 실정에 맞게 예법을 만든 『사례편람四禮便覽』을 지은 뒤, 이 책이 관혼상제의 표준이 되었다.

그런데 『환단고기』 내용으로 볼 때, 이렇게 우리나라 예법의 절차와 형식에 영향을 준 유교의 의식이 사실은 본래 동이족에게서 나간 것이다. 『후한서後漢書』「동이열전東夷列傳」에도 '중국이 예禮를 잃으면 사이四夷에서 구했다'고 했다. 여기서 '이夷'를 만蠻, 이夷, 융戎, 적狄의 주변 이민족을 포괄적으로 지칭한 것으로 볼 수 있지만 동이전에 실린 것으로 보아 한민족을 의미한다. 관혼상제 예법의 원류 또한 고조선 문화인 것이다.

만민을 돌아봄이여! 풍년을 즐거워하네.

임나任那가 세상을 떠나고 단기 1229, 기원전 1105년(병신)에 아우 노단魯丹(34세 왕)이 즉위하였다. 북막北漠이 침범하므로 노일소路日邵를 보내어 쳐서 평정하였다. 노단이 세상을 뜨니 단기 1242, 기원전 1092년(기유)에 아들 마밀馬密(35세 왕)이 즉위하였다. 마밀이 세상을 뜨자 단기 1260, 기원전 1074년(정묘)에 아들 모불牟弗(36세 왕)이 즉위하였다. 단기 1268, 기원전 1066년(을해)에 천문을 관측하는 감성監星을 설치하였다.

모불이 세상을 떠나고 단기 1280, 기원전 1054년(정해)에 아들 을나乙那(37세 왕)가 즉위하였다. 단기 1287, 기원전 1047년(갑오)에 주나라 임금 하瑕가 사신을 보내 조공을 바쳤다.

천제 문화가 이어졌다

3년상 풍속의 기원

을나가 세상을 떠나고 단기 1320, 기원전 1014년(정묘)에 아들 마유휴麻維麻(38세 왕)가 즉위하였다. 마유휴가 세상을 떠나자 단

내몽골자치구 적봉시 인근 삼좌점에서 발견된 약 4천년 전 청동기 시대에 쌓은 석성石城 유적

기 1322, 기원전 1012년(기사)에 아우 등나登那(39세 왕)가 즉위하였다. 이극회李克會가 소련少連과 대련大連의 사당을 세우고, **3년상**을 정하여 시행하기를 청하니 왕께서 이를 따랐다.

만주 구월산 삼성묘에 제사 지냄

등나가 세상을 떠나고 단기 1351, 기원전 983년(무술)에 아들 해수奚壽(40세 왕)가 즉위하였다. 단기 1355, 기원전 979년(임인)에 아들 물한勿韓을 구월산에 보내어 삼성묘三聖廟에 제사 지내는 것을 돕게 하였다. **삼성묘**는 상춘常春의 주가성자朱家城子에 있다.

해수가 세상을 뜨자 단기 1372, 기원전 962년(기미)에 아들 물한勿韓(41세 왕)이 즉위하였다. 물한이 세상을 떠나자 단기 1392, 942년(기묘)에 아들 오문루奧門婁(42세 왕)가 즉위하였다. 오문루가 세상을 떠나자 단기 1440, 기원전 894년(정묘)에 아들 누사婁沙(43세 왕)가 즉위하였다. 단기 1451, 기원전 883년(무인)에, 누사가

3년상 풍속 제도의 기원과 신교 제사 문화 | 소련과 대련은 동양 고전에서 하늘이 낸 효자, 즉 '천종지효天縱之孝'라 하여 효孝의 대명사로 불리며, 특히 상례喪禮를 잘한 인물로 더욱 유명하다. 이들은 2세 부루단군 때의 중신重臣이었다(『단군세기』). 대련은 태백산(백두산) 4대 신선[四仙] 가운데 한 사람이다. 소련과 대련은 부친상을 당하자 3일간 애도하고, 3년간 거상居喪하였다. 공자는 『예기禮記』에서 "소련·대련은 거상을 잘하였는데, 3일을 게을리하지 않았고 3개월을 해태하지 않았으며 3년을 슬퍼하였다. 그들은 동이東夷 사람이다."라고 하였다. 공자는 이를 윤리의 시초라고 칭송하고 소련·대련을 성인이라 하였다. 이와 같이 3년간 거상하는 상례 제도는 본래 유교에서 나온 것이 아니며, 신교를 종주로 하는 단군조선에서 처음 나온 신교 문화의 제사 풍속이다.

천조天朝(진조선 조정)에 들어가 천왕(30세 내휴단군)을 뵙고, 태자 등 올롹과 소자少子 등리롹里와 함께 별궁에서 한가롭게 지내다가 태자 형제에게 이렇게 노래를 지어 올렸다.

형은 반드시 아우를 사랑하고
아우는 마땅히 형을 공경하소서.
항상 작은 일로써
골육의 정을 상하게 하지 마소서.
말도 오히려 같은 구유에서 먹고
기러기도 역시 한 줄을 지어 가니
방 안에서는 비록 즐겁게 지낼지언정
이간하는 말일랑 삼가 듣지 마소서.

고조선(삼한)은 동방문화의 종주

이두법의 창시자 왕문

누사가 세상을 떠나자 단기 1468, 기원전 866년(을미)에 아들 이벌伊伐(44세 왕)이 즉위하였다. 단기 1469, 기원전 865년(병신)에 한수漢水 사람 왕문王文이 **이두법**을 만들어 올리니 천왕(31세 등 올단군)께서 기뻐하시고 삼한에 명하여 시행하게 하셨다.

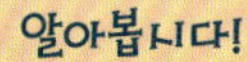

❀ **이두** | 이두는 한문 글자의 음과 새김을 빌어서 한문을 우리말 식으로 적어 쓰던 문자이다. 그동안 이두법은 신라 말의 정치가요 대학자인 설총薛聰이 처음 만든 것으로 알려졌으나, 사실은 이보다 약 1,600년이 앞선 (기원전 865) 단군조선 때에 만들어져 보급된 것이다. 설총은 왕문이 창안한 이두를 더욱 발전·체계화시킨 것이다. 568년(진흥왕 29년) 북한산에 세운 진흥왕 순수비문巡狩碑文에도 이두가 나오는데, 이것은 설총 이전에 이두문이 쓰였다는 증거이다.

한수 | 지금의 대릉하이다 (이유립, 『대배달민족사』).

왕문 | 2,900년 전 31세 등 올단군 때 사람. 이두법의 창시자.

주나라 격퇴와 흉노의 조공

단기 1492, 기원전 842년(기미)에 상장上將 고력합高力合을 보내어 회군淮軍과 합세하여 주周나라를 격퇴하였다. 이벌이 세상을 뜨니 단기 1494, 기원전 840년(신유)에 아들 아륵阿勒(45세 왕)이 즉위하였다.

단기 1499, 기원전 835년(병인)에 주나라의 주공周公과 소공召公이 사절을 보내어 방물을 바쳤다. 아륵이 세상을 떠나고 단기 1522, 기원전 812년(기축)에 아들 마휴麻休(일명 마목, 46세 왕)가 즉위하였다.

마휴가 세상을 떠나자 단기 1549, 기원전 785년(병진)에 아들 다두多斗(47세 왕)가 즉위하였다. 다두가 세상을 뜨니 단기 1582, 기원전 752년(기축)에 아들 내이奈伊(48세 왕)가 즉위하였다.

내이가 세상을 떠나자 단기 1612, 기원전 722년(기미)에 아들 차음次音(49세 왕)이 즉위하였다. 차음이 세상을 떠나자 단기 1622, 기원전 712년(을사)에 아들 불리不理(50세 왕)가 즉위하였다.

불리가 세상을 떠나니 단기 1658, 기원전 676년(을사)에 아들 여을餘乙(51세 왕)이 즉위하였다. 여을이 세상을 떠나고 단기 1687, 기원전 647년(갑술)에 엄루奄婁(52세 왕)가 즉위하였다.

단기 1691, 기원전 643년(무인)에 흉노가 번한에 사신을 보내어 천왕을 뵙고자 하고, 스스로 신하라 칭하고 공물을 바치고 돌아갔다. 엄루가 세상을 떠나고 아들 감위甘尉(53세 왕)가 즉위하였다.

감위가 세상을 뜨자 단기 1721, 기원전 613년(무신)에 아들 술리述理(54세 왕)가 즉위하였다. 술리가 세상을 떠나자 단기 1731, 기원전 603년(무오)에 아들 아갑阿甲(55세 왕)이 즉위하였다.

단기 1743, 기원전 591년(경오)에 천왕(37세 마물단군)께서 사신 고유선高維先을 보내어 환웅천황·치우천황·단군왕검 세 분 성조의 상像을 반포하여 관가에서 받들게 하셨다.

56세 왕부터 61세 왕까지

아갑이 세상을 뜨고 단기 1746, 기원전 588년(계유)에 고태固台(56세 왕)가 즉위하였다. 고태가 세상을 떠나자 단기 1760, 기원전 574년(정해)에 아들 소태이蘇台爾(57세 왕)가 즉위하였다. 소태이가 세상을 떠나고 단기 1778, 기원전 556년(을사)에 아들 마건馬乾(58세 왕)이 즉위하였다. 마건이 세상을 떠나자 단기 1789, 기원전 545년(병진)에 천한天韓(59세 왕)이 계승하였다. 천한이 세상을 떠나고 단기 1799, 기원전 535년(병인)에 아들 노물老勿(60세 왕)이 즉위하였다. 노물이 세상을 떠나자 단기 1814, 기원전 520년(신사)에 아들 도을道乙(61세 왕)이 즉위하였다.

순수한 동이족 혈통인 노자가 남방 문화권에 한문화를 전수하였다

단기 1816, 기원전 518년(계미)에 노나라 사람 공자가 주나라에 가서 노자 이이李耳에게 예를 물었다. 이耳의 아버지의 성이 **한**韓이고 이름은 **건**乾인데, 선조는 **풍이족**風夷族 사람[風人]이다. 노자는 후에 서쪽으로 관문을 지나 내몽고를 경유하여 여기저기 전전하다가 **아유타**阿踰佗에 이르러 그곳 백성을 교화하였다.

천지인과 오행과 한으로 지은 번한 왕들의 이름

도을이 세상을 떠나고 단기 1829, 기원전 505년(병신)에 아들

술휴述休(62세 왕)가 즉위하였다. 술휴가 세상을 떠나자 단기 1863, 기원전 471년(경오)에 아들 사량沙良(63세 왕)이 즉위하였다. 사량이 세상을 떠나자 단기 1881, 기원전 453년(무자)에 아들 지한地韓(64세 왕)이 즉위하였다. 지한이 세상을 떠나자 단기 1896, 기원전 438년(계묘)에 아들 인한人韓(65세 왕)이 즉위하였다. 인한이 세상을 떠나자 단기 1934, 기원전 400년(신사)에 아들 서울西蔚(66세 왕)이 즉위하였다. 서울이 세상을 떠나고 단기 1959, 기원전 375년(병오)에 아들 가색哥索(67세 왕)이 즉위하였다. 가색이 세상을 떠나자 단기 1993, 기원전 341년(경진)에 아들 해인解仁(68세 왕)이 즉위하였는데, 일명 산한山韓이라 한다. 이 해에 해인이 자객에게 살해되었다.

70세 번조선 왕이 된 수유 사람 기후

진한, 번한의 군사가 협공하여 연나라 침략을 격퇴함

단기 1994, 기원전 340년(신사)에 아들 수한水韓(69세 왕)이 즉위하였다. 단기 1995, 기원전 339년(임오)에 연나라가 이틀 길을 하루에 달려 쳐들어와 안촌홀安寸忽*을 공격하고 험독險瀆까지 쳐들어왔다.

이때 **수유 사람**[수유인須臾人] **기후**가 젊은 청년[자제子弟] 5천 명을 거느리고 와서 전쟁을 도우니 군세가 조금 진작되었다. 이에 진한·번한의 군사와 함께 협공하여 크게 격파하였다. 또 한 무리의 군사를 나누어 보내 계성薊城* 남쪽에서 싸우려 하니, 연나라가 두려워하여 사신을 보내어 사죄하고 공자公子를 인질로 보냈다.

번조선의 왕통 단절과 연나라의 강성

단기 2011, 기원전 323년(무술)에 수한이 세상을 떠나니 뒤를 이을 아들이 없었다. 그리하여 기후가 명을 받들어 군령을 대행하였다. 연나라가 사신을 보내 하례하였다.

이 해에 연이 왕이라 칭하고 장차 침범하려다가 그만두었다. 기후도 명을 받들어 왕호를 써서 (70세) 번조선 왕이 되고, 비로소 번한성番汗城에 머물면서 뜻밖의 사태에 대비하였다.

기비의 도움으로 해모수(북부여 시조)가 대권을 잡아 고조선을 계승함

기후가 세상을 뜨자 단기 2019, 기원전 315년(병오)에 아들 기욱箕煜(71세 왕)이 즉위하였다. 기욱이 세상을 떠나고 단기 2044, 기원전 290년(신미)에 아들 기석箕釋(72세 왕)이 즉위하였다. 이 해에 각 주와 군에 명하여 어질고 현명한 인재를 추천하게 하였는데, 일시에 선발된 자가 270명이었다.

단기 2052, 기원전 282년(기묘)에 번한 왕이 친히 교외에서 밭을 갈았다.

단기 2058, 기원전 276년(을유)에 연나라가 사신을 보내 공물을 바쳤다.

기석이 세상을 떠나고 단기 2083, 기원전 251년(경술)에 아들 기윤箕潤(73세 왕)이 즉위하였다. 기윤이 세상을 뜨자 단기 2102, 기원전 232년(기사)에 아들 기비箕丕(74세 왕)가 즉위하였다.

번조선의 마지막 75세 왕, 기준

일찍이 기비가 종실宗室 사람 해모수와 함께 몰래 옥새를 바꿔치려는(새 나라를 열자는) 약속을 하고, 힘을 다해 천왕天王이 되는 것을 도와 주었다. 해모수로 하여금 능히 대권을 잡을 수 있게 한 사람은 오직 기비 그 사람이었다.

기비가 세상을 떠나고 단기 2113, 기원전 221년(경진)에 아들

계성 | 연나라 수도. 지금의 하북성 북경.

번한성 | 번조선의 수도. 지금의 하북성 개평開平 동북쪽 70리에 위치.

기준箕準이 75세 왕으로 즉위하였다. 단기 2140, 기원전 194년
(정미)에 떠돌이 **도적 위만**에게 속아 패하여 마침내 배를 타고 바
다로 가서 돌아오지 않았다.

위만의 번조선 찬탈과 위만정권의 성격 | 위만은 한漢나라의
제후인 연燕 왕 노관盧綰의 부하였다. 노관이 한나라를 배반하고
흉노로 도망하자, 위만은 번조선의 75세 마지막 왕 기준에게 망명
하였다(기원전 195). 준왕은 위만을 박사博士로 임명하고 100리 땅
을 주어 서쪽의 변방을 수비하도록 하였다. 그러나 위만은 몰래 일
당을 규합하여 준왕에게 한나라 군사가 열 길[十路]로 나누어 쳐들
어온다고 거짓으로 고하였다. 그리고 왕검성(지금의 하북성 창려)을
방비한다는 핑계로 대군을 이끌고 왕검성으로 들이닥쳤다. 이에
준왕은 감당하지 못하고 바다로 도망하였다(기원전 194). 이리하여
위만은 번조선을 멸망시키고 마침내 난하·요하 사이에 소위 '위
만정권'(기원전 194~기원전 108)을 세웠다. 위만정권은 한 무제가 손
자 우거를 멸할 때까지 86년 간 존속하였다.

종실 사람 해모수, 북부여를 세우다

해모수는 북부여의 시조이다. 단군조선의 47세 고열가古列加단군께서 제위를 버리고 아사달로 은거하자(기원전 238) 2,096년 동안 장구하게 지속된 단군조선의 삼한관경 체제는 마침내 그 막을 내리고, 과도기로서 오가五加의 공화정이 실시되었다. 그러나 종실宗室인 해모수가 웅심산熊心山에서 일어나(기원전 239) 마침내 6년간의 공화정을 철폐하고(기원전 232) 단군조선의 대통을 이어 나라 이름을 북부여北夫餘라 하였다.

북부여라는 국호는 단군조선의 44세 구물단군께서 도읍을 장당경으로 옮기면서 국호를 조선에서 대부여大夫餘로 바꾼데서 그 연원을 찾을 수 있다. 시조 해모수단군이 북부여라는 나라 이름을 정한 것은 대부여, 곧 고조선의 정통 정신과 법통을 그대로 계승하겠다는 역사의식을 나타낸 것이다. 또한 북부여의 정통을 이어받은 고구려도, 해모수의 둘째 아들 고구려후高句麗侯 고진高辰의 증손인 고주몽이 "나는 북부여 천제의 아들이다[我是北夫餘天帝之子]"(광개토대왕비문)라고 하여 북부여 계승 의식을 강하게 보여주고 있다.

그리하여 '고조선-북부여-고구려' 로 이어지는 한민족사의 국통은 정신적인 정통 맥일 뿐만 아니라, 혈통줄이 동일한 선령先靈과 후손의 혈맥을 타고 발전해 온 것이다.

태백일사 **5**

소　도　경　전　본　훈

蘇塗經典本訓

■ '소도蘇塗'는 삼신상제님께 제사 지내는 거룩한 장소이고 '소도경전본훈'이란 소도에서 사용되던 경전의 근본 가르침이라는 뜻이다.

■ 「소도경전본훈」에서는 홍익인간 이념의 유래를 밝혔다. 즉 홍익인간의 통치 정신은 환인천제께서 환웅천황에게 전수하신 심법이다.

■ 한민족의 소의경전所依經典인 『천부경天符經』, 『삼황내문경三皇內文經』, 『삼일신고三一神誥』, 『신지비사神誌秘詞』, 『참전계경參佺戒經』 등의 기원과 그 내용을 자세히 전하고 있다.

■ 특히 9천년 전 환국 때부터 구전되어 내려온 『천부경』은 우주 만물의 근원과 조화와 만물 창조의 법칙을 1에서 10까지 수로써 드러내주었다. 『천부경』은 삼신상제님께서 천지의 주권자로서 내려주신 통치 섭리를 선포한 경전이다.

제천행사와 홍익인간 이념의 유래

삼신상제 제천행사를 참관한 선인 발귀리의 송가頌歌

신시 시대에 선인 발귀리發貴理(배달 5세 태우의환웅 때의 신선)가 있었다. 태호太皞(복희씨)와 동문수학하였는데, 도를 통한 후에 방저方渚와 풍산風山* 사이를 유람하며 자못 명성을 얻었다. 아사달*에 와서 제천 행사를 보고 예식이 끝난 후에 찬송하는 글을 지었다. 그 글은 이러하다.

만물의 큰 시원 되는 지극한 생명이여!

이를 양기라 부르나니

무형과 유형이 완전히 하나 되어 존재하고

텅 빔과 꽉 참이 오묘하구나.

삼신은 일신으로 본체를 삼고

일신은 삼신으로 작용 삼으니

무와 유, 텅 빔과 꽉 참(정신과 물질)이 오묘하게 하나로 순환하고

삼신의 본체와 작용 둘이 아니네.

우주의 큰 텅 빔 속에 광명 있으니 이것이 삼신의 모습이라네.

알아봅니다!

❀ **양기**良氣 │진실로 오묘한 우주의 조화 기운[氣]과 그 창조 원리[理]가 일체—體로 존재하는 조화의 힘이다. 이 우주의 근원이 되는 기[良氣]의 총체적 조화를 우주 일신이라 하며, 구체적인 창조의 손길을 삼신이라 한다. 그런데 이 삼신은 얼굴 없는 순수 인격의 대광명과 성신으로 만물을 낳고 기른다. 이 삼신의 주재자가 우주를 다스리시는 삼신상제님이시다.

❀ **큰 비움 속에서 빛나는 밝음** │ 우주의 본성은 허虛하고 무無하다. 따라서 우리의 마음을 크게 비우고 세상을 건지겠다고 발심發心하고 정성을 갖고 진실하게 생활하면, 우주의 모습이 대광명임을 체험할 수 있다.

우주의 대기는 영원하니

이것이 삼신의 조화라네.

참 생명이 흘러나오는 시원쳐요 모든 법이 이곳에서 생겨나니

일월의 씨앗이며 삼신상제님의 참 마음이라네!

만물에 광명 비추고 생명선을 던져 주니

이 천지조화를 크게 깨달으면 큰 능력 얻을 것이요

성신이 세상에 크게 내려 만백성이 번영하리라.

그러므로 원(○)은 일一이니

하늘의 무극 정신을 뜻하고,

방(□)은 이二이니

하늘과 대비되는 땅의 정신을 말하고,

각(△)은 삼三이니

천지의 주인인 인간의 태극 정신이라네.

홍익인간 이념의 유래와 역의 창시자 복희 성인

대저 **홍익인간 이념**은 환인천제께서 환웅에게 전수하신 가르침
이다. 일신께서 참 마음을 내려 주셔서 사람의 성품은 신의 대
광명에 통해 있으니, 삼신상제님의 진리(신교)로 세상을 다스리

홍익인간의 통치 정신 | 홍익인간은 재세이화와 함께 환국의 7
세 지위리환인께서 배달을 여신 초대 환웅천황에게 전수하신 가
르침이다. 일연의 『삼국유사』「고조선 조」에도 환인께서 환웅에
게 전수하신 역사 개창 이념이라고 기록되어 있다. '삼신상제님의
진리(신교)로써 백성을 교화하고[在世理化], 삼신의 광명을 회복하
게 하여 천지의 뜻을 이루는 인간이 되게 하라[弘益人間]'는 위대한
한민족의 인간 구원 정신은 수천 년간 민족의 가슴 깊이 아로새겨
져 면면히 이어져 왔다.

고 깨우쳐 **천지광명**(환단)**의 꿈과 대이상을 실현하는 홍익인간이 되라는 가르침**은 신시 배달이 단군조선에 전수한 마음 쓰는 법이다.

환역桓易은 관원인 우사에게서 나왔다. 당시에 복희께서 우사가 되어 육축六畜을 기르셨다. 이때에 신룡神龍(신비한 용)이 태양을 따라 하루에 열두 번 색이 변하는 것을 보고 환역을 지으셨다. 환桓은 희羲와 같은 뜻이요, 역易은 옛적에 쓰인 용龍 자의 원 글자이다.

9년 홍수를 다스린 오행치수법의 기원과 전수

고조선 신교 문화와 책력의 시원

자부 선생은 발귀리의 후손이다. 태어나면서 신명神明하여 도를 통해 신선이 되어 승천하였다.

일찍이 일월의 운행 경로와 그 운행 도수를 측정하고, 오행의 수리數理를 추정하여 「칠정운천도七政運天圖」를 지으니 이것이 **칠성력의 기원**이다.

뒤에 창기소蒼其蘇가 다시 그 법을 부연敷衍하여 오행치수법을 밝혔는데, 이것 역시 배달 신시 시대의 『황부중경黃部中經』에서 유래한 것이다.

회계산 | 지금의 절강성浙江省 소흥현紹興縣 동남쪽에 있다. 일명 도산塗山, 모산茅山, 동산棟山, 형산衡山이라고도 한다. 이곳은 특히 단군왕검의 태자 부루가 우에게 홍수를 다스리는 오행치수법을 전수한 곳으로 유명하다. 그 뒤 우는 치수에 성공하여 인심을 얻어 하나라를 열었다. 우임금은 그 은혜를 잊지 못하여 죽을 때 자기를 회계산에 묻어 달라고 유언하였다 한다.

환역 | 우리 고유의 역학

우사 | 배달 시대의 행정관

육축 | 집에서 기르는 대표적인 여섯 가지 동물인 소, 말, 양, 돼지, 개, 닭을 말함.

자부 선생 | 14세 치우천황 때의 신선. 일찍이 황제헌원, 공공, 대요, 창힐 등에게 동방의 대도大道를 전수하였다.

신명하다 | 신령스럽고 이치에 밝다.

부연하다 | 알기 쉽게 덧붙여 자세히 설명하다.

환단고기

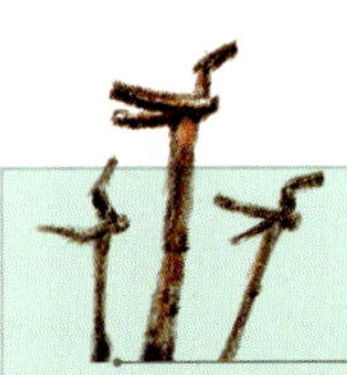

윷놀이는 인류 역사상 가장 오래된 민속놀이 문화이면서 동시에 우주만물의 변화 원리를 탐색하는 철학적인 놀이 문화이다. 윷에는 천문 역법과 역학의 수리철학이 담겨 있다. 뿐만 아니라 윷놀이는 대동세계와 이상세계를 지향하는 것이다. 『단군세기』에 따르면, 천하天河에서 거북이 윷판을 지고 나왔다고 한다.

1648년에 간행된 김육의 『송도지』에 김문표金文豹(1568~1608)의 '사도설柶圖說'이 실려 있다. 김문표는 윷판의 둥근 외곽은 하늘을, 네모진 속은 땅을 형상하며, 안팎으로 늘어선 것은 이십팔수로, 뭇 별이 북극성을 향해 늘어선 모습을 형상한 것이라고 했다.

윷판 가운데 큰 동그라미인 방은 우주의 중심별인 추성樞星을 뜻하고, 주위 28점은 이십팔수에 해당한다. 넷으로 나뉜 안쪽은 밭과 사계절을 뜻하며, 태양의 소장주기消長週期와 음양오행의 변화 원리를 뜻한다. 윷가락이나 말의 모양과 숫자에 음양오행의 심오한 이치가 담겨 있다. 이 윷놀이를 통해 천시天時를 점쳐 한 해의 흉작과 풍년을 미리 알아보았다고 한다.

『태백일사』에서는 윷놀이를 『천부경』과 연관하여 설명하고 있다. 『천부경』이 나온 뒤에 일반 대중을 위하여 윷놀이를 고안하였고, 윷놀이를 통해 우주만물의 변화 원리를 담고 있는 환역을 알기 쉽게 풀이하였다는 것이다. 다시 말해 윷은 환역을 대중화시키기 위해 만든 민중역인 것이다.

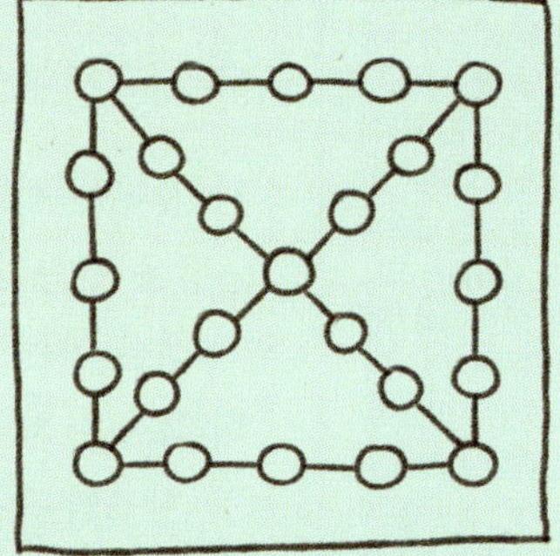

우虞나라 순임금이 보낸 우禹가 회계산에 가서 조선의 가르침을 받을 때, 자허紫虛 선인을 통해 창수蒼水사자인 부루태자를 찾아 뵙고 『황제중경黃帝中經』을 전수 받으니, 바로 배달의 『황부중경』이었다. 우가 이것을 가지고 가서 치수治水(홍수나 범람 등 물을 다스림)하는 데 활용하여 공덕을 세웠다.

알아봅시다!

✿ 『황제중경』과 음양오행 사상의 뿌리 | 『황제중경』은 '조선 황부(黃部, 황제)의 성경聖經' 이란 뜻이다. 신시 배달 시대 황부의 중경도 황제중경黃帝中經이라 한다.

고조선에는 황청적백현黃靑赤白玄으로 오부五部가 있었다. 오부의 대가大加는 중부의 황제를 비롯하여 동·서·남·북의 청제, 백제, 적제, 현제 등 오제五帝이다. 원래 신계神界에 오제五帝가 있어 오색五色·오행五行·오음五音 등을 나누어 관장하였다. 이를 기준으로 하여 인간 세상의 통치체제를 정한 것이다.

중국에서 헌원씨軒轅氏를 황제黃帝라 하고, 태호복희씨를 청제靑帝라 하여 황제라는 칭호를 쓴 것은, 하나라 우임금이 단군조선의 부루태자에게서 오행치수법을 얻어 간 뒤의 일이다. 이때 오제五帝의 명칭도 함께 가져간 것이다.

역도易道의 발전 과정

우주 시공간 구성의 세 요소, 원圓·방方·각角

환역桓易은 체원용방體圓用方, 즉 둥근 하늘을 창조의 본체로 하고, 땅을 변화의 작용으로 하여 모습이 없는 것에서 우주 만물의 실상을 아는 것이니, 이것이 하늘의 이치[천리天理]이다.

희역羲易은 체방용원體方用圓, 즉 땅을 변화의 본체로 하고, 하늘을 창조의 작용으로 하여 모습이 있는 것에서 천지의 변화를 아는 것이니, 이것이 하늘의 본체[천체天體]이다.

지금의 역[周易]은 호체호용互體互用, 즉 체體와 용用을 겸비하여 (체도 되고 용도 되어)있다. 사람의 도는 천도(하늘의 도, 즉 하늘의 운행 이치)의 원만함으로 원만해지며 지도(땅의 도, 즉 땅기운의 변화 원리) 의 방정함으로 방정해지고, 천지와 합덕하여 하나됨(천지인 삼위일 체)의 위대한 존재가 되나니, 이것이 하늘의 명령[천명天命]이다.

천체의 운동과 변화를 이끄는 중심 별자리

그러나 하늘의 근원은 한결같이 크고[一大] 허虛하고 무無하며 공空한 것이니, 어찌 본체가 따로 있으리오! 하늘은 본래 근원적 인 실체를 갖고 있지 않으나 천지 변화의 운동에는 이십팔수 별 자리가 가상(실제로는 없는 거짓된 상)의 실체 노릇을 하고 있다.

대개 천하의 만물 중에 이름이 있는 것에는 모두 수數가 붙어 있고, 이 수가 붙어 있는 것에는 모두 창조력이 깃들어 있다. 이 미 수가 있다고 말한 것은 곧 유한과 무한의 다름이 있고, 힘(창 조력)이 있다고 말한 것은 곧 유형과 무형의 구별이 있으니 천하 만물은 그 유로써 말하면 모두 있는 것이고, 그 무로써 말하면 모두 없는 것이다(천지 만물은 우주의 영원한 변화성에서 볼 때 있다고 하 면 있고, 없다고 하면 없는 것이다).

『천부경』의 유래

인류 최초의 경전, 『천부경』

『천부경』은 천제 환인의 환국 때부터 구전(입에서 입으로 전함)되 어 온 글이다. 환웅 대성존께서 하늘의 뜻을 받들어 태백산으로 내려오신 뒤 신지神誌 혁덕赫德에게 명하여 이를 녹도문鹿圖文 으 로 기록하게 하셨는데, 고운孤雲 최치원이 일찍이 신지의 전고 비篆古碑를 보고 다시 첩帖으로 만들어 세상에 전하였다.

그러나 본조本朝(한양 조선)에 이르러 세상 사람이 오로지 유가

이십팔수 | 천상 하늘의 대 행자인 이십팔수 별자리는 황도黃道를 따라서 천구天 球를 28등분한 것이다.

수 | 유경도익類經圖翼』에 서는 "수는 기가 아니면 운 행될 수 없고, 기는 수가 아 니면 증명될 수 없다."라고 하였다. 이 말은 우주의 조 화 정신[理·氣]을 이성적· 논리적으로 인간이 인식할 수 있게 하는 원리와 과정을 말한다. 곧 이理→기氣→상 象→수數로 전개되는 상수 象數 철학의 체계를 말한다.

녹도문 | 6천 년 전 초대 환 웅천황의 신하인 신지 혁덕 이 최초로 만든 문자이다.

최치원과 『천부경』의 유래 | (857~?) 신라말 유학자. 어 려서 당나라에 유학하여 관 직에 올랐다가 귀국하여 시 독侍讀겸 한림학사翰林學 士가 되었으나 신라왕조 정 치제도에 실망하고 가야산 에 들어가 신선이 되었다 함. 최치원이 한문으로 번역 하여 전한 천부경을 1916년 9월 9일 운초 계연수가 발 견하였다 한다.

경전에만 뜻을 두고, 조의皂衣*의 정신을 되살려 다시 서로 들어
보고 보존하려는 자가 없으니 이 또한 참으로 한스러운 일이다.
그러므로 특별히 이를 들춰 내어 후손에게 전하고자 한다.

하나[一]의 무궁한 창조성과 영원성 : 『천부경』

『천부경天符經』(팔십일자)

하나(한[一])는 천지 만물이 비롯된 근본이지만,
무(무극)에서 비롯한 하나이네.
이 하나가 나뉘어 하늘과 땅과 사람[삼극]으로 작용해도
그 근본은 다함이 없네.

하늘은 창조 운동의 뿌리로서 첫째[일]가 되고,
땅은 생명의 생성 운동의 근원되어 둘째[이]가 되고
사람은 천지의 꿈과 이상을 실현하여 셋째[삼]가 되네.
하나가 생장 운동을 하여 열까지 열리지만[일적십거一積十鉅]
다함없는 조화로써 '3수의 도'이룬다네.

하늘도 음양 운동 3수로 돌아가고,
땅도 음양 운동 3수로 순환하고,
사람도 음양 운동 3수로 살아감에

알아봅시다!

❀ **하나** | 여기서 '하나(한·일一)'는 서수(1, 2, 3)의 의미를 넘어 우주만물이 태어난 생명의 근원, 창조의 근원 자리, 절대 유일자를 상징한다. 하늘과 땅과 인간과 신들이 탄생하는 근원으로서 하나, 우주 탄생의 궁극의 시원 경계를 상징하는 말이다.

❀ **일적십거**一積十鉅 | 천일天一과 지이地二가 합덕合德하여 인삼人三이라는, 인간과 만물이 태어나는 선천先天 개벽과, 분열 발달한 자연과 인간 문명이 혁신 통일되는 후천後天 개벽의 전 과정을 말한다.

천·지·인 큰 3수 마주 합해 6수 되니[대삼합육大三合六]

생장성 7·8·9를 생한다네.

천지 만물은 3수와 4수의 변화 마디로 운행하고

5수와 7수 변화 원리로 순환 운동 이룬다네.

하나는 오묘하게 순환 운동 반복하여

조화 작용 무궁하나 그 근본은 변함없네.

근본은 마음이니 태양에 근본 두어

마음의 대광명 한없이 밝고 밝네.

인간은 천지 중심[중천지中天地] 존귀한 태일이라.

하나는 천지 만물 끝을 맺는 근본이나

무로 돌아가 마무리된 하나이네.

중천지 | 천지의 이법과 조화기운과 천지합덕의 원리에 적중하여 관통한다는 뜻이다. 그 주체가 바로 천지의 뜻과 궁극의 이상을 완성하는 진정한 일자一者, 천지의 뜻을 이루는 가장 지극한 존재, 태일太一의 인간이다.

❀ **대삼합육**大三合六 | 대삼大三은 서수적 의미의 3이 아니라 만물이 태어나 변화해 가는 3수 원리를 의미한다. 하늘의 원리도 3수 정신[天三]이고, 땅의 변화도 3수 정신이며[地三], 인간의 정신도 3수 정신[人三]이다. 천지의 3수 정신을 합해도 6이고, 천인의 3수 정신을 합해도[天人合一] 6이며, 지인의 3수 정신을 합해도 6이다.

❀ **운삼사**運三四 | 운삼사運三四에서 '삼三'은 본체로 말하면 삼극(무극, 태극, 황극)이고, 현실적으로 말하면 삼재(하늘, 땅, 인간)이다. '사四'는 시간 변화에 따른 생장염장生長斂藏의 운동 마디가 그 주된 의미이다. 운삼사란 자연계의 창조·변화와 현실 역사가 움직이며 돌아가는 내적인 진리 구성 틀을 말한다.

❀ **성환오칠**成環五七 | 오칠五七에서 '오五'는 5황극五皇極을 말하며, 만유의 창조·변화를 주재하여 목적으로 이끌도록 하는 운동의 본체이고, '칠七'은 실제로 작용하여 성숙으로 이끌어 내는 7황극七皇極이다. 성환오칠成環五七이란 자연과 역사의 전체가 실질적으로 오칠五七의 구조로 순환·변화해서 성숙되는 외적인 변용의 구성 틀을 말한다. 그러므로 운삼사運三四 성환오칠成環五七이란 자연계의 창조·변화와 현실 역사가 삼사三四로 운동하고 오칠五七로 순환하여 창조·변화의 목적을 이룬다는 뜻으로 파악할 수 있다.

『천부경』의 구성과 의의

천부경은 총 81자로 되어 있으며 상경上經, 중경中經, 하경下經으로 짜여져 있다.

상경은 우주만물의 본체를 근원적으로 밝히므로 천도天道의 근간이 되고, 중경은 그 현상의 변화를 근원적으로 밝히므로 지도地道의 근간이 되고, 하경은 천지가 합일된 태일의 존재를 밝히므로 인도人道의 근간이 된다.

경학사에서 볼 때『천부경』의 특징은 다음과 같다.

첫째, 인류의 시원 국가인 환국桓國 시대에 선언된 인류 최초의 경전이다.

둘째, '하늘의 신권을 드러내는 권위의 상징체계'로서 상제님께서 하늘의 이치와 섭리를 인류에게 선포하신 계시록이다.

셋째, 우주변화의 신비를 수로써 선언하였다. 따라서 천지만물의 무궁무진한 조화를 수에 담긴 상징성과 함축성으로 해석해야 한다.

넷째, 가장 보편적인 우주론을 담고 있다. 즉, 유무有無가 합일된 하나에서 시작하여[一始] 무한히 전개되다가 결국 하나로 매듭지어짐[一終]을 밝히고 있다.

꼭 외워봅시다! 천부경팔십일자 天符經八十一字

일시무시일 석삼극 무진본
一始無始一 析三極 無盡本

천일일 지일이 인일삼 일적십거 무궤화삼
天一一 地一二 人一三 一積十鉅 无匱化三

천이삼 지이삼 인이삼 대삼합육 생칠팔구 운삼사 성환오칠
天二三 地二三 人二三 大三合六 生七八九 運三四 成環五七

일묘연 만왕만래 용변부동본
一妙衍 萬徃萬來 用變不動本

본심본태양 앙명인중천지일 일종무종일
本心本太陽 昻明人中天地一 一終無終一

삼황내문의 유래와 진시황 때 서불의 일본 망명

『삼황내문경』은 자부 선생이 황제헌원에게 전해 주어 그로 하여금 마음을 닦아 의로운 정신으로 돌아가게 한 책이다. 선생이 일찍이 **삼청궁**三淸宮에 거처하였는데, 삼청궁은 청구국 대풍산大風山의 남쪽에 있었다. 당시 제후이던 헌원이 친히 치우천황을 찾아뵙다가 도중에 선생의 명성을 듣고 찾아가서 가르침을 전해 들은 것이다.

경문은 신시 시대의 **녹서**鹿書°로 기록되어 세 편으로 나뉘어 있다. 후세 사람이 이 글을 부연하고 주註를 덧붙여 별도로 신선음부神仙陰符의 설을 만들었다. 주周와 진秦 시대 이래로 도가 학파가 이것에 의탁하였다. 이따금 단약丹藥을 만들어서 불사약으로 먹기도 하였고, 그 외 허다한 방술方術의 설°이 어지러이 뒤섞여 나돌아 이에 미혹되어 빠지는 자가 속출하였다.

서복徐福과 한종韓終 역시 회사淮泗° 지역 출신이다. 본래 진秦나

인물 돋보기

배달에게서 신교의 대도를 전수 받은 황제헌원 | 배달의 14세 치우천황 때 국사國師 자부 선생이 황제헌원에게 『삼황내문』을 전수했다는 사실은 중국 진晉나라 갈홍葛弘(283~343)의 『포박자抱朴子』에 명확히 밝혀져 있다. 즉 "옛적에 황제헌원이 있었는데 동방의 청구국(치우천황 때의 우리 국호)에 이르러 풍산을 지나다가 자부 선생을 만나 뵙고 삼황내문을 전수 받았다."라고 하였다. 『운급칠첨』에도 동일한 기록이 있다.

서복徐福과 한종韓終 | 서복徐福(또는 서불徐市)은 진시황 때의 방사方士이다. 진시황이 서복·한종 등에게 동남동녀 각 500명을 주며 바다로 나가 신선불사약을 구해 오라 명하였다. 그러나 이들은 귀국하지 않고 도망하였는데, 서복은 왜국으로 가서 왕이 되었다 한다. 일본의 키이紀伊 지방에 '서불과차徐市過此'라 하여 그 흔적이 남아 있다(이능화, 『조선도교사』, 49쪽).

녹서 | 초대 환웅천황 때 발명한 녹도문鹿圖文을 말한다.

방술方術의 설 | 연단·복식·방술은 모두 도가道家의 전통 수련 방법이다. 연단은 단약丹藥을 복용함으로써 신선이 되며, 복식은 호흡을 고르게 하고 마음을 비움으로써 신선의 경지에 도달하는 호흡수련법이며, 방술은 도가의 여러 가지 술법術法을 말한다. 그러나 모두 대도大道를 닦는 한 방법·법술일 따름이지 대도의 진면목·본류는 아니다.

회사 | 회수淮水와 사수泗水를 말함. 회수와 사수가 있는 산동성·강소성 지역은 본래 동이족이 활동한 지역으로, 상고 시대부터 우리의 고유 영토였다.

라에 모반謀反(국가나 군주의 전복을 꾀함)하려는 뜻을 품고 있다가 '바다로 들어가 신선을 찾는다'고 말하고는 도망쳐서 돌아오지 않았다.

일본의 기이紀伊에는 서불徐市의 이름을 새겨 놓은 조각이 있다. 이국伊國의 신궁新宮에는 서불의 무덤과 사당이 있다고 전한다. 서복은 일명 서불이라 부르는데, 이는 불[市]과 복福의 음이 비슷하여 혼동된 것이다.

삼일신고의 내력과 근본 정신

신시개천 시대에 세상에 나온 『삼일신고』

『삼일신고』는 본래 신시개천 시대에 세상에 나왔고, 그때에 글로 지어진 것이다. **집일함삼**執一含三(하나를 잡아 셋을 포함함)과 **회삼귀일**會三歸一(셋을 모아 하나로 돌아감)의 뜻을 근본 정신으로 삼고, 다섯 장으로 나누어 '**하늘과 신, 조화의 근원**', '**세계와 인물의 조화**'에 대해 상세히 논하였다.

첫째 장 허공虛空은, 우주 시공이 '**일시무**一始無'의 무無와 함께 시작하고, '**일종무**一終無'의 무無와 함께 끝나니, 이 우주는 외허내공外虛內空한 상태에서 **중도의 조화 경계**에 항상 머물러 있음을 밝히고 있다.

둘째 장 **일신**一神은, 공과 현상이 끊임없이 오고감[空往色來]에 한 분 신이 **우주를 주재하고 계신** 듯하니, (우주 그 자체의 조화 정신인) 삼신三神이 비록 위대하시나 사실은 이 **삼신의 주재자이신 상제님께서 우주가 품은 꿈의 낙원 세계를 지상에 실현하는 공덕을 이루신다**는 내용이다.

셋째 장 **천궁**天宮은, **참된 나**[진아眞我]**가 머무는 곳**이니, 온갖 선이 스스로 갖추어져 **영원한 즐거움이 있음**을 밝히고 있다.

넷째 장 **세계**世界는, 뭇별이 태양에 속해 있고, 수많은 인간을 길러 내어 우주 역사의 이상을 실현하는 큰 공덕이 여기에서 이루어진다는 것을 밝히고 있다.

다섯째 장 **인물**人物은, **인간과 만물이 모두 삼신에서 생겨났으니**, 그 근본[一神]으로 돌아가는 진리가 '**큰 나**[대아大我]'**가 되는 길**임을 밝혀 주고 있다.

세상에서 혹 『삼일신고』를 도가의 초청사醮請詞라고도 하지만, 이것은 아주 잘못된 것이다.

우리 환국은, 환웅천황께서 배달을 개천할 당시부터 천신께 제사를 지내 오셨고, 『삼일신고』를 지으셨으며, 산하를 널리 개척하고 백성을 교화하셨다.

배달은 태평한 나라

아아! 배달의 천황께서 나라를 처음 세우실 때 이미 삼신상제님의 은총을 입어 무량한 큰 복을 열어 주시고, 웅족과 호족*을 불러 어루만져 사해四海(온 세상)를 평안하게 하셨다. 위로 천신을 위해 홍익인간 이념을 내걸고, 아래로 인간 세상을 위해 무고한 원한을 풀어 주셨다.

그리하여 사람들이 스스로 하늘의 뜻에 순종하므로 세상에는 거짓이 없고, 행위를 하지 않아도 나라가 저절로 다스려지고 말하지 않아도 스스로 교화되었다. 산천을 중시하여 서로 침범하거나 간섭하지 않으며, 서로 굽히는 것을 존귀하게 여기고 목숨을 던져 위기에 빠진 사람을 구하였다.

이미 먹고사는 생활 수준이 고르고, 또 권리를 평등하게 누리며, 모두 삼신상제님께 귀의하여 서로 사귀어 기뻐하고 삼신께 소원을 빌었다. **화백**和白*으로 공의를 삼고, **책화**責禍*로 신의를 보존하였다. 모두 힘을 합하여 일을 처리하고 분업하여 서로 도왔다. 남녀가 모두 마땅히 해야 할 본분을 다하고, 노소가 다 함께 행복과 이익을 누렸다. 사람끼리 서로 다투어 송사訟事하지

웅족과 호족 | 초대 환웅천황이 검족(웅족)과 불족(호족)을 통합하여 배달을 건설하셨기 때문에 신불환웅이라고도 한다(검=神).

화백 | 신라 때 있었던 일종의 회의 제도를 또한 화백이라 했다. 화백회의는 씨족공동사회의 독특한 유제遺制로서 중대 사건이 있어야 개최되며 모든 백관이 참여한다. 한 사람의 반대가 있어도 결정을 내리지않았다.

책화 | 읍락 사이의 경계를 중히 여겨 서로 침범하는 일을 엄금한 제도. 만일 이를 어기고 침범하는 경우에는 노예와 가축으로 배상하게 하였다. 이 제도 역시 배달 시절부터 내려온 것이다.

않고, 나라끼리 서로 침탈하지 않았으니, 이때를 '신시 태평 시대'
라 부른다.

삼일신고三一神誥

삼일신고三一神誥 (총366자)

제1장 **허공**虛空 (36자)

천제께서 이렇게 말씀하셨다.

"너희 오가五加와 백성들아! 저 푸르고 푸른 것이 하늘이 아니
며, 저 아득하고 아득한 것도 하늘이 아니니라. 하늘은 형체와
바탕이 없고, 처음과 끝도 없으며, 위아래와 동서남북도 없느니
라. 또한 겉도 비고 속도 비어서[허허공공虛虛空空] 있지 않은 곳이
없고, 감싸지 않는 바가 없느니라."

제2장 **일신**一神 (51자)

"상제님(하느님)은 위 없는 으뜸 자리에 계시어 큰 덕과 위대한
지혜와 무한한 창조력으로 하늘을 생겨나게 하시고, 헤아릴 수
없이 많은 세계를 주재하시느니라. 많고 많은 것을 지으시되 티
끌만 한 것도 빠뜨림이 없고, 무한히 밝고 신령하시어 감히 이름
지어 헤아릴 수 없느니라.

소리와 기운으로만 기도하면 상제님을 친견할 수 없으리니, 너의
타고난 삼신의 본성에서 진리의 열매(씨)를 구하여라. 그러면 상제
님의 성령이 너희 머리에 내려 오시리라."

제3장 **천궁**天宮 (40자)

"하늘은 상제님이 계시는 신의 나라이니라. 여기에 천궁이 있어
온갖 선善으로 섬돌*을 쌓고, 온갖 덕으로 문을 삼으니, **한 분 상
제님**[一神]이 임어하여 계신 곳이요, 뭇 신령과 철인이 모시고 있
어, 크게 길하고 상서롭고 크게 광명한 곳이라.

오직 본성에 통하고, 천지(삼신)에 공덕을 완수한 자[성통공완자性

通功完者]라야 이곳에 들어와 영원한 즐거움을 얻으리라.”

제4장 **세계**世界 (72자)

“너희들은 무수히 널려 있는 저 별을 보아라. 그 수가 다함이 없나니, 크고 작음, 밝음과 어두움, 괴로움과 즐거움이 같지 않으니라. 상제님께서 뭇 세계를 지으시고, 그 중에 태양 세계를 맡은 사자에게 명령을 내려 7백 세계를 거느리게 하셨으니, 너희 땅 그 자체는 큰 것처럼 보이나 하나의 둥근 환약만 한 세계이니라.

조화를 간직한 태초의 불덩어리[중화中火]가 터지고 퍼져서 바다로 변하고 육지가 되어 마침내 드러난 형상을 이루었느니라. 우주의 조화신이 기운을 불어 밑동까지 싸고, 태양의 빛과 열을 쬐니, 땅 위를 다니고, 하늘을 날고, 탈바꿈하고, 물 속에서 살고, 땅에 심는 온갖 생물[오물五物]이 번식하였느니라.”

삼진에 대한 말씀

제5장 **인물**人物 (167자)

“사람과 만물이 다 같이 삼진三眞(성품[性]과 목숨[命]과 정기[精])을 부여받았으나, 오직 사람은 지상에 살면서 미혹되어 삼망三妄(마음[心]과 기운[氣]과 몸[身])이 뿌리를 내리고, 이 삼망三妄이 삼진三眞과 서로 작용하여 삼도三途(느낌[感]과 호흡[息]과 촉감[觸])의 변화 작용을 짓게 되느니라.”

다시 말씀하셨다.

“삼진은 **성품**[性]과 **목숨**[命]과 **정기**[精]이니, 사람은 이를 온전히 다 부여받았으나 만물은 치우치게 받았느니라.

참된 성품[진성眞性]은 선하여 악함이 없으니, 상등 철인[상철上哲]은 이 본성자리를 통하고, 참 목숨[진명眞命]은 맑아 흐림이 없으니, 중등 철인[중철中哲]은 이 타고난 목숨의 경계 자리를 깨닫고, 참 정기[진정眞精]는 후덕하여 천박함이 없으니, 하등 철인[하철下哲]은 이 본연의 순수한 정기를 잘 수련하여 보호하느니라. 이 삼진을 잘 닦아 본연의 모습으로 돌아갈 때 상제님[一神]의 조화 세계에 들어갈 수 있느니라.”

삼망에 대한 말씀

또 말씀하셨다.

“삼망은 **마음**[心]과 **기운**[氣]과 **몸**[身]이니라. **마음**은 타고난 **삼신의 본성**에 뿌리를 두지만 선과 악이 있으니, 마음이 선하면 복을 받고 악하면 화를 받느니라. **기운**은 타고난 **삼신의 영원한 생명**에 뿌리를 두지만 맑음과 탁함이 있으니, 기운이 맑으면 장수하고 혼탁하면 일찍 죽느니라. **몸**은 **정기에 뿌리**를 두지만 후덕함과 천박함이 있으니, 자신의 정기를 잘 간직해 두텁게 하면 귀[貴]티가 나고, 정기를 소모시키면 천박해지느니라.”

삼도에 대한 말씀

또 말씀하셨다.

“삼도는 **느낌**[感]과 **호흡**[息]과 **촉감**[觸]의 작용이니라. 이것이 다시 변화하여 열여덟 가지 경계를 이루나니, **느낌**에는 기쁨과 두려움과 슬픔과 노여움과 탐욕과 싫어함이 있고, **호흡**에는 향내와 숯내와 차가움과 더움과 마름과 젖음이 있고, **촉감**에는 소리와 빛깔과 냄새와 맛과 음탕함과 살 닿음이 있느니라. 창생蒼生은 마음의 선악과 기운의 맑고 탁함과 몸의 후덕함과 천박함이 서로 뒤섞인 경계의 길을 따라 제멋대로 달리다가, 나고 자라고 늙고 병들고 죽는 고통에 떨어지느니라.

그러나 철인은 **감정을 절제하고**[지감止感], **호흡을 천지의 중도**中道**에 맞춰 고르게 하며**[조식調息], **촉감을 금하고 자극을 억제하여**[금촉禁觸], **오직 한 뜻**[일심一心]**으로 매사를 행하고 삼망을 바로잡**

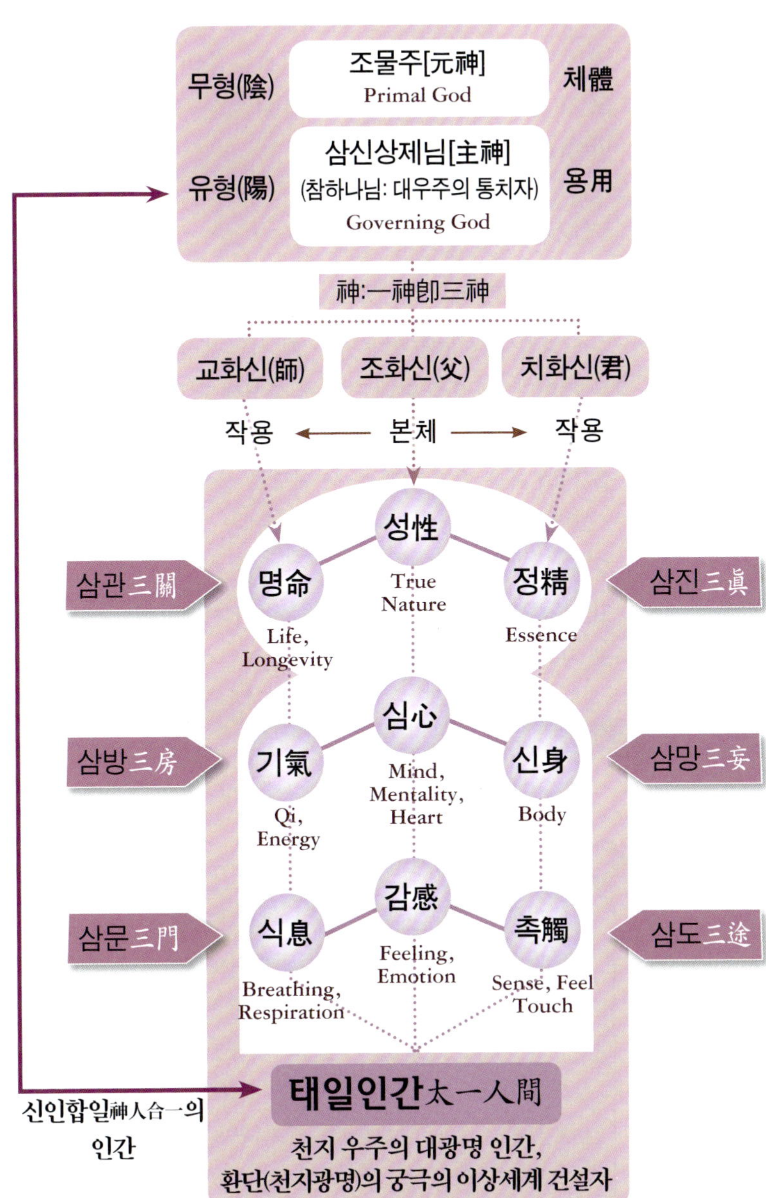
무형(陰)
조물주[元神]
Primal God
체體
유형(陽)
삼신상제님[主神]
(참하나님: 대우주의 통치자)
Governing God
용用
神:一神卽三神
교화신(師)
조화신(父)
치화신(君)
작용
본체
작용
성性
True Nature
명命
Life, Longevity
정精
Essence
삼관三關
삼진三眞
심心
Mind, Mentality, Heart
기氣
Qi, Energy
신身
Body
삼방三房
삼망三妄
감感
Feeling, Emotion
식息
Breathing, Respiration
촉觸
Sense, Feel Touch
삼문三門
삼도三途
태일인간太一人間
신인합일神人合一의 인간
천지 우주의 대광명 인간,
환단(천지광명)의 궁극의 이상세계 건설자

아 삼진으로 나아가 비로소 자신 속에 깃들어 있는 **대신기**大神機
(우주 삼신의 조화 기틀)를 발현시키나니, **삼신이 부여한 성품을 깨닫
고 그 공덕을 완수한다**[성통공완性通功完]는 것은 이를 두고 하는
말이니라."

『신지비사』의 전래와 내용

『신지비사神誌秘詞』는 어떤 글인가

『신지비사』는 (6세) 달문단군 때 사람인 신지神誌 발리發理가 지
은 것이다. 이것은 본래 옛적에 삼신께 제사 지낼 때 서원誓願하
던 글이다. 무릇 상고 시대에 하늘에 제사 지낸 근본 뜻은 백성
을 위해 복을 빌고 나라가 잘 되도록 신에게 축원하는 것이었다.
 그런데 오늘날 일을 벌이기 좋아하는 자들이『신지비사』가 도
참圖讖·성점星占과 서로 같은 곳도 있고 다른곳도 있음을 가지
고, 사리를 추측하고 설명을 덧붙여서 진단구변도震檀九變圖라 하
고, 또 감결鑑訣과 예언의 처음이라 하는데 모두 잘못된 것이다.

저울과 같은 삼한의 지세

『신지비사』에서 **저울대 부소량**扶蘇樑이라 한것은 **진한의 옛 수도**

아하! 그렇구나

『신지비사』의 전래와 기록 | 단군조선 때 사관史官인 역대 신지
神誌(또는 臣智)들이 매년 10월 소도 대천제 때에 우주 창조와 단군
조선의 건설과 산천 지리의 명승과 후세 사람에게 교훈이 될 일을
들어 노래하였다. 후세 문사들이 그 노래를 이두문吏讀文이나 한자
로써 오언시五言詩로 기록하여 숨겨 두었기 때문에『신지비사神誌
秘詞』또는『해동비록海東秘錄』이라 하였다. 조선 태종 때 유학을
장려하고 그 외의 것을 배척하여 많은 사서를 소각할 때 없어졌다
(신채호,『조선상고사』).

를 말한다.

　그곳은 바로 **단군조선이 도읍한 아사달**이며 지금의 **송화강 하얼빈**이다.

　저울추 오덕지五德地라 한것은 **번한의 옛 수도**를 말한다. 그곳은 지금의 개평부 동북쪽 70리에 있는 **탕지보**이다.

　저울판 백아강白牙岡이라 한것은 **마한의 옛 수도**를 말한다. 지금의 **대동강**으로, 마한의 웅백다가 하늘에 제사 지내던 **마한산**이 바로 그곳이다.

　가만히 삼한의 지세를 저울에 비유해 보면 부소량은 '나라의 저울대'와 같고, 오덕지는 '나라의 저울추'와 같고, 백아강은 '나라의 저울판'과 같다. 이 셋 가운데 하나라도 없으면, 저울이 물건을 달 수 없듯이 나라가 백성을 보호할 수 없다.

제사 지낼 때 서원하는 것

　옛날 삼신상제님께 제사 지낼 때 서원한 것은 오직 삼한으로 나눈 영토를 잘 다스리는 것과 백성을 진실로 기쁘게 하는 것이었다. 『신지비사』가 전하는 바도 여기에서 벗어나지 않는다.

　나라를 위하는 일념으로 충忠과 의義를 함께 장려奬勵하고, 제사를 지내 신을 기쁘게 하고 복을 내려 주기를 기원하면, 신은 반드시 '**참된 마음**[衷]'을 내려 주시고, 복은 반드시 나라를 흥하게 할 것이다. 그러므로 제사를 올바르고 참되게 행해야 한다.

　만일 삼신상제님을 섬기되 진실되게 행하지 아니하고, 실천하되 바른 길을 구하지 않는다면, 행동하고 구하는 바가 무엇을 좇아 공덕을 이룰 수 있겠는가?

문자의 기원과 그 자취

　우리나라의 문자는 옛날부터 있었으니, 지금 남해현 낭하리에 신시 시대의 옛 글자가 새겨져 있다. 부여 사람 왕문이 쓴 서

상주신시고각_경남기념물 제6호. 이 신시 고각을 서불과차徐市過此에 빗대어 해석하는 것은 전혀 근거가 없다.

낭하리 | 지금의 행정 구역명은 경상남도 남해군 상주면 양아리良阿里이다.

법은 부符나 전서篆書와 비슷하다. 또 자부 선생의 『삼황내문』과 부루태자의 **오행은 모두 환단**桓檀 **시대에 나온 것이다.** 은나라의 갑골문에서 유래한 한문漢文은 왕문이 남긴 법이다.

『유기留記』에 이렇게 기록되어 있다.

신령한 글자 획이 일찍이 태백산의 푸른 암벽에 새겨져 있었는데, 그 형태가 ㄱ자와 같다. 세상에서는 이것을 신지 선인仙人이 전한 것이라 한다. 혹자는 이것을 문자의 기원으로 삼는다. 그 획이 한 번은 곧고 두 번째는 굽은 형으로, 관리 통제하는 뜻이 있으며, 그 형태와 소리는 어떤 의도된 뜻에서 나온 것 같다.

그러므로 신인神人의 덕으로 이 세상을 구하고자 법도를 만들어 놓은 것이니, 즉 신교의 참된 가르침이 행해짐에 반드시 인사人事도 모두 바르게 되었을 것이다. 현자와 유능한 자가 벼슬자리에 있고, 노인과 어린이를 공동으로 생활을 돌보고, 장정壯丁이 의무를 다하고, 많이 가진 자가 베풀어 주고, 간사한 자가 송사를 그치고, 전쟁 도모를 막으니, 이것이 신교의 진리로 세상을 다스려 교화하는 한결같은 도리였던 것이다.

『대변설주大辯說註』에 이렇게 기록되어 있다.

남해현 낭하리의 계곡 바위 위에 신시 시대의 옛 글자가 새겨져 있는데, 그 글에 환웅께서 사냥을 나가서 삼신께 제사를 올리셨다고 하였다.

또 이렇게 기록되어 있다.

아득한 태고 시절에는 옛 일들이 입에만 의지해 전해 오다가 오랜 세월이 지난 후에 그 형태를 본떠서 그림을 그리고 다시 그림이 변해 글자가 되었으니, 문자가 생긴 근원은 나라의 풍속을 높이 받들고 믿은 데서 나오지 않은 것이 없다.

하늘의 삼신三神, 땅의 삼한三韓, 사람의 삼진三眞

우주가 곧 신이며, 그 주재 인격신이 삼신상제님이다.

우주의 한 조화 기운[一氣]에서 세 가지 신령한 변화 원리가 일어난다. 이 기氣는 실로 지극한 존재로, 그 지극함이란 곧(유·무를 포용한) 무를 말한다. 무릇 하늘의 근원은 천·지·인 삼극三極을 꿰뚫어 허虛하면서 공空하니* 안과 밖을 아울러서 그러한 것이다.

천궁天宮은 광명이 모이고 온갖 조화가 나오는 곳이다. 하늘에 계시는 한 분 상제님[一神]께서 능히 이러한 허虛를 몸으로 삼아 만유를 주재하신다.

따라서 이 우주의 한 조화기운이 곧 하늘이고, 또한 우주 생명의 공空인 것이다. 그러나 저절로 중도일심[中一]의 경계에 머무는 신이 계셔서 능히 삼신이 되시니, **삼신은 곧 천일天一·지일地一·태일太一의 신이다.**

천지 역사의 주체 한韓의 뜻

우주의 한 조화 기운[一氣]이 스스로 운동하고 만물을 창조하여 조화造化·교화敎化·치화治化라는 세 가지 창조 원리를 지닌 신이 되신다. 이 신은 곧 우주의 기요, 기는 허요, 허는 곧 하나이다. 그러므로 땅에 삼한이 있으니 삼경三京*이 있는 진한辰韓·변한弁韓·마한馬韓을 말한다. 한韓은 역사의 통치자인 **황**皇(임금)이라는 뜻이 있다. 이 **황**은 **크다**[大]는 뜻이며, 크다[大]는 것은 (시작과 뿌리와 통일을 의미하는) **하나**[一]라는 뜻이다[한韓=황皇=대大=일一].

우주 역사 정신의 최종 목표 : 진선미眞善美의 실현

그러므로 사람에게는 삼진三眞이 있으니 본성과 목숨과 정기[性

命精] 세 가지를 부여받아 참[眞]됨을 실현한다. 참이란 바로 하늘이 내려 준 참마음[衷]이다. 이 참마음을 밝혀 세상사에 참여하여 큰 업적을 이루면 그 업적은 지속되고, 지속되면 모두 하나가 된다.

그러나 모든 일이 한 번 시작하고 한 번 끝맺는 것[일시일종─始─終]은 바로 삼신께서 내려 주신 **참**을 회복하는 끊임없는 과정이다(그것이 우주의 역사이다).

그러므로 일신 즉 삼신이요 삼신 즉 일신[즉일즉삼卽─卽三]이 되는 창조 원리(삼신일체 신관과 우주생명관)를 잘 지켜 살아가는 것은 삼신(대자연)의 **선**善에 부합한다.

작은 낱알이 풍성한 알곡이 되어 본래의 제 모습(근원 씨앗)으로 돌아가는 것은 곧 하나로 돌아가는 **아름다움**[美]이다.

이것은 하늘에서 부여받은 인간의 성품이 본래 선하고, 생명은 본래 맑고, 정기는 본래 두터운 까닭이다. 그런데 어찌하여 다시 유有가 어떻고 무無가 어떻다고 말을 하는가?

성품·목숨·정기 삼진의 참됨은 더럽혀지지 않나니, 더럽혀지는 것은 거짓된 것이다.

본성이 선한 것은 쉬지 않나니, 쉬는 것은 악한 것이다.

목숨이 맑은 것은 흩어지지 않나니, 흩어지는 것은 흐린 것이다.

정기가 두터운 것은 오그라들지 않나니, 오그라드는 것은 얇은 것이다.

우주의 기와 삼신의 일체 작용

이처럼 우주와 인간이 **집일함삼**執─숨三의 **원리**로 이루어져 있는 까닭은, **우주의 기는 하나로되**, 그 속에 깃든 우주의 조화 성신은 세 가지 손길[三神]로 창조 작용을 하는 신이기 때문이다.

또 **회삼귀일**會三歸─하는 까닭은, 신이 세 가지 창조 정신으로 작

용하는 삼신으로 계시지만 신이 타고 노는 조화 기운은 일기 _一氣_ 로
존재하기 때문이다.

무릇 만물의 생명이 되는 본체는 바로 **이 우주에 충만한 일기**이
니, 일기 속에는 삼신이 계신다.

지혜의 근원 또한 이 삼신에 있으니, 삼신은 밖으로 우주의 한
조화 기운[一氣]에 싸여 계신다. 그 밖에 있는 것도 하나요, 그 안
에 담고 있는 것도 하나요, 그 통제하는 것(근본 정신)도 하나이
다.

모든 것은 삼신의 창조 원리를 간직하여 서로 나누어질 수 없
으니, 문자가 만들어진 근원에도 이러한 '집일함삼'하고 '회삼귀
일'하는 뜻이 담겨 있는 것이다.

한글의 원형 가림다와 그 자취

배달 신시 때에 산목 _算木_ 이 있었고, 치우천황 때에 투전목 _鬪佃
目_ 이 있었으며, 부여 때 서산 _書算_ 이 있었다.

산목 _算木_ 은 ━ ニ ≡ ≣ ✕ ⊤ ⊤ ⊤ ⊤ 丨 이고

전목 _佃目_ 은 위 그림과 같은 글자 이다.

『단군세기』를 보면, 가륵단군(3세) 2년에 삼랑 을보륵이 정음
38자를 지어 가림다 _加臨多_ 라 하였다.

그 글자는 다음과 같다.

『이태백 전서』의 「옥진총담 _玉塵叢談_ 」에서는 이렇게 말한다.

발해국에서 당나라에 글을 써서 보냈는데, 온 조정에 그 뜻을 아
는 자가 없었다. 이태백이 능히 이를 해석하여 답하였다.

『삼국사기』의 기록은 이러하다.

헌강왕 12년 봄에, 북진北鎭에서 '대진국大震國 사람이 우리 땅에
들어와 편목을 나무에 걸어 놓고 돌아갔습니다'라고 아뢰고 편목
을 왕께 갖다 바쳤다. 그 나무에 쓰여진 열다섯 글자의 내용은 곧
'보로국이 흑수국 사람과 함께 신라국과 화친을 하고자 한다'는 것
이었다.

또 고려 광종 때는 장유張儒가 접반사接伴使로 명성名聲이 났는
데, 초기에 난을 피해 오吳·월越에 가 있었다. 월나라 사람 중에
일을 벌이기를 좋아하는 자가 있어 우리 동국東國의 「한송정곡寒
松亭曲」을 거문고 밑에 새겨 역류하는 물결 위에 띄워 놓았다. 월
나라 사람들이 그 뜻을 풀지 못하던 차에 마침 장유를 만나 절
하고 그 문장의 뜻을 물었다. 장유가 즉석에서 한시로 풀어 말
하였다.

한송정 달 밝은 밤에
물결 고요한 경포대의 가을,
슬피 울며 오가는 것은
가을의 마음 실어 나르는 저 백사장의 갈매기 한 마리

아마 거문고 밑에 새겼던 글은 옛날의 가림다 종류인 것 같다.

한자도 동방 한민족 시원 문자의 한 갈래

원동중 『삼성기』의 「주注」에 다음과 같이 기록되어 있다.

고조선의 진한辰韓과 부여[餘]와 왜국倭國은 혹 횡서橫書하고 혹 노
끈을 맺고, 혹은 나무에 문자를 새겼는데, 오직 고구려는 붓글씨를

썼다. 생각컨대 필시 **환단**桓檀의 상고上古 시절에 문자를 본떠서 새기는 방법이 있었으리라.

일찍이 최치원이 신지神誌가 옛 비문에 새겨 놓은 『천부경』을 얻어 다시 첩帖으로 만들어 세상에 전했으니, 낭하리 바위에 새겨져 있는 글자와 함께 확실히 모두 실제했던 자취이다.

세상에서 전하기를 신시 시대에 녹서鹿書가 있었고, 자부 선생 때 우서雨書가 있었고, 치우천황 때 화서花書가 있었다고 했는데, 투전문鬪佃文 등은 바로 그것이 오늘날 남아 있는 흔적이다.

복희 때 용서龍書가 있었고 단군 때 신전神篆이 있었는데, 이러한 문자가 백두산, 흑룡강, 청구, 구려 지역에서 널리 사용되었다.

부여 사람 왕문王文이 처음으로 전서篆書가 복잡하다 하여 그 획수를 약간 줄여 새로 부예符隸를 만들어서 사용했다.

진秦나라 때 정막程邈이 사신으로 숙신肅愼에 왔다가 한수漢水에서 왕문의 예서필법[隸法]을 얻어 그 획을 조금 변형시켰는데, 이것이 지금의 팔분八分체이다

진晉나라 때 왕차중王次仲이 해서楷書(정자로 똑똑히 쓴 글자체)를 만들었는데, 차중은 왕문의 먼 후손이다. 이제 그 글자의 내력을 고찰해 보면 모두 배달 신시 시대부터 전해 내려온 법이다. 지금의 한자도 역시 그 한 갈래를 계승한 것이 분명하다.

『삼일신고』 정신의 뿌리는 『천부경』의 중일 정신

『삼일신고』의 정신과 인사의 도

『삼일신고』는 옛 판본板本에 장이 나뉘어 있지 않았다. 행촌杏村 이암李嵒 선생이 처음으로 장을 나누었는데, 1장은 허공, 2장은 일신, 3장은 천궁, 4장은 세계, 5장은 인물이라 하였다.

허공虛空은 하늘의 본질이고,

일신一神은 하늘의 주재자이시고,

천궁天宮은 하늘의 조화가 갖추어진 곳이고,

세계世界는 만세의 인물이 출현하는 큰 저자(시장)이고,

인물人物은 우주 삼계에서 가장 존귀한 존재이다.

무릇 동방 대광명의 진리(신교)의 가르침은 하늘의 법(천부天符)에 근본을 두고, 만물을 기르는 땅의 덕성[坤德]에 부합하며, 또 인사人事에도 절실한 도리이다. 이 때문에 **정치를 시행함에는 화백보다 앞서는 것이 없고, 덕으로 다스림에는 책화보다 더 좋은 것이 없다.**

상제님이 내려 주신 신교의 진리로 세상을 다스려 깨우치는 재세이화在世理化의 도는 **모두 하늘의 법[天符]에 근본을 두어** 거짓되지 않고, 만물을 기르는 땅의 덕성을 본받아 게으르지 않으며, 인정에 합치하여 어긋나지 않는다. 이러하니 천하의 공론이 어찌 한 사람이라도 다를 수 있겠는가?

『삼일신고』와 천부경에 담긴 뜻의 광대함

『삼일신고』의 5대 종지宗旨(으뜸 지침)도 **『천부경』에 뿌리를 두고, 『삼일신고』의 궁극적인 정신 역시 『천부경』의 중일中一 정신의 이상에서 벗어나지 않는다.** 그러므로 문자의 근원이 오래고, 문자의 뜻이 실로 광대함을 알 수 있으리라.

세상에서 전하기를 목은 이색*과 복애 범세동*이 모두『천부경 주해』를 남겼다고 하나 오늘날 찾아볼 수 없다. 지금의 시대 풍조가 한 자의 글이라도 정주학程朱學*에 부합하지 않으면 뭇사람의 비판이 화살처럼 쏟아지고, 유가의 예봉銳鋒*이 금시라도 날아올 듯하니, 『천부경』과『삼일신고』의 가르침을 전하고자 한들 어찌 쉽게 논할 수 있으리오?

배달 시대부터 내려온 민족 음악

신시 배달 시대의 음악을 공수貢壽 혹은 공수供授 또는 두열頭列 (두레)이라 했다.

사람들이 둥글게 모여 노래를 불러 삼신을 크게 기쁘게 해 드리고, 나라에 복을 내려 길하고 창성하게 하고, 백성의 마음을 진실로 기쁘게 해 달라고 대신 말하였다.

『백호통소의白虎通疏義』*에는 조리朝離라 하고, 『통전通典』*에는 주리侏離라 하며, 『삼국사기』에는 도솔兜率이라 하였으니, 대체로 '신에게 삶의 기쁨과 평안함을 빌며, 분수分數를 알고 천리를 좇는다'는 뜻이 담겨 있다.

부루단군 때에 **어아지악**於阿之樂*이 있었는데, 이것은 신시의 옛 풍속으로 제사를 지내면서 **삼신을 맞이하는 노래**이다. 가사에 나오는 **대조신**大祖神은 삼신을 말하는데 하늘의 주재자 상제님이시다.

그러므로 태양을 삼신상제님의 모습으로 여기고 태양의 빛과 열을 삼신의 공능功能*으로 여기며, 만물이 생겨나 자라고 발전해 가는 모습에서 삼신의 심정과 뜻을 헤아리고, 재앙과 행복이 우리 인생에 보응報應하는 것을 삼신상제님의 정의로 여겼다.

이때부터 세상에서는 **참전**參佺*에게 지켜야 할 계戒가 있고, **조의**皁衣에게 율律이 있어 숭상하였는데, 의관衣冠을 갖춘 자는 반드시 활과 화살을 차고 다니고, 활을 잘 쏘는 사람은 반드시 높은 지위를 얻었다. **착한 마음을 수행의 근본으로 삼고**, 과녁을 악의 우두머리로 가정하고 활을 쏘았다.

제사의 정신과 그 마음가짐

제사를 지낼 때는 반드시 근신해서 근본에 보은報恩하는 것을 알게 하고, 한마음으로 단결하여 스스로 뭇생명과 어울렸다. 안

『백호통소의』 | 후한後漢 때 반고班固가 지은 『백호통』에 주해를 붙인 책이다. 『백호통』은 중국 오경五經에 보이는 작爵·호號·시諡· 오사五祀 등의 항목에 대하여 옛 뜻을 해석한 책.

『통전』 | 당나라의 두우杜佑(735~812)가 지은 200권의 책. 권 185, 186의 변방邊防 1, 2(東夷)는 특히 우리나라 고대사 자료가 된다.

어아지악 | 천제를 지내면서 삼신상제님을 맞이할 때 부르던 제천가祭天歌.

공능 | 공들인 보람과 효험

참전 | 고구려 명재상 을파소가 국상國相이 되어 나이 어린 영명한 준재들을 뽑아 선인 도랑仙人徒郎으로 삼았는데, 이들 중 '교화를 주관하는 자'를 참전이라 하였다. 『태백일사』 「고구려본기」 참조).

으로 덕을 닦고 밖으로 외적을 물리치는 것이 모두 때에 알맞게 이루어졌으니, 배달의 영광이 수천 년 동안 높이 쌓여 이루어진 큰 은덕임을 어찌 한시라도 잊을 수 있으리오.

옛적에 하늘에 제사 지낼 때에는, **하늘맞이 음악**[舞天之樂]이 있었다. 『**요사**遼史』「**예지**禮志」에 전하는 **요천**繞天이 바로 이것이다.

대저 우리 민족의 제사는 반드시 먼저 살아 계신 것과 같이 하였으니, 항상 조상이 살아 계신 것처럼 정성을 들이려는 것이다. 신주神主(위패)를 모시고, 상을 차리고 제물을 올리는 것은 직접 뵙는 것처럼 예의를 나타내고자 함이다. 돌아가신 분을 추모追慕하여 **선령**先靈의 은혜에 보답하는 것은 지금의 삶을 소중하게 여기고 후손으로 하여금 가르침을 계승하게 하려는 것이다.

단군조선 후기의 국제와 호칭 변경

구물단군 때 삼조선의 제도가 완비되었다

『대변경大辯經』에, "구물단군(44세)께서 국호를 바꾸어 **대부여**라 하고, 도읍을 장당경으로 옮기셨다."라고 했는데, 그곳은 지금의 **개원**開原이고, **평양**[※]으로도 불렀다. **삼조선**이라는 명칭은 색불루단군(22세) 때에 시작되었으나 그 제도는 미비未備하였는데, 이때에 이르러 완전하게 정비整備되었다.

삼한이라는 말에는 '**조정을 나누어 통치한다**[분조관경分朝管境]'는 뜻이 있고, 삼조선은 '**권력을 나누어 통치**[분권관경分權管境]하는 제도를 둔다'는 말이다.

이보다 앞서 우리 민족의 위대한 가르침[大敎]이 여러 갈래로 나뉘어 능히 실행하는 사람이 없더니 연나라의 침략을 받은 이후로는 전화戰禍가 거듭되고 해마다 흉년이 들었으며, 또 정치와 교화를 그르쳐 국력이 더욱 쇠하였다.

✿ 삼한三韓**과 삼조선**三朝鮮 | 삼한에는 '조정을 나누어 통치한다[分朝管境]' 는 뜻이 있고, 삼조선에는 '권력을 나누어 통치[分權管境]하는 제도를 둔다' 는 뜻이 있다. 다시 말하면 삼한은 국가 권력의 중앙집권적 체제를 나타낸 것이고, 삼조선은 통치 권력을 셋으로 나누어 다스린 것을 말한다.

고조선의 개국조이신 단군왕검께서는 신교의 삼신 신앙(사상)을 기초로 해서 고조선의 전 영토를 삼한(진한·마한·번한)으로 나누어 다스렸다. 이때 병권은 진한의 단군 한 분에게만 있었다. 22세 색불루단군 때에 삼한을 삼조선으로 국제를 개편한 뒤에도 여전히 병권은 진조선의 진왕辰王(단군 천왕) 한 분이 집행하였다.

그러나 44세 구물단군 때에 이르러 병권이 분리되어 삼조선이 모두 전쟁 수행 권한을 갖게 되었다. 이러한 병권 분립이 고조선의 국력 쇠퇴와 몰락을 가져오는 주요 원인이 되었다.

대부여의 정신 교육
– '아홉 가지 계율을 맹세[九誓]하는 글'

어느 날 구물단군께서 꿈에 천상의 상제님께 가르침[夢敎]을 받고, 정치를 크게 혁신革新하려 하셨다. 그리하여 명을 내려 천제의 묘정廟庭(종묘의 뜰)에 큰 나무를 세워 북을 매달게 하고, **삼칠일**(21일)을 기약하여 나이 순서에 따라 서로 술을 마시게 하며 교화에 힘쓰시어 그 내용을 책으로 만들게 하시니, 이것이 **구서지회**九誓之會 이다. 모일 때마다 이 구서九誓의 글로써 백성을 교화하셨다.

● 초배初拜(첫 번째 절)를 하고 무리에게 맹세하여 이르시기를, "너희는 집에서 부모에게 효도하도록 힘쓸지어다. 가정에는 부모와 처자가 있으니 성심誠心과 성경誠敬을 다하여 우애 있게 지내라. 정성을 다해 제사를 받들어 네 생명의 근본 뿌리(조상과 삼

구서지회 | 44세 구물단군께서 꿈에 상제님께 가르침[夢敎]을 받아 내정을 혁신하고 구서지회九誓之會를 열어 크게 발전시켰는데, 이것이 바로 저 유명한 부여구서夫餘九誓이다. 부여의 구서는 '효孝·우友·신信·충忠·손遜·지知·용勇·염廉·의義' 를 말한다. 이를 계승한 고구려의 다물오계多勿五戒는 '충忠·효孝·신信·용勇·인仁' 이다. 이와 같이 우리나라에서는 유불선 삼교三敎가 들어오기 훨씬 이전에 '환국오훈桓國五訓', '삼륜구서三倫九誓', '부여구서', 고구려의 '다물오계,' 신라의 '세속오계' 등 신교의 윤리도덕과 규범이 있었다.

신상제님)에 보답하여라. 손님을 공손히 접대하여 마을 사람과 친하게 지내고, 자제를 잘 권하고 가르쳐서 뛰어난 인재로 기르도록 하여라. 이 모두 인륜 교화의 큰 조목이니, 이러한 효도와 자애로움과 순종과 예의를 누가 감히 수행하지 않겠느냐?" 하셨다.

사람들이 일제히 소리쳐 대답하기를, "옳습니다. 따르지 않는 자는 쫓아내야 할 것입니다."라고 하였다.

● 재배再拜를 하고 맹세하여 이르시기를, "너희는 집에서 형제 사이에 우애 있게 지내도록 힘쓸지어다. 형제는 부모가 나누어진 바이니 형이 좋아하는 것은 아우도 좋아하는 것이요, 아우가 싫어하는 것은 형도 싫어하는 것이니, 어떤 일을 좋아하고 싫어함은 누구를 막론하고 같은 것이니라. 내 몸에서 시작하여 사물에 미치게 하고, 친한 사람부터 시작하여 친하지 않은 사람에게 까지 미치게 하여야 하느니라. 이 같은 도리道理로써 나라 일을 미루어 헤아린다면 나라를 흥하게 할 수 있으며, 천하를 미루어 살핀다면 천하를 크게 감화感化시킬 수 있느니라. 이러한 '우애와 화목과 어진 마음과 용서하는 도리'를 누가 감히 수행하지 않겠느냐?" 하셨다.

사람들이 대답하기를, "옳습니다. 따르지 않는 자는 쫓아내야 할 것입니다."라고 하였다.

● 삼배三拜를 하고 맹세하여 이르시기를, "너희는 스승과 벗에게 믿음으로 행동하도록 힘쓸지어다. 스승과 벗이 도법道法을 세우느니라. 덕과 의를 서로 연마하고, 잘못을 서로 경계하며, 학문을 정립하고 사업을 이루는 것이 모두 스승과 벗의 힘이니라. 이러한 '믿음과 진실과 성실과 근면'을 누가 감히 수행하지 않겠느냐?" 하셨다.

사람들이 대답하기를, "옳습니다. 따르지 않는 자는 쫓아내야 할 것입니다.”라고 하였다.

● 사배四拜를 하고 맹세하여 이르시기를, “너희는 나라에 충성하도록 힘쓸지어다. 나라는 선왕께서 세우신 것이요, 오늘날 백성이 먹고사는 곳이니라. 국정國政을 쇄신刷新하여 나라의 부를 증진하고 국토를 수호하며 국권國權을 크게 넓혀야 할 것이니라. 이렇게 나라의 힘을 굳건히 하고 역사를 빛내는 것은 모두 국가의 내일을 위함이니라. 이러한 ‘충성과 정의와 기개와 절개’를 누가 감히 수행하지 않겠느냐?” 하셨다.

사람들이 대답하기를, “옳습니다. 따르지 않는 자는 쫓아내야 할 것입니다.” 하였다.

● 오배五拜를 하고 맹세하여 이르시기를, “너희는 세상 사람(혹은 비천한 사람)에게 공손히 대하도록 힘쓸지어다. 사람은 모두 상제님의 백성이며, 나와 더불어 똑같이 세 가지 참됨三眞(본성·목숨·정기)을 받았느니라. 하늘의 참 성품을 근본으로 하여 태어났으니, 국력이 사람에게 매여 있느니라.

윗사람이 겸손謙遜하지 않으면 아랫사람이 떠나고, 오른쪽이 불손하면 왼쪽이 이탈하느니라. 앞에서 불손하면 뒤에서 물러나고, 아랫사람이 불손하면 윗사람이 싫어하며, 왼쪽이 불손하면 오른쪽이 떨어지고, 뒤에서 불손하면 앞에서 멀어지느니라. 이제 겸손하고 사양辭讓하며 서로 존중하고 세상 사람과 모든 일에 힘을 합하면, 밖으로 다른 나라의 업신여김을 그치게 하고 안으로 정치가 잘 이루어지게 되리라. 이러한 ‘겸손과 겸양과 공경과 삼가함’을 누가 감히 수행치 않겠느냐?” 하셨다.

사람들이 대답하기를, “옳습니다. 따르지 않는 자는 쫓아내야 할 것입니다.”라고 하였다.

● 육배六拜를 하고 맹세하여 이르시기를, “너희는 정사政事를

분명하게 잘 알도록 힘쓸지어다. 정사는 세상이 잘 다스려지는 것과 어지러워지는 것의 관건關鍵이니라. 풍백이 공약(법)을 제정하고[입약立約], 우사가 정사를 베풀고[시정施政], 운사가 형벌을 집행하는 것은 각자의 직권職權이 이 따로 있어서 그렇게 하는 것이니, 서로 월권越權하지 말아야 하느니라. 이제 지식과 견문見聞을 고매하게 하고 언로言路를 널리 수렴하고, 기예技藝를 연마하고 경험을 잘 쌓으면, 나라 일이 균형을 이루고 백성이 행하는 모든 일이 순조로이 펼쳐지리라. 이러한 '밝은 지혜와 탁월한 식견'을 누가 감히 수행하지 않겠느냐?" 하셨다.

사람들이 대답하기를, "옳습니다. 따르지 않는 자는 쫓아내야 할 것입니다." 하였다.

● 칠배七拜를 하고 맹세하여 이르시기를, "너희는 전쟁터에서 용감하도록 힘쓸지어다. 전쟁터는 나라의 존망이 결정되는 곳이니라. 나라가 없으면 임금과 아비는 허수아비로 전락하고, 가주家主가 자리를 잡지 못하면 처자는 남의 노비가 되느니라. 일을 처리하고 사물을 접하는 일이 모두 우리 도道가 아님이 없고, 대대로 신교의 가르침을 자손에게 전해야 하는 것 또한 반드시 우리가 해야 할 일임을 명심銘心할지어다. 나라 없이 살고 주권 없이 살아남는 것보다는 차라리 나라를 보존하고 죽으며 주권을 세우고 생을 마치는 것이 나으니라.

이제 분명히 나를 비우고 희생하는 기풍을 일으켜, 몸과 마음을 정숙하게 다스리고, 무리를 잘 다스리고 자신을 잘 다스려 상과 벌을 반드시 바르고 공평하게 할 것이다. 남과 내가 신의를 잘 지키면, 뭇백성이 잘 길러져서 천만 사람이 능히 복을 받게 될 것이다. 이러한 '용기와 담대와 강건과 의협義俠 정신'을 누가 감히 수행하지 않겠느냐?" 하셨다.

사람들이 대답하기를, "옳습니다. 따르지 않는 자는 쫓아내야 할 것입니다." 하였다.

● 팔배八拜를 하고 맹세하여 이르시기를, "너희는 몸가짐에 청렴淸廉하도록 힘쓸지어다. 행동이 청렴하지 않으면 양심이 저절로 어두워지고, 능히 청렴하게 행하면 너의 신명神明이 저절로 통하느니라. 사리사욕을 지나치게 좋아하면 반드시 몹쓸 병이 나고, 독선獨善과 아집으로 자만심에 빠지면 반드시 정신이 부패하게 되느니라. 어리석게 스스로 자만에 빠지면 자신과 남을 해치게 될지라. 이러한 구습이 계속 쌓이면 깊이 빠져들어 구제할 도리가 없게 되느니라.

이러한 '청렴과 강직과 순결과 맑은 마음'을 누가 감히 수행하지 않겠느냐?" 하셨다.

사람들이 대답하기를, "옳습니다. 따르지 않는 자는 쫓아내야 할 것입니다." 하였다.

● 구배九拜를 하고 맹세하여 이르시기를, "너희는 직업을 가짐에 의롭게 행하도록 힘쓸지어다. 사람이 직업을 가지면 반드시 책임이 뒤따르느니라. 만일 불의하여 스스로 최선을 다하는 것을 잃어버린다면, 반드시 모멸侮蔑 받고 조롱거리가 되어 무너져 버리리라. 만일 정의롭게 행하여 모든 사람이 자신의 힘으로 노력하여 먹고산다는 것을 믿어 준다면, 그 누가 업신여기고 강제로 빼앗을 수 있겠느냐?

의로움이란 여러 사람의 단합된 힘이 나오는 곳이고, 정도正道의 기운이 발하는 곳이니, 이것을 줄이면 인체의 아홉 구멍에 감추어지고 늘이면 천지에 가득 차게 되느니라. 이처럼 정의롭고 보편적인 이치를 누가 감히 수행하지 않겠느냐?"라고 하셨다.

사람들이 대답하기를, "옳습니다. 따르지 않는 자는 쫓아내야 할 것입니다." 하였다.

이때부터 세속에서는, 순박하고 인정이 두텁고, 나라를 위한 전쟁에 임하면 용감히 나서고. 사람들이 공리公利에 힘쓰고, 공적인 일을 민첩하게 하고, 공덕公德에 밝아져, 좋은 일을 서로 권장하고 허물과 잘못을 서로 바로잡아 주는 것을 숭상하였다. 그리하여 저절로 예의 바르고, 의롭고 어질고 서로 사랑하는 풍속을 이루어 백성이 다 함께 삼신상제님께 귀의하여 교화에 젖어들게 되었다.

한민족의 신교 예법

『단군세기』에 이르기를, "엄지손가락을 교차하고 오른손을 왼손 위에 포개고 삼육대례三六大禮를 행하였다"라고 했다. 엄지를 교차한다는 말은 오른쪽 엄지로 자子를 가리키고, 왼손 엄지로 해亥를 가리키게 하고 오른 손을 포개어 태극 형상을 만드는 것이다.

옛날에는 꿇어앉을 때 반드시 먼저 공손히 조아리는 읍揖을 하고, 절을 할 때도 반드시 먼저 읍을 하고 꿇어앉았는데, 이것이 예의 변하지 않는 원칙이었다.

읍揖이란 '모은다[聚]'는 뜻인데, 마음을 모으고 두 손을 마주잡아 하늘을 사모하는 것이다.

궤跪란 '순종한다[順]'는 뜻으로, 기운을 순하게 하고 무릎을 모아 땅에 감사하는 것이다.

배拜란 '드린다[獻]'는 뜻이니, 몸을 바치고 머리를 조아려 선령

알아봅시다!

✿ 한민족의 반천무지攀天撫地 절법 | 한민족의 예禮는 천지 법도에서 나온 것이다. 받들 반攀, 하늘 천天, 어루만질 무撫, 땅 지地, 곧 양손을 들어 올려 하늘을 받들고 팔을 내리며 엎드려 땅을 어루만지고 두 손을 이마 앞에 모은다. 이것은 천지와 인간이 하나가 된다는 의미를 담고 있다.

에게 보답하는 것이다.

헌獻은 혹 현現이라고도 한다. 머리가 손에 이르는 것을 배수拜手라 하고, 머리가 땅에 이르는 것을 고두叩頭라 한다. 고두는 이마를 조아리는 것이다.

참전계경의 유래와 근본 정신

태고 시절의 철인 정치

세상에서 전하기를, 『참전계경叅佺戒經』은 을파소 선생이 전했다고 한다. 선생이 일찍이 백운산에 들어가 하늘에 기도하다가 천서天書를 얻었는데, 이것이 『참전계경』이다.

태고 시절에는 철인이 윗자리에 앉아서 인간의 360여 가지 일을 주관하였는데, 그 강령은 **여덟** 조목이었다. 그 내용은 성誠·신信·애愛·제濟·화禍·복福·보報·응應이다.

● **정성**[誠]이란 참마음 속에서 일어나는 것이고, 혈성血誠으로 지키는 바이다. 여기에는 6체體 47용用의 가르침이 있다.

● **믿음**[信]이란 하늘의 이치와 반드시 부합하고 인간사를 반드시 성사시키는 것이다. 여기에는 5단團 35부部의 가르침이 있다.

● **사랑**[愛]이란 자비심이 자연스럽게 일어나는 것이요, 어진 성품의 본질이다. 여기에는 6범範 43위圍의 가르침이 있다.

● **구제**[濟]란 덕성이 갖추어진 선행으로, 도가 널리 남에게 미치는 것이다. 여기에는 4규規 32모模의 가르침이 있다.

● **화**禍란 악이 부르는 것이다. 여기에는 6조條 42목目이 있다.

● **복**福이란 착한 일을 하여 자손이 받는 경사이다. 여기에는 6문門 45호戶가 있다.

● **보**報란 천신이 악한 사람에게는 화로써 보답하고, 착한 사람에게는 복으로써 보답하는 것이다. 여기에는 6계階 30급級이 있다.

『참전계경』 | 『천부경』, 『삼일신고』와 함께 한민족 고유의 3대 경전이다. 고구려 9세 고국천열제 때 명재상 을파소가 백운산白雲山(지금의 평안도 천마산天摩山)에서 기도하여 얻은 천서天書라 한다. 그러나 을파소 자신은 "배달 환웅 시대 때 이미 참전계로써 교화대행敎化大行하였다(『소도경전본훈』)."라고 하였다. 그러므로 이미 그 이전에 있었던 것을 을파소가 다시 경전으로 다듬어 완성한 것이라 할 수 있다. '전佺'은 '지智·덕德·체體 삼육三育을 겸전한, 완전하고 건전한 인격자'라는 의미이니, 참전계는 '완전한 인간(佺=人+全)에 이르기 위해 지키고 연마해야 할 계율'이라는 말이다. 『참전계경』은 모두 8강령과 366절목節目으로 이루어져 있다.

을파소(?~203) | 고구려 9세 고국천열제 때의 명재상. 압록곡鴨綠谷 사람으로 유리명열제 때 대신이었던 을소乙素의 손자이다.

● 응應이란 악은 악으로써 보답을 받고, 선은 선으로써 보답을 받는 것이다. 여기에는 6과果 39형形이 있다.

그러므로 하늘이 비록 말씀은 하지 않으시나, 오르내리며 두루 보살펴 주시나니, 자신을 아는 자는 크게 일어나 잘되고 옳은 것을 구하면 반드시 열매를 맺으리라. 한결같이 참전參佺으로써 모든 사람이 계戒를 받았다.

배달 시대의 신교 교육 정신 : 오사팔훈

을파소가 이렇게 자신의 의견을 적었다.

"배달 시대에 신교의 진리로 세상을 다스리던 시절에는 **팔훈을 날줄로 삼고 오사를 씨줄로 삼아** 교화가 크게 시행되고 세상을 널리 이롭게 하는 홍익인간 정신으로 만물을 구제하였으니,『참전계경』의 내용으로 이루어지지 않은 바가 없었다.

오늘을 사는 사람들이 이 **전계**佺戒로 더욱 힘써서 자신을 수양修養한다면, 백성을 평안하게 하는 공덕을 실현하는 데 무슨 어려움이 있겠는가?"

단군조선 말기의 국력 쇠퇴와 몰락 이유

2천여 년 간 동방 역사의 종주국으로 군림한 고조선의 국력이 왜 갑자기 쇠퇴하고 마침내 몰락의 길을 걷게 된 것일까? 그 과정에는 여러 가지 원인이 복잡하게 얽혀 있었다.

첫째, 앞에서 말한 삼조선의 병권 분립 때문이다.

둘째, 한민족의 국교인 신교 삼신 사상의 쇠퇴 때문이다. 단재 신채호는, 고조선의 삼한관경제가 단군조선 말에 이르러 삼신 사상의 쇠퇴와 더불어, 삼한이 서로 진왕辰王(진한의 대단군)을 자칭하기 시작하면서 붕괴되었다고 주장하였다.

셋째, 빈번한 외세의 침입 때문이다. 특히 연나라 장수 진개의 침입 이후 국력이 급속히 약화되었다.

넷째, 기상이변에 따라 흉년이 계속되었기 때문이다.

다섯째, 거듭되는 실정失政 때문이었다.

여섯째, 농업 생산력의 급격한 증대에 따른 내부 갈등 때문이었다. 윤내현 교수는, '고조선이 기원전 4·5세기 경에 철기가 본격적으로 보급되고 철제 농구가 일반화되기에 이르자, 그 결과 토지겸병 현상이 일어나고 농업 생산력이 급격히 증대되어 토지소유제가 출현하게 되었고, 이로 말미암아 고조선 사회 내부에 갈등과 혼란이 야기됨으로써 국력이 크게 쇠퇴하게 되었다' 고 하였다(윤내현, 『한국고대사신론』).

태백일사 6

고 구 려 국 본 기

高句麗國本紀

■ 「고구려국본기」는 동북아의 중심세력으로 대륙을 호령한 위대한 나라 고구려의 기원과 그 웅혼한 기상을 상세히 전하고 있다.

■ 특히 고구려 시조인 고주몽과 해모수, 소서노와의 관계를 밝힘으로써 기존 사서의 오류를 바로잡아 준다.

■ 고구려의 위대한 성황 광개토열제의 동방 대통일의 위업과 을파소, 을지문덕, 연개소문, 양만춘 등 성웅들의 활동상을 생생하게 기록하였다.

■ 고구려와 거의 동시대에 개국한 백제와 신라의 기원을 밝혔다.

■ 왜를 정복하여 속지로 삼았다는 기록은 광개토태왕비 비문에 나오는 왜에 대한 논란을 불식拂拭시킨다.

고구려 | 동북아 대통일 위업과
다물多勿[復舊土] 정신의 실현
고구려 전성기 영역
고구려 핵심 강역
바이칼호 貝海
고구려 전성기 영역
돌궐
알
타
이
산
맥
산 ▲천산天山 맥
천 산
고 비 사 막
음
타 림 분 지
▲삼위산三危山
기
련
산
맥
하서주랑河西走廊
북
(386~
산
룬
맥
평량
곤
고구려 전성기 영역
토욕혼
수
(581~618)
티 베 트 고 원
양자강
히
말 라 야 산 맥

실위
지두우
고
선비
거란
맥
후연
(384~409)
태원
당
(618~907)
낙양
바이칼호
케를렌강
오논강(오난하)
대
흥
안
령
산
맥
염수鹽水
극십극등기
(배찰산)
상곡
어양
고려진
조양
유주
북경
요서
진평
정주
포오거
고려성(하간현)
청하
태산(대垈)
노魯
성양
황하
회수
양자강
광릉
오吳
송강(상해)
월주
월越
천주(복주)
도산塗山(회계산)
구
려
하얼빈
눌건(장춘)
파림좌기
(서안평)
적봉
홍산
구려하
대릉하
현도
갈석산
요동성
창려
비사성
발해
심양
졸본(환인설)
해성
오골성
가섭원(통하)
웅심산(서란)
졸본(수분하설)
말갈
갈사
북옥저
백두산(불함산)
국내성(황성)
동압록
낙랑국
평양
혈구(강화도)
남평양(서울)
등주
내주
제濟
서해
동해
백제
신라
가야
탐모라
웅습(구마소)
왜
독정호
중국 본토 내의 백제 영토 중심지

445

고구려 국통의 뿌리 - 북부여 해모수

고구려의 선조는 해모수로부터 나왔는데, 해모수의 고향이 또한 그 땅(고구려)이다.

『조대기』*에 이렇게 기록되어 있다.

해모수께서 하늘에서 내려와 일찍이 웅심산熊心山*에서 사셨다. 부여의 옛 도읍(백악산 아사달)에서 군사를 일으키고 무리의 추대를 받아 드디어 나라를 세워 왕이 되셨다. 이분이 부여의 시조이시다.

머리에 오우관烏羽冠을 쓰고 허리에 용광검龍光劍을 차고, 오룡거五龍車를 타고 다니시니, 따르는 자가 백여 명이었다. 아침이 되면 정사政事를 돌보고 저물면 등천登天하셨다. 특별한 명령을 내리지 않아도 나라 안이 저절로 잘 다스려지고 산에는 도적이 없고 들에는 벼와 곡식이 가득하였다. 나라에 큰 일이 없고 백성도 태평세월을 누렸다.

해모수단군께서 처음 내려온 것은 단기 2095, 고열가단군 57, 기원전 239년(임술) 4월 8일로 진秦나라 왕 영정嬴政 8년이다.

북부여의 국통을 계승한 고주몽(고추모) 성제

고주몽은 해모수의 현손

고리군槀離郡의 왕 고진高辰은 해모수의 둘째 아들이고, 옥저후沃沮侯 불리지弗離支는 고진의 손자이다. 모두 도적 위만을 토벌한 공으로 봉토를 받았다.

불리지가 일찍이 서압록을 지나다가 하백의 딸 유화를 만나 기뻐하며 장가들어 고주몽을 낳았다. 때는 단기 2255, 기원전 79년(임인) 5월 5일이요, 한漢나라 왕 불릉弗陵(昭帝) 원봉元鳳 2년이었다.

불리지가 세상을 뜨자, 유화 부인이 아들 주몽을 데리고 웅심산으로 돌아가니 지금의 서란舒蘭이다.

주몽이 장성하여 사방을 두루 돌아다니다가 가섭원*을 택해 살면서 관가에서 말 기르는 일을 맡았다. 그러나 얼마 안 가 관가의 미움을 사게 되어 오이烏伊, 마리摩離, 협보陜父와 함께 도망하여 졸본에 이르렀다. 마침 부여 왕(북부여 6세 고무서단군)이 대를 이을 아들이 없어, 주몽이 마침내 왕의 사위가 되어 대통을 이으시니(단기 2276, 기원전 58) 이분이 곧 고구려의 시조이시다.

고구려의 천도 과정

(고주몽 성제)평락平樂 21년, 단기 2307, 기원전 27년(갑오) 10월, 북옥저*를 쳐서 멸하고 이듬해 을미년에 졸본에서 눌견訥見*으로 도읍을 옮기셨다. 눌견은 지금의 상춘 주가성자朱家城子이다.

(2세) 유리명제琉璃明帝 21년(단기 2335, 기원전 2), 도읍을 다시 눌견에서 국내성*으로 옮겼는데, 이곳을 황성이라고도 한다. 성 안에 환도산丸都山이 있는데, 산 위에 성을 쌓고 유사시에는 거기에 머무르셨다.

국내성國內城 유적_성은 방형方形으로 둘레가 2,686미터에 달한다. 6곳의 성문과 치雉와 각루角樓 등의 시설물을 갖추고 있었다. 현재는 성벽 아래 부분만 남아 있다.

국내성 왕궁터에서 발굴된 건물 유적

(3세) 대무신열제大武神烈帝 20년(단기 2370, 37)에 열제께서 낙랑
국樂浪國을 기습하여 멸하셨다.

이리하여 동압록(지금의 압록강) 이남이 우리(고구려)에게 속하였
으나, 다만 해성海城 이남의 바다 가까이 있는 여러 성은 아직
항복시키지 못했다.

(10세) 산상제山上帝 원년(단기 2530, 197), 아우 계수罽須를 보내어
공손탁(?~204, 후한 말의 장수)을 쳐부수고 현도와 낙랑을 쳐서 멸
함으로써 요동이 모두 평정되었다.

아하! 그렇구나

열제烈帝 | '위대한 황제'라는 뜻으로, 고구려의 역대 제왕을 부
르던 칭호이다. 『삼국유사』「고구려 조」에는 시조 고주몽을 '시조동
명성제始祖東明聖帝'라 하여 고구려 건국 초기부터 통치자를 황제로
칭했다고 기록되어 있다.

대인의 길을 가르침

『대변경大辯經』에 이렇게 기록되어 있다.

고주몽성제께서 다음과 같은 조칙을 내리셨다.

하늘의 신(삼신)이 만인을 한 모습으로 창조하고 삼진三眞을 고르
게 부여하셨느니라. 이에 사람은 하늘을 대행代行하여 능히 이 세상
에 서게 되었다. 하물며 우리나라의 선조는 북부여에서 태어나신 **천
제(상제님)의 아들**[천제지자天帝之子]이 아니더냐!

슬기로운 이는 마음을 비우고 고요하게 하며 계율을 잘 지켜 삿된
기운을 영원히 끊나니, 그 마음이 편안하고 태평하면 저절로 세상사
람과 더불어 매사에 올바르게 행동하게 되느니라. 군사를 쓰는 것
은 침략을 막기 위함이며, 형벌의 집행은 죄악을 뿌리뽑기 위함이니
라.

그런고로 마음을 비움이 지극하면 고요함이 생겨나고, 고요함이 지극하면 지혜가 충만하고, 지혜가 지극하면 덕이 높아지느니라. 따라서 마음을 비워 가르침을 듣고 고요한 마음으로 사리를 판단하고, 지혜로 만물을 다스리고 덕으로 사람을 건지느니라.

이것이 곧 **신시 배달 시대에 사물의 이치를 깨닫고 인간의 마음을 연 교화의 방도이니, 천신을 위해 본성을 환히 밝히고, 뭇 창생을 위해 법을 세우고, 선왕을 위해 공덕**功德**(공로와 어진 덕)을 완수하고, 천하만세를 위해 지혜와 생명을 함께 닦아**[지생쌍수智生雙修] **교화를 이루느니라.**

을파소가 전한 참전계參佺戒

을파소乙巴素가 국상國相이 되어 나이 어린 영재를 뽑아 **선인도랑**仙人徒郎으로 삼았다. 교화를 주관하는 자를 **참전**參佺이라 하는데, 무리 중에 계율을 잘 지키는 자를 선발하여 삼신을 받드는 일을 맡겼다. 무예를 관장하는 자를 **조의**皂衣라 하는데, 몸가짐을 바르게 하고 규율을 잘 지켜 나라의 일을 위해 몸을 던져 앞장서도록 하였다.

일찍이 을파소가 무리에게 이렇게 말하였다.

"신시神市 시대에 신교의 진리로 세상을 다스려 깨우칠 때는 백성의 지혜가 열려 나날이 지극한 다스림에 이르렀으니, 그것은 만세에 걸쳐 바꿀 수 없는 표준이 있었기 때문이다. 그러므로 참전이 지켜야 할 계율을 두고 상제님의 말씀을 받들어 백성을 교화하며, 한맹을 행함에도 계율을 두어 하늘을 대신해서 공덕을 베푸나니 모두 스스로 심법을 바로 세우고 힘써 노력하여 훗날 세울 공덕에 대비하라."

고구려국본기

❀ **한맹**寒盟 | 고구려에서 10월에 행한 신교의 제천祭天 의식이다. 일명 동맹東盟, 동명東明이라 한다. 『위지魏志』「고구려전」에 "왕도王都 동쪽에 수혈隧穴이 있어, 10월에 국중대회國中大會를 열고 수신隧神에게 제사 지내는데 목수등木隧燈을 신좌神坐 위에 달아 둔다."고 기록하였다. 수신은 천신天神 즉 삼신상제님으로 민족적인 신앙의 대상이다. 이 국중대회는 일종의 추수감사제와 같은 성격도 지니고 있다. 이와 같은 신교의 소도蘇塗 제천 의식은 환국 시대에 시원하여 배달·단군조선에서 부여의 영고, 삼한(중삼한)의 10월 상달제, 예맥의 무천, 고구려의 동맹, 요遼의 요천繞天 등 제천 행사로 계승·발전되었다. 그리고 오늘날에는 개천절로 이어지고 있다.

을지문덕의 호쾌한 심법 세계

도통의 요체

을지문덕이 이렇게 말하였다.

"도로써 천신(삼신상제님)을 섬기고 덕으로써 백성과 나라를 감싸 보호하라.

나는 천하에 이런 말이 있다는 것을 안다.

사람이 삼신일체의 기운[氣]을 받을 때 성품[性]*과 목숨[命]과 정기[精]로 나누어 받나니, 우리 몸 속에 본래 있는 조화의 대광명은 환히 빛나 고요히 있다가 때가 되면 감응感應하고, 이 조화

성품 | 우주 조화신의 본성, 즉 하나님의 마음으로, 인간의 마음뿌리를 말한다.

삼도 십팔경

3도 | 감식촉感息觸

감 | 기쁨, 두려움, 슬픔, 노함, 탐냄, 싫어함(희구애노탐염喜懼哀怒貪厭),

식 | 향내, 숯내, 차가움, 더움, 마름, 습함(분란한열진습芬爛寒熱震濕),

촉 | 소리, 색깔, 냄새, 맛, 음란함, 접촉함(성색취미음저聲色臭味淫抵)

의 대광명이 발현되면 도道를 통한다.

도를 통하는 것은 **삼물**三物인 **덕**[德]과 **지혜**[慧]와 **조화력**[力]을 몸으로 직접 체득하여 실천하고, **삼가**三家인 **마음**[心]과 **기운**[氣]과 **몸**[身]의 조화를 성취하며, **삼도**三途인 **느낌**[感]과 **호흡**[息]과 **촉감**[觸]이 **언제나 기쁨으로 충만하여** 이루어지는 것이다.

도를 통하는 가장 중요한 깨달음(요체)은 날마다 「**염표문**念標文」을 생각하여 **실천하기**에 힘쓰고, 세상을 신교의 진리로 다스려 깨우쳐서[재세이화在世理化], 삼도三途 십팔경十八境을 고요히 잘 닦아[정수경도靜修境途] 천지광명(환단)의 뜻과 대이상을 지상에 성취하는 홍익인간이 되는데 있느니라."

상고 시대의 윤리 덕목

환국 시대에 **오훈**五訓이 있었고, 신시 시대에 **오사**五事, 고조선 시대에 **오행육정**五行六政, 부여에 **구서**九誓가 있었다. 또한 삼한의 공통된 풍속에 **오계**五戒가 있었으니, 곧 효도[孝]·충성[忠]·신의[信]·용맹[勇]·어짊[仁]이다. 모두 백성을 공명정대하고 평등하게 가르치고 무리를 조직하려는 뜻이 담겨 있었다.

염표문 | 환국 때부터 내려오는 삼신 상제님의 가르침을 깨달아, 가슴에 새기고 생활 속에서 실천하여 천지광명의 인간이 되라는 글이다. (「단군세기」 11세 도해단군조)

정수경도 | 경도境途는 『삼일신고』 제5장 인물人物에 나오는 말이다. 도途는 감식촉 삼도三途를 말하고, 경境은 삼도가 변화하여 이루는 열여덟 가지 경계를 말한다. 삼진三眞과 삼망三妄이 대립하여 생기는 감식촉을 닦기 위해서 지감止感, 조식調息, 금촉禁觸의 수행법을 생활화해야 한다.

환국 오훈, 배달 오사 | 『태백일사』 「환국본기」 참고.

『오계』 또는 『다물 오계』 | ①사친이효事親以孝 ②사군이충事君以忠 ③교우이신交友以信 ④임전무퇴臨戰無退=勇 ⑤살생유택殺生有擇=仁이다. 이는 곧 '효孝·충忠·신信·용勇·인仁' 이라 하여 고구려를 비롯한 삼국의 일반 대중의 실천 덕목이다. 우리나라에는 유·

역대 성군, 영걸의 역력한 자취

책성柵城(연해주를 말함)에 태조무열제(6세)의 공덕을 새긴 기공비紀功碑가 있고, 동압록의 황성에 광개토경대훈적비가 있다.

안주安州 청천강 연안에 을지문덕 석상이 있고, 오소리강 밖에 연개소문송덕비가 있다. 평양 모란봉 중턱에 동천제東川帝(11세)가 하늘에 기원하던 조천석朝天石이 있고, 삭주 거문산巨門山 서쪽 기슭에 을파소 묘가 있고, 운산雲山의 구봉산九峰山에 연개소문 묘가 있다.

『조대기朝代記』에 이렇게 기록되어 있다.

동천제東川帝(고구려 11세 태왕)를 또한 단군이라 하였다. 해마다 한맹寒盟 때가 되면 평양에서 삼신상제님을 맞이하는 천제를 올렸다. 지금의 기림굴箕林窟은 천제를 올리던 곳이다.

삼신상제님을 크게 맞이하는 대영제전大迎祭典은 처음 동굴에서 행해졌다. 거기에 구제궁九梯宮 조천석朝天石이 있는데, 길을 지나는 사람은 누구나 볼 수 있었다. 또 삼륜구덕의 노래가 있어 이를 부르도록 장려하였다.

조의선인皂衣仙人은 모두 선발된 사람인데, 사람들이 삼가 본보기로 삼았다. 그렇지 않았다면 어찌 그들에게 영광을 더하여 왕의 사자와 동등하게 여겼겠는가?

마리산 참성단

광개토열제의 성덕과 동방 문명의 종주권 장악

광개토경호태황廣開土境好太皇은 큰 공적과 성스러운 덕이 세상 어떤 임금보다 뛰어나시어, 사해 안에서 모두 열제烈帝(위대한 황제)라 불렸다.

18세에 광명전光明殿에서 등극하실 때 예로써 천악天樂을 연주했다. 전쟁에 임할 때마다 병사들로 하여금 「어아가」를 부르게 하여 사기를 돋우셨다.

말타고 순행을 하여 마리산에 이르러 참성단塹城壇에 올라서 친히 삼신상제님께 천제를 올렸는데, 이때도 천악을 쓰셨다.

일본 본토 정벌과 동방 대통일의 위업

한번은 바다를 건너 이르는 곳마다 왜인을 격파하셨는데, 당시 왜인은 백제를 돕고 있었다.

백제는 앞서 왜와 은밀히 내통內通(은밀히 적이나 외부와 통함)하여 왜로 하여금 잇달아 신라 경계를 침범하게 하였다. 이에 열제께서 몸소 수군을 거느리고 웅진熊津·임천林川·와산蛙山·괴구槐口·복사매伏斯買·우술산雨述山·진을례進乙禮·노사지奴斯只 등의

❀ **광개토열제** | 고구려 19세 태왕. 재위 391~413. 열제는 배달·단군조선 시대의 방대했던 영토와 신교 문화를 부흥시켜 회복한다는, 고구려의 국시인 다물多勿주의를 완성한 위대한 황제였다. 그동안 열제의 위대한 업적은 사대·식민주의 사학에 의해 크게 왜곡·날조되어 빙산의 일각만큼만 알려졌다. 그러나 지난 1976년 12월 평남 강서군 덕흥리에서 발굴된 '덕흥리 고분'은 광개토열제 때 이미 요서를 비롯한 하북성 북부 일대의 광대한 지역을 장악했다는 확실한 고고학적 물증을 제공하고 있다. 이 무덤의 주인공인 유주자사幽州刺史 진鎭(332~408)은 13군郡을 관할했다.

광개토대왕비 비문 왜곡 사건

1880년 전후에 만주 지방의 산간벽지인 길림성 집안集安시 통구通溝에서 일본 군부의 밀정들에게 광개토대왕릉비가 발견되었다. 당시 일본 육군 참모본부의 첩자에 의해 만들어진 쌍구가묵본雙鉤加墨本에는 "왜가 신라성에 가득 차고 그 왜가 신라를 궤멸시켰다[新羅城 □城 倭滿倭潰城□□□]"라고 되어 있다. 그러나 100년 뒤에 만들어진 탁본에는 "신라성에 들어온 왜구가 (고구려 원정군에게) 크게 궤멸되었다[新羅城 □城 倭寇大潰城□□□]"라고 되어 있다. 쌍구가묵본과는 완전히 상반된 뜻을 가진 문구이다. 100여 년 전에 석회를 발라 글자를 만들었던 것이 오랜 세월이 지나 석회가 떨어져 나가게 되자 원래의 글자가 되살아난 것이다. 쌍구가묵본을 만들 때 원래의 글자인 '왜구대궤倭寇大潰'에 왜(일본)에 유리하도록 석회를 발라 '왜만왜궤倭滿倭潰'로 바꾸어 놓았음을 알 수 있다(이형구, 『발해연안에서 찾은 한국고대문화의 비밀』, 236쪽).

장군총將軍塚 _길림성 집안현 통구의 용산에 있다. 화강암을 가공하여 7단의 피라미드형으로 쌓았는데, 기단基壇의 한 변 길이 33미터, 높이 약 13미터다. 무덤의 주인공은 광개토태왕이라는 설과 그 아들인 장수왕이라는 두 설이 있다.

광개토경평안호태왕비
廣開土境平安好太王碑

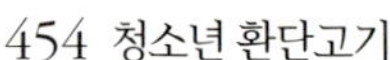

성을 공격하여 점령하셨다. 속리산을 지나시다가, 이른 아침에 천제를 올리고 돌아오셨다.

이때에 백제·신라·가락(가야) 모든 나라가 조공을 끊이지 않고 바쳤다. 거란과 평량平凉이 다 평정되어 굴복하였고, 임나任那·왜倭의 무리가 신하라 칭하지 않는 자가 없었으니 해동海東의 융성隆盛이 이때에 절정을 이루었다.

일본 큐슈에 다라한국을 건국한 협보

일본에 세워진 고구려 분국

이보다 먼저 협보陜父가 남한南韓으로 달아나서 마한산(지금의 평양) 속에 은거하고 있을 때, 따라와서 사는 자가 수백여 가구였다. 얼마 지나지 않아 여러 해 흉년이 들어 떠돌아다니는 사람이 길에 가득하였다. 이때 협보가 장차 변란이 있을 줄 알고 무리를 꾀어 양식을 싸서 배를 타고 패수를 따라 내려왔다. 해포를 거

광개토열제의 백제 점령 지역 | 웅진은 충남 공주. 임천은 본래 백제의 가림군加林郡으로 충남 부여군 임천면 지역. 와산은 충북 보은. 괴구는 충북 괴산. 복사매는 충북 영동. 일명 심천현深川縣. 우술산은 대전광역시에 있는 보문산. 진을례는 진례군進禮郡으로 지금의 금산·무주·진안. 노사지는 대전·유성.(『삼국사기』 「지리지」3·4고구려 참조)

거란 | 당시에 송막松漠 지역에 있었다(『수서』「거란전」). 송막은 지금의 하북성 위장현圍場縣·극십극등기克什克騰旗와 대흥안령 남쪽 일대이다.

평량 | 감숙성 평량현平凉縣의 서북이다.

임나 | 지금의 대마도.

처 몰래 항해하여 곧장 구야한국狗邪韓國에 이르니, 곧 가라해加羅海의 북쪽 해안이었다. 몇 달 지내다가 아소산阿蘇山으로 옮겨 살았는데 이 사람이 바로 다파라국多婆羅國의 시조이다.

후에 임나와 병합하여 연합정권[聯政]을 세워 다스렸다. 이때 세 나라는 바다에 있고 일곱 나라는 육지에 있었다.

고대 일본 속에 건설한 한국

처음에 변진弁辰 구야국狗邪國 사람이 먼저 들어와서 모여 살았는데 이것을 구야한국狗邪韓國이라 하였다.

다파라多婆羅를 일명 다라한국多羅韓國이라 불렀다. 이곳 사람들은 홀본忽本(졸본)에서 이주해 와서 일찍이 고구려와 친교를 맺었으므로 늘 고구려 열제의 통제를 받았다.

다라국은 안라국安羅國과 서로 이웃하고 성씨도 같았다. 옛날에는 이곳에 웅습熊襲(구마소)성城이 있었는데, 지금의 큐슈 쿠마모토熊本성이 바로 그곳이다.

당시 왜倭의 위치와 상황

왜는 회계군會稽郡 동쪽에 있는 동야현東冶縣의 동쪽에 있었다. 뱃길로 바다 건너 9천 리를 가면 나패那覇(나하)에 이르고, 또 일천 리를 가면 근도根島(네시마)에 이른다. 저도柢島(도시마)라고도 부른다.

당시에 구노狗奴 사람이 여왕과 서로 다퉈 찾아가는 길을 엄하게 지키고 있었다. 그래서 구야한국으로 가려는 사람은 대개 진도津島, 가라산加羅山, 지가도志加島를 거쳐야 비로소 말로호자末盧戶資 땅에 이를 수 있었다. 그 동쪽 경계가 구야한국 땅이다.

회계산의 역사적 의의와 방사 서복의 일본 이주 과정

회계산(도산)은 본래 『신시중경神市中經』이 소장되어 있던 곳이다. 사공 우禹가 석 달 동안° 재계하고 이 책을 얻어 치수에 성공하였다. 그리하여 우가 돌을 채취하여 부루태자의 은공을 새겨 산 높은 곳에 세웠다고 한다. 오吳·월越은 본래 구려九黎°의 옛 읍이고, 산월山越·좌월左越은 모두 그 후예가 갈라져 옮겨 살던 땅이다. 늘 왜와 더불어 왕래하고 교역하여 이익을 얻는 자가 점점 많아졌다.

진秦나라 때 서불徐市°이 동야東冶의 해상으로부터 곧바로 나패(나하)에 이르고, 종도種島(다네시마)를 거쳐 뇌호내해瀬戸内海(세도나이카이)를 따라 처음으로 기이紀伊에 도착하였다. 이세伊勢에는 옛적에 서복의 무덤과 사당이 있었다. 어떤 이는 단주亶洲를 서복이 살았던 곳이라 한다.

고구려 전성기의 강역

중국 양자강 남쪽까지 지배

장수홍제호태열제長壽弘濟好太烈帝(20세 장수제, 단기 2746~단기 2824, 413~491)는 연호를 건흥建興으로 고치셨다. 인의仁義(어짊과 의로움)로써 나라를 다스리고, 영토를 넓히고 개척하시어 웅진강熊津江(지금의 금강) 이북이 고구려에 귀속되었다. 그리고 북연北燕°·실위室韋 등 여러 나라가 다 같이 입조하여 우리의 형제 족속에 편입되었다.

또 신라의 매금寐錦(신라국 왕의 호칭)과 백제의 어하라於瑕羅°와 함께 남평양(지금의 서울)에서 만나, 공물 바치는 일과 국경에 주둔시킬 병사의 숫자를 약정約定하였다.

문자호태열제文咨好太烈帝(21세 문자제, 단기 2824~단기 2852, 491~519)(고구려 21세 황제)는 연호를 명치明治로 고치셨다.

11년(단기 2834, 501)에 제齊·노魯·오吳·월越의 땅이 우리(고구려)에게 귀속되었고, 이때에 이르러 영토는 점점 넓어졌다.

평강상호태열제平岡上好太烈帝(25세 평원제平原帝, 단기 2892~단기

석 달 동안 | 『오월춘추』에는 "3월 경자일에 완위산에 올라가 금간지서를 발견하고, 금간옥자를 살펴서 물길을 소통시키는 원리를 알았다."라고 기록되어 있다. 즉 '석 달 동안'이 아니라 '3월 경자일'이라고 하였다.

구려 | 지금의 산동성·강소성·안휘성·절강성 등 황하·양자강 중류 동쪽의 중국 본토에 정착하여 살던 동이족을 부르던 명칭이다.

서불 | 진나라 왕 영정嬴政(진시황) 때의 방사(술사). 정왕(진시황)이 불사약을 구해 오라 하였는데, 도망가서 돌아오지 않았다. 서복은 왜국으로 건너가 왕이 되었다.

북연(407~436) | 중국 5호16국 시대 때 16국 중의 하나. 후연後燕에서 벼슬하던 고구려 사람 고운高雲이 광개토열제에게 대패한 후연나라의 왕 모용희慕容熙를 살해하고 북연을 세웠다.

어하라 | 고주몽이 둘째 부인인 소서노에게 내려 준 왕의 칭호. 『주서周書』「백제전」을 보면 "백제 왕의 성은 부여씨이고, 왕호王號는 어라하於羅瑕인데, 백성들은 건길지라 불렀다"라고 하여, 기록상 약간의 차이가 있다.

2923, 559~590)는 담력膽力이 크고 말타기와 활쏘기를 잘하시어 주몽의 기풍이 있었다. 연호를 대덕大德으로 바꾸었으며 정치와 교화가 매우 밝아졌다.

대덕 18년, 단기 2909, 576년(병신)에 열제께서 대장 온달을 거느리고 가서 갈석산碣石山과 배찰산拜察山을 치고, 추격하여 유림관楡林關에 이르러 북주北周를 크게 깨뜨리셨다. 이로써 유림진楡林鎭 동쪽 땅이 모두 평정되었다. 유림楡林은 지금의 산서山西 경계이다.

선비족 후손인 수 양제의 대침략 격퇴

수 양제는 선비족 후손

영양무원호태열제嬰陽武元好太烈帝(26세 영양제, 단기 2923~단기 2951, 590~618) 때에 천하가 잘 다스려져 나라가 부강하고 백성이 번성하였다.

가욕관嘉峪關_만리장성의 서쪽 끝에 있다. 만리장성의 동쪽 끝인 천하제일관天下第一關이라 불리는 산해관山海關과 더불어 만리장성의 중요한 관문이다. 광개토열제가 거란을 복속시키고 손에 넣은 평량平凉 지역은 중원에서 가욕관으로 가는 하서주랑을 통제할 수 있는 지역이다. 따라서 광개토열제 때 고구려가 북방초원과 중앙아시아를 영향권에 두고 있었다는 것을 알 수 있다.

수隋나라 왕 양광楊廣은 본래 선비족의 후손이다. 양광이 남북을 통합하고 그 여세를 몰아 우리 고구려를 깔보고, 조그마한 오랑캐가 거만하게도 상국上國을 업신여긴다 하여 자주 대군을 일으켰다. 그러나 우리는 대비하고 있었으므로 일찍이 한 번도 패한 적이 없었다.

수 양제 피습 사건

홍무弘武 25년(단기 2947, 614)에 양광이 또다시 동쪽으로 쳐들어왔다. 이때 먼저 군사를 보내어 비사성卑奢城을 겹겹이 포위하였다. 우리 군사가 맞서 싸웠으나 이기지 못하였다.

적이 곧 평양을 습격하려 하거늘, 열제(영양제)께서 소식을 들으시고 진격을 늦추기 위해 곡사정斛斯政을 보내려 하셨다. 때마침 조의선인 일인一仁이 자원하여 따라가기를 청하므로 함께 진중에 도착하여 양광에게 표表를 올렸다.

양광이 배 안에서 표를 손에 들고 절반도 채 읽기 전에 갑자기 일인이 소매 속에서 작은 쇠뇌[小弩]를 꺼내 쏘아 가슴을 맞혔다. 양광이 놀라 쓰러져 정신을 잃었다.

우상 양명羊皿이 양광을 업게 하여 급히 작은 배로 옮겨 타고 물러나서, 회원진懷遠鎭으로 철병하기를 명하였다.

양광이 좌우를 돌아보며 말하기를, "내가 천하의 주인이 되어 친히 작은 나라를 치다가 졌으니, 이것이 만세의 웃음거리가 아니겠는가?" 하였다.

양명 등은 얼굴빛이 검게 변하며 아무 대답도 하지 못하였다.

인류 문명의 종주국을 노래한 찬가

뒷 사람이 이 일을 이렇게 노래하였다.

아아, 벌레처럼 꿈틀거리는 너희 한나라 아이들아!
요동을 향해 헛된 죽음의 노래를 부르지 마라.

양광 | 수隋(569~618)의 2세 왕 양제煬帝의 이름. 문제文帝의 아들로, 아버지를 살해하고 즉위하였다. 고구려 원정 실패와 지나친 토목공사 등으로 국력을 소모하여 결국 당唐에게 멸망당하였다.

홍무 | 26세 영양열제(590~618)의 연호.

비사성 | 지금의 만주 요동반도 끝에 있는 대련만大連灣 북안에 있던 고구려 성.

곡사정 | 수나라 예부상서禮部尙書 양현감楊玄感의 부하로서 시랑侍郎 벼슬에 있었다. 양현감이 반란을 일으키자 신변에 위험을 느끼고 진중陣中에서 고구려에 망명하였다. 후일 고구려는 수양제의 요구에 따라 곡사정을 수나라에 인도하였다.

문무에 뛰어나신 우리 선조 환웅이 계셨고

면면히 혈통 이은 자손, 영웅호걸도 많으셨네.

고주몽성제, 태조무열제, 광개토열제께서

온 세상에 위엄 떨치시니 공이 더할 나위 없네.

유유紐由*·일인一仁·양만춘은

저들로 하여금 얼굴빛 변하며 스스로 쓰러지게 하였네.

세계에서 우리 문명이 가장 오래니

바깥 도적 쫓아 물리치며 평화를 지켜 왔구나.

저 유철(한 무제)양광(수 양제)이세민(당 태종)은

풍채*만 보고도 무너져 망아지처럼 달아났네.

광개토열제의 공덕 새긴 비석 천 자[尺]나 되고

온갖 깃발 한 색으로 태백산처럼 높이 나부끼는구나.

신교神敎를 대각한 을지문덕* 장군의 큰 공적

삼신상제님께 천제 올림

을지문덕은 고구려 석다산 사람이다. 일찍이 산에 들어가 도를 닦다가 삼신의 성신이 몸에 내리는 꿈을 꾸고 신교 진리를 크게 깨달았다.

해마다 3월 16일(대영절大迎節)이 되면, 말을 달려 강화도 마리산에 가서 제물을 바쳐 경배하고 돌아왔다. 10월 3일에는 백두산에 올라가 천제를 올렸다. 이런 제천 의식은 배달 신시의 옛 풍속이다.

수 양제의 대침공을 살수대첩으로 물리침

홍무 23년(단기 2945, 612)에, 수나라 군사 130여 만 명이 바다와 육지로 쳐들어왔다. 을지문덕이 출병하여 기묘한 계략으로 그들을 공격하고 추격하여 살수薩水에 이르러 마침내 크게 격파하였다. 수나라 군대는 바다와 육지에서 함께 궤멸潰滅되어, 살아서 요동성(지금의 하북성 창려)으로 돌아간 자가 겨우 2천7백 명이었다.

　양광이 사신을 보내어 화평을 구걸求乞하였으나 을지문덕이 듣지 않았고, 열제(영양제) 또한 추격하도록 엄한 명을 내리셨다. 을지문덕이 여러 장수와 더불어 승리의 기세를 타고 곧바로 몰아붙여 한 갈래는 현도玄菟 길로 태원太原에 이르고, 한 갈래는 낙랑樂浪 길로 유주幽州에 이르렀다. 그곳의 주와 현에 들어가서 다스리고 떠도는 백성을 불러모아 안심하게 하였다.

　이렇게 하여 건안建安·건창建昌·백암白岩·창려昌黎 등 여러 진鎭은 **안시**安市에 속하고, 창평昌平·탁성㤼城·신창新昌·용도桶道 등 여러 진은 **여기**如祈에 속하고, 고노孤奴·평곡平谷·조양造陽·누성樓城·사구을沙溝乙은 **상곡**上谷에 속하고, 화룡和龍·분주汾州·환주桓州·풍성豊城·압록鴨綠은 **임황**臨潢에 속하게 되어 모두 옛 제도에 따라 관리를 두었다. 이때 강한 군사가 백만이었고 영토는 더욱 커졌다.

수나라의 병력 | 민족주의 사학자 장도빈張道斌은 "이때 여麗·수隋 전쟁은 실로 세계 유사有史 이래 최대 전쟁이었으니 동양 역사상에 그런 대전쟁이 없었다. 서양 역사상 페르시아 대 희랍 전쟁을 최대 전쟁이라 하나 페르시아의 병력이 170만이었다. 그런데 이때 수의 병력은 『수서隋書』, 『자치통감資治通鑑』 등 중국 역사에 명백히 육군 정병 130만 3천8백 명, 해군 10만 명, 운수대運輸隊는 육군 정병의 배倍라고 하였으니 총 300만 명이었다."라고 하였다. (『대한역사』)

만고의 영걸, 을지문덕

양광이 단기 2945, 612년(임신)에 쳐들어올 때, 전에 없이 많은 군사를 몰고 왔으나 우리는 조의皀衣 20만으로 적군을 거의 다 멸하였으니 이것은 을지문덕 장군 한 사람의 힘이 아니겠는가? 을지공 같은 사람은 한 시대의 흐름을 지어내는 만고에 드문 거룩한 영걸이다.

뒤에 문충공 조준趙浚이 명나라 사신 축맹祝孟과 함께 백상루 百祥樓에 올라 이렇게 시를 읊었다.

> 살수 물결은 세차게 흘러 푸른 빛 띠는데
> 옛적 수나라 백만 군사는 고기밥이 되었구나.
> 지금도 어부와 나무꾼에게 그때 이야기 전해 오건만
> 명나라 사신은 언짢아 한 번 웃고 마는구나.

고구려 · 백제의 통치 영역과 수 문제의 대침략

옛 역사서에 이렇게 기록되어 있다.

영양무원호태열제(26세) 홍무 9년(단기 2931, 598)에, 열제께서 서부 대인 연태조淵太祚를 보내어 등주登州를 토벌하고 총관摠管 위충韋 冲을 사로잡아 죽이셨다.

이에 앞서 **백제가 군사를 일으켜 제齊 · 노魯 · 오吳 · 월越의 땅을 평정**하고, 관서官署를 설치하여 호적과 호구수를 정리하고, **왕의 작위[王爵]를 나누어 봉**하고 험한 요새에 **군대를 주둔**시켰다. 그리고 군역과 세금과 특산물 납부를 모두 본국에 준準하여 하게 하였다.

명치明治(21세 문자열제의 연호)연간에 백제의 군정軍政이 쇠퇴하여 제대로 이루어지지 않으므로 권익 집행을 고구려 조정에서 하게 되었다. 성읍의 구획을 짓고 문무 관리를 두었다.

조준(1346~1405) | 고려말, 조선 초의 정치가.

백상루 | 평안도 안주읍 안주 군청에서 북쪽으로 백 보 되는 거리에 있다. 고구려 때 누각으로 관서제일루 關西第一樓라 불린다.

연태조 | 연개소문의 아버지. 중국 낙양洛陽 북망北邙에서 출토된 천남생泉男生의 묘지명墓誌銘에 따르면, 남생의 할아버지를 태조太祚라 하였고 그 벼슬을 막리지莫離支라 하였다.

등주 | 지금의 산동성 봉래蓬萊.

위충 | 수나라의 등주총관登州摠管.

그 후 수나라가 군사를 일으켜 남북에서 사변事變이 생기고 사방에서 소요騷擾가 일어나 그 피해가 생민에게 미치게 되었다. 열제께서 크게 노하여 하늘의 뜻을 받들어 토벌하시니 사해 안에 명령을 따르지 않는 자가 없었다.

그러나 수나라 왕 양견楊堅은 속으로 앙심怏心을 품고 감히 원수를 갚겠다고 군사를 내어, 은밀히 위충을 보내 총관이라는 이름으로 관가를 파괴하고 읍락邑落에 불을 지르고 노략질하였다. 이에 장수와 병사들을 보내어 도적의 괴수魁首(악당의 우두머리)를 사로잡아 죽이시니 산동 지역이 평정되고 해성海城이 평온해졌다.

수 문제의 침공과 격퇴

이 해(단기 2931, 598)에 양견이 양량楊諒, 왕세적王世績 등 30만 명을 보내 전쟁할 때, 겨우 정주定州를 출발하여 요택遼澤에 이르기도 전에 물난리를 만나 군량 수송이 끊기고 유행병이 크게 번졌다.

난하灤河_하북성河北省 창려昌黎 지역. 고구려 당시의 요수遼水로 요동遼東과 요서遼西를 구분 짓는 경계였다. 중국에서 가장 동쪽의 국경지대를 뜻하는 말로 '요遼'라고 했다. 따라서 요수는 국경지대의 큰 강을 가리키는 말이었다. 백하·난하·대릉하 등이 시대와 국경 변천에 따라 달리 불렸으며, 거란족이 요遼나라를 세운 후에 비로소 지금의 요하遼河라는 명칭으로 고정되었다.

주라구周羅猴가 병력을 동원하여 등주登州를 점거하고, 전함 수백 척을 징집하여 동래東萊에서 배를 타고 평양성으로 향하다가 아군에게 발각되었다. 주라구가 후진後陣을 맡아 막으면서 전진하다가, 문득 큰바람을 만나 전군이 표류하다 빠져 죽었다.

이때 백제가 수나라 군대에게 길을 인도해 주겠다고 제의하였으나, 고구려에서 은밀히 타이르자 실행하지 못하였다.

고구려의 남수북벌 정책

고구려 좌장左將 고성高成(27세 영류제의 이름)이 몰래 수나라와 친하려는 마음을 품고 은밀히 막리지*(연개소문을 가리킴)의 북벌 계획을 무너뜨리려 하였다. 이때에 이르러 고성은 여러 번 군대를 보낼 것을 임금께 청원하여 백제를 쳐부수고 공을 세웠다. 그러나 막리지가 홀로 힘써 여러 사람의 의견을 물리치고, 남쪽은 지키고 북쪽을 치는 계책(남수북벌南守北伐)*을 강하게 고수固守하여 여러 번 이해를 따져 말하므로, 이를 따르게 되었다.

연개소문의 강렬한 주체 정신

고성高成(27세 영류제)*이 즉위하자 이전의 열제들이 남긴 법을 모두 버리고 당에 사신을 보내어 노자상老子像을 구해 와서 백성들로 하여금 노자 『도덕경』 강론을 듣게 하셨다. 또 무리 수십만을 동원하시어 장성을 쌓는데 부여현*에서 남해부*까지 그 거리가 천여 리였다.

이때에 서부대인西部大人 연개소문이 도교 강론을 그만두도록 청원하고, 또 장성 쌓는 일을 중지시키도록 이해를 따져 간절히 아뢰었다.

그러나 임금이 매우 언짢게 생각하여 연개소문의 군사를 빼앗고, 장성 쌓는 일을 감독하라고 명하셨다. 그리고 비밀리에 여러 대인大人과 함께 연개소문을 죽이려고 의논하셨다.

막리지 | 고구려 때 군사와 정치를 총리總理하던 관직명.

남수북벌 | 남쪽, 즉 백제·신라 쪽은 방어만 하고 북쪽, 즉 중국 지역을 공격하자는 고구려 국방·외교의 기본 정책.

고성 | 27세 영류제(618~642)의 이름. 휘는 건무建武. 26세 영양제의 이복 형제. 영류제는 수와의 전쟁 이래 계속되어 온 중국과의 적대 관계를 청산하고자 새 왕조인 당에 대해 우호 정책을 폈다.

부여현 | 길림성에 있는 부여현(하얼빈과 장춘 사이).

남해부 | 지금의 요령성에 있는 해성海城이다.

연개소문이 이 일을 먼저 전해 듣고 탄식하며 말하기를,

"어찌 몸이 죽고 나서 나라가 온전히 보존될 리 있겠는가? 일이 급박하니 때를 놓쳐서는 안 되리라" 하고, 휘하 군사를 모두 모아 장차 열병을 할 것처럼 하였다. 그리고 술과 음식을 많이 차리고 여러 대신大臣을 불러 함께 열병식을 보자고 하니 모두 참석하였다.

이때 연개소문이 큰 소리로 말하기를,

"범과 이리가 문 가까이 왔거늘, 나를 구하기는커녕 도리어 죽이려 하는가?" 하고, 마침내 그들을 모두 제거해 버렸다.

임금이 변고를 전해 듣고 평복으로 몰래 달아나다가 송양松壤에 이르러 조칙을 내려 병사를 모집하셨으나, 백성들이 한 명도 오지 않았다. 이에 부끄러움을 이기지 못하고 스스로 목숨을 끊어 붕어崩御하시고 말았다.

연개소문의 생애와 대인의 풍모

『조대기朝代記』에 이렇게 기록되어 있다.

연개소문淵蓋蘇文은 일명 개금蓋金이라고도 한다. 성은 연씨淵氏이고, 선조는 봉성鳳城 사람이다. 아버지의 이름은 태조太祚, 할아버지는 자유子遊, 증조부는 광廣이고 나란히 막리지를 지냈다.

연개소문은 홍무 14년(26세 영양제, 단기 2936, 603) 5월 10일에 태어났고 아홉 살에 조의선인皂衣仙人에 뽑혔다. 몸가짐이 웅장하고 훌륭하였고, 의기가 장하고 호탕했다. 늘 병사들과 함께 섶에 나란히 누워 자고, 손수 표주박으로 물을 떠 마셨다. 무리 속에 섞여 있어도 자신이 최선을 다하고, 일이 혼란하게 얽혀 있어도 미세한 것까지 분별해 내었다.

하사 받은 상은 반드시 나누어 주고, 정성과 믿음으로 두루 보호하고, 상대방의 진심 어린 마음을 헤아려서 거두어 품어 주

는 아량이 있었다. 또한 온 천하를 잘 계획하여 다스리는 재주가 있었다. 그러므로 모든 사람이 다 감동하여 복종하였고 딴 마음을 품는 자가 한 사람도 없었다.

그러나 법을 운용運用할 때는 엄격하고 명백히 하여 귀천을 가리지 않고 한결같이 다스렸다. 만약 법을 어기는 자가 있으면 누구라도 용서하지 않았다. 비록 큰 어려움을 당하더라도 조금도 놀라지 않았고, 당나라 사신과 말을 나눌 때에도 자기 뜻을 굽히지 않았다.

항상 자기 겨레를 음해陰害하는(뒤에서 몰래 해치는) 자를 소인이라 여기고, 당나라 사람을 능히 대적對敵하는 자를 영웅으로 삼았다. 기뻐할 때는 신분이 낮고 미천한 사람도 가까이 할 수 있지만, 노하면 권세 있고 부귀한 자도 모두 두려워하니 진실로 일세一世를 휩쓴 시원스러운 호걸豪傑*이었다.

연개소문이 스스로 말하기를, "물 속에서 태어나서 종일 물에 잠겨 헤엄쳐도 더욱 기력이 솟고 피로한 줄 모른다" 하니, 무리가 모두 놀라서 땅에 엎드려 절하며, "창해滄海의 용신龍神이 다시 화신化身하였다"라고 말하였다.

연개소문이 고성제(27세 영류제)를 내쫓고 무리와 함께 고장高臧을 맞이하였다. 이분이 보장제寶臧帝(28세, 단기 2975~단기 3001, 642~668)이시다.

연개소문이 드디어 뜻을 이루자, 모든 법을 공정무사한 대도로 집행하였다. 이로써 **자신을 성취하여 자신의 주인이 되고**[성기자유成己自由], **만물의 이치를 깨쳐 차별이 없게**[개물평등開物平等] 되었다. 또한 세 마을에 전佺을 두고 **조의선인**皂衣仙人들에게 계율을 지키게 하였다.

고조선 땅 회복을 위한 외교 정책

연개소문은 국방에도 힘써 당나라가 강성해지는 것에 대비하

❀ **조의**皂衣**선인** ┃ 삼신상제님의 진리, 즉 한민족의 신교 낭가사
상으로 무장한 종교적 무사단武士團(신교의 종교 군대)이다. 이 조의
선인은 '문무를 겸비한 상무尙武적 무사武士'였다. 평상시에는 삼
신상제님의 신교 진리를 터득하여 완전한 인격자의 길을 추구하
고, 심신과 학문을 닦으며 무예를 연마했다. 그러나 국가 유사시
에는 항상 선봉에 서서 목숨을 걸고 국가의 위급을 구하였다.

일찍이 수 양제·당 태종의 침입과, 고려 때 거란의 침입을 물리치
고 궤멸시킨 주인공도 바로 이들이었다. 이와 같은 낭가郎家 제도
는 환국 시대에 시작되어 그 뒤로 배달의 제세핵랑濟世核郎→단
군 고조선의 국자랑國子郎→북부여의 천왕랑天王郎→고구려의
조의선인皂衣仙人, 백제의 무절武節(정명악 주장), 신라의 화랑花郎
→고려의 재가화상在家和尙(서긍의 『고려도경』) 또는 선랑仙郎, 국
선國仙으로 계승되었다.

였다. 먼저 백제 상좌평上佐平(성충成忠을 말함)과 함께 양국이 병존
할 수 있는 방안을 세웠다. 또 신라 사신 김춘추를 청하여 자신
의 집에 머무르게 하고 이렇게 말했다.

"당나라 사람들은 도의에 어긋나고 불순하여 짐승에 가깝소.
그대에게 청하노니, 모름지기 사사로운 원한은 잊어버리고 이제
부터 핏줄이 같은 우리 삼국 겨레가 힘을 모아 곧장 장안을 무
찌른다면, 당나라 괴수를 사로잡을 수 있을 것이오. 승리한 후
에는 우리 옛 영토에 연합정권을 세워 함께 인의仁義로 다스리고,
서로 침략하지 않기로 약속하여 그것을 영구히 지켜 나갈 계책計
策으로 삼는 것이 어떠하겠소?"

이렇게 두 번, 세 번 권유하였으나, 김춘추가 끝내 듣지 않았
다. 참으로 안타까운 일이다.

▶연개소문이 이렇게 말한
것은 삼국이 연합하여 함께
당나라를 정벌한 뒤에, 배
달·단군조선 때의 중국 본
토 내 조선족의 본고장이요
본래 우리 땅이던 황하·양
자강 중류 이동에 고구려·
백제·신라 삼국이 연합 정
권을 세워 함께 다스려나가
자는 뜻이다.

김춘추가 연개소문의 권유를 듣지 않은 까닭 | 김춘추의 딸과 사위가 대야성 전투에서 백제군에게 살해되어 백제에 대한 원한이 너무도 깊었기 때문이다. 이때 김춘추는 백제를 물리칠 힘이 없어, 스스로 사신이 되어 고구려에 원병을 요청하러 온 것이다. 그러나 연개소문은 김춘추에게 같은 민족끼리 전쟁을 그만두고, 공동의 적인 당나라에 대항하자고 하였다. 함께 당을 쳐부수고 그 영토를 나누어 다스리자고 한 것이다. 하지만 김춘추는 끝내 이를 듣지 않고 다시 당나라로 건너가 원병을 요청하였다.

당태종 이세민의 대침략

연개소문과 당 태종의 격돌

개화開化 4년(28세 보장제, 단기 2978, 645)에, 당나라 왕 이세민이 여러 신하에게 말했다.

"요동은 본래 우리 중국 땅이다. 수나라가 네 번이나 군사를 일으켰으나 그곳을 얻지 못하였다. 내가 이제 출병하여 우리 자제子弟들의 원수를 갚고자 하노라."

이에 세민이 친히 활과 화살을 메고 이세적李世勣, 정명진程名振 등 수십만을 거느리고 요택遼澤 에 이르렀다. 그곳은 진창이 200여 리나 되어 인마人馬가 통과할 수 없었다. 도위都尉 마문거馬文擧가 채찍으로 말을 치며 돌진하여 맞붙어 싸웠고, 행군총관 장군차張君乂가 대패하니 이도종李道宗이 흩어진 군사를 수습하였다.

세민이 스스로 수백 기병을 거느리고 세적과 합세하여 백암성白岩城 서남쪽을 공격하였다.

성주 손대음孫代音이 거짓으로 사람을 보내 항복을 청하였으나 실은 빈틈을 타서 반격하려는 것이었다.

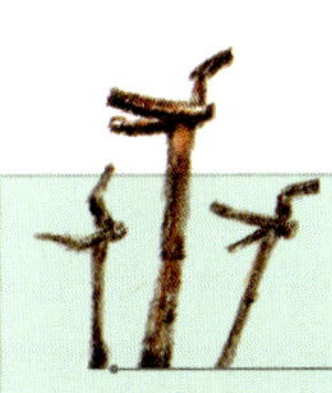

당태종이 침략 명분으로 내세운 요동 영유권 문제

요동이 본래 중국 땅이라는 당 태종의 말은 『삼국사기』 「고구려본기」 보장왕 조에도 기록되어 있다. 여기서 요동은 지금의 요하 동쪽이 아니라, 하북성 난하 동쪽 지역을 말한다. 고구려 당시 요수遼水는 지금의 요하가 아니고 난하였기 때문이다.

일찍이 당태종은 넷째 아들 위왕魏王 태泰를 시켜 『괄지지』를 편찬하게 하였는데, 여기서 역사상 처음으로 "고구려의 수도인 평양은 옛날 한漢나라의 낙랑군 왕험성 자리였다."라고 왜곡·날조해 놓았다. 이것은 고구려 영토가 본래 자기네 땅이었으니 고구려를 정벌하는 것은 침략이 아니라 옛 땅을 회복하는 것뿐이라고, 침략을 역사적으로 정당화·합리화시키기 위해 잔재주를 부린 것이다.

이세민 | 당唐 태종太宗의 이름. 재위 626~649. 아버지 이연(당 고조)을 도와 당나라를 세우는 데 가장 큰 공을 세웠다. 중국 역사상 최고 영주英主 중의 한 사람으로 손꼽히며, 그의 치세를 특히 '정관貞觀의 치治'라 하여 칭송하고 있으나, 동방 한민족사를 왜곡 날조한 대표적 인물이기도 하다.

당태종은 재위 시에 고구려·백제의 찬란한 역사를 깎아내리고 중국 본토에서 몰아낼 양으로 안사고·소덕언·이연수 등 많은 어용학자를 동원하여 『진서晉書』, 『양서梁書』, 『수서隋書』, 『북사北史』 등을 왜곡해 놓았다. 특히 『진서晉書』는 자신이 직접 붓을 들어 '태종어찬진서太宗御撰晉書'라 불리는데, 군왕이 직접 역사 편찬에 참여하고 지도한 나쁜 전례를 남겼다.

안시성 공방전

세민이 안시성에 이르러 먼저 당산唐山으로부터 군사를 진격시켜 공격하였다. 북부 욕살(지방 장관) 고연수高延壽와 남부 욕살 고혜진高惠眞이 관병과 말갈 군사 15만을 거느리고 안시성에 도착하여 주저없이 바로 앞으로 나아가 안시성과 연결되는 보루(작은 성)를 쌓고 높은 산의 험준한 곳을 차지하였다. 성중의 곡식을 먹으면서 군사를 풀어 당나라 군마를 빼앗았다. 당나라 군사가 감히 덤벼들지 못하고, 돌아가려 해도 진창에 가로막혀 그냥 주저앉아 괴로워하며 패할 수밖에 없었다.

연수가 군사를 이끌고 곧장 전진하여 안시성과 40리쯤 떨어진 곳에 이르자 사람을 보내어 대로對盧 고정의高正義에게 대책을 물었다. 이는 고정의가 연륜年輪이 깊어 일처리에 능숙하기 때문이었다.

정의가 대답하였다.

"세민이 안으로 군웅群雄을 제거하고 나라를 차지하였으니 역시 범상한 인물이 아니오. 지금 모든 당나라 군사를 이끌고 왔으니 그 예봉을 가벼이 여겨서는 안 되오.

우리 계책은 병력을 움직이지 말고 싸우지 않으며, 여러 날을 끌면서, 기습부대를 나누어 보내 군량을 운반하는 길을 끊는 것이 가장 좋소. 양식이 다 떨어지면 싸울래야 싸울 수 없고 돌아가려 해도 길이 없을 것이니, 반드시 이길 것이오."

연수가 그 계책을 좇아 적이 오면 막고, 물러가면 움직이지 않았다. 또 기습 부대를 보내어 군량을 불태우고 빼앗았다.

세민이 온갖 계략으로 뇌물까지 쓰며 꾀었으나, 겉으로 따르는 척하고 속으로 거부하여 자주 군사를 내어 몰래 습격하고 함락시켜 흩어지게 하니 적군의 사상자가 매우 많았다.

요동 출병으로 천추에 한을 남긴 당태종

연수 등이 말갈병과 더불어 함께 진을 치고 지구전을 펴다가, 어느 날 밤 돌변하여 번개같이 습격하니 거의 포위를 당하게 된 세민이 비로소 두려운 빛을 보였다.

세민이 다시 사자를 보내어 재물과 보화로 달래며 연수에게 이렇게 말했다.

"나는 귀국貴國의 힘 있는 신하(연개소문)가 임금을 시해하였기로 이렇게 와서 죄를 묻는 것이다. 이제 귀국에 들어와 전쟁을 하는데 말 먹일 꼴과 식량을 공급할 수 없어 몇 곳을 불태우고 노략질을 했을 뿐이다. 귀국이 예를 갖추어 수교修交를 기다린다면 반드시 돌아갈 것이다."

이에 연수가 말하였다.

"좋다. 그대들 군사가 30리를 물러난다면 내가 장차 우리 황제(보장제)를 만나 뵈리라. 그러나 막리지는 우리나라의 주석柱石이고, 군법이 있으니 여러 말이 필요 없다. 너희 임금 세민은 아버지를 폐하고 형을 죽이고, 음란하게도 아우의 아내를 취하였으니 이것이야말로 가히 죄를 물을 만하다. 이대로 전하여라."

이에 사방으로 감찰관을 보내어 수비에 더욱 힘쓰게 하고, 산을 의지해 스스로 견고히 하고 적의 허점을 틈타 기습하였다.

세민이 온갖 꾀를 다 내어 보아도 아무 방법이 없었다. 요동으로 출병하여 전쟁에 진 것을 몹시 한탄하였으나, 후회해도 소용이 없었다.

중화사필의 역사 왜곡 : 위국휘치爲國諱恥

류공권柳公權의 소설에, "당나라의 6군六軍은 고구려가 세를 타게 되자 장수들이 전공을 떨치지 못하였고, 척후병斥候兵이 와서 영공英公(이세적)의 군기가 흑기에 포위당했다고 보고하니, 세민이 크게 두려워하였다"라고 쓰여 있다.

류공권(1132~1196) | 고려 중기의 명신. 문학과 서예에 능했다.

척후병 | 적군의 상황이나 적지의 지형 따위를 정찰하고 탐색하는 임무를 맡은 병사.

흑기 | 흑색 깃발. 고구려의 군기. 당군은 붉은 깃발[赤旗]. 수극화水克火의 이치가 담겨 있다.

이세민이 비록 탈출을 하였으나 위태롭고 두려워함이 이러하였던 것이다. 『신·구당서新舊唐書』와 사마공司馬公의 『통감通鑑』에 이러한 사실을 적지 않은 것은, 자기 나라를 위해서 수치스런 일을 숨기려 한 것이 아니라고 어찌 말할 수 있겠는가?

이세적이 세민에게 말하기를,

"건안建安은 남쪽에 있고 안시는 북쪽에 있습니다. 아군의 군량은 이미 요동(지금의 창려)으로 수송할 길을 잃었습니다. 지금 안시를 넘어 건안을 치다가 만약 고구려가 군량을 수송하는 길을 끊는다면 대세가 반드시 궁하게 될 것이니 먼저 안시를 치는 것만 못할 것입니다. 안시가 함락되면 북을 두드리며 여유있게 가서 건안을 빼앗으면 될 것이옵니다."라고 하였다.

안시성 사람들이 멀리서 세민의 깃발과 일산(황제가 행차할 때 받치던 의장 양산)을 바라보고, 성에 올라 북을 치고 고함을 질렀다. 침을 뱉으며 세민을 욕하고 그의 죄목을 하나하나 짚어가며 군중에게 고하였다. 이에 세민이 노기가 극도에 달하여, 성이 함락되는 날에는 남녀 모두 생매장시킬 것이라 하였다. 안시성 사람들이 이 말을 듣고 더욱 굳건히 지키므로 공격을 해도 함락되지 않았다.

이때에 수군 제독 장량張亮의 군사는 사비성沙卑城에 있었는데 그들을 부르려다 시행하지 못하고 망설이는 사이에 기회를 잃고 말았다. 장량은 병력을 이동시켜 오골성烏骨城을 습격하려 하였으나 오히려 관병에게 패하고 말았다.

이도종李道宗 역시 험준한 길을 만나 군세를 떨치지 못했다. 상황이 여기에 이르자 당나라 여러 장수의 의견이 서로 갈라졌다. 세적은 홀로, "고구려는 나라의 온 힘을 기울여 안시성을 구하려 하니, 안시를 버리고 곧장 평양을 치는 것만 못하다."고 생각하였다.

장손무기長孫無忌는 이렇게 생각하였다.

천자가 친히 정벌에 나섬은 여러 장수와는 달라 위험을 무릅쓰고 요행을 바라서는 안 된다. 지금 건안建安·신성新城에 있는 적군의 무리가 수십만이요, 고연수가 거느린 말갈 군사 또한 수십만이다. 만약 국내성 군사가 오골성을 돌아서 낙랑의 여러 길의 험한 곳을 차단한다면, 적의 세력은 날로 강해져서 우리를 포위하고 압박하여 급하게 될 것이다. 우리가 적을 갖고 놀려고 하다가는 뉘우쳐도 소용없을 것이다. 먼저 안시를 공격하고 다음에 건안을 취하는 것만 못할 것이다. 그 다음에 멀리 적을 몰아쫓으며 진격하는 것이 만전의 계책이다."

이 문제가 아직 결론이 나지 않았는데, 안시성주 양만춘이 그 사정을 듣고 야밤을 틈타 수백 명의 정예 군사를 거느리고 성에서 줄을 타고 내려가 공격하였다.

적진에서는 서로 짓밟혀 죽고 상처를 입은 자가 매우 많았다.

세민이 이도종을 시켜 성의 동남쪽 모퉁이에 흙으로 산을 쌓게 하였는데 우리 군사가 성 한 귀퉁이가 무너진 곳으로 나와 쳐서 드디어 토산을 빼앗았다. 거기에 참호를 만들어 지키니 군세를 더욱 떨쳤다. 이리하여 당나라 모든 진영은 싸울 생각을 거의 잃어버렸다. 부복애傅伏愛는 전쟁에 패한 책임으로 참수당하고, 도종과 그 부하들은 모두 맨발로 나아가 죄를 인정하고 처벌을 기다렸다.

양만춘의 대승

막리지(연개소문)가 기마병 수백을 거느리고 순시하다가 난하灤河 언덕에서 멈추고 전황을 자세히 물은 뒤에, 사방에서 총공격하라고 명하였다. 연수 등이 말갈 군사와 함께 양쪽에서 협공하고, 양만춘이 성에 올라 싸움을 독려하니 사기가 더욱 높아져서, 하나가 백을 당하는 용맹스러움을 보이지 않는 자가 없었다.

세민이 스스로 울분鬱憤을 참지 못하고 감히 나서서 결판을 내려 하였다. 이때 양만춘이 소리를 지르며 활시위를 팽팽하게 당겼다. 세민이 진을 나서다가 공중을 가르며 날아온 화살에 맞아서 왼쪽 눈이 빠져 버렸다.

세민이 어찌 할 바를 모르고 군사들 틈에 끼어 달아나며, 세적과 도종에게 명하여 보병·기병 수만 명을 거느리고 후군으로 따르게 하였다.

요택에 이르자 진창 때문에 군마의 행군이 어려워 장손무기에게 명하여 1만 명을 거느리고 풀을 베어서 길을 메우고 물이 깊은 곳은 수레로 다리를 만들게 하였다. 세민 자신도 스스로 말채찍으로 땔나무를 묶어 일을 도왔다.

겨울 10월에, 포오거蒲吾渠에 이르러 말을 쉬게 하고 길 메우는 일을 독려督勵하였다.

모든 군사가 발착수渤錯水를 건널 때에 거센 눈보라가 몰아쳐 군사들을 적시니 죽는 자가 많았다. 이에 길에 불을 피우게 하고 기다렸다.

연개소문의 장안 입성과 환단 이래 실지 회복

이때 막리지 연개소문이 싸움에 이긴 김에 계속 휘몰아쳐서 급히 이들을 뒤쫓았다. 추정국鄒定國은 적봉赤峰에서 하간현河間縣에 이르고, 양만춘은 곧바로 신성新城을 향하며 군세를 크게 떨쳤다. 많은 당나라 군사가 갑옷과 무기를 버리고 달아나, 바야흐로 역수易水를 건너려 하였다.

이때 막리지가 연수에게 명하여 용도성桶道城을 개축하게 하였는데, 용도성은 지금의 고려진이다. 또 전군을 나누어 보내되, 일군은 요동성을 지키게 하니 그곳은 지금의 창려昌黎이고, 일군은 세민의 뒤를 바짝 쫓게 하고, 또 일군은 상곡上谷을 지키게 하니 상곡은 지금의 대동부大同府이다.

이에 세민이 궁지에 몰려 어찌할 바를 모르고 사람을 보내어 항복을 받아 달라고 애걸하였다. 막리지가 정국, 만춘 등의 기병 수만을 거느리고 성대하게 의장儀仗을 갖추어 북 치고 나팔 부는 군악대를 앞세우고 장안에 입성하였다. 세민과 더불어 약정約定하여, 산서성·하북성·산동성·강좌江左가 모두 고구려에 속하게 되었다.

중국 본토까지 뻗었던 백제, 신라의 영토

이보다 먼저 고구려는 백제와 밖에서 서로 경쟁하며 공존하였다.

요서 땅에 백제의 영지가 있었는데, 곧 요서遼西·진평晉平이고, 강남에는 월주越州가 있었으니, 여기에 소속된 현은 첫째 산음山陰, 둘째 산월山越, 셋째 좌월左越이다.

(21세 문자제) 명치 11년(단기 2834, 501) 11월에 이르러, 월주를 쳐서 취하고 군현의 이름을 바꾸어 송강松江(지금의 상해)·회계會稽(지금의 절강성 소흥현)·오성吳城·좌월·산월·천주泉州(지금의 복건성 복주福州 서남쪽)라 하였다.

명치 12년(단기 2835, 502)에 신라 백성을 천주로 옮겨 그곳을 채웠다. 이 해에 백제가 조공을 바치지 아니하므로 군대를 보내

강좌 | 지금의 강소성江蘇省 등 양자강 하류 북쪽 지역을 말한다(『중문대사전』 권5). 일찍이 고운孤雲 최치원崔致遠은 단군 이후 다시 중원 대륙의 옛땅을 회복하여 통치한 고구려·백제의 위용을 사실史實 그대로 직필直筆하여 후세에 전하였다.

요서 | 중국 본토에 있던 백제 식민지. 요서군은 지금의 하북성 난하(당시의 요수) 서쪽 하북성 일대에 있었고, 약 200년간 백제가 통치하였다.

월주 | 지금의 절강성 소흥현紹興縣이다.

산음 | 진秦나라 때 설치한 현으로, 수隋 때 폐하여 회계현會稽縣에 귀속되었다가 지금은 회계현과 함께 절강성 소흥현이 되었다.

진평 | 남중국 광서 장족 자치구 옹령현으로, 홍콩에서 서쪽으로 수백 킬로미터를 더 가는 곳이다. 현재 시내 곳곳에 백제향百濟鄕이라는 지명이 남아 있다. 현지 주민들은 서낭당, 솟대, 강강술래와 비슷한 춤, 김치, 전남 지역에서만 보이는 독특한 맷돌, 정월 보름과 단오절 축제, 능숙한 궁술 등 한민족 문화의 기풍을 고스란히 간직하고 있다(윤내현, 『한국열국사연구』, 402쪽; 이도학, 『새로 쓰는 백제사』, 368~369쪽). KBS 취재팀이 답사한 바로는 광서 장족 자치구 도북 경계에 후백제의 수도와 이름이 같은 전주全州라는 도시가 있을 뿐 아니라 금산사金山寺, 한벽루, 기린봉 등 호남 전주全州에 있는 건물과 땅 이름이 그대로 옮겨져 있다. 옹령현 지역의 백제계 주민들은 백제와 동일한 문화를 공유하였던 것이다.

연개소문의 누명을 벗긴다

연개소문淵蓋蘇文(?~665?)은 과연 어떤 인물이었을까?

김부식은 『삼국사기』에서 연개소문은 임금을 죽인 역적이며 고구려의 멸망을 초래한 장본인이라 기록하였다. 이러한 내용이 현 역사 교과서에 그대로 실려 있다. 그 진실은 무엇일까?

『환단고기』「고구려본기」의 기록을 간추리면, 고구려 영류왕(27대)은 즉위하기 전부터 연개소문의 북벌정책에 반대하고, 당나라에 대해 굴욕적인 자세로 일관하였다. 영류왕은 왕위에 오르자 그때까지 고구려 제왕들이 남긴 모든 신교의 법을 버리고, 당나라에서 도교를 수입하여 백성들에게 퍼뜨렸다. 그리고 수십만의 백성을 동원하여 무리하게 천리장성을 쌓았다. 이에 연개소문이 왕에게 도교 강론과 장성 쌓는 일을 중지할 것을 청원하였다. 임금은 이를 매우 언짢게 생각하고 대신들과 함께 비밀리에 연개소문을 죽이려 하였다. 이를 안 연개소문은 술과 음식을 차려 놓고 열병식에 대신들을 초대하여 모두 죽여 버렸다. 이 소식을 들은 영류왕은 몰래 달아나다가 송양에 이르러 병사를 모집하였다. 그러나 한 사람도 따르지 않자 부끄러움을 이기지 못하여 자결하고 말았다.

연개소문은 왕의 조카를 보장왕(28대)으로 세우고, 자신은 대막리지大莫離支가 되어 강경한 대외 정책을 써서 신라와 당에 맞섰다. 그 후 보장왕 4년(645)에 당태종 17만 대군이 쳐들어오자 안시성에서 이를 물리쳐 당 태종에게 굴욕을 안겼다.

그런데 철저한 사대주의를 바탕으로 우리 역사를 기록한 김부식은, 강렬한 자주정신으로 영류왕을 스스로 자결하게 하고 보장왕을 세운 연개소문을, 권력에 눈이 멀어 임금을 시해한 흉악하고 잔포한 인물로 그려 놓았다. 신라 귀족의 후손인 그는 또 신라 통일을 정당화하면서 당시 중국을 위협하던 고구려를 적대국으로까지 표현하였다. 이러한 기록 때문에 연개소문은 부당하게도 20여 년간 당의 침략에 맞서 싸우며 고구려를 지킨 업적을 제대로 인정받지 못하였다.

하지만 일제강점기에 단재 신채호는 『조선상고사』에서 연개소문을 위대한 혁명가라 하였으며, 박은식은 『천개소문전』에서 독립 자주의 정신과 대외경쟁의 담략을 지닌 역사상 일인자라고 평가하였다. 유교사상의 지배를 받던 조선시대까지 죄인으로 평가받던 연개소문이 민족의 자주정신이 요구되던 일제강점기에 와서 자주적인 혁명가로 재평가된 것이다. 이제 『환단고기』를 통해 그동안 연개소문에게 씌워졌던 누명을 깨끗이 벗긴다.

인물 돋보기

❀ **연개소문(603~657)** | 불교·도교 등 외래 종교 사상을 배격하고 고유한 신교 문화의 상무尙武 정신을 크게 떨친 희대의 대영걸이다. 연개소문은 당대 최고 병법가이기도 했다. 중국 역사상 최고 영주英主 중의 한 사람으로 숭앙 받는 당 태종도 고구려를 정벌하려다 연개소문의 신출귀몰한 전략에 말려들어 끝내 절명하고 말았다. 이에 대해 단재 신채호는 "당 태종 때의 명장인 이정李靖은 연개소문에게서 병법을 배워 당나라의 제1 명장이 되었고, 그가 지은 『이위공병법李衛公兵法』은 중국에 이름 높은 7종種의 병법서 중 하나로 손꼽힌다. 그 원문에는 연개소문에게 병법을 배운 이야기를 자세히 쓰고, 그뿐 아니라 연개소문을 숭상한 고어가 많다"고 하였다(신채호, 『조선상고사』). 지금도 연개소문은 대만에서 '중국을 응징한 무서운 혁명가'로 추앙 받고 있다.

연개소문에 대한 왕개보의 인물평

왕개보王介甫가 이렇게 말했다.

"연개소문은 범상한 인물이 아니라 하더니 과연 그렇다. 막리지(연개소문)가 살아 있을 때는 고구려와 백제가 함께 건재健在하였으나, 막리지가 세상을 뜨자 백제와 고구려가 함께 망하였으니, 막리지는 역시 걸출傑出한 인물이로다."

막리지가 임종에 남생男生, 남건男建을 돌아보며 이렇게 말하였다.

"너희 형제는 사랑하기를 물과 같이 하여라. 화살을 묶으면 강하고 나누면 꺾어지나니, 부디 이 유언을 잊지 말고 천하 이웃 나라 사람들의 웃음거리가 되지 않도록 하여라."

때는 개화 16년(28세 보장제, 단기 2990, 657) 10월 7일이었다. 묘는 운산의 구봉산에 있다.

요동과 요서의 고구려 영토

고려진은 북경 안정문安定門 밖 60리쯤에 있다. 안시성은 개평부開平府 동북쪽 70리에 있는데, 지금의 탕지보湯池堡이다. 고려성은 하간현河間縣 서북쪽 12리에 있다.

모두 태조 무열제(6세, 단기 2386~단기 2479, 53~146)께서 쌓으신 것이다.

이방인이 노래한 고려성의 옛 추억

당나라 사람 번한樊漢이 「고려성 회고시」 한 수를 지어 세상에 전하니 이러하다.

고려성 | 추정국이 회복한 하간현 고려성은 답사 결과 실제로 존재한 사실이 확인되었다. 고려성에 대한 기록은 『환단고기』의 사료적 가치를 밝히는 중요한 요소이다. 1991년에 현지를 답사한 중국 교포가 『태백일사』의 기록대로 하간현에서 성터를 발견했는데 현지 주민들은 그것이 고려성이라는 것을 생생하게 전했다고 했다.

외진 땅에 성 문 열리고
구름 숲 속으로 성 위 담장은 길게 이어졌네.
물은 맑아 저녁 노을 반짝이고
어둠 깃든 모래 땅엔 별빛이 비치네
북소리 둥둥 울리니 구름도 따라 일고
새로 핀 고운 꽃은 흙을 털고 단장했네
슬그머니 하루아침에 저자거리로 바뀌어
피리 나팔 소리 다시 들을 길 없구나.
누런 흙먼지 속 무성한 가시나무,
옛 길 옆에는 쑥대만 우거져 있네
무상한 세월의 티끌 아름답던 비취 묻어 버렸고
거친 언덕엔 소와 양이 오르는구나.
화려하던 옛 시절 이미 사라졌는데
깊어 가는 가을 소리에 기러기만 나는구나.

내가 비록 글재주는 없으나 그 운韻을 따라 한 수 읊는다.

요서에 옛 성터 아직 남아 있으니
생각컨대 명성 높은 나라의 운수 틀림없이 길었으리.
연나라 험한 산에 전쟁도 많았지만
요하의 도도한 물결은 하늘빛 같네.
바람 불어 나무는 빈 골짜기에서 춤추고

학은 자태를 꾸미며 높은 나무에서 우는구나.

변방을 지키던 방패와 깃발 하루저녁에 바뀌어

값을 외치는 장사꾼 방울소리 처량하게 들리네.

연(하북산서)과 양(감숙)은 본래 우리 땅으로

관병이 오래도록 지키며 말 먹이던 곳이지.

영웅은 다시 오지 않고 그때 일은 아득하니

양떼 내몰듯 도둑떼 몰아낼 날 다시 없을 것인가.

이제 와 옛일 한없이 슬퍼하는 나의 마음을

만 리 길 떠나는 핵랑의 노자로나 쓰시게.

요서 지방에 10성을 쌓음

『조대기朝代記』에 이렇게 기록되어 있다.

태조 융무 3년(6세 태조 무열제, 단기 2388, 55), 요서에 10성을 쌓아 한나라의 침략에 대비하셨다.

그 10성은 이러하다.

첫째는 안시성安市城이니, 개평부에서 동북쪽으로 70리 떨어진 곳에 있고,

둘째는 석성石城이니, 건안성에서 서쪽으로 50리 떨어진 곳에 있고,

셋째는 건안성建安城이니, 안시성에서 남쪽으로 70리 떨어진 곳에 있고,

넷째는 건흥성建興城이니, 난하의 서쪽에 있고,

다섯째는 요동성遼東城이니, 창려의 서남쪽 경계에 있고,

여섯째는 풍성豊城이니, 안시성에서 서북쪽으로 100리 떨어진 곳에 있고,

일곱째는 한성韓城이니, 풍성에서 남쪽으로 200리 떨어진 곳에 있고,

▶이는 고구려가 초기에 이미 중국 한나라의 수도인 낙양 가까이에 있는 태원까지 깊숙이 쳐들어가 점령할 정도로 국력이 강성했음을 단적으로 보여 준다. 이 같은 고구려의 요서 지방 경략經略에 대해 현재 국사학계에서는 해명조차 못하고 있다.『삼국사기』「고구려본기」모본왕 조와 중국의 정사正史인『후한서』「동이전」고구려 조에는 이러한 사실을 "光武…二十五年春, 高句麗 右北平·漁陽·上谷·太原, 東太守蔡彤以恩信招之, 皆復款塞."이라 기록하였다.

여덟째는 옥전보玉田堡이니, 옛날의 요동국으로 한성에서 서남 쪽으로 60리 떨어진 곳에 있고,

아홉째는 택성澤城이니, 요택성에서 서남쪽으로 50리 떨어진 곳에 있고,

열째는 요택성遼澤城이니, 황하 북류의 왼쪽 언덕에 있다.

융무 5년(단기 2390, 57) 봄 정월에, 또 백암성白岩城과 용도성桶道城을 쌓으셨다.

『삼한비기三韓秘記』에 이렇게 기록되어 있다.

「구지舊志」에 말하기를, 요서에 창료현昌遼縣이 있는데, 당나라 때 요주遼州로 고쳤다. 그곳 남쪽에 갈석산碣石山이 있고, 그 아래가 곧 백암성이다. 당나라 때 암주岩州라 부른 곳이 이곳이다.

건안성은 당산唐山 경계 안에 있고, 그 서남은 개평開平인데 일명 개평蓋平이라 하였으니, 당나라 때 개주蓋州가 이곳이다.

『자치통감資治通鑑』에는 이렇게 기록되어 있다.

현도군*은 유성과 노룡* 사이에 있다.『한서漢書』에 '마수산馬首山이 유성 서남에 있는데 당나라 때 여기에 토성을 쌓았다'고 하였다.

요서10성

요령성 요양 연주성. 고구려성의 특징이 잘 나타난 석성이다.

개국 공신 연타발

연타발*은 졸본 사람이다. 남북 갈사葛思*를 오가면서 이재理財 (재물 관리)를 잘하여 부자가 되어 엄청난 돈을 모았는데 남 몰래 주몽을 도와 창업의 기틀을 마련하고 도읍을 세우는 데 큰 공을 세웠다.

뒤에 무리를 이끌고 구려하九黎河*로 옮겨 물고기와 소금을 사고 팔아 이익을 얻었다. 고주몽 성제가 북옥저*를 칠 때 양곡 5천 석을 바쳤다.

눌견訥見으로 도읍을 옮길 때 연타발이 먼저 양곡을 자원하여 바치고 떠도는 백성을 불러 모아 어루만져 위로하며 임금의 일을 부지런히 도왔다. 그 공덕으로 좌원坐原*에 봉토를 얻었다. 여든에 죽으니, 때는 평락平樂 13년(단기 2309, 기원전 25) 병신년 봄 3월이었다.

백제의 시조와 건국 과정

소서노와 두 아들의 자립

고주몽이 재위할 때 일찍이 말하기를, "만약 적자(정실 부인이 낳은 아들) 유리가 오면 마땅히 태자로 봉할 것이다"라고 하셨다. 소서노召西弩는 장차 자신의 두 아들(비류와 온조)에게 이롭지 못할 것을 염려하다가, 단기 2292, 기원전 42년(경인) 3월에 사람들에게서 **패대**浿帶의 땅이 기름지고 물자가 풍부하다는 말을 듣고, 남쪽으로 달려가 진辰·번番(옛 진한과 번한) 사이에 있는 바다 가

아하! 그렇구나

패대 | 소서노가 건설한 왕국이 자리한 패·대浿帶(浿水와 帶水) 지역은 지금의 중국 하북성 난하 부근 일대이다. 바로 이곳이 백제 건국의 시원지이다. 얼마 뒤에 백제의 시조 온조가 그곳에서 한반도로 옮겨 와서 백제를 다시 건국했다.

까운 외진 땅에 이르렀다.

소서노가 어하라로 봉해지고 비류가 그 뒤를 계승함

그곳에 산 지 10년 만에 밭을 사서 장원(개인 땅)을 두고 재산을 모아 수만 금에 이르니 원근에서 소문을 듣고 찾아와 따르는 자가 많았다. 남으로 대수帶水에 이르고 동으로 큰 바다에 닿는, 5백 리 되는 땅이 모두 그의 소유였다.

그리고 주몽제朱蒙帝에게 사람을 보내어 글을 올려, 섬기기를 원한다고 했다. 임금이 매우 기뻐서 칭찬하시고 소서노를 책봉하여 **어하라**於瑕羅라는 칭호를 내리셨다. (어하라 재위) 13, 단기 2315, 기원전 19년(임인)에 이르러 소서노가 세상을 떠나고 태자 비류沸流가 즉위하였다. 그러나 따르는 사람이 없었다.

어하라 | 백제 건국 과도기에 고주몽성제가 내린 왕의 호칭. 백제의 시초는 고구려의 제후로 시작되었음을 알 수 있다.

온조의 백제 건국

이때 마려馬黎 등이 온조溫祚에게 이르기를, "신들이 듣기로 마한의 쇠망이 임박하였다 하니 가서 도읍을 세울 때라 생각하옵니다." 하니, 온조가 "좋다." 라고 하였다. 이에 배를 만들어 바다를 건너 먼저 마한의 미추홀彌鄒忽(지금의 인천 부근)에 이르러 사방을 돌아다녀 보았으나 텅 비어 사는 사람이 없었다.

오랜 뒤에 드디어 한산漢山에 이르러 부아악負兒岳에 올라 살 만한 땅을 찾아보았다. 그때 마려馬黎, 오간烏干 등 신하 열 명이 간하였다.

"오직 이곳 하남河南 땅은 북으로 한수漢水를 끼고, 동으로 높은 산이 자리잡고, 남쪽으로 기름진 평야가 열리고, 서쪽은 큰 바다(황해)가 가로막고 있습니다. 이곳은 하늘이 만든 험한 지형과 땅의 이로움이 얻기가 어려운 형세이오니, 마땅히 이곳에 도읍을 정하는 것이 옳을 것입니다. 다른 곳을 더 찾지 마옵소서."

온조가 신하 열 명의 의견을 좇아 드디어 하남 위지성慰支城에

알아봅시다!

❀ **백제 국호의 유래** | 백제라는 나라 이름의 유래에 대해서는 여러 가지 설이 있다. 먼저 중국의 『북사北史』와 『수서隋書』 「백제전」에 따르면, 백제라는 이름은 '백가百家가 바다를 건넜다' 고 해서 붙여졌다고 하였다. 또 『삼국사기』에서는 온조가 처음 위례성에 도읍할 때 10인의 신하가 도왔으므로 처음에 국호를 십제十濟라 하였다가 뒤에 온조의 형 비류가 죽고 그 백성이 온조에게 귀복하고 나서 백제百濟로 고쳤다고 하였다. 또한 백제를 건국한 온조의 이름을 따서 '온' 은 백百이란 뜻의 고유어 백제라고 했다는 주장도 있다. 그러나 「삼한관경본기」에서 살펴보았듯이 고조선 번한 초대 임금 치두남이 요중遼中에 쌓은 12성 가운데 '백제' 라는 성이 있었으므로 소서노가 대방 고지의 백제 땅에 정착한 것이 계기가 되어 훗날 백제가 건국되었다고 보는 것이 합당할 것이다.

도읍을 정하고, 국호를 백제百濟라 하였다. 백 사람이 건너왔기 때문에 그렇게 부른 것이다. 뒤에 비류가 세상을 떠나자 그 신하와 백성이 그 땅을 바치며 복종했다.

신라의 기원과 박혁거세의 혈통

사로斯盧의 첫 임금(박혁거세)은 선도산仙桃山 성모聖母의 아들이다. 옛적에 부여 황실의 딸 파소婆蘇가 지아비 없이 잉태하여 남의 의심을 사게 되었다. 이에 눈수嫩水에서 도망하여 동옥저東沃沮에 이르렀다가 또 배를 타고 남쪽으로 내려가 진한辰韓의 나을촌奈乙村에 이르렀다.

그때에 소벌도리蘇伐都利라는 자가 이 소식을 듣고 가서 아이를 집에 데려다 길렀다. 나이 13세가 되자 뛰어나게 총명하고 나이에 비해 성숙하며 성덕이 있었다. 이에 진한 6부가 함께 받들어 거세간居世干이 되었다. 서라벌徐羅伐(지금의 경주)에 도읍을 세워 나라 이름을 진한辰韓이라 하였고, 사로라고도 하였다.

인물 돋보기

❀ 파소婆蘇 | 신라 시조 박혁거세의 어머니. 파소가 부여 황실의 딸이었다는 본서 『환단고기』의 기록은 '신라가 부여에서 나왔다'는 사실을 처음으로 밝혀 주는 획기적인 내용이다.

『삼국유사』에는 "선도산仙桃山 신모神母는 본래 중국 황실帝室(한漢나라 8세 소제昭帝나 9세 선제宣帝)의 딸이었는데 이름은 사소娑蘇였다."라고 하였으며, 또 사소가 처음 중국에서 진한辰韓에 와서 박혁거세를 낳았다고 기록하여 파소와 박혁거세의 혈통을 중국 한족 혈통으로 왜곡시켜 놓았다.

그러나 정작 중국 사서에 그런 기록은 어디에도 없다. 본서 『태백일사』 「고구려국본기」에서 명확히 밝힌 바와 같이 파소와 박혁거세는 부여 황실의 혈통이다. 이러한 사실은 『삼국사기』 「신라본기」에도 "이보다 먼저 조선의 유민이 이곳에 와서 산골짜기에 흩어져 살면서 여섯 촌락을 이루고 있었다."라고 한 데서도 명확히 알 수 있다.

왜와 고구려의 관계

큐슈·대마도는 본래 삼한이 다스린 땅

임나[*]는 본래 대마도의 서북 경계에 위치하여 북쪽은 바다에 막혀 있다. 다스리는 곳을 국미성國尾城이라 했다. 동쪽과 서쪽 각 언덕에 마을이 있어 혹은 조공을 바치고 혹은 배반하였다.

뒤에 대마도對馬島 두 섬[*]이 마침내 임나의 통제를 받게 되어 이때부터 임나는 대마도 전체를 가리키는 이름이 되었다.

옛날부터 **큐슈와 대마도는 삼한이 나누어 다스린 땅**으로, 본래 왜인이 대대로 산 곳이 아니다.

임나가 또 나뉘어 삼가라가 되었는데, 이른바 가라라는 것은 중심이 되는 읍[首邑]을 부르는 이름이다.

이때부터 삼한三汗(삼가라의 왕)이 서로 다투어 오랜 세월이 지나도록 화해하지 못하였다. 좌호가라佐護加羅가 신라에 속하고, 인위가라仁位加羅가 고구려에 속하고, 계지가라鷄知加羅가 백제에 속한 것은 이 때문이다.

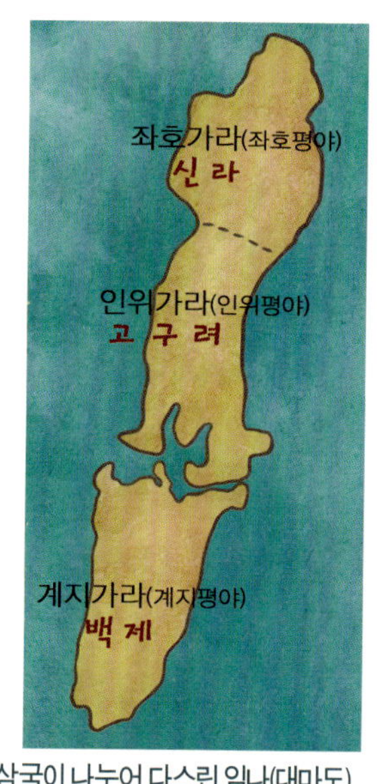

삼국이 나누어 다스린 임나(대마도)

고구려의 식민지, 왜의 전 영역

영락永樂(광개토열제) 10년(단기 2733, 400)에 삼가라가 모두 고구려에게 귀속되었다. 이때부터 **바다와 육지의 여러 왜倭를 모두 임나에서 통제하여 열 나라로 나누어 다스리면서 연정聯政**이라 했다.

그러나 고구려에서 직접 관할하였으므로 열제의 명령 없이 마음대로 하지는 못하였다.

일본의 역사 왜곡의 핵심, 허구의 '임나일본부설'

임나일본부란 일본이 조작해 낸 한민족 통치기구 이름이다. 즉, 일본이 4세기 중엽부터 6세기 중엽까지 약 200년 동안 '임나'에 통치 기구인 일본부를 설치하고 한반도의 남쪽을 지배했다는 것이다. 『일본서기』를 보면 '신공황후神功皇后가 보낸 왜군이 369년에 한반도에 건너와 7국國과 4읍邑을 점령하였다. 그리고 이 지역을 통치하기 위해 임나(가야)에 일본부를 설치하였으며, 562년 신라에 멸망하였다'고 하였다.

이것은 결코 진실일 리 없다. 4세기 중반, 왜倭(일본의 옛 이름)는 100여 개의 작은 나라로 나뉘어 백제의 통제를 받는 속국이었다. 그런 작은 나라의 여왕이 신라, 가야는 물론 동북아의 강대국이던 백제를 정복하고 지배했다는 것이 말이 되는가.

그들은 이 주장을 뒷받침하기 위해 신공황후가 『삼국사기』에 나오는 히미코卑彌呼라 하였다. 그러나 실제 『삼국사기』에 나오는 히미코는 2세기 인물이고, 『일본서기』의 신공황후는 3세기 인물로 247년에 사망했다. 그 인물들은 연대상으로 볼 때 임나일본부와 전혀 연관성이 없다. 일본학계에서도 '신공황후는 실존 인물이 아니며 삼국을 정벌하여 임나일본부를 설치했다는 것은 도저히 믿을 수 없는 허구'라는 주장이 많다.

또 '일본'이란 이름은 백제가 망한 지 10년 뒤(670년)에야 쓰기 시작한 것이다. 그러니 그보다 300여 년 전에 '일본'이란 이름이 들어 간 '일본부'가 있을 수 없지 않은가.

그럼에도 일본은 19세기 말, 조선을 침략할 때 다시 이것을 이용하였다. 과거에 그들 조상이 한반도를 지배하였으니, 근대에 이르러 일본이 한반도를 식민지로 삼는 것은 침략이 아니라 옛 땅을 회복하는 일이라 한 것이다. '임나일본부'는 일제의 한반도 침략과 식민지 지배를 정당화, 합리화시키려는 조작극에 불과한 것이다.

아유타국은 어디인가?

아유타阿踰佗는 『삼국유사』에서 서역西域(인도)이라 하였으나, 이제 모든 고기古記를 살펴보면 아유타는 지금의 섬라暹羅(태국)이다. 그렇다면 인도의 아유타인이 혹시 대식국大寔國의 침입을 받고 쫓겨나서 이곳(태국)에 이르러 살게 되었던 것일까?

이명李茗의 『진역유기震域留記』에는 이렇게 기록되어 있다.

옛적에 백제 상인들이 바다로 아유타에 가서 재물과 보화를 많이 싣고 돌아올 때, 그곳 사람도 백제 사람을 따라 왕래하여 날로 교류가 친밀해졌다. 그러나 그 풍속이 겁이 많고 싸움에 익숙하지 않아서 남의 제재를 많이 받았다.

아하! 그렇구나

백제의 해상 교역 | 백제는 아유타는 물론 섬라(태국), 부남국(캄보디아)과 교역했으며 이 무역로를 따라 승려 겸익이 인도에 가서 불경을 갖고 왔다. 심지어 백제는 필리핀 군도를 식민지로 삼아 무역 기지로 삼았다. 중국 낙양에서 발견된 백제 장수 흑치상지黑齒常之 묘지석墓誌石에 따르면 그 가문은 부여씨 왕족이었지만 흑치에 분봉된 관계로 그 지명을 따서 성씨를 삼았다고 했다. 흑치는 바로 필리핀이다(이도학, 『한국고대사, 그 의문과 진실』, 184쪽).

신교와 유불선의 정수 집대성 : 다물흥방가

또 이렇게 기록되어 있다.

평양에 을밀대乙密臺가 있는데, 세상에 전하기를 을밀선인乙密仙人이 세운 것이라 한다.

을밀은 안장제安臧帝(519~531) 때 조의선인으로 뽑혀 나라에 공을 세웠는데, 본래 을소乙素의 후손이다. 을밀은 집에서 글을 읽고 활쏘기를 익히고 **삼신을 노래**하였다. 그리고 사람들을 받아들여 수련시키고, 정의와 용기로 나라를 위해 힘을 다하였다. 그리하여 당대에 이름난 조의皂衣가 되었고, 따르는 무리가 3천이었다.

가는 곳마다 이들이 구름처럼 모여서 함께 「**다물흥방가**」를 불렀다. 이렇게 하여 자신의 몸을 던져 의를 다하는 기풍을 고취하였다.

그 노래는 이러하다.

먼저 가신 선령님은 우리 삶의 법이시고
뒤에 오는 자손들은 조상님을 잘 받드네.
선령님을 본받음은 그 정신이 불생불멸
자손들 선령 위함 귀천이 어디 있나.

사람은 천지 중심 대천지와 하나이니
마음은 몸과 함께 온 우주의 근본이네.
사람이 태일됨에 차고 빔은 같은 경계
우주의 근본이라 신과 만물 둘 아니네.

참될 진은 온갖 선의 극치에 이름이네.
삼신님은 일심 중도 만사만물 주장하네.
참과 선의 극치에서 세 가지 참 귀일하고

하늘 아래 온 땅에서 오직 내가 있음이여!
옛 땅 옛 혼 다물하니 나라가 부흥하네.
스스로 생존함에 함이 없이 일을 하고
나라가 부흥함에 말이 없이 가르치네.

참 목숨이 크게 생함 성통광명 이유라네
들어와서 효도하고, 나가서는 충성하라.

광명하여 모든 선을 다 받들어 실행하고
효도 충성 다함으로 일체 악행 짓지 말라.

만백성의 정의로움 나라 위한 중한 마음
나라가 없다면 내가 어찌 살아가리.
백성에게 만물 있어 우리나라 복이 되고
이 나라에 혼이 있어 우리 백성 덕이 되네.

우리의 혼은 삼혼三魂이니 생함과 깨달음과
신령함이 예 있구나 삶과 지혜 닦아보세.
조화신이 머무는 천궁 이내 몸이여
몸과 영혼 함께 닦아 영원불멸 얻으리라.

우리의 자자손손 나라 잘 다스리고
대광명의 신교 배움 영원한 스승이네.
우리 자손 통일되면 모두가 잘 살리니
우리 스승 가르치심 새롭고도 새롭구나.

을밀선인이 일찍이 을밀대에 거주하며 오직 하늘에 천제 올리고 수련하는 것을 직분으로 여겼다. 대개 신선의 수련법은 참전으로 계율을 삼고 그 이름을 더욱 굳세게 지켜 서로 영광되게 하고, 나의 마음을 비워 만물을 살리고 몸을 던져 정의로움을 온전하게 하였다. 이로써 나라 사람들에게 본보기가 되었으니, 오랜 세월 동안 높이 우러러 받들어져 능히 감동을 불러일으키고 또한 인존人尊의 상징이 되었다. 후세 사람이 그 대를 을밀대라 불렀으니, 금수강산의 한 명승이다.

고구려 역사는 900년

현재 우리 학교에서 가르치는 대로라면 고구려의 역사는 약 700년이다. 이것은 『삼국사기』의 기록을 토대로 한 것이다. 『삼국사기』「고구려본기」는 고구려를 세운 주몽 이야기로 시작된다.

"동부여에서 도망쳐 나온 주몽이 불류수(비류수) 가에 정착하고 나라를 세운 것이 한나라 효원제 건소 2년이다."

한나라 건소 2년이라면 기원전 37년에 해당한다. 그러면 고구려가 나당 연합군에게 멸망한 것이 668년이니, 이 기록에 따르면 고구려 역사는 705년인 것이다.

그런데 『환단고기』를 보면 주몽은 해모수의 현손(5세 손)으로, 해모수를 태조로 모시고 북부여를 계승하여 고구려를 세웠다고 하였다. 그러므로 고구려 역사는 해모수가 나라를 세운 기원전 239년부터 서기 668년까지, 907년이 되는 것이다.

이런 까닭에 단재 신채호는 『조선상고사』에서 '『삼국사기』는 고구려 역사를 900년에서 200년 깎아내렸다' 고 주장하였다. 『삼국사기』에서 부정한, 『신당서』에 실린 '가언충의 고구려 900년 유국설留國說'을 받아들인 것이다. 가언충의 말을 들어보자.

"시어사侍御史 가언충賈言忠이 사신으로 왔다가 요동으로부터 돌아가니 당태종이 '고구려 군대는 어떠한가?' 하고 물었다. 이에 가언충이 다음과 같이 대답했다. 「고구려비기高句麗秘記」에 900년이 되기 전에 마땅히 팔십八十 대장이 멸망시킬 것이라고 하였는데, 고씨高氏(고구려)가 한나라 때부터 나라를 세워 지금 900년이 되었고 이적(당나라 장수)의 나이 80입니다.' "

이러한 사실은 광개토대왕비에 새겨진 '17세 손 광개토대왕' 이라는 기록의 수수께끼까지 속 시원히 풀어 준다.

『삼국사기』「고구려본기」에는 고구려왕의 계통이 분명히 나와 있다. 그 기록을 보면 광개토대왕은 주몽으로부터 13세 손이다. 그런데 5세기 초에 세워진 광개토대왕비 비문에는 '환지십칠세손국강상광개토경평안호태왕이라[還至十七世孫國罡上廣開土境平安好太王], 대대로 왕위를 계승하여 17세를 내려와 광개토대왕이 왕위에 올랐다' 고 새겨져 있는 것이다.

이것은 바로 북부여의 시조 해모수로부터 17세라는 뜻이다. 고주몽이 북부여를 계승하였으므로, 북부여와 고구려를 하나의 국통으로 본 것이다. 한마디로 고구려의 국통은 제1세 해모수 →제2세 고리국의 제후 고진(해모수의 둘째 아들)→제3세 고진의 아들→제4세 옥저후 불리지(고진의 손자)→제5세 고추모(고주몽, 불리지의 아들)로 이어져 내려왔으므로 광개토대왕이 해모수의 17세 손이 되는 것이다.

이렇게 『환단고기』는 고구려 국통의 뿌리가 북부여의 해모수이며, 이를 기점으로 왕통이 전승되었다는 것을 명확히 밝혀 주고 있다.

고구려인의 기상을 보여주는 무용총 수렵도

대 진 국 본 기
大震國本紀

■ 「대진국본기」는 일명 발해로 알려진 대진국의 건국과 흥망 과정을 상
  세히 기록하였다.

■ 고구려 멸망 후 진국장군 대중상이 후고구려를 세우고, 이어서 아들 대
  조영이 제위에 올라 나라 이름을 대진大震이라 하고 독자적인 연호를
  사용하였다.

■ 고구려의 옛 땅을 차지하고 6천리의 영토를 개척하여 나라가 융성해지
  자 천하가 해동성국이라 불렀다.

■ 「대진국본기」에는, 고구려 유민으로 당에 항거하여 제나라를 연 이정
  기에 대해 비교적 자세히 기록되어 있다.

대진[발해]

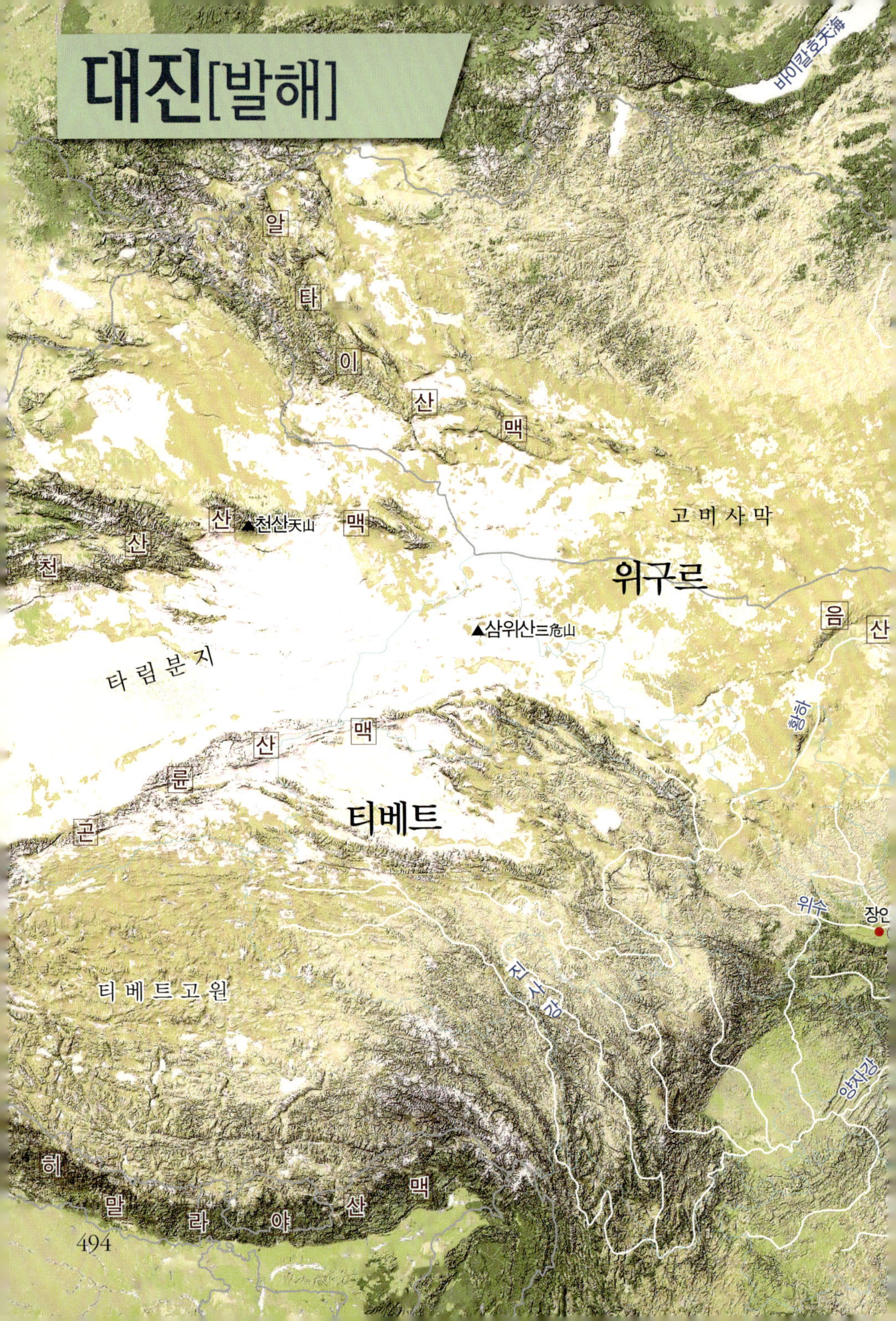

바이칼호天海
알
타
이
산
맥
산
맥
천산天山
고비사막
천
산
위구르
음
산
타림분지
▲삼위산三危山
산
맥
황
하
룬
곤
티베트
위슈
장안
티베트고원
진
사
강
양
자
강
허
말
라
야
산
맥

우루
개마
흑수말갈
회원부
막힐부
대
흥
안
령
압
수
철리부
조나
부여부
솔빈부
대
진
갈사
서경압록부
(임황)
맥
서압록(황수)
장춘
돈화
상경용천부
정리부
동평부
개원
혼하
중경현덕부
동모산
동경용원부(혼춘)
송막
장령부
심양
천문령
안변부
조양
백두산 (불함산)
영주 營州
백랑산
남경남해부
(해성)
동압록
안원부
계성
평양
덕원(천정군)
주 幽州
북경
발해
동해
하북 河北
대진 강역
대제 大齊
등주
내주
암연(옹진)
강릉(니하)
치박
산동 山東
태산 (대岱)
서해
신라
태원
금성(경주)
대마(임나)
서 山西
황하
일기국
낙양
쿠야본국
왜 倭
정주
이국(이세)
당
(618~907)
회수
고구려인 치청절도사
이정기의 대제大齊 영역
말로국
축자(이도국)
탐모라
대우국
아소산
안라
오몫
상해
종도
도산 塗山(회계산)
월越
남만 南蠻

대중상의 후고구려 건국

『조대기朝代記』에 이렇게 기록되어 있다.

개화開化* 27년(단기 3001, 668) 9월 21일, 평양성이 함락될 때 진국振國장군* 대중상大仲象이 서압록하西鴨綠河*를 지키다가 변이 일어났다는 소식을 들으셨다.

마침내 무리를 이끌고 험한 길을 달려 개원開原*을 지나는데, 소문을 듣고 따르기를 원하는 자가 8천 명이었다. 함께 동쪽으로 돌아가 동모산東牟山*에 이르러 웅거하고, 성벽을 굳게 쌓고 스스로 보전하여 나라 이름을 후고구려라 칭하고, 연호를 중광重光이라 하셨다. 널리 사람들에게 알리는 글을 전하니 이르는 곳마다 멀고 가까운 여러 성에서 합류하는 자가 많았다.

오로지 옛 영토를 회복하는 것을 자신의 소임으로 여기다가 중광 32년(단기 3032, 699) 5월에 붕어하시니, 묘호廟號는 세조世祖요 시호諡號는 진국열황제振國烈皇帝이시다.

성산자산성城山子山城(길림성 돈화시敦化市 현유진賢儒鎭)_대중상이 처음 나라를 세운 동모산으로 추정되는 곳.

대조영의 옛 고구려 영토 회복과 대진 건설

대조영이 제위에 오르고 국호를 대진이라 함

태자 조영祚榮이 부고를 전한 사자를 따라 **영주**營州 계성薊城에서 무리를 이끌고 와서 제위에 오르셨다(신시개천4596, 단기 3032, 699).

홀한성忽汗城을 쌓아 도읍을 옮기시고 10만 명의 군병을 모으시어, 그 위용과 명성을 크게 떨쳤다. 이에 정책을 정하고 제도를 세워 당唐을 적으로 삼고 항거하여 복수할 것을 맹세하셨다.

말갈 장수 걸사비우乞四比羽, 거란 장수 이진영李盡榮과 손을 잡고 군대를 연합하여 당나라 장수 이해고李楷固를 천문령天門嶺에서 대파하셨다. 여러 장수를 나누어서 군현을 두어 지키게 하시고, 떠돌아다니는 백성을 불러 어루만지고 보호하여 정착하게 하시니 백성의 신망을 크게 얻어 나라의 모든 기강이 새로워졌다. 이에 국호를 정하여 대진大震이라 하시고 연호를 **천통**天統이라 하셨다. 고구려의 옛 땅을 차지하시고 6천 리 땅을 개척하셨다.

주변 나라에서 조공을 바침

천통 21년(단기 3052, 719) 봄에, 대안전大安殿에서 붕어하시니, 묘호廟號는 태조太祖요 시호諡號는 성무고황제聖武高皇帝이시다.

태자 무예武藝가 즉위(단기 3052, 719)하여 연호를 인안仁安으로 고치셨다. 서쪽으로 거란과 더불어 국경을 오주목烏珠牧으로 정하시니 그곳에서 동쪽 10리에 황수潢水가 흐른다.

이 해(단기 3065, 732)에 개마蓋馬·구다句茶·흑수黑水 등 여러 나라가 모두 신하라 칭하고 조공을 바쳤다. 또 대장 장문휴張文休를 보내어 당나라 자사刺史 위준韋俊을 죽이고, 등래登萊(산동성의 등주登州와 내주萊州)를 취하여 성읍으로 삼으셨다. 이에 당나라 현

종 이융기가 분노하여 군대를 보내 쳐들어왔으나 싸움에 이기지
못하였다.

대진과 남북국 시대, 나당 연합군 격퇴

다음 해(단기 3066, 733)에 수비 장수 연충린淵忠麟이 말갈병과
함께 요서遼西의 대산帶山* 남쪽에서 당나라 군사를 대파하였다.

이에 당은 신라와 밀약을 맺고 동남방의 여러 군을 급습하여
천정군泉井郡*에 이르렀다.

임금께서 조서를 내리시고 보병과 기병 2만을 보내어 이를 격
파할 때, 마침 큰 눈이 내려 신라와 당나라 군사 중에 얼어죽는
자가 아주 많았다.

이에 추격하여 하서河西의 이하泥河에 이르러 경계를 정했는데,
지금의 강릉 북쪽 이천泥川이 그곳이다. 해주 암연현岩淵縣은 동
쪽으로 신라와 경계를 접하였는데, 암연은 지금의 웅진이다. 이
때부터 신라가 해마다 조공을 바치고, 임진강 이북 여러 성이 모
두 우리 대진에 속하게 되었다.

또 다음 해(단기 3067, 734)에 당과 신라가 연합하여 쳐들어왔으
나 마침내 아무 공도 없이 물러갔다.

대진 수도 상경용천부 궁성내 주요 건물 유적 전경_흑룡강성 영안시寧安市 발해진渤海鎮

신교 문명으로 강성해진 대진

인안 16년(단기 3067, 734)에 구다·개마·흑수 등 여러 나라가 나라를 바쳐 항복하므로 취하여 성읍으로 삼으셨다.

이듬해(단기 3068, 735)에, **송막**松漠 에 12성을 쌓고 또 요서遼西에 6성을 쌓으시어 드디어 5경京 60주州 1군郡 38현縣을 두셨다. 강역이 9천여 리나 되었으니 가히 강성하였다고 할 만하다.

이 해에 당과 왜, 신라가 모두 사신을 보내 조공을 바치니, 천하가 모두 **해동성국**海東盛國이라 불렀다. 심지어 '발해 사람 셋이 호랑이 한 마리를 당한다'는 말까지 있었다.

이때 임금과 백성이 화평하고 즐거웠으며, 역사를 논하고 의로움을 즐겼다. 오곡이 풍년이 들고 온 세상이 평안하여 **대진육덕의 노래**를 지어 당시의 모습을 찬미하였다.

이듬해(단기 3069, 736) 3월, 안민현安民縣 에 감로甘露가 내렸다. 예관禮官이 경축하는 예식을 거행할 것을 청원하므로 그 말을 따르셨다.

이 달 16일에, 서압록하 상류에서 **삼신일체**三神一體 **상제님께 천제를 올리셨다.** 서압록(지금의 서요하)은 옛 고리국의 땅이다.

대진의 수도였음을 알려주는 현판_천 년 고성 발해진이라 되어 있다.

송막 | 지금의 하북성 위장현圍場縣과 내몽고 자치구의 경붕현經棚縣 즉 극십극등기克什克騰旗 지방. 당나라 때 이곳에 송막 도독부松漠都督府를 설치했다.

안민현 | 지금의 임황臨潢 동쪽에 있었다.

감로 | 나라가 태평할 때 하늘에서 내린다는 단 이슬.

음력 3월 16일 | 한맞이 또는 대영절大迎節. '삼신일체 상제님을 크게 맞이하는 날'이다. 대진국 시대까지도 신교의 삼신 신앙과 한민족 전래의 제천祭天 풍속을 계승하여 유지·발전시켜 왔음을 역력히 알 수 있다.

4세 문황제의 신교 문화 대부흥

문무를 발흥시킨 문황제

인안 19년(단기 3070, 737)에 임금께서 붕어하셨다. 묘호는 광종光宗이고 시호는 무황제武皇帝이시다.

태자 흠무欽武가 즉위(단기 3067, 737)하였다. 연호를 대흥大興이라 고치고, 도읍을 동경용원부東京龍原府에서 상경용천부上京龍泉府로 옮기셨다. 이듬해(738)에 **태학**太學을 세워 『**천부경**』과 『**삼일신고**』를 가르치고, **환단의 옛 역사**[桓檀古史]를 강론하시고, 또 학자들에게 『**국사**國史』 125권을 편찬하도록 명하셨다. 문치文治는 예악을 일으키고, 무위武威는 여러 주변 족속을 복종시켰다. 이에 **동방 대광명의 현묘한 도**道가 백성들에게 흠뻑 젖어들고, **홍익인간의 교화**가 만방에 미쳤다.

당에 항거한 이정기의 활약

대흥 45년(단기 3114, 781)에, 치청淄靑 절도사 이정기李正己가 군사를 일으켜 당나라 군대에 항거하니, 임금께서 장수를 보내어 싸움을 돕게 하셨다.

이정기는 고구려인으로 평로平盧에서 태어났다.

대흥 22년(단기 3091, 758)에 병사들이 군의 통수자 이희일李希逸을 쫓아내고 정기를 세웠다. 이정기가 죽자(단기 3114, 781) 아들 납納이 아버지를 따르던 무리를 거느렸다(단기 3114, 781)

대흥 56년(단기 3125, 792)에 납이 죽자 아들 사고師古가 그 자리를 계승하였다(단기 3125, 792). 사고가 죽자(단기 3139, 806) 그 집 사람들이 초상난 것을 알리지 않고 몰래 사람을 보내 밀密 땅에서 (이복동생) 사도師道를 맞아들여 받들었다(단기 3139, 806).

문황제 이후 역대 성황들

대흥 57년(단기 3126, 793)에 임금께서 붕어하시니 묘호는 세종世宗이요 시호는 광성문황제光聖文皇帝이시다. 나라 사람들이 그 친족 아우 원의元義를 옹립하였으나, 원의는 성품이 포악하여 나라를 다스릴 수 없었다.

단기 3127, 794년(갑술)에 나라 사람들이 원의를 폐하고 선제先帝의 손자 화흥華興을 맞이하여 옹립하였다. 연호를 고쳐 중흥中興이라 하였다. 이듬해(단기 3128, 795)에 붕어하시니 묘호는 인종仁宗이요 시호는 성황제成皇帝이시다. 임금의 숙부인 숭린崇璘이 즉위하니, 이분이 목종 강황제穆宗康皇帝(7세)이시다.

의종 정황제毅宗定皇帝 원유元瑜(8세), 강종 희황제康宗僖皇帝 언의

言義(9세), 철종 간황제哲宗簡皇帝 명충明忠(10세)을 지나 성종 선황제聖宗宣皇帝 인수仁秀(11세)에 이르렀다.

이분은 타고난 천품이 영명하시고 덕성과 기질이 신령스럽고, 재주는 문무를 겸비하시어 태조의 풍모가 있었다.

대진의 통치 영역과 신교의 생활화

선황제께서 남쪽으로 신라를 평정하여 이물泥勿, 철원鐵圓, 사불沙弗, 암연岩淵 등 일곱 주州를 설치하시고, 북쪽으로 염해臨海, 나산羅珊, 갈사葛思, 조나藻那, 석혁錫赫과 남·북 우루虞婁를 공략하여 여러 부部를 설치하셨다.

장백(백두산) 동쪽을 안변安邊이라 하고, 압록강 남쪽을 안원安遠이라 하였다. 목단 동쪽을 철리鐵利라 하고, 흑수(흑룡강) 위를 회원懷遠이라 하였고, 난하 동쪽을 장령長嶺, 장령 동쪽을 동평東平이라 하였다. 우루虞婁는 북대개마 남북에 자리잡고 있었다.

땅 넓이는 9천 리로 영토가 크게 개척되고 문치文治를 잘 베풀어서, 위로 수도에서 아래로 주현에 이르기까지 모두 학교가 있고 **구서오계九誓五戒**를 아침저녁으로 외워 익혔다. 봄가을로 관리의 공적을 조사하고 여러 사람이 의논하여 어진 인재를 천거하였다. 사람들은 일찍부터 힘을 차차 쌓아 기르면서 집에서 인재로 쓰이기를 기다렸다.

이로부터 나라가 부강해지고 안팎이 편안하고 기쁨이 넘쳐 도둑질하거나 간사하게 모의하는 폐단이 저절로 사라졌다. 당과 왜, 신라, 거란이 모두 두려워하여 복종하지 않을 수 없었다. 천하 만방에서 모두 **성인이 다스리는 해동성국**이라 칭송하였다.

5대(당나라가 망한 후 일어났지만 단명으로 끝난 후량, 후당, 후진, 후한, 후주 등 다섯 나라)의 흥망 시기(단기 3240~단기 3293, 907~960)에 야율耶律이 비록 여러 번 싸움을 걸어 왔으나 끝내 굴복시키지 못했다. 뒤에 장종 화황제莊宗和皇帝 이진彝震(12세), 순종 안황제順宗

安皇帝 건황廎晃(13세), 명종 경황제明宗景皇帝 현석玄錫(14세)을 지나 애제哀帝 인선諲譔(15세)에 이르러 거란에게 멸망당하였다(단기 3259, 926) 세조世祖로부터 **15세**※를 전하여 **259년**을 누렸다.

역대 황제의 연호와 주요 지명

목종穆宗은 연호를 고쳐 정력正曆이라 하고, 의종毅宗은 연호를 영덕永德, 강종康宗은 주작朱雀, 철종哲宗은 태시太始, 성종聖宗은 건흥建興, 장종莊宗은 함화咸和, 순종順宗은 대정大定, 명종明宗은 천복天福, 애제哀帝는 청태淸泰라 하였다.

대진국의 남경남해부는 본래 옛 남옥저 땅인데, 지금의 해성현이다.

서경압록부는 본래 옛 고리국稾離國 땅이고 지금의 임황臨潢이다. 지금의 서요하는 곧 옛날의 서압록하이다.

그러므로 옛 기록에서 말한 안민현은 동쪽에 있고 그 서쪽은 임황현인데 임황은 뒤에 요나라의 상경임황부가 되었다. 바로 옛날의 서안평이다

석등石燈_대진을 상징하는 대표적인 유물로, 청나라 때 세워진 흑룡강성 영안현 동경성에 있는 흥륭사興隆寺 경내에 있다. 이 석등은 상경성 제1 절터에서 나왔는데 높이가 약 6.3미터이다. 8각으로 된 하대석과 상대석에 새겨진 연꽃 무늬는 강하고 힘찬 고구려 미술을 계승하였다.

의려국 임금이 일본으로 건너가 왕이 됨

정주正州*는 **의려국**依慮國*이 도읍한 땅이다. 의려국 왕이 선비鮮卑 모용외慕容廆에게 패한 뒤 핍박당할 것을 근심하여 스스로 목숨을 끊으려 하였다. 이때 문득, '나의 영혼이 아직 죽지 않았는데 어디에 간들 이루지 못하리오?' 라는 생각이 들어 은밀히 아들 부라扶羅(依羅)에게 왕위를 넘기고, 백랑산白狼山*을 넘어 밤에 해구海口*를 건너니 따르는 자가 수천 명이었다.

마침내 바다를 건너 왜인을 평정하고 왕이 되었다. 스스로 **삼신**三神**의 부명**符命*에 응한 것이라 하고 여러 신하로 하여금 하례 의식을 올리게 하였다.

어떤 이는 이렇게 말한다.

"의려왕은 선비족에게 패하자 도망하여 바다로 들어가 돌아오지 않았다. 자제들이 북옥저로 달아나 몸을 보전하다가 이듬해

정주 | 대진국 오경五京의 하나인 서경압록부에 속한 압록 사주四州 중의 하나. 정주는 일명 비류군沸流郡이라 하는데, 백랑산白狼山(요령성 대릉하 상류) 서쪽에 있다.

백랑산 | 대릉하 상류 부근인 요령성 객좌현에 있는 백록산白鹿山이다.

해구 | 대릉하 하구를 말한다.

부명 | 하늘이 제왕이 될 만한 사람에게 내리는 상서로운 징조. 또는 임금의 명령.

궁성 입구 누대樓臺의 주춧돌_너른 누대 터의 주춧돌은 당나라 장안성보다 컸던 대진국 황성의 위용을 흔적으로나마 보여주고 있다.

에 아들 의라依羅가 즉위하였다. 이 뒤 모용외가 또다시 침략하여 아국사람들을 약탈하였다. 의라가 무리 수천을 거느리고 바다를 건너 마침내 왜인을 평정하고 왕이 되었다."

당시 한국과 일본과의 관계

일본에는 옛적에 이국伊國 이 있었는데 이세伊勢라고도 불렸고 왜와 이웃하였다. 이도국伊都國은 쯔꾸시筑紫 에 있었는데 바로 일향국日向國이다.

여기서부터 동쪽은 왜倭 에 속하고 그 남동쪽은 안라安羅에 속하였다. 안라는 본래 홀본忽本 사람이다. 북쪽에 아소산이 있다. 안라는 뒤에 임나에 들어가서 일찍이 고구려와 친교를 맺었다.

말로국末盧國 의 남쪽을 대우국大隅國이라 했는데 거기에 시라

이국 | 지금의 일본 나라현 동쪽 미에현 지방에 있던 나라.

쯔꾸시 | 지금의 서북 큐슈의 후쿠오카.

왜 | 여기서는 3세기 말엽에 망명 부여의 왕 의라가 일본을 정복하여 세운, 일본 최초의 통일 왕조인 야마토 왜를 말한다. 지금의 북큐슈 일부와 관동·동북 지방을 제외한 혼슈本州의 서반부를 차지하였다.

홀본 | 곧 졸본이다. 광개토열제비문에 홀본忽本으로 씌어 있다.

말로국 | 지금의 큐슈 사가佐賀縣 북부 해안에 있는 마쯔라松浦.

제1 궁지 전각터에서 바라본 궁성 입구 누대樓臺_지금은 밭이 되어 버렸으나 넓은 궁궐 터를 보면 해동성국이라 불렸던 대진의 황궁 규모를 상상할 수 있다.

한·중·일 삼국의 교역과 교류

왜를 통치한 종주, 한국

남만南蠻·침미忱彌·환하晥夏·비자발比自焆 족속들이 모두 조공을 바쳤다.

남만은 구려九黎의 후예로 산월山越에서 온 자들이고 비자발은 변진弁辰·비사벌比斯伐 사람들이 모여 살던 읍락이고, 환하는 고구려에 예속된 자[屬奴]들이다.

이때 왜인은 산과 섬에 흩어져 살았는데 나라가 100여 개 있었다. 그 가운데 **구야한국**狗邪韓國이 가장 컸는데 본래 구야狗邪의 본국 사람이 다스리던 곳이다. 바다에서 장사하는 배는 모두 종도種島(다네시마)에 모여 교역하였는데, 오吳, 위魏, 만蠻, 월越의 무리들이 모두 통상하였다.

처음에 바다 건너 천여 리를 가면 대마국對馬國에 이르는데 사방이 4백여 리쯤 된다. 또 바다 건너 천여 리를 가면 일기국一歧國에 닿는데 사방이 3백 리쯤 되고 본래 사이기국斯爾歧國이다. 자다子多의 여러 섬이 모두 조공을 바쳤다.

또 바다를 건너 천여 리를 더 가면 말로국末盧國에 이르는데 본

래 읍루挹婁 인이 모여 살던 곳이다. 동남쪽으로 육지로 5백 리를 가면 이도국伊都國 에 이르는데 곧 반여언盤余彦 의 옛 고을이다.

대진의 정통 맥과 망국 이후 회복 운동

환국-배달-고조선-북부여-고구려-대진(후고구려)으로 정통 계승

『신당서』에 이렇게 기록되어 있다.

"발해는 본래 속말말갈로 고구려에 붙어 있던 나라인데 건국자의 성은 대씨大氏이다. 걸걸중상乞乞仲象이란 인물이 말갈추장 걸사비우와 고구려 유민과 함께 동쪽으로 달아나 요수 를 건너 태백산 동북을 확보하고 오루하奧婁河 를 의지하였다.

중상이 죽자 아들 조영이 남은 무리를 이끌고 도망하다가 곧 비우의 무리를 합하고 땅이 거칠고 멀리 떨어진 것을 믿고 건국하여 스스로 **진국왕**震國王이라 하였다. 부여 · 옥저 · 변한 · 해북 여러 나라 를 모두 얻었다."

사씨史氏는 말한다.

걸걸중상이 패망한 후 남은 무리를 모아 험한 곳으로 피신하여 스스로 보전한 것은 옛날에 태왕太王 이 빈邠 을 떠난 것과 같다. 고왕高王 조영祚榮이 창업의 자질이 있어 온갖 어려움을 극복하고 나라의 기틀을 닦으신 것은 구천句賤이 월越나라를 일으킨 것과 같다. 영토가 확보되자 문덕으로써 이를 닦고 제도를 고치고 관작을 정비하시고, 군현을 두어 큰 나라에 대항하셨다. 나라의 영역이 5천 리에 이르고 역사가 300년에 이르러 당시에 사방에 대진국을 능가할 나라가 없었으니 역시 강성하였다고 이를 만하다.

대연림 장군의 흥료국 건설

고려 현종顯宗 원문대왕元文大王 20년(단기 3362, 1029)에 거란의 동경장군 대연림大延琳은 태조 고황제(대조영)의 7세 손으로, 부마駙馬인 유수留守 소효원蕭孝元과 남양南陽공주를 가두고 호부사戶部使 한소훈韓紹勳 등을 죽이고 즉위하였다. 국호를 흥료興遼라 하고 연호를 천경天慶이라 하였다. 고길덕高吉德을 고려에 파견하여 나라 세운 일을 알리고 아울러 도움을 청하였다.

고영창 장군의 요동 50여 주 장악

요동유수遼東留守 소보선蕭保先이 정치를 가혹하게 하자, 고려 예종睿宗 문효대왕文孝大王 11년(단기 3449, 1116) 정월 초하루에, 동경東京 비장裨將 발해 사람 고영창高永昌이 수십 명과 함께 술김에 용맹을 믿고 칼을 들고 담을 뛰어넘어 부위府衛에 들어갔다. 대청에 올라가 유수가 있는 곳을 묻고, 거짓으로 "외부의 군대가 쳐들어오니 대비를 해야 한다"라고 하였다.

보선이 나오자 무리가 그를 죽였다. 가유수假留守 대공정大公鼎과 부유수副留守 고청신高淸臣이 맞서 싸웠으나 이기지 못하고 서쪽 문으로 나가 요나라로 달아났다.

영창이 스스로 대발해국 황제라 하고, 연호를 융기隆基라 하고, 요동 50여 주를 차지했다.

발해 유민, 압록강 일대에 정안국 건설

『송사宋史』에 이런 기록이 있다.

정안국定安國은 본래 마한馬韓의 후예로서 요遼에게 패하자 그 우두머리가 남은 무리를 규합하여 서쪽 변두리 땅을 확보하였다. 나라를 세우고 연호를 정해 스스로 나라 이름을 정안국이라 하였다. 개보開寶(북송 태조의 연호) 3년(단기 3303, 970)에 그 왕 열만화烈萬

華가 조공 바치러 온 여진을 통해 글을 올리고 공물을 바쳤다. 태종(북송 2세 임금) 때 왕 오현명烏玄明이 다시 여진을 통해 글을 올렸는데, 그 내용은 대략 이렇다.

"신은 본래 고구려의 옛 땅에 사는 발해의 유민으로서 이곳 한 모퉁이를 차지하고 있습니다."

태종은 답서에서 대략 "경이 마한 땅을 차지하고 큰 파도에 끼어 있다는 글을 올리니…" 운운했다. 단공端拱(태종의 연호, 단기 3321~단기 3322, 988~989)과 순화淳化(태종의 연호, 단기 3323~단기 3327, 990~994) 사이에 다시 여진을 통해 글을 올리더니 그 뒤에는 올리지 아니하였다.

대진의 멸망

대진국 애제哀帝 청태淸泰 26년(단기 3259, 926) 봄 정월에, 야율

배耶律倍*가 아우 야율요골耶律堯骨과 함께 선봉이 되어 밤에 홀한 성忽汗城을 포위하였다. 애제가 나가 항복하시니 나라가 망하였다.

요 태조의 동단국 건립

2월 병오에 요 태조*가 **동단국**東丹國*을 세우고 맏아들 배倍를 **인황왕**人皇王으로 봉하여 왕노릇하게 하였다. 연호를 감로甘露라 하였다.

홀한성을 고쳐 천복天福이라 하고 천자의 관과 옷을 표준으로 삼아서 열두 줄 면류관을 쓰고 모두 용의 형상을 그렸다. 대진국의 옛 제도를 이어받아 숙부 질랄迭剌을 좌대상左大相으로 삼고 대진의 늙은 재상(이름은 알 수 없음)을 우대상右大相으로 삼고 대진 사도司徒 대소현大素賢을 좌차상左次相, 야율우지耶律羽之를 우차상右次相으로 삼았다. 그리고 사형수를 제외한 나라 안의 모든 죄인을 사면하고 해마다 포 10만 단과 말 천 필을 조공으로 바칠 것을 약조하였다.

아하! 그렇구나

거란의 신교 제천풍속과 삼신신앙 | 요나라(916~1125)는 대진의 오경제五京制를 그대로 사용하였고, 요천繞天이라는 제천행사를 행하여 한민족 고유의 신교 제천풍속을 계승하였다. 목엽산에 삼신묘三神廟를 두고(『규원사화』, 54쪽), 제천 행사 때에는 삼신상제님[三神]의 위패를 모셨다(『요사』「예지」). 제사를 지낼 때는 반드시 군수君樹를 목엽산에 동향으로 세우고 그 군수를 모신 앞에도 군수君樹를 심어 조반朝班(만조백관의 반열)을 상징하였다. 또 두 개의 나무를 마주 심어 신문神門을 만들었다. 이와 같이 거란족은 대진의 삼신신앙을 그대로 계승하였다.

고　려　국　본　기

高麗國本紀

■ 「고려국본기」는 후고구려를 세운 궁예의 출생에 얽힌 숨겨진 이야기와 후삼국 건국 과정에 대해 자세히 기록하였다.

■ 태조 왕건이 고려를 창건하는 과정과 고구려의 정신을 계승하고, 잃어버린 옛 땅을 회복한다는 뜻으로 국호를 고려라고 정한 이야기를 담았다.

■ 서희 장군과 거란 장수 소손녕의 담판, 윤관의 여진정벌, 묘청의 난, 행촌 이암의 조부 이존비의 역사의식과 낭가의 자주 독립 정신, 신교의 삼신사상으로 무장한 인물들에 대하여 중점적으로 다루었다.

■ 특히 『단군세기』의 저자 행촌 이암의 역사의식과 삼신사상, 신교관 등에 대하여 자세히 전한다.

고 려
바이칼호天海
몽
알
타
이
산
맥
고비사막
산
▲천산天山 맥
천
산
서요西遼
음
서하西夏
타림분지
▲삼위산 三危山
황
하
맥
산
륜
곤
토번吐蕃
티베트고원
히
말
라
야
산
맥
대리大理

실위
대흥안령산맥
여진
골
고려의 황해도 평산平山 사람 함보函普의 만주 이주와 7세 후손인 금金(1115~1234) 태조 아골타阿骨打의 흥기
흑룡강
송화강
우수리강
오논갱오난해
하얼빈
완안부
연해주
금金
(1115~1234)
쌍성
선춘령
영고탑(해림)
공험진
수분하
요 遼(거란)
(916~1125)
요상경(임황)
개원
시라무렌강
두만강
태백산
윤관 장군의 여진 정벌과 9성 축성
(1107~1108)
맥
홍산
조양
요하
철령鐵嶺
함흥
원元
(1275~1368)
대릉하
난하
동경요양부(요양)
해성
맥
영주營州
삭주
고
유주幽州
북경(대도)大都
안주
동 해
발해
서경(평양)
태원
개경
황하
산동반도
남경(서울)
려
태산(대岱)
황 해
동경(경주)
개봉(북송)
박위의 대마도 정벌(1389)
일본
정주
송宋
(960~1279)
회수
대마도
큐슈
양자강
탐모라
임안(남송)
도산塗山(회계산)
동정호

고려 태조의 훈요십조

태조 신성태왕神聖太王 천수天授 2년(단기 3252, 919)에 송악의 남쪽에 도읍을 정했다. 26년(단기 3276, 943)에 태왕께서 훈요訓要를 지으셨는데, 대략 이러하다.

"생각컨대 우리 동방이 예로부터 당나라의 기풍을 사모하여 문물과 예악이 모두 그 법을 따랐다. 그러나 방위가 다르고 풍토가 달라 사람 성품이 제각기 다르니 진실로 반드시 동화되어서는 안 되리라."

고구려 왕족의 후손, 궁예

태봉국泰封國 왕 궁예弓裔는 그 선조가 평양인으로 본래 보덕왕報德王 고안승高安勝의 먼 후손이다. 그의 아버지 강剛이 점술가의 말을 듣고 (궁예의) 어머니 성을 따르게 하여 궁씨弓氏가 되었다.

이보다 앞서 고구려 수림성水臨城 사람 모잠牟岑 대형大兄(벼슬 이름)이 유민을 모아 안승을 후고구려 왕으로 받들고 신라에 도움을 청하였다. 이에 신라 왕이 나라의 서쪽 금마저金馬渚(지금의 전북 익산)에 살게 하였다가 후에 고쳐서 보덕왕이라 하였다.

🧢 인물 돋보기

❀ **궁예** | 궁예에 대해서는 『삼국사기』 열전 「궁예」에 자세히 나와 있다. 일찍이 궁예가 미륵불을 자칭한 것은 신라 일세를 풍미한 화랑과 미륵신앙이 결합한 일면을 보여 준 것이다.

❀ **궁예의 성씨** | 궁예의 어머니는 토산 궁씨이다. 토산兔山은 옛 지명으로, 황해도 금천군과 신계군 사이에 있었다. 고구려 왕족의 후예인 궁예의 아버지가 신라의 탄압을 피하기 위해 아들에게 부인의 성을 물려준 것으로 본다.

훈요 | 훈요십조訓要十條를 말함. 고려 태조가 후손에게 귀감으로 삼게 한 열 가지 유훈. 불법佛法을 숭상하라는 것과 서경(西京, 평양)을 중시할 것, 연등燃燈과 팔관회八關會 같은 중요 행사를 소홀히 하지 말 것 등이 들어있다.

태봉국(901~918) | 신라 말에 궁예가 세운 나라. 901년에 후고구려라 하고 904년에 마진이라 하다가 911년부터 태봉이라 하였다.

고안승 | 고구려의 왕족, 고구려가 멸망한 후, 부흥운동을 일으킨 검모잠에 의해 왕으로 추대되었으나 의견 차이로 검모잠을 죽이고 신라로 망명하였다.

신문왕이 즉위하자 보덕왕을 불러들여 소판蘇判으로 삼았다. 그의 조카뻘인 대문大文이 금마저에 남아 반란을 꾀하고 왕이라 일컫다가 죽임을 당하였다.

남은 무리가 관리를 죽이고 보덕성에 웅거하여 다시 모반하였으나 신라에게 평정을 당했다. 그 사람들을 나라의 남쪽 주군州郡으로 옮겨 살게 하였다.

궁예의 출생과 양길과의 만남

대진국 14세 명종 경황제 천복 9년(단기 3211, 878) 5월 5일에 궁예가 외가에서 출생했다. 이때 지붕 위에 흰 빛이 긴 무지개처럼 하늘에 뻗쳐 있었다. 신라 일관日官이 이것을 바라보고 장차 국가에 이롭지 못할 것이라 생각하여 아뢰었다. 임금이 꺼려서 사람을 그 집에 보내 아기를 죽이려 하였다. 그 어미가 진귀한 보물을 주며 아기를 안고 도망가게 해 달라고 애원하였다. 이후 갖은 고생을 하며 자식을 길렀다. 궁예 나이 10여 세에 머리 깎고 중이 되어 법명을 선종善宗이라 하였다. 장성한 뒤에도 여전히 마음대로 거리낌없이 행동하였고 계율에 구애받지 않았다. 크고 작은 모든 일에 담력이 있었다.

고구려의 옛 땅을 회복하고자 한 궁예

일찍이 궁예가 바리때를 들고 재齋를 드리러 가는데 까마귀가 입에 물고 있던 상아 점대를 바리때 속에 떨어뜨렸다. 살펴보니 왕王이란 글자가 씌어 있었는데 사실을 숨기고 말하지 않았으나 스스로는 뿌듯해 하였다.

앞서 고안승 때부터 임금을 모시는 일에 공로가 있었으나 신라는 보답하지 않고 오히려 그 땅과 백성을 모두 빼앗았다. 다만 왕의 누이동생으로 아내를 삼게 하였을 뿐이었다. 고구려 유민이 이 때문에 여러 대에 걸쳐 원망이 쌓여 앙심을 품고 여러 차

신문왕(681~692) | 신라 31세 왕.

소판 | 신라 17등급 가운데 3등三等 벼슬.

일관 | 고대에 왕의 곁에서 해와 달과 별의 바뀜으로 길흉을 가리는 일을 맡았던 벼슬 이름.

례 변을 일으켰으나 패하였다.

궁예는 국가가 쇠약하고 어지러워지는 것을 보고, 기회를 틈타 무리를 모아 조종祖宗(고구려)의 옛 땅을 회복하고 여러 대의 원한을 씻고자 죽주竹州의 도적 기훤箕萱에게 몸을 던졌다. 그러나 기훤은 아랫사람을 업신여기고 거만하여 예로써 대우해 주지 않았다.

궁예는 속이 답답하고 마음이 편치 못하여 기훤의 부하인 원회元會, 신훤申煊 등과 몰래 결탁하여 친구로 삼아 북원(北原, 지금의 원주)의 도적 양길梁吉에게 투신하였다.

양길은 궁예를 잘 대우하고 일을 맡겼다. 군사 100기를 나누어 주고 동쪽 지방의 주와 군을 치게 하니 모든 고을이 항복하였다.

궁예는 또 아슬나阿瑟那를 공격하였다. 무리가 600명에 이르자 스스로 장군이라 일컬었다. 군사와 고락을 함께하고 주는 일과 빼앗는 일을 사사로이 하지 않으므로 사람들이 모두 마음속으로 경외하였다.

왕륭의 귀순과 이훤의 후백제 건국

천복 27년(단기 3229, 896)에 태수 왕륭王隆이 궁예에게 송악군을 바치고 귀순하여 이렇게 설득하였다.

"대왕이 만약 조선, 숙신, 변한 땅에서 왕 노릇을 하고자 하시면 먼저 송악을 점령하고 저의 장자 건建으로 그 주인을 삼는 것보다 더 좋은 계책이 없을 것입니다."

궁예가 이 말을 좇았다. 이때 이훤李萱이 무진주武珍州(전라도 광주)에서 군사를 일으키고 무리에게 말하여 밝혔다.

"내가 삼국이 시작한 근원을 살펴보니 마한(중마한)이 먼저 일어났고, 혁거세(신라)가 뒤에 일어나자 변한(가락)이 뒤따라 일어났다. 백제가 나라를 열어 6백 년을 전해 오는데 신라가 당나라와

죽주 | 지금의 경기도 안성군 동북부에 있던 지명. 원래 고구려 20세 장수열제 때에 개차산군皆次山郡이었는데 고려 초에 죽주竹州로 고쳤다.

기훤 | 신라말 군웅群雄 중 한 사람. 891년(진성여왕 5)에 죽주에서 군사를 모아 반란을 일으키고 막하幕下에 궁예 등을 두었으나 성질이 횡포하여 크게 떨치지 못했다.

양길 | 신라 진성여왕 때 왕의 실정으로 국정이 어지러워지자 반란을 일으켜 한때 강원도 지방에서 세력을 떨쳤으나, 뒷날 부하 궁예에게 쫓겨나 세력을 잃고 말았다.

아슬나 | 지금의 강릉.

이훤(867~936) | 후백제의 시조 견훤을 말한다. 견훤의 본래 성이 이씨이다. 상주尙州 출신으로 신라 장수 아자개阿慈介의 아들이다. 서남해 방위에 공을 세워 신라의 비장裨將이 되었으나 나라가 혼란한 틈을 타 892년에 반기를 들었다. 여러 성을 공략한 다음 무진주(광주)를 점령하여 독자적인 기반을 닦은 후, 900년에 완산주(전주)에 도읍을 정하고 후백제를 세웠다.

함께 쳐서 멸망시켰다. 이제 내가 비록 덕은 없으나 의자왕의 분을 풀어 드리겠노라."

드디어 완산完山(지금의 전주)에 도읍을 정하여 왕이라 일컫고 국호를 후백제라 하였다.

궁예의 후고구려 건국

궁예 또한 이듬해(단기 3234, 901)에 스스로 왕이라 일컫고 말했다.

"신라가 당나라에 군사를 청하여 고구려를 멸했는데 이것은 진실로 수치스러운 일이다. 내 반드시 고구려를 위해 그 원수를 갚으리라."

이에 나라를 세워 후고구려라 하고 연호를 무태武泰라 하였다.

일찍이 남으로 순행하여 흥주사興州寺에 이르러 신라 전왕前王의 화상이 벽에 걸려 있는 것을 보고 칼을 뽑아 내리쳤다. 궁예는 신라를 삼켜 버리려는 뜻을 품고 도읍을 멸하리라 부르짖으며 신라에서 귀화해 오는 사람을 모조리 죽여 버렸다.

이때부터 궁예는 스스로 미륵불이라 칭하고 머리에 금책金幘(금 머리띠)을 썼다. 또 스스로 경문 20권을 지어 때로 정좌하고 강설하기도 하였다.

이에 승려 석총釋聰이 "모두 사설괴담邪說怪談으로 세상 사람에게 가르칠 것이 못 된다"라고 하니, 궁예가 노하여 철추로 때려 죽였다.

왕건의 즉위와 궁예의 최후

천수 원년(단기 3251, 918, 무인) 여름 6월에 왕건이 홍유洪儒·배현경裵玄慶·신숭겸申崇

謙·복지겸卜智謙 등 여러 장군의 추대를 받아 날이 밝을 무렵에 곡식더미 위에 앉아 군신의 예를 행하였다. 그리고 사람들을 시켜 뛰어다니면서, "왕공(왕건을 가리킴)이 이미 의기義旗를 들었다"라고 외치게 하였다.

이때 달려와 따르는 자가 무리를 이루었다. 궁문에 이르니 먼저 와서 북을 치고 함성을 지르며 기다리는 사람이 만여 명이었다. 드디어 포정전布政殿에서 즉위하고 연호를 천수天授라 하였다.

이때 태봉 왕 궁예가 변란 소식을 듣고 미복으로 갈아입고 궁문을 빠져 나가 도망치다가 얼마 못 가서 부양斧壤(지금의 강원도 평강) 백성에게 죽음을 당하였다.

왕씨 족보에 실린 고려 태조 왕건 초상

서희 장군과 소손녕의 담판

거란의 성종聖宗이 장수 소손녕蕭遜寧을 보내(성종 12, 단기 3326, 993) 봉산蓬山을 함락시키고 우리 선봉을 물리쳤다. 성종成宗 문의文懿대왕이 여러 신하를 모아 의논할 때 어떤 사람은 항복하자 하고 어떤 사람은 땅을 떼어 주자고 하였다. 중군中軍 서희徐熙가 홀로 아뢰었다.

"지금 적의 세력이 강성함을 보고 급히 서경(지금의 평양) 이북을 떼어 넘겨주는 것은 좋은 계책이 아니옵니다. 더구나 삼각산 이북도 역시 고구려의 옛 땅인데 저들이 한없는 욕심으로 끝없이 요구해 온다면 그대로 다 내어 줄 수 있겠습니까? 하물며 지금 땅을 떼어 준다면 진실로 만세의 수치가 될 것이옵니다. 원컨대 도성으로 돌아가시어 신 등으로 하여금 한 번 싸우게 한 뒤에 의논하여도 늦지 않을 것이옵니다."

서희가 국서國書를 받들고 거란 진영에 들어가 상견의 예를 물었다. 소손녕이

"나는 대국의 귀인이니 그대는 마땅히 뜰에서 절하여야 한다"

라고 하였다. 희가

"양국의 대신으로 어찌 이와 같이 할 수 있는가."

라고 하니, 손녕이 이렇게 말했다.

"너희 나라는 신라 땅에서 일어났으므로, 고구려 땅은 우리 거란 소유이다. 너희가 이를 침식하였다. 또 우리와 국경을 접하고도 바다 건너 송宋을 섬기기 때문에 오늘의 전쟁이 있게 된 것이다. 만약 땅을 떼어 바치고 조빙朝聘 한다면 아무 일이 없을 것이다."

이에 희가 말하였다.

"그런 것이 아니다. 우리나라는 옛 고구려 땅이기 때문에 나라 이름을 고려라 하고 평양에 도읍을 정했다. 만약 땅의 경계로 논한다면 귀국의 동경東京(요령성 요양시)도 모두 우리 땅에 있거늘, 어찌 침식이라 할 수 있겠는가? 만약 여진을 쫓아 버리고 우리 옛 땅을 돌려 준다면 어찌 감히 사신 왕래를 하지 않겠는가?"

인물 돋보기

서희徐熙(942~998) | 고려 초기의 장군. 자는 염윤廉允. 시호는 장위章威. 거란이 침입하자 중군사로 북계北界에 나가 적과 대진하였다. 싸움이 불리해지자 일부 신하들이 서계(평안도 지방)의 땅을 떼어 주고 화친하자고 주장하였다. 이에 반대한 서희는 스스로 적장 소손녕의 진영에 가서 담판을 하여 무사히 거란군을 돌려보냈다(80만 대군을 이끌고 온 소손녕은 이때 서희의 기개에 굴복하여 오히려 강동 6주 3백 리 땅을 넘겨주고 물러갔다). 서희는 다음 해에 또 여진을 몰아내고 압록강 이남(지금의 평안북도 일대)을 완전히 장악하였다.

서희의 말과 얼굴빛이 강개하므로 손녕이 강요할 수 없다는 것을 알았다. 드디어 병력을 거두기로 결정하고 연회를 베풀어 위로한 뒤에 서희를 전송하였다.

윤관의 여진 정벌

도원수都元帥 윤관尹瓘이 여진을 쳐서 무찌르고 선춘령先春嶺(두만강 밖 동북쪽 700리)에 비를 세워 경계를 삼았다. 아들 언이彦頤를 임금에게 보내어 표表를 올려 하례하게 하였다.

그런데 평장사 최홍사崔弘嗣·김경용金景庸과 참지정사 임의任懿와 추밀원사 이위李瑋 등이 선정전宣政殿에 들어가 임금 앞에서 이렇게 극단적으로 말하였다.

"윤관, 오연총吳延寵, 임언林彦 등은 망령되이 명분 없는 군사를

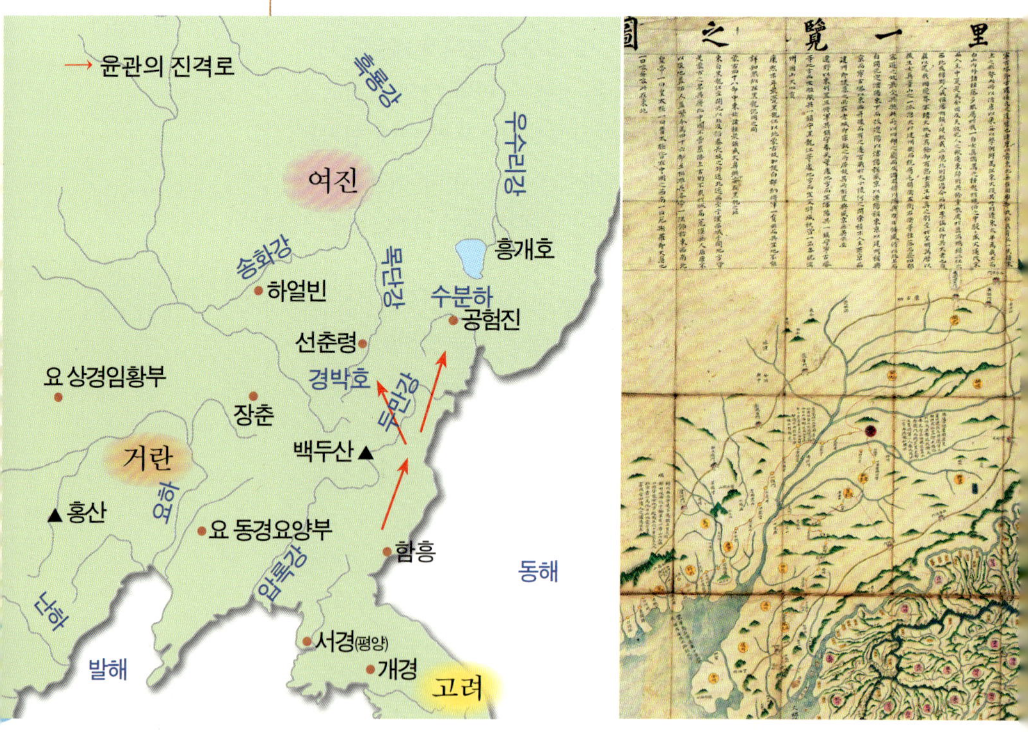

윤관(?~1111) | 고려 중기의 명신. 1107년(예종 2) 여진 정벌 때 도원수가 되어 부원수 오연총과 17만 대군을 이끌고 동북계에 있는 여진을 쳐서 저 유명한 9성九城을 쌓았다. 1108년 4월에도 또다시 침범하는 여진을 평정하고 공신이 되었다. 그러나 윤관의 공을 시기한 고려 조정 중신들의 계속되는 탄핵과, 의지할 땅을 잃은 여진의 고토 반환 요청에 따라 조공 약속을 받고 9성을 여진에게 되돌려 주었다. 윤관은 벼슬과 공신의 호를 삭탈당했으나 후에 복관되었고 예종의 사당에 함께 모셔졌다. 예종과 윤관은 선제先帝 숙종의 유지를 받들어 여진을 정벌하였으며, 고려 시대에 낭가 정신을 실행하려고 애쓴 군신君臣이었다.

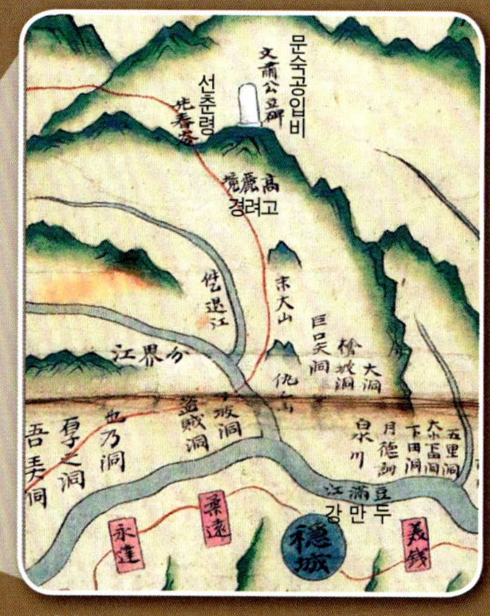

조선시대 지도. 윤관이 여진족을 몰아내고 영토를 넓힌 북쪽 경계인 선춘령이 두만강 북쪽 목단강 근처에 표시되어 있다. 또 선춘령은 오늘날의 수분하綏芬河 유역, 공험진은 경박호 북쪽의 영고탑 부근으로 보기도 한다. 지도에서 윤관의 척경비가 있다고 표시한 것은, 윤관이 9성을 쌓고 여러 곳에 세운 척경비 중에서 선춘령에 세운 것이 가장 잘 알려져 있기 때문으로 본다.

일으켜 전쟁에 패하고 나라를 해롭게 하였으니 그 죄는 용서할 수 없습니다.”

간관 김연金緣, 이재李載 등도 역시 계속 탄핵하였다.

“임금이 땅을 차지하는 것은 본래 백성을 기르고자 함인데 지 금 성을 다투며 싸워 사람을 죽였으니 그 땅을 돌려주고 백성을 편히 쉬게 함만 못하옵니다. 지금 돌려 주지 않으면 반드시 거란 과 틈이 생길 것입니다.”

임금이 물었다.

“무엇 때문인가?”

김연이 아뢰었다.

“나라에서 처음 9성을 쌓을 때 거란에 고하는 표문에 ‘여진의 궁한리弓漢里는 우리의 옛 땅이다. 그 거주민 또한 우리 백성인 데 근래에 도적들이 변방을 끊임없이 침입하였기 때문에 다시 수 복해서 성을 쌓는다’고 하였습니다. 표문의 내용이 이러하나 궁 한리 추장은 거란의 관직을 많이 받은 자이니 거란은 우리 주장 을 망언이라 책망할 것입니다. 이제 우리가 만약 동쪽으로 여진 을 방비하고 북쪽으로 거란을 방비한다면 신은 9성이 우리 삼한 三韓에 복이 되지 않으리라 생각하옵니다.”

간의대부 김인존金仁存 역시 옛 땅을 돌려줄 것을 청하였다.

임금(16세 예종)께서 타일러 가르치셨다.

“두 원수가 여진을 친 것은 선제先帝(15세 숙종)의 유지를 받 고, 짐이 몸소 말한 일을 행한 것이니라.

몸소 적의 칼끝과 화살을 무릅쓰고 적진에 깊이 들어가서 베 고 포로로 잡은 자의 수가 이루 헤아릴 수 없이 많고, 천 리 땅 을 개척하고 9주州에 성을 쌓아 국가의 치욕을 씻었으니 그 공 은 가히 크다 하리로다.

그러나 여진은 인면수심人面獸心으로 그 변덕이 심하다. 그 남 은 무리가 의지할 곳이 없으므로 추장이 항서를 바치고 화친을 청해 오니 신하들이 모두 편하게 여기고 짐 또한 차마 처리하지 못하겠다.

유사有司가 법을 따져서 자못 탄핵하는 말이 많으므로 급히 그들의 직책을 박탈하려 하나 짐은 끝까지 이를 허물로 삼지 아니할 것이다. 맹명시孟明視가 다시 황하를 건너 공을 세운 것과 같이 하기를 바라노라.”

여진에게 땅을 돌려주다

예종 문효文孝대왕 4년(단기 3442, 1109) 가을에 9성에서 철수하고 여진의 옛 땅을 돌려주었다.

이에 앞서 여진이 요불裏弗, 사현史顯 등을 보내 조정에 들어와 이렇게 상주하였다.

“옛날에 저희 태사 영가盈歌께서 일찍이 말하기를, ‘우리 조종은 **대국(고려)에서 출생**하였으니 자손 대에 이르러서도 마땅히 스스로 와서 복종함이 옳을 것이라’고 하였습니다. 지금 태사 오

금金(1115~1234)**나라의 시조는 고려인** | 여진(금나라)의 정사正史인 『금사金史』를 보면 “금나라 시조의 이름은 함보函普인데, 처음에 고려에서 왔다.”라고 하였다. 또 『고려사』와 『동국여지승람』에는 “옛적 황해도 평산平山에 김준金俊이라는 중이 있었는데 여진에 들어가 아지고촌에 살았다. 금나라 태조 아골타는 곧 그 후손이다.”라고 하여 금나라 시조가 고려사람 함보(김준)임을 밝히고 있다. 최근에는 함보가 신라 경순왕의 아들 마의태자라는 설이 통용되고 있는데 그 근거로 제시된 것이 “신라왕의 성을 따라 국호를 금金이라 했다(『만주원류고』)”라는 기록과 ‘금나라 시조가 신라인 송막기문松漠紀聞’이라는 기록이다. 여진족은 우야소(오아속) 이래 고려를 ‘대국大國’ 또는 ‘부모 나라父母之邦’라고 하였다.

아속烏雅束*께서도 역시 **대국(고려)을 부모의 나라**로 삼고 있습니다. 갑오 연간에 이르러 궁한촌 사람들이 스스로 난리를 일으켰으나 본래 태사가 지휘한 일이 아니었습니다. 국조國朝(고려)에서는 죄를 물어 이들을 토벌하였으나 다시 수호를 허락하셨기 때문에 저희는 이를 믿고 조공을 끊지 않았습니다. 그러다가 작년에 군사를 크게 일으켜 저희 늙은이와 어린아이들을 죽이고 9성을 쌓아 외로이 남은 백성으로 하여금 돌아갈 곳이 없게 하였습니다. 이에 태사가 저희를 보내어 땅을 되돌려 주실 것을 청원하게 하신 것입니다.”

또 재추[宰樞], 어사대 판사御史臺 判事, 중서문하성 성재省宰, 지제고知製誥, 시신侍臣, 도병마판관과 문무 3품 이상을 소집하여 다시 9성을 돌려주는 것에 대하여 가부를 물으니 모두 돌려주는 것이 좋다고 하였다.

고려의 국경

옛 사서에는 “두 장군이 **선춘령**先春嶺에 비를 세우고 ‘이곳이 고려의 경계이다’라고 하였다. 선춘령은 두만강에서 700리 밖 송화강 근처 땅에 있다.”라고 하였다.

고려의 북방 영토

윤언이의 자해표*

광주목廣州牧 윤언이가 자신의 억울함을 해명하는 글[자해표自解表]을 올려서 이렇게 주장했다.

“중군中軍(김부식)이 아뢴 바를 보면 ‘언이가 정지상과 결탁하여 사당死黨*을 지어 크고 작은 일을 함께 의논하였다’하고, ‘단기 3465, 1132년(임자)에 임금께서 서경으로 순행하셨을 때 아국이 독자적으로 **건원칭제**建元稱帝* 하기를 청하였다’하며, 또 ‘국학생을 넌지시 꾀어 앞의 일(건원칭제)을 상주하게 하였는데 대개 그

의도는 대국인 금나라를 격노시켜 일을 일으키고 틈을 타서 자의로 (반대자들을) 제거한 후 외인과 붕당을 만들어 반역을 꾀하고자 한 것이니, 이는 신하된 도리가 아니다'라고 하였습니다. 신이 이 글을 두세 번 거듭하여 읽고 난 뒤에야 비로소 마음이 안정되었습니다.

신이 건원칭제를 청한 것은 임금을 받드는 충정에 근본을 둔 것이옵니다. 본조(고려)에도 '태조와 광종의 고사'가 있고 옛 기록을 상고해 보면 신라와 발해가 비록 연호를 만들어 썼으나 주변 대국이 일찍이 이를 문제 삼아 군사를 일으키지 않았고, 작은 나라는 감히 그 과실을 따져 의논조차 하지 않았습니다. 어찌 지금의 성세盛世에 이것이 도리어 참람한 행동이라 할 수 있겠사옵니까?

신이 일찍이 이 문제를 의논한 바 있으니 죄라면 이것이 죄일 것입니다. 사당을 지었다거나 대금大金을 격노시키려 했다는 말은 비록 엄청나나 본말本末이 서로 맞지 않사옵니다.

왜냐하면 가령 강한 적이 우리 강토를 침략하면 막아 내기에 겨를이 없을 터인데 어찌 틈을 타서 그런 일을 처리할 수 있겠습니까? 대체 그 붕당이라 지목한 자는 누구이며 제거하고자 했다는 자는 어떤 인물이옵니까?

무리가 만약 화합하지 못한다면 싸우더라도 곧 패하여 몸 둘 곳조차 없을 터인데 어찌 방자한 뜻을 품어 그런 일을 꾀하겠습니까?

임금님의 명철하심을 믿고 거듭 생각하건대 신은 지극히 나약한 자질로써 서경 정벌의 전역(서경전역西京戰役)에 종사하여 제 몸을 잊고 나라를 지켰사옵니다. 이것은 마땅한 도리입니다. 서경 정벌의 성사는 모두 다른 사람의 힘에 의한 것이니 이제 제가 무슨 고생을 했다고 족히 말할 수 있겠사옵니까?"

금사에서 전하는 조위총의 난

『금사金史』에 이렇게 기록되어 있다.

세종 대정大定 15년(단기 3508, 1175) 9월에, 고려 서경유수 조위총趙位寵이 서언徐彦 등을 보내 표를 올려 자비령 서쪽과 압록강 동쪽 땅을 가지고 몰래 들러붙으려 했으나 받아들이지 않았다.

인물 돋보기

조위총 | 병부상서 겸 서경유수. 당시 임금을 폐위하고 문신을 학살하며 권세를 마음대로 휘두르던 정중부·이의방을 타도하고, 자신과 서경(평양)인의 세력을 펴기 위해 1174년(명종 4) 반란을 일으켰다. 이에 절령 이북 40여 성이 몰래 응하였다. 조정에서 여러 차례 토벌군을 보내자 불리해진 조위총은 절령 이북 40성을 가지고 금나라에 들러붙겠다 하면서 금나라에 응원군을 요청했다. 그러나 금의 거절로 뜻을 이루지 못하고 거사에 실패하고 말았다.

예종의 영토회복 의지

『고려사高麗史』에 이렇게 기록되어 있다.

예종 11년(단기 3449, 1116) 3월 을미 초하루에, 임금께서 요나라의 내원來遠과 포주抱州 두 성城이 여진에게 공격 당해 성중에 식량이 다 떨어졌다는 말을 전해 듣고 도병마록사 소억邵億을 시켜 쌀 1천 석을 보내셨다. 그러나 내원성의 통군統軍이 사양하고 받지 않았다.

8월 경진에, 금나라 장수 살갈撒喝이 요나라의 내원·포주 두 성을 쳐서 거의 함락할 지경에 이르자, 그곳 통군 야율녕耶律寧이 무리를 거느리고 도망하려 하였다.

임금께서 추밀원 지주사 한교여韓曒如를 보내어 야율녕을 불러 효유하게 하셨는데 야율녕이 임금의 전지傳旨가 없다는 이유로 거절하였다. 한교여가 급히 보고하자 임금께서 추밀원에 명하여 차자劄子*를 갖추어 보내려 하셨다. 재신과 간관이 아뢰기를, "저들이 임금의 전지를 요구하는 뜻을 알기 어려우니 그만두게 하옵소서." 하였다. 임금께서 사신을 금나라에 보내어 "포주는 본래 우리 옛 땅인즉 돌려주기를 원하노라."라고 청하셨다. 금나라 임금이 아국의 사신에게 말하기를 "너희가 직접 빼앗으라"라고 하였다.

이존비의 역사의식과 낭가의 자주독립 정신

후암厚庵 이존비李尊庇(단기 3566~단기 3620, 1233~1287)는 고려 경효왕景孝王(25세 충렬왕) 때 사람이다. 일찍이 서연書筵*에서 자주와 부강정책을 논하고 또 이렇게 아뢰었다.

"우리나라는 **환단桓檀·조선·북부여·고구려 이래**로 모두 부강하였고 자주自主를 유지하였습니다. 또 **연호를 정하고 황제라 칭한 일**은 **우리 태조 때에 이르러서도 일찍이 실행**하였으나, 지금은 사대事大의 주장이 국시로 정해져 있어 군신 상하가 굴욕을 달갑게 받아들이고 스스로 새로워지는 방법을 도모하지 않으니, 하늘의 뜻을 두려워하고 나라를 보존하는 것은 진실로 훌륭하다고 할지 모르겠으나 천하 후세의 비웃음은 어찌하겠사옵니까? 또한 왜와 더불어 원한을 쌓고 있으니* 만약 원나라 왕실에 변고가 생긴다면 장차 무엇을 믿고 나라를 다스릴 수 있겠습니까? 황제라 칭하는 일을 이 시대에 꺼리고 기피하여 갑자기 회복하기는 진실로 곤란하나 자강自強의 계책은 강구하지 않을 수 없사옵니다."

상주한 것이 비록 채택되지는 않았지만 들은 자마다 옳다고 여기지 않음이 없었다.

뒤에 왜倭에 대비하는 다섯 가지 계책[五事]을 말했는데

첫째, 호구를 상세히 파악하여 전 백성을 병사로 만들 일

둘째, 병·농兵農 일치의 제도를 만들고 바다와 육지를 함께 지킬 일

셋째, 군량을 저장하고 전함을 만들 일

넷째, 수군을 확장하고 육조陸戰도 겸하여 익힐 일

다섯째, 지리를 상세히 알아 두고 인화人和를 확보할 일

이라 하였다.

일찍이 회당상인晦堂上人*에게 준 시 한 수가 전하니 이러하다.

사물은 아름다움과 추함을 떠나서 쓰임이 있나니

누가 쓴 오얏나무에 열매가 많다고 싫어하리오

맏자식은 오랜 동안 조정에서 천자 모시고

둘째는 새로이 절간에 출가하였네

임금께 충성함은 신하의 직분이지만

애착 끊고 세간을 벗어남 또한 어떠하리

노옹은 오히려 체념하고 웃을 수 있으니

내 영혼은 꿈속에서 하늘 끝에 올라 아득히 헤애이네

충렬왕과 북경 연녀 이야기*

임금(충렬왕)께서 연경燕京(지금의 북경)에 있을 때 연녀蓮女에게 매혹당하셨다.

이별할 때 연녀가 손수 연꽃 한 송이를 바치며 이렇게 말했다.

"임금께서 돌아가시는 길에 만약 이 꽃이 시든 것을 보시면 이 목숨이 장차 다할 것이옵니다."

며칠 뒤에 꽃을 보니 초췌해지고 있었다. 임금은 연녀가 죽을까 두려워 다시 연경으로 돌아가려 하셨다. 존비가 가서 살펴보고 오겠다고 자청하여 연녀를 찾아갔다. 연녀가 울며 시를 바치니 이러하였다.

연꽃 향기를 서로 주고 받으니, 처음에는 붉은 빛 아리따웠네

꽃을 드린 지 며칠 지나니, 시든 모습 님과 같사옵니다.

존비는 임금이 시를 보시면 연녀를 더욱 그리워할 것을 우려하여 연녀 대신 시를 지어 올렸다.

이 어리석은 사람아! 이 어리석은 사람아!

수레를 멈추지 마오. 수레를 멈추지 마오

이 몸은 연잎에 맺힌 이슬 같나니

저쪽 이쪽 둥글게 굴러다닌다오

임금이 시를 보고 크게 노하여 마침내 환국하셨다.

이존비의 죽음

뒤에 임금이 연녀에 대한 원망을 그치지 않으시므로 존비가 아뢰었다.

"신이 그때 모시고 돌아오기를 급히 서두르려고 부득이 거짓으로 시를 지어 올렸으니 바라옵건대 임금을 속인 죄에 벌을 내려 주시기를 엎드려 비옵니다."

임금이 노하여 관직을 빼앗고 문의文義에 귀양을 보내셨다.

태자(충선왕)와 조정 대신들이 풀어주기를 여러 번 주청하였다. 임금 역시 후회하여 다시 복직시켜 소환하셨으나 사자가 이르기 전에 존비가 이미 숨을 거두었다. 임금은 부음을 전해 듣고 몹시 슬퍼하여 조회를 폐하셨다.

태자가 장례에 임하여 말하였다.

"이존비는 정직한 나라의 직신直臣인데 어찌 이같이 요절한단 말인가?"

이에 임금께서 왕례王禮로 장사지낼 것을 명하였다. 마침내 형강荊江 가에 있는 산 4리를 둘러서 봉하니, 지금까지 동洞을 왕묘동王墓洞이라 부르고 마을을 산사리山四里라 부른다.

형강과 왕모동 | 형강은 금강이며 왕묘동은 현재 충북 청원군 문의면 소전리.

이암의 역사의식과 고려 권신의 사대주의

시중侍中 행촌 이암李嵒이 일찍이 상소하여 권신權臣 무리가 국호國號를 폐하고 행성行省을 세우고자 하는 의논을 저지하였다. 그 상소문은 대략 이러하다.

하늘 아래 사는 모든 사람은 각기 자신이 살고 있는 나라를 조국으로 삼고 제 풍속으로 민속을 삼으니 나라의 경계를 깨뜨릴 수 없으며 민속 또한 뒤섞이게 할 수 없는 일이옵니다. 하물며 우리나라는 **환.단桓檀 시대(환국-배달-고조선) 이래로 모두 천상 상제님의 아들(천제자天帝子, 天子)이라 칭하고 하늘에 제사를 지냈습니다.** 그러니 자연히 분봉을 받은 제후와는 원래 근본이 같을 수 없습니다.

비록 지금은 일시적으로 남의 굴레 밑에 있으나 뿌리가 같은 조상[一源之祖]에게 물려받은 정신과 육신을 소유하고 있습니다. 이것으로 (배달의) **신시개천神市開天과** (고조선의) **삼한관경三韓管境이** 천하 만세에 나라의 명성을 크게 떨치게 된 것입니다.

우리 천수天授 태조(왕건)께서 창업의 자질을 갖추시고 고구려의 건국 이념인 다물 정신을 계승하여 세상을 평정하시어 국가의 명성을 크게 떨치셨습니다. 간혹 이웃에 강적이 생겨 승세를 타고 횡포를 부려서 유주幽州와 영주營州의 동쪽이 아직도 우리에게 돌아오지 못하고 있습니다. 바로 이것이 임금과 신하가 밤낮으로 분발하여 자주와 부강의 계책을 꾀해야 하는 까닭입니다. 그런데도 오잠吳潛과 류청신柳淸臣 같은 간악한 무리가 감히 멋대로 음모를 꾸미고 있는 것입니다.

우리나라가 비록 작기는 하나 어찌 고려라는 국호를 폐할 수 있으며, 임금의 힘이 비록 약하나 위호位號를 어찌 낮출 수 있겠사옵니까?

이제 이러한 거론은 모두 간사한 소인배가 죄를 감추고 도망하려는 데에서 나온 것일 뿐 결코 나라 사람들의 공언公言이 아닌 줄로

고려의 다물 정신 계승과 코리아

『삼국사기』에 따르면 다물多勿이란 고구려 말로 '옛 땅을 되물린다' 즉 '배달, 단군조선 시대의 옛 땅을 다시 찾는다' 는 뜻이다. 고구려 시조 고주몽이 다물을 연호로 삼고 건국하였으니 다물주의는 곧 고구려의 건국 이념이라 할 수 있다. 이 이념과 정신은 그대로 대진국(발해)을 거쳐 고려에 계승되었다. 고려의 '다물주의' 는 잃어버린 고토古土를 다시 찾겠다는 강한 의지로 서경西京인 평양을 중시하여 대륙 진출의 웅지를 키웠고 또 '고구려의 정신을 그대로 계승한다' 는 뜻에서 국호를 '고려' 라 한 데서도 뚜렷이 엿볼 수 있다.

거란과의 담판, 윤관의 북벌, 묘청의 서경 천도 주장으로 그 정신은 면면히 계승되었으나 묘청 일파가 사대주의자 김부식 일당에게 패멸당하고 금金의 압력·원元의 간섭으로 북진정책은 잠시 중단되지 않을 수 없었다. 그러나 다물주의는 공민왕 때에 이르러 부활하는데 특히 최영 장군은 그 집념과 의지가 강하였다.

그러나 이성계가 세운 한양 조선의 철저한 사대주의와 소한주의 역사 정신과 더불어 다물주의는 급격히 퇴색하고, 마침내 물밀듯 밀려오는 열강과 일제의 침략으로 말미암아 국권과 강토를 모조리 빼앗김으로써 9천 년 역사에 최대의 수치와 오점을 남겼다.

현재 대한민국 영문 국호인 코리아는 고구려의 다물 정신을 계승한 고려 corea에서 온 것이다.

多勿

다 물

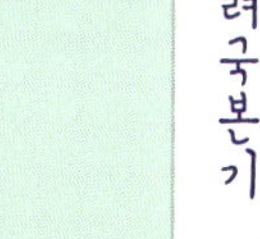

아옵니다. 마땅히 도당都堂에 청하여 그 죄를 엄히 다스려야 할 것 이옵니다.

행촌 이암의 3대저서

행촌 시중侍中이 지은 저서가 3종이 있다.

『단군세기檀君世紀』를 지어 시원 국가의 체통을 밝혔고, 『태백진훈太白眞訓』을 지어 환·단桓檀 시대부터 전수되어 온 도학道學과 심법心法을 이어받아 밝혔다.

『농상집요農桑輯要』는 세상을 다스리는 실무實務관련 학문을 담은 것이다. 문정공 목은牧隱 이색李穡이 서문을 붙였다.

"무릇 입을거리와 먹을거리를 넉넉하게 하고 재물을 풍족하게 하며, 씨뿌리고 모종하고 싹을 자라게 하는 방법을 분야별로 나누고 같은 것끼리 묶어 자세히 분석하고 촛불이 비추는 것처럼 명료하게 기록하였다. 진실로 백성을 다스리는 데 좋은 책이 되리라."

이암의 벗 이명과 범장

행촌 선생이 일찍이 천보산天寶山에서 유람을 하다가 밤에 태소암太素庵에서 묵게 되었다. 그곳에 소전素佺이라 하는 한 거사가 기이한 옛 서적을 많이 가지고 있었다.

이에 이명李茗, 범장范樟과 함께 신서神書를 얻었는데 모두 환단 시절부터 전해 내려온 역사의 진결이었다.

삼신의 원리로 전한 진리 말씀

세속의 자질구레한 일에 얽매이지 아니하고 고사古史에 박식한 행촌의 학문은 그 뛰어남이 칭찬받을 만하였다. 그 참전參佺의 계율을 닦는 법도는 삼신으로부터 받은 본성[性]을 응결시켜 지혜[慧]를 이루고, 삼신으로부터 받은 생명[命]을 응결시켜 덕德을 이루며 삼신으로부터 받은 정기[精]를 응결시켜 힘[力]을 이루는 것이다.

우주에 삼신三神이 영원히 존재하시고 인물에 삼진三眞이 불멸하는 것은 마땅히 하늘 아래 **영원한 대정신**(우주정신)과 혼연일체가 되어 **생성과 변화가 무궁**하기 때문이다.

선생이 말하였다.

"도가 하늘에 있으면 삼신이 되고 도가 사람에게 있으면 삼진이 된다. 그 근본을 말하면 오직 하나일 뿐이다. 오직 하나인 것이 도요, 둘이 아닌 것이 법이다.

위대하도다 환웅천황이시여! 뭇 사람 중에 먼저 나와 천도의 근원을 체득하시고 백두산에서 대광명의 가르침을 세우시니 신시개천의 의미가 비로소 세상에 크게 밝아졌도다.

지금 우리는 글을 통해 도를 구하고 전佺에 참여하여 계戒를 받아 우리의 가르침을 받들고 있으나, 아직도 계발하지 못하고 있다. 또 온갖 가르침을 듣는다 해도 여전히 이해하기 어렵나니, 늙어 감이 한스럽도다!"

선생은 시중 벼슬에서 물러나 강도江都 (강화도) 홍행촌에 들어

해운당海雲堂 터_강화도 선원면 선행리에 있는 해운당은 행촌 이암이 말년에 머물면서 『단군세기』를 집필한 곳이다. 병풍바위로 알려진 곳을 찾아 들어가면 그 위로 사진에서 보는 바와 같이 또 다른 바위 앞에 터가 있는데 이곳을 해운당 터로 추정하고 있다.

가 스스로 호를 홍행촌수紅杏村叟라 하고, 마침내 행촌 삼서杏村三書를 저술하여 집에 간직해 두었다.

이암의 신교관

헌효왕獻孝王(28세 충혜왕의 시호) 복위 5년(단기 3677, 1344) 3월에, 행촌 이암이 어명을 받아 참성단에서 천제를 드릴 때 백문보白文寶*에게 이렇게 말하였다.

"덕으로 신을 수호하는 것은 오직 믿음에 있고, 영재를 길러 국가를 지키는 일은 그 공이 서원을 세우는 데 있느니라.

신은 사람에게 의지하고, 사람 역시 신에게 의지하여야[神依於人, 人依於神] 백성과 국가가 길이 편안함을 얻게 되는 것이다.

하늘에 제사 드리는 정성은 결국 근본에 보은報恩하는 정신으로 돌아감이니, 그 길을 인간 세상에서 찾음에 어찌 감히 소홀히 할 수 있겠느냐?"

성품이 엄격했던 인물 정지상

정지상鄭之祥은 하동 사람이다. 누이동생으로 인해 원나라에 왕래하다가 경효왕敬孝王(공민왕의 시호)을 만나 대궐에 들어가 수종 들며 공로가 있었다. 임금이 즉위하자 곧바로 뽑혀서 감찰지평監察持平*에 이르렀는데 일을 처리함에 큰 소리를 내지 않았다.

일찍이 전라도 안렴사按廉使*가 되어 경내에 들어가 세도가가 권세를 부리는 것을 보면 즉시 잡아다가 매질하고 문초하여 모든 군에 알리니 온 도道 사람의 마음이 섬뜩하였다.

야사불화埜思不花*란 자는 본국(고려국) 사람인데 원나라에 들어가 순제順帝에게 총애를 받았다. 그 형 서신계徐臣桂는 육재六宰*가 되었고, 아우 응려應呂는 상호군上護軍이 되어 세력을 믿고 위세가 당당하게 복을 누리니 나라 사람들이 두려워하였다.

불화가 강향사降香使라는 직함을 받고 본국에 와서는 가는 곳마다 방종과 횡포를 일삼았다. 이때 존무사存撫使와 안렴사가 많은 치욕을 당하고 욕을 먹었지만 감히 거슬러서 어길 수 없었다.

전주에 이르자 지상이 기다렸다가 공손하게 맞이하였으나 불화는 심히 거만하게 대하였다. 반접사伴接使 홍원철洪元哲이 지상에게 뇌물을 요구했으나 지상은 듣지 않았다. 원철이 격노하여 불화에게 "지상이 천자의 사신을 업신여긴다."라고 하자, 불화가 지상을 결박하였다.

지상이 분노하여 크게 소리 지르고 주州의 관리를 속여 이렇게 말했다.

"국가에서는 이미 기씨奇氏*를 모두 주멸하고 다시는 원나라를 섬기지 않기로 하였다. 재상 김경직金敬直*을 원수로 삼아 압록강을 지키게 하였으니, 이런 정도의 사자를 제압하기는 쉽거늘 너희들은 도대체 무엇이 두려워 나를 구하지 않느냐? 장차 너희 주州가 강등되어 작은 현이 되는 꼴을 보게 되리라."

이에 읍리들이 소리를 치며 달려 들어와 결박을 풀고 부축하여 나갔다.

지상이 드디어 무리를 거느리고 불화·원철 등을 잡아 가두고 불화가 차고 있던 금패를 빼앗아 가지고 말을 달려 서울로 돌아올 때, 공주를 지나다가 응려를 잡아 철퇴로 때리자 며칠 만에 죽었다. 지상이 와서 임금에게 이 사실을 아뢰었다. 임금이 깜짝 놀라 순군부巡軍府에 내려 하옥시키시고 행성원외랑 정휘鄭暉에게 명하시여 전주목사 최영기崔英起와 읍리 등을 체포하게 하였다. 또 차포온車蒲溫을 보내시어 어주를 하사하여 불화를 위로하게 하시고 금패를 돌려주셨다.

원나라에서는 단사관斷事官 매주買住를 보내어 지상을 국문하였다.

그러나 임금이 기씨를 모두 죽이고 지상을 석방하여 순군제공巡軍提控으로 삼으셨다. 이후 다시 옮겨 호부시랑, 어사중승이 되었고, 벼슬이 판사判事에 이르러 세상을 떠났다. 성품이 엄격하여 모든 육사죄戮死罪*에는 반드시 지상을 파견하였다.

지상의 아내는 홀로 담양에 거주하다가 왜적에게 해를 입어 죽었다. 아들 종從은 박위朴崴*를 따라 대마도 정벌에 참여하였다.

고려 왕조 때 천제를 찬양한 노래

신교 낭가의 저항 정신

문대文大는 고종 안효대왕安孝大王(23세) 18년(단기 3564, 1231)에, 낭장郞將*으로서 서창현瑞昌縣에 머물다가 몽골 군사에게 사로잡혔다. 몽골 군사가 철산성鐵山城* 아래에 이르러 문대로 하여금 고을 사람들에게 '진짜 몽골군이 왔으니 빨리 나와서 항복하라'고 소리치게 하였다. 그러나 문대가 소리 높여, "가짜 몽골군이니 항복하지 말라"라고 하였다.

이에 몽골 사람이 문대를 참수하고자 하다가 다시 소리치게 하였으나 다시 전과 같이 하므로 드디어 죽였다.

몽골군이 성을 몹시 빠르게 공격하니 성 안에 양식이 떨어져 더 지킬 수가 없었다. 곧 함락되려 하므로 판관判官 이희적李希績이 성 안의 부녀자와 어린아이를 모아 창고 속에 들어가게 한 후 불을 지르고 장정들을 이끌고 스스로 목을 찔러 죽었다.

경효왕(공민왕) 12년(계묘, 단기 3696, 1363) 3월에, 밀직사密直使* 이강李岡*이 어명을 받들고 참성단에서 천제를 올렸다. 이어서 시를 지어 나무판에 새겼는데, 시는 이러하다.

봄바람 속에 만물 정취 짙어만 가는데
왕명 받들고 떠나온 길 멀기도 하구나.
이른 새벽 말을 달려 구중궁궐 떠났는데
노 젓는 저녁 무렵, 흰 갈매기는 파도 위를 날아 오르네.
하늘 복판에 솟은 산은 푸른 빛깔 뽐내고

골짜기엔 봄기운 완연해 풀이 절로 꽃을 피우네.

묻노니, 신선 사는 봉래산 그 어디인가.

사람들은 이곳이 바로 선가라 하네.

마음은 고요하고 몸은 한가로워 체골조차 신선이 되려 하네.

멀리 인간의 일 생각해 보니 참으로 아득하구나.

자리 깔고 약소한 제물이나마 올리는 것은

홍건적을 물리친 뒤이지만

돌로 쌓은 신령한 기운 서린 제단은 태곳적 것이라네.

눈앞에 천리 강산 훤히 보이고

이내 몸, 구중 하늘에 오른 것 같구나.

이번 길에 서로 의탁할 짝은 없지만

적을 물리치고 도성으로 돌아온 첫 해임을 기억이나 하자꾸나.

대제학 권근의 제천문

강릉왕江陵王 우禑 5년(단기 3712, 1379) 3월 신미辛未에, 사자를 보내 참성단에서 천제 드릴 것을 명하셨다. 대제학大提學 권근權近이 「서고문誓告文」을 지어 올렸는데, 그 글은 이러하다.

초헌初獻 :

바다 가운데에 산이 높으니 인간 세상의 번뇌와 시끄러움에서 멀리 떠났습니다. 제단 중앙은 하늘에 닿을 듯하니 신선의 수레를 타고 강림하시는 삼신님을 맞이하옵니다. 조촐한 음식을 올리오니 밝으신 삼신께서 계시는 듯하옵니다.

이헌二獻 :

삼신께서 미혹됨이 없이 들어 주시나니 이 사람을 감싸 안고 베풀어 주십니다. 하늘은 사사로움 없이 덮으시고 인간 세상을 굽어보십니다. 예를 극진히 하여 섬기나니 **삼신께서 감응하시어 성신이 통하기를 축원하옵나이다.**

고려국본기

곰곰이 헤아려 보건대 마리산은 **단군왕검께서 천제를 지내시던
곳이옵니다.** 성조聖祖 이래로 백성을 위해 법도를 세우고, 옛 법
통을 계승하여 아름다움을 드리우셨습니다. 고종에 이르러 오랑
캐(몽골)를 피해 도읍을 옮기고 또한 이곳에 의지하여 국본을 보
존하였습니다. 그러므로 나라의 국통이 끊어지지 않았고, 소자
(우왕)가 이를 계승하여 더욱 공경하옵나이다.

하늘이시여! 어찌 외구外寇(왜구)가 개같이 좀도둑질하여 우리
백성을 어란魚爛의 지경에 이르게 하시옵니까?

비록 변방이 침략을 받았으나 오히려 표문表文 올리는 것을 허
락하셨으니 어찌 그 고을이 침략당하는 것을 보기만 하시옵니
까? 어찌 밝은 위엄의 징험이 없으시겠습니까만 실로 저의 부덕
한 소치이니 진실로 남에게 구하는 것은 어려운 일이요, 오직 자
책할 뿐이옵니다.

그러나 사람이 만약 그 하는 일을 편안히 여기지 않는다면, 삼
신께서도 장차 돌아가실 곳이 없을 것입니다. 이에 옛 법을 좇아
감히 지금의 환란을 고하오니, 조촐한 저의 정성이지만 기꺼이
받으시고 밝게 굽어살펴 주시옵소서.

바다에는 큰 파도가 일지 않게 하시어 배를 타고 멀리서도 몰
려들게 하소서.

**하늘이시여! 천명을 내려 주시어 사직社稷이 반석 위에 올라설
수 있도록 보살펴 주시옵소서.**

고려말, 왕조의 분열과 옛 영토 회복

천수 기원 439년은 경효왕(공민왕) 5년(단기 3689, 1356)이다. 이
해 여름 4월 정유丁酉에 대사도 기철奇轍, 태감 권겸權謙, 경양부
원군 노책盧頙 등이 반역을 꾀하다가 형벌을 순순히 받아 죽었
다.

정지상을 석방하여 순군제공으로 임명하고 정동행성이문소征

東行省理問所를 철폐하였다.

이때에 원나라 왕실이 극도로 쇠약해져 오吳왕 장사성張士誠이 강소江蘇에서 군사를 일으켰고 소란스러운 일이 많았다.

최영 장군의 요동 공략

최영 등이 고우高郵에서 돌아오자 임금이 비로소 최영 등의 견해를 좇아 드디어 서북 땅을 회복할 계책을 정하셨다.

먼저 정동행성을 폐지하고 계속해서 인당印璫, 최영 등 여러 장수를 보내시어 압록강 서쪽 8참八站을 깨뜨렸다. 또 류인우柳仁雨, 공천보貢天甫, 김원봉金元鳳 등을 보내시어 쌍성雙城 등 옛 땅을 되찾게 하셨다.

10년(단기 3694, 1361) 겨울 10월에, 홍두적紅頭賊 반성潘誠, 사류沙劉, 주원장朱元璋 등 무리 십만여 명이 압록강을 건너 삭주를 침범하였다.

단기 3695, 1362년 11월에 도적이 안주를 습격하니 상장군 이음李蔭, 조천주趙天柱가 전투에서 죽었다.

인물 돋보기

최영(1316~1388) | 공민왕 3년(1354)에 원나라의 요청으로 유탁·염제신과 함께 정병 2천 명을 인솔하고 가서 그 선봉이 되어 장사성의 반란군을 거의 전멸시켜 명성을 대륙에 떨쳤다. 2차에 걸쳐 침입한 홍건적을 격퇴하는 데 큰 공을 세웠고, 우왕 2년(1376)에는 역사상 유명한 홍산鴻山 싸움에서 왜구를 크게 무찔렀다. 그 뒤 명明나라가 철령위를 설치하려 하자 요동 정벌을 주장, 팔도도통사가 되어 우왕과 함께 평양까지 출진하였으나, 이성계의 위화도 회군으로 뜻을 이루지 못하였다. 이성계 일파에게 붙잡혀 고봉高峰에 유배되었다가 후에 죽음을 당하였다. 최영은 평소 청렴결백하고 재물을 탐내는 일이 없었다.

주원장(1328~1398) | 중국 명明나라의 시조. 원元나라의 힘이 쇠약해져 여러 곳에서 홍건적이 일어났을 때 가담하였다가 백련교의 뒷받침으로 세력을 넓혀 원나라를 멸망시키고 명나라를 세웠다. 자하紫霞 선생과 팔공八公 진인이 전한 한민족과 인류의 시원 종교인 신교神敎의 역사를 밝힌 『신교총화神敎叢話』에서는, "명나라 주원장은 (고구려 시조) 고주몽의 후손으로 그의 행동과 말을 살펴보면 우리 동방사람[大震之人]이다"라고 하였다(『이것이 개벽이다』).

정세운 장군과 행촌 이암의 애국충정

정세운 | 공민왕 때의 장군. 공민왕 10년(1361) 홍건적이 쳐들어와 개경이 함락되자 상장군으로 왕을 따라 피난하였다. 마침내 왕명으로 총병관摠兵官이 되어 20만 대군을 거느리고 공민왕 11년(1362)에 홍건적을 압록강변으로 물리치고 개경을 수복하였다.

홍두적 | 홍건적을 말함. 홍건적의 난은 중국 중원에서 이민족 왕조인 원元을 타도하고 한족 왕조인 명나라 창건의 계기를 만든, 종교적 성격을 띤 농민 반란이다.

12월에, 임금이 복주福州(경북 안동)에 이르러 정세운鄭世雲을 총병관摠兵官으로 삼으셨다.

세운은 성품이 충성스럽고 청백하였다. 임금이 도성을 떠나 피난한 이후 밤낮으로 근심하고 분하게 여겼다. 홍두적紅頭賊을 소탕하고 경성을 수복하는 것을 자기 소임으로 여기므로 임금이 또한 믿고 의지하셨다.

세운은, 애통하게 여기는 조서詔書를 속히 내려 백성의 마음을 위로하고 사신을 모든 도에 보내어 징병徵兵을 독려하시도록 임금에게 여러 번 청원하였다.

임금께서 마침내 조서를 내리시니 수문하시중守門下侍中 이암이 세운에게 전하여 말하였다.

"천하가 편안하면 뜻을 정승에게 기울이고 천하가 어지러우면 뜻을 장수에게 기울이는 법이다. 나는 문신文臣이라 나약하여 능히 군사를 부리지 못하니, 그대는 힘쓸지어다."

세운이 도당都堂에 나아가 분연히 소리 높여 류숙柳淑에게 군사를 징집하면서 기한이 늦은 일을 책망하였다.

전선으로 출발하려 할 때 이암이 세운에게 말했다.

"강력한 외적이 갑자기 쳐들어와 황성을 지키지 못하고 임금의 수레가 파천하여 천하의 웃음거리가 된 것은 삼한의 치욕이로다. 공이 앞장서서 대의를 부르짖어 무기를 들고 군사를 거느리니, 사직이 다시 편안해지고 왕업이 중흥함이 이번 한 판 싸움에 달려 있다. 우리 임금과 신하는 밤낮으로 공이 이기고 돌아오기를 바랄 뿐이로다."

권면하고 깨우쳐 전송한 뒤에 매일 여러 장수에게 군사를 일으킬 것을 독려하고 묘략을 내어 전해 주었다. 안우安祐, 이순李珣(희필로 개명함. 이암의 종질), 한방신韓方信 등 여러 장수가 모두 종군하여 공을 세웠다.

잃어버린 북방 영토를 회복할 기회를 놓친 한

20년, 단기 3704, 1371(신해) 2월 갑술에 여진 천호千戶 이두란 첩목아李豆蘭帖木兒가 백호百戶 보개甫介를 보내어 백호를 거느리고 투항해 왔다.

윤3월 기미에, 북원北元의 요양성 평장사 유익劉益, 왕우승王右丞 등이 요양은 본래 고구려 땅이라 하여 우리나라에 귀순하고자 사람을 보내어 귀화를 청했다.

이때 조정의 의견과 주장이 일치하지 않아, 국사에 어려움이 많았다. 그러나 임금이 정몽주를 명나라에 보내시어 촉蜀을 평정한 것을 하례하게 하셨다.

김의金義가 명나라 사신 채빈蔡斌을 살해하자 조야가 시끄러워 이 일에 대해 말하려는 자가 거의 없었다. 이 때문에 바로 회신을 하지 않자, 유익 등이 마침내 금주金州·복주復州·개평蓋平·해성海城·요양遼陽 등지를 가지고 명나라에 가서 붙었다.

오호라! 당시 청론淸論을 떠들던 무기력한 자들이 한갓 편안함을 좇기만 일삼아 좋은 기회를 스스로 잃어버리고 마침내 옛 강토를 회복하지 못하였으니 뜻 있는 사람의 한恨이 이 때문에

정몽주(1337~1392) | 고려 말의 충신. 호는 포은圃隱, 시호는 문충文忠. 위화도 회군 이후 이성계의 세력이 나날이 커져서 조준·정도전 등이 이성계를 왕으로 추대하려 하자, 우선 조준을 제거하려 하는 동시에 고려조를 끝까지 떠받들려다가 이방원의 문객 조영규 등에게 선죽교善竹橋에서 피살되었다. 성미가 호방하며 매서웠고 충효忠孝로 일관했으며, 성리학에도 매우 밝아 오부학당·향교를 설치하여 유학을 진흥시켰다. 태종 때 익양부원군으로 추증하고 시호를 내렸으며, 중종 때 문묘文廟에 배향되었다.

더욱 깊어지는구나.

강릉왕(우왕)이 선제先帝(공민왕)의 명으로 즉위(단기 3707, 1374)하셨다.

이때에 요동 도사遼東都司*가 승차 이사경李思敬 등을 보내어 압록강에 이르러 방을 써 붙이고 말하기를,

"철령鐵嶺의 북쪽과 동쪽과 서쪽은 원래 개원開元*에 속하던 땅이니 거기서 관할하던 군인軍人, 한인漢人, 여진女眞, 달달達達, 고려高麗는 여전히 요동遼東에 속한다."

운운 하였다. 조정의 중론이 분분하여 일치하지 않다가 마침내 싸울 것을 결정하고, 나라 안의 병마를 크게 일으키고 최영을 팔도도통사八道都統使로 임명하셨다.

요동 도사 | 요동에 설치한 명나라의 최고 군사 기구 도지휘사都指揮司를 말한다.

개원 | 원元이 설치한 지방 행정구역 이름. 지금의 길림성 전체와 요령성 동남부의 땅을 관할하였다.

환단고기

태백일사 발문 ✽

발문跋文 | 책의 끝에 본문 내용의 대강大綱이나 간행 경위에 관한 사항을 간략하게 적은 글이다. 꼬리말이라고도 한다.

  1506년(연산군 10, 단기 3837, 갑자)에 내가 괴산槐山으로 귀양을 갔는데 마땅히 근신해야 할 처지였기에 아주 무료하게 나날을 보냈다.

  이에 집안에 간직하고 있는 오래된 상자를 열고 점고해 보니, 역사와 전기에 근거로 삼을 만한 것과 평소에 노인들에게 들은 것을 함께 채록한 것이 있는데 책으로 완성하지 못한 것이었다.

  그 후 16년이 지난 1520년(중종 15, 단기 3853, 경진)에 내가 찬수관撰修官 신분이라 내각內閣의 비서秘書를 많이 구해서 읽을 수 있었다. 이에 이전 원고를 순서대로 편집하여 『태백일사太白逸史』라 이름 붙였다. 하지만 감히 세상에 물어 밝히지 못하고 비밀히 간직하여 문밖에 내놓지 않은 것이다.

  일십당주인一十堂主人 ✽이 쓰노라.

일십당주인一十堂主人 | 『태백일사』를 찬찬撰撰한 이맥李陌의 호. 이맥은 행촌 이암李嵒의 현손으로, 일십당一十堂이라는 호는 『천부경』에 나오는 '일적십거一積十鉅'에서 따 온 것으로 본다. 「삼신오제본기」부터 「고려국본기」에 이르는 여덟 편의 사서가 한민족 9천 년사를 장엄하게 밝혀주고 있다. 지금부터 5백 년 전에 편찬된 『태백일사』가 4백 년 동안 장롱에서 잠을 자고 있다가 1백 년 전에 운초 계연수에 의해 비로소 세상에 전해졌다. 『환단고기』가 출간된지 백 년이 지난 지금 감히 세상에 내놓아 묻기를 청하고자 한다.

이맥 선생 신도비_성남시에 있을 때는 경기도 문화재로 등록되어 있었으나, 연기군으로 이전하면서 자치단체 규정이 달라 해제된 상태이다.

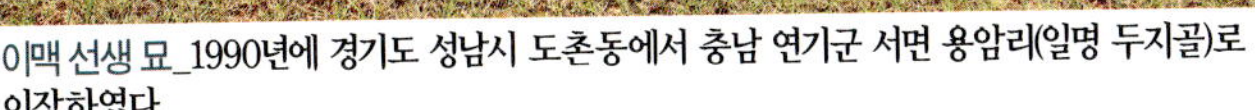

이맥 선생 묘_1990년에 경기도 성남시 도촌동에서 충남 연기군 서면 용암리(일명 두지골)로 이장하였다.

ㄱ

찾아보기